普通高等财经院校会计系列教材

财务管理
专题理论与实务

CAIWU GUANLI ZHUANTI
LILUN YU SHIWU

郭银华　艾健明 **主**编

暨南大学出版社
JINAN UNIVERSITY PRESS

中国·广州

图书在版编目（CIP）数据

财务管理专题理论与实务/郭银华，艾健明主编. —广州：暨南大学出版社，2012.2（2016.8 重印）
（普通高等财经院校会计系列教材）
ISBN 978 - 7 - 5668 - 0047 - 3

Ⅰ. ①财…　　Ⅱ. ①郭…②艾…　　Ⅲ. ①财务管理—高等学校—教材　　Ⅳ. ①F275

中国版本图书馆 CIP 数据核字（2011）第 243728 号

财务管理专题理论与实务
CAIWU GUANLI ZHUANTI LILUN YU SHIWU
主　编：郭银华　艾健明

出 版 人：徐义雄
责任编辑：暨　分　常进海
责任校对：吴彩珍

出版发行：暨南大学出版社（510630）
电　　话：总编室（8620）85221601
　　　　　　营销部（8620）85225284　85228291　85228292（邮购）
传　　真：（8620）85221583（办公室）　85223774（营销部）
网　　址：http：//www.jnupress.com　http：//press.jnu.edu.cn
排　　版：广州市天河星辰文化发展部照排中心
印　　刷：湛江日报社印刷厂
开　　本：787mm×1092mm　1/16
印　　张：20.5
字　　数：510 千
版　　次：2012 年 2 月第 1 版
印　　次：2016 年 8 月第 3 次
印　　数：5001—7000 册
定　　价：39.80 元

（暨大版图书如有印装质量问题，请与出版社总编室联系调换）

前　言

　　财务管理专业是 1988 年教育部颁布高等院校新专业目录时确定设置的。在财务管理专业单独设置之前，企业财务管理人才是由会计学专业来培养的。当时的财务管理是在会计学专业课程中设置的一门财务管理课程，讲授财务管理的基本理论和基本方法。

　　财务管理独立为一个专业后，如何拓展专业教学内容，是设置财务管理专业的各所院校首要考虑的问题。当时，在专业主干课程的设置上，有的院校设立了企业财务管理、公司理财和高级财务管理三门课程，有的院校设立了初级财务管理、中级财务管理和高级财务管理三门课程。此外，也有院校将初级财务管理称为财务管理原理。若对上述课程设置情况进行分析，可以发现一个共同的问题，即各门课程的内容界定并不清晰，特别是企业财务管理与公司理财课程，或初级财务管理（财务管理原理）与中级财务管理内容上的简单重复问题尤为严重。我校财务管理专业设置初期，财务管理专业的主干课程也是按初、中、高三级设置的，表面上看起来体系完整，但内容界定不清，简单重复问题严重，教学效率低下，令人困惑。

　　2005 年，"财务管理专业全程教学改革研究与实践"作为广东省第三批新世纪高等教育教学改革工程项目获准立项。财务管理专业课程体系的构建便成为这一教改项目的重要内容之一。通过对财务管理课程教学内容的深入分析，我们认为其主要内容由两部分构成，即财务管理基本理论与实务和财务管理专题理论与实务。财务管理基本理论与实务部分解决的是企业日常或常规财务管理业务处理的理论与方法问题，财务管理专题理论与实务部分解决的是企业特殊财务管理业务处理的理论与方法问题。在这一认识基础上，我们将财务管理专业主干课程由初、中、高三门调整为"基本"与"专题"两门。这一调整既保留了原有课程的基本内容，又解决了课程内容的简单重复问题，节省了课时，提高了教学效率，增强了教学效果。

　　依照上述教改思路，我们组织了教材的撰写工作。本书由郭银华、艾健明担任主编。各章编写分工为：第一、二、三章由郭银华编写；第四、五、六章由尹蘅编写；第七、八章由艾健明编写；第九、十章由汤海溶编写；第十一至十四章由刘红兵编写。

　　由于作者水平所限，书中难免有不妥或错误之处，恳请广大读者斧正。

编　者

2011 年 8 月于广东商学院

目　录

第一章 财务战略概述

第一节 企业战略与财务战略

一、战略与企业战略

1. 战略

"战略"一词来源于希腊文"strategos",其本义是"将军",引申义是"指挥军队的艺术和科学"。我国《辞海》将战略定义为:"依据敌对双方军事、政治、经济、地理等因素,照顾战争全局的各方面、各阶段之间的关系,规定军事力量的准备和运用。如武装力量的建设、作战方针和作战指导原则的制定等。"可见,战略是指对战争全局的筹划和指导,是一种思维方式和一个决策过程。

随着人类社会的发展,战略原理被应用到社会经济的各个领域。企业管理是其应用的重要领域之一。美国管理学者钱德勒(A. D. Chandler)于1962年最先将战略一词应用于管理领域,并将其定义为"企业长期基本目标的确定,以及贯彻这些目标所必须采纳的行动方针和资源配置"。美国学者安索夫(H. I. Ansoff)于1965年出版的《企业战略论》一书,则是一部最早系统阐述企业战略管理的理论著作。

2. 企业战略

在企业管理这个范畴中,究竟什么是战略,目前尚无一个统一定义。不同的学者与企业管理者给战略赋予不同的含义。

钱德勒认为企业战略是影响和决定企业的基本长期目标和目的,选择企业达到既定目标所遵循的路线、途径,并为实现这些目标和途径对企业已有资源进行最优化配置。安索夫认为战略是不同于一般计划的、面向未来和全局的计划体系。波特认为战略就是在市场中普遍的、具有标志性区分作用的定位,战略的核心是选择不同竞争对象的经营行动,是产生独特性和有价值定位的一系列不同的行动。

明茨博格借鉴市场学中四要素(4P)的提法,即产品(product)、价格(price)、地点(placc)和促销(promotion),提出了战略从五个不同方面的定义,即战略是计划(plan)、计谋(ploy)、模式(pattern)、定位(position)和观念(perspective)。

(1)战略是一种计划。战略是一种有意识的、有预计的行动程序,一种处理某种局势的方针。

(2)战略是一种计谋。这是指在特定环境下,企业将战略作为威胁和战胜竞争对手的一种具体手段。

（3）战略是一种模式。战略是企业为了实现战略目标进行竞争而进行的重要决策、采取的途径和行动以及为实现目标对企业主要资源进行分配的一种模式。

（4）战略是一种定位。即战略是一个企业在自身环境中所处的位置或在市场中的位置。

（5）战略是一种观念。这一定义强调战略是一种概念的内涵，即所有的战略都是一种抽象的概念，它存在于需要战略的人们的头脑之中，体现于战略家们对宏观世界固有的认识方式。

综合各种观点，可以将企业战略这一概念的内涵归纳如下：①在空间范围上，战略是对企业发展全局的总体谋划；②在时间维度上，战略是对企业未来发展的长期谋划；③在对企业的影响力度方面，战略是对企业产生决定性影响的谋划；④在形成依据上，战略是在对企业外部环境和内部环境深入分析和准确判断的基础上形成的；⑤战略的本质在于创造性和变革，在于维持和创造企业的竞争优势。

总体来说，企业战略就是指规划企业目标以及为达到这一目标所需资源的获取、利用和处理方略。它是企业为了适应未来环境的变化，寻求长期生存和稳定发展而制定的总体性和长远性的谋划。

二、财务战略

现代战略思想体现在财务管理上，形成了企业的财务战略。目前对于财务战略并没有一个公认一致的概念。英国学者卢斯·班德和凯斯·沃德在其所著《公司财务战略》一书中，将财务战略定义为："企业通过采用最适当的方式筹集资金并且有效管理这些所筹资金的使用，包括企业所创赢利再投资或分配决策"，并认为财务战略的一个主要目标是增加企业价值。我国学者在这方面也进行了有效力的探索，例如，刘志远在《企业财务战略》一书中将"财务战略"定义为："为增强企业资金均衡有效的流动和实现企业战略，为增强企业财务竞争优势，在分析企业内、外部环境因素对资金流动影响的基础上，对企业资金流动进行全局性、长期性和创造性的谋划，并确保其执行的过程。"魏明海等在《财务战略》一书中将财务战略定义为："财务战略是指在企业战略统筹下，以价值分析为基础，以促进企业资金长期均衡有效地流转和配置为衡量标准，以维持企业长期赢利能力为目的的战略性思维方式和决策活动。"胡元木等在《高级财务管理》一书中，将"财务战略"定义为："在深入分析和准确判断企业内外环境因素对企业财务活动影响的基础上，为了谋求企业资金均衡有效地流动和实现企业战略目标，增强企业财务竞争优势，对企业资金流动进行全局性、长期性和创造性的谋划，并确保其执行的过程。"

上述关于财务战略的定义有如下一些基本特征：

从财务战略来看，它属于从属战略或职能战略，即必须服从企业整体战略的需要；从内容来看，它所强调的是企业资金的筹集，有效流转和配置；从性质来看，它是企业具有全局性、长期性和创造性的谋划；从目的来看，制定财务战略是为了企业的增值。

综合上述分析，我们认为，财务战略是企业对其总体战略的统筹，是为了实现企业长期增值和发展，对企业资金流转和有效配置所作的全局性和长期性的谋划。

三、财务战略与企业战略的关系

企业财务战略在企业战略的层次结构中，属于企业职能战略。因此，它与企业战略的关系是子战略与总体战略的关系。具体表现在以下三个方面：

（1）企业战略属于主导地位，对财务战略具有统领和指导作用。而财务战略则具有从属性，它的制定和实施必须服从于企业的总体战略，同时也必须贯彻和体现总体战略的要求。

（2）在企业整个战略体系中，财务战略对企业战略和其他子战略起着支持与促进作用。在制定企业财务战略时，必须保持财务战略与各职能部门之间战略的一致性与协调性。

（3）企业财务战略具有自己相对的独立性。在现代市场经济条件下，财务战略既具有其自身特定的内容，同时又对企业战略及其他子战略的制定或修订具有重要的作用。

四、财务战略管理

财务战略管理，也称战略财务管理，是指对企业财务战略的管理，或称战略性财务活动的管理。财务战略管理既是企业战略管理的一个不可或缺的组成部分，也是企业财务管理的一个十分重要的方面。财务战略管理既要体现企业战略管理的原则要求，又要遵循企业财务活动的基本规律。

财务战略管理的逻辑起点，应该是企业目标和财务目标的确立。这是因为，每一个企业客观上都应该有一个指导其行为的基本目标以及相应的财务目标。企业目标明确了，也就意味着企业的总体发展方向明确了；财务目标的明确，则为财务战略管理进一步提供了最高行为准则。有了明确的企业目标和财务目标，才可以界定财务战略方案选择的边界，才能调整或修正那些显然偏离企业发展方向和财务目标要求的战略选择。也就是说，只有明确了企业目标和财务目标，才可以将财务战略管理尤其是战略形成过程限定在一个合理的框架之内，才能避免漫无目的地探寻战略方案这种劳而无功的做法。

第二节　财务战略的类型

企业战略的具体形式是多种多样的。根据企业环境变化、企业所处的生命周期的差异以及企业对风险的态度不同，企业通过合理地规划投融资战略，形成企业财务战略。根据风险承受态度、内容的分类，企业可以形成不同的财务总体战略。

一、根据财务风险承受态度不同分类

根据财务风险承受态度的不同，可以将财务战略分为以下三类：快速扩张型财务战略、稳健发展型财务战略、防御收缩型财务战略。

（一）快速扩张型财务战略

这是指以实现企业资产规模的快速扩张为目的的一种财务战略。为了实施这种财务战

略，企业往往需要在将绝大部分乃至全部利润留存的同时，还要大量地进行外部融资，更多地利用负债融资。大量筹措外部资金，是为了弥补内部积累相对于企业扩张需要的不足；更多地利用负债而不是股权融资，是因为负债融资既能为企业带来财务杠杆效应，又能防止净资产收益率和每股收益的稀释。企业资产规模的快速扩张，也往往会使企业的资产收益率在一个较长时期内表现为相对低的水平，因为收益的增长相对于资产的增长总是具有一定的滞后性。总之，快速扩张型财务战略一般会表现出"高负债、低收益、少分配"的财务特征。

（二）稳健发展型财务战略

这是指以实现企业财务绩效稳定增长和资产规模平稳扩张为目的的一种财务战略。实施稳健发展型财务战略的企业，一般将尽可能优化现有资源的配置和提高现有资源使用效率及效益作为首要任务，将利润积累作为实现企业资产规模扩张的基本资金来源。为了防止过重的利息负担，这类企业对利用负债实现企业资产规模扩张往往持相当谨慎的态度。所以，实施稳健发展型财务战略的企业一般具有"低负债、高收益、中分配"的财务特征。

（三）防御收缩型财务战略

这是指以预防出现财务危机和求得生存及新的发展为目的的一种财务战略。实施防御收缩型财务战略的企业，一般将尽可能减少现金流出和尽可能增加现金流入作为首要任务，通过采取缩减分部或分公司、剥离资产和精简机构等措施，盘活存量资产、节约成本支出，集中提高主导业务的市场竞争力。由于这类企业多在以往的发展过程中遭遇过挫折，也很可能曾经实施过快速扩张的财务战略，因而历史上所形成的债务包袱和当前经营上所面临的困难，就成为迫使其采取防御收缩财务战略的两个重要原因。"高负债、低收益、少分配"是实施这种财务战略的企业的主要财务特征。

随着企业经营环境的日益复杂、组织形式的不断变化、金融工具的不断创新以及企业发展的不同阶段所面临的不同问题，财务管理战略很难用"扩张、稳健、防御收缩"等来简单加以概括。从不同的角度来进行分析，企业呈现的总体财务战略可以是以上三种中的任意一种，也可能是某一种的局部修正或创新。

二、根据财务战略的具体内容进行的分类

财务战略从具体内容上进行分类，又可以分为投资战略、融资战略。

投资战略是指企业为了长期生存和发展，在充分估计影响企业长期发展的内外环境中的各种因素的基础上，对企业的长期投资行为所作出的整体筹划和部署。投资战略要解决的主要问题是企业的投资方向、投资规模以及投资时机的选择等，其目的是为了提高企业的赢利能力，促进企业的可持续发展。

融资战略是指企业在综合考虑其战略发展对资金的需求和融资环境及融资能力等诸因素后，对企业融资规模、融资结构、融资方式和融资时机等作的战略性安排。融资战略主要解决如何融资、何时融资、用什么代价融资等问题，其目的是为了用最低的成本获取企业发展所需要的资金。

投资战略与融资战略二者关系密切。一般而言，投资战略是整体战略的核心内容，融

资战略是为了配合投资战略而制定的，两者之间相辅相成。具体表现为：

（1）在制定投资战略之前，对企业的外部宏观环境进行分析，列出影响企业经营行为、财务状况、融资成本、所在行业发展前景变化的因素，列出简表作为本年度分析、制定和调整财务战略的依据。

（2）对企业现有的投资关系进行梳理，按照有关行业竞争分析法进行产业筛选和再评价，从而进行相关的产业整合。对于不具备核心竞争力、没有发展前途的业务和资产，通过出售、剥离等方式退出，将资源整合到核心业务和增长业务中去。通过向标杆企业的学习或者企业的战略部署，考虑并购或者进入新的增长行业。

（3）根据初步确定的投资战略需要的资金规模进行融资规划，尽可能支撑公司战略发展，尤其是战略扩张的资金需要，并测算不同融资方式下的加权资金成本，作出融资战略策略的依据。融资战略的一个核心问题是资金成本，另一个核心问题就是通过股利政策的确定处理好控股股东和中小股东的利益关系，保障企业的持续发展。

（4）如果在中长期滚动分析中，融资的成本大于投资战略的新增效益，则需要考虑调整投资战略。

三、企业财务战略的选择

企业财务战略的选择，决定着企业财务资源配置的取向和模式，影响着企业理财活动的行为与效率。企业财务战略的选择必须着眼于企业未来长期稳定的发展、经济周期波动情况、企业发展方向和企业增长方式等，并及时地对企业财务战略进行调整，以动态地保持企业的核心竞争力。企业在选择财务战略的过程中要注意以下三个方面的问题：

（一）财务战略的选择要与宏观经济周期相适应

从财务的观点看，宏观经济的周期性波动要求企业顺应经济周期的过程和阶段，通过制定和选择富有弹性的财务战略，减少经济周期对财务活动的影响，特别是减少经济周期中上升和下降抑制财务活动的负效应。财务战略的选择和实施要与经济运行周期相配合。在经济复苏阶段应采取扩张型财务战略：增加厂房设备，采用融资租赁，继续增加存货，提高产品价格，开发营销筹划，增加劳动力等。繁荣后期应采取稳健型财务战略。在经济衰退阶段应采取防御收缩型财务战略：停止扩张，出售多余的厂房设备，停产滞销的产品，停止长期采购，削减存货，减少雇员等。在经济萧条阶段，特别在经济处于低谷时期，保持市场份额，压缩管理费用，放弃次要的财务利益，削减存货，减少临时性雇用。

（二）企业财务战略的选择必须与企业生命周期相适应

企业生命周期理论认为，企业发展具有一定的规律性，大多数企业的发展可分为初创期、成长期、成熟期和衰退期四个阶段，企业在每个发展阶段都有自己的阶段特色，正确把握本企业的发展阶段，制定与之相适应的财务战略非常重要。在企业初创期，主要财务特征是资金短缺，尚未形成核心竞争力，财务管理的重点应是如何筹集资金，通过企业内部自我发展来实现企业增长。在企业成长、成熟期，资金相对充裕，企业已拥有核心竞争力和相当的规模，可以考虑通过并购实现外部发展。在企业衰退期，销售额和利润额已明显下降，企业应考虑如何改制、变革企业组织形态和经营方向，实现企业蜕变和重生。由此可见，在初创期和成长期，企业应采取扩张型财务战略，在成熟期则一般采用稳健型财务战略，而在衰退期应采取防御收缩型财务战略。

（三）企业财务战略的选择必须与企业经济增长方式相适应

企业经济增长方式客观上要求实现由粗放增长向集约增长的根本转变，为适应这种转变，企业财务战略需要从两方面进行调整。一方面，重视企业投资战略，加大基础项目的投资力度。企业真正的长期增长要求提高资源配置能力和效率，而资源配置能力和效率的提高取决于基础项目的发展。虽然基础项目在短期内难以实现较大的经济利益，但为长期发展打下了坚实的基础。所以，企业在投资的规模和方向上，要实现基础项目相对于经济增长的超前发展。另一方面，加大财务制度创新力度，可以强化集约经营与技术创新的行为取向；可以通过明晰产权，从企业内部抑制掠夺性经营的冲击；可以通过以效益最大化和本金扩大化为目标的财务资源配置，限制高投入、低产出对资源的耗用，使企业经营的集约化、高效率得以实现。

第三节　企业财务战略的制定

一、财务战略分析决策

在公司最高决策层建立长期经营目标，并制定了实施战略之后，财务战略制定的过程所要解决的问题包括：结合对环境的考察和对企业所处的生命周期阶段的认识，企业应该选择稳健、扩张，还是收缩的财务战略？在企业进入产业和放弃产业时应采用哪些财务安排？选用哪些融资方式、融资渠道能够最有效地降低资本成本？企业在进行重大资本性支出时应考虑哪些因素？企业应如何调整资本结构和股利政策以使其更接近合理状态？

由于没有任何企业拥有无限的财务资源，更重要的是财务资源的占用必然带来机会成本，财务战略制定者必须确定哪一种财务资源配置方式最有效率，并能够给企业带来最大收益。要实现这一目标，财务部门应当做好以下准备工作：

（一）企业的财务状况和发展前景战略分析

该分析的主要目的是评价影响企业目前和今后发展的关键因素，并确定在财务战略选择步骤中的具体影响因素。财务战略分析主要是环境分析，包括外部宏观环境分析、行业竞争分析和内部条件分析。这一任务主要由财务部门承担，财务部门需要与其他部门进行积极的沟通，在熟知外部环境变化的基础上，分析企业在行业所处的相对地位，具有哪些资源以及实现财务战略的能力，确定企业的优势和劣势，还需要了解与企业有关的利益和相关者的利益期望以及在财务战略制定、评价和实施过程中，这些利益相关者会有哪些反应，这些反应又会对组织行为产生怎样的影响和制约。

（二）制定财务战略选择方案

在制定财务战略过程中，当然是可供选择的方案越多越好。企业可以从对企业整体目标的保障、对中下层管理人员积极性的发挥，以及企业各部门财务战略方案的协调等多个角度考虑，选择自上而下、自下而上或上下结合的方法来制定财务战略方案。

（三）评估财务战略备选方案并进行决策

需要指出的是，财务战略实际上并不存在最佳的选择标准，管理层和利益相关群体的价值观和期望在很大程度上影响着财务战略的选择。此外，对财务战略的评估最终还要落实到财务战略收益、风险和可行性分析的财务指标上。如果在用多个指标对多个财务战略方案的评价产生不一致时，最终的财务战略选择可以考虑以下三种方法：①根据企业目标选择财务战略。企业目标是企业使命的具体体现，因而选择对实现企业目标最有利的财务战略方案。②聘请外部机构。聘请外部咨询专家进行财务战略选择工作，经验丰富的专家们能够提供较客观的建议。③提交董事会或者股东大会审批。

财务战略分析决策将对公司未来相当长一段时间内的财务状况和资本结构起重大作用。经营战略决定了企业的长期竞争优势。作为其辅助系统的财务战略管理体系对企业也有持久的影响，与企业主要经营活动的成败息息相关。

二、财务战略执行

财务战略执行实际上就是将财务战略转化为行动，并且采取一些措施或者手段保证既定的财务战略目标得以实现。主要涉及以下问题：采用何种管理手段来落实财务战略；如何在企业内部各部门和各层次间分配及使用现有的资源；为了实现企业目标，还需要获得哪些外部资源以及如何使用；为了实现既定的财务战略目标，需要对组织结构作哪些调整；如何处理可能出现的利益再分配与企业文化的适应问题；如何进行企业文化管理，以保证企业财务战略防御的成功实施等。

企业财务战略管理的实践表明，财务战略的制定固然重要，财务战略的执行同样重要。一个良好的财务战略仅仅是财务战略成功的前提，企业财务战略的有效执行才是企业财务战略目标顺利实现的保证。财务战略执行要求企业踏实地将战略规划落实到可以量化的关键成功因素和关键绩效考核指标上；在与企业全面预算管理体系对接的基础上，确定本年度具体的目标指标体系，并将其作为编制、监督、考核预算的起点和依据。

三、财务战略评价

财务战略评价就是通过评价企业的经营业绩，审视财务战略的科学性和有效性。在阶段性地推进财务战略实施之后，管理者需要了解该财务战略是否在企业得到了有效实施，以及该财务战略是否需要调整。财务战略调整就是根据企业情况的发展变化，即参照实际的经营事实、新的思维和新的机会，及时对新制定的财务战略进行调整，以保证财务战略对企业经营管理的指导的有效性，包括调整公司的财务展望战略、公司的长期发展方向、公司的目标体系、公司财务战略的执行等。

练习与案例

一、复习思考

1. 简述企业战略与财务战略的关系。
2. 试述投资战略与融资战略的关系。

3. 企业财务战略选择需要考虑哪些因素？

二、案例分析

佑威国际破产案①

佑威国际控股有限公司（U-Right International Holdings Limited，以下简称佑威国际），1989 年创立于香港，注册地为百慕大群岛，于 2000 年在香港联交所主板上市交易(SEHK：627)。佑威国际是香港著名的休闲服装生产销售企业，主营业务包括服装业务和德科纳米业务。在服装领域，公司主要从事服装设计、休闲服饰生产以及佑威品牌服饰在中国内地和中国香港、中东等海外地区的销售，旗下包括中低端品牌 U-RIGHT、高端品牌 SEVEN-DAYS 和 PEZ_ ZX；同时，佑威国际致力于新兴纳米材料的生产销售，是内地最大的纳米纺织企业之一。佑威国际由现任公司董事会主席梁鄂于 1989 年创立，公司实际控制人为梁氏家族。佑威服饰于 1991 年进入大陆市场，1994 年在广东佛山正式设立内地总部，主要以特许加盟方式开拓国内市场。公司 2001 年引进瑞典纳米技术并成功应用于服装制造，推出纳米环保服饰系列，获得多个奖项并深受市场喜爱。2007 年佑威国际荣获盛世大中华企业品牌年奖之"大中华服饰零售品牌"，以及《经济一周》颁发的"香港杰出企业"奖项。

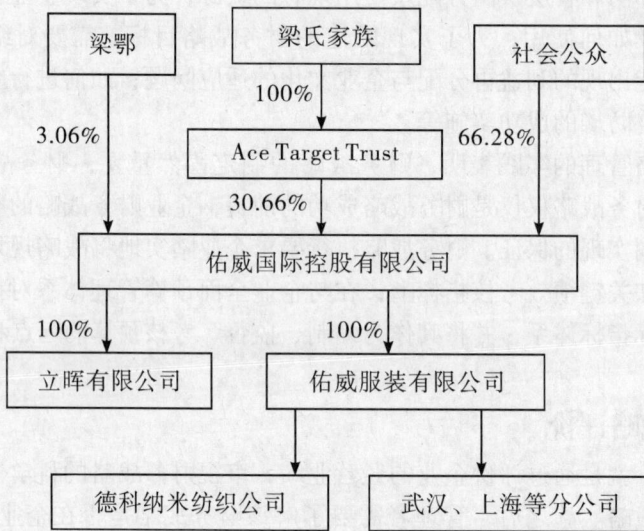

佑威国际股权结构图

佑威国际 2008 年 3 月 31 日年度审计报告显示，上年销售收入为 20.8 亿港元，销售毛利为 4.5 亿港元，净利润合计 5 874.8 万港元。2008 年 7 月佑威国际又取得 3 年期银团贷款共计 1.5 亿港元。但在资本市场上，佑威国际的股价连续暴跌，从 9 月 3 日开盘至 9 月 16 日收盘止，累计跌幅达 72%，这引起很多债权人的关注。佑威国际 2008 年 9 月 16 日发布停牌公告称，德意志银行等债权银行要求其偿还贷款合计 8.5 亿港元。佑威国际被迫宣

---

① 引自周鹏. 试论财务战略管理对企业生存发展的影响——佑威国际破产案例研究. 商业经济，2009 (5).

告无力偿还债务，而其总欠债约 13 亿港元，包括上市公司担保银行债务约 12 亿港元。2008 年 10 月 10 日，佑威国际委托香港德勤会计师事务所作为临时清盘人，正式进入破产清算程序。

佑威国际的服饰销售主要面向香港和内地，公司销售规模逐年扩张。2005 年佑威国际香港分店仅有 19 间，内地为 330 间，而截至 2008 年 3 月 31 日佑威国际通过大举举债投资和降低加盟费用，其分店数已上升至香港 95 间，内地 516 间。然而，随着经营的发展，佑威国际的财务业绩却逐年下滑。从对佑威国际历年的财务报表数据的分析可知（见表 1），佑威国际近四年来销售收入持续增长，但是增长率逐年降低。这与近年来中低端服装行业的整体情况基本吻合。在行业集中度不高、同业竞争异常激烈的中低端品牌服装行业，大幅折扣、降价等销售政策屡见不鲜。这在一定程度上刺激了企业销售增长，但同时也加大了企业间竞争的激烈程度。同时，企业销售毛利率和销售净利率也持续下降，销售净利率由 2005 年的 11.74% 直降至 2008 年的 2.82%。表明在市场竞争激烈的环境下，佑威国际并没有很好地采取恰当的策略应对风险，以至于在市场竞争中逐步衰退。通过对财务数据的分析可知，最重要的原因即是企业销售及分销费用和融资成本大幅增加所带来的费用负担。而这正是由于近几年企业大幅扩张造成的。

表 1　　　　　　　　　　　　佑威国际历年主要财务数据

项目年度	2008	2007	2006	2005
营业收入	2 079 712	1 774 007	1 343 852	913 844
毛利	452 292	410 339	328 363	299 351
销售毛利率	21.75%	23.13%	24.43%	32.76%
销售及分销费用	223 636	142 820	99 113	99 143
流动负债余额	796 567	688 941	390 885	285 178
长期负债余额	385 312	266 852	395 262	209 737
融资成本	50 292	48 773	38 775	13 877
净利润	58 748	134 298	120 839	107 264
销售净利率	2.82%	7.57%	8.99%	11.74%

佑威国际的销售渠道主要为加盟店和自营店，其中，香港地区的 95 家分店基本均为自营店，内地的 516 家分店大约有 1/3 为加盟店。佑威国际为了扩大加盟店的数量，快速占领市场，对加盟门槛要求不高且给予大量前期辅助，如为加盟商提供选址、形象设计、店铺陈列和广告宣传等一系列服务，而加盟者的门槛包括装修费只需要 50 万元人民币。在实际经营中，佑威不再收取特许使用费而仅仅收取存货的成本。这种大规模的扩张，使佑威国际大量资金被终端零售店占用，造成公司本身资金紧张。在香港地区，佑威投入大量资金，投资建立直营店，而香港租金昂贵，遵循中低档成衣路线的佑威，赢利不足以支

持95间分店的运作，至清盘前已有多家分店连续亏损。这种大规模扩张挤占了公司大量的资金，造成公司经营困难，直至被迫破产。

佑威国际近几年一直大规模扩张销售渠道，然而由于经营活动产生的现金流量相对较低，内部财务资源积累不足，转而通过大量外部筹资来获取资金支持的大规模的投资活动，是典型的快速扩张型财务战略。佑威国际试图通过生产销售规模的快速扩张达到大举占领市场，进而实现价值最大化的目标。那么，佑威国际的财务战略是否恰当？

首先，基于SWOT的环境分析（见表2），可以看出近两年佑威国际所面对的环境特点。

表2   SWOT 内外环境分析

S 内部环境优势	品牌知名度在香港和华南城市较高；对中低端服饰市场经验丰富
W 内部环境劣势	单纯依靠家族管理，内部治理结构不合理，家庭成员管理能力有限，且偏好铺张浪费，内部财务资源有限
O 外部环境优势	部分厂商开始试行渠道成本更低的网络销售（B2C），为白领等年轻群体所热衷，线上销售和线下实体店结合的模式更易被消费者所接受
T 外部环境劣势	服装销售行业竞争逐年加剧；次贷危机导致融资困难

充分利用相对优势，改善或规避相对劣势应是佑威国际的适当选择。这要求其在高度竞争和经济危机导致销售萎缩、融资不易的情况下，集中企业财务资源稳固香港和华南等销售渠道，减少其他实体终端店铺的投资和扩张，适当发展渠道成本更低的网上销售，快速收回资金，即由快速扩张型财务战略尽快转型为稳健发展型财务战略甚至防御收缩型财务战略。然而，佑威国际一直忽视环境影响，大规模开设终端店铺以占领大陆二三线市场，且未能充分利用信息时代带来的便利与巨大商机，导致财务资源分散且效率较低，最终导致企业运营困难。

其次，佑威国际的财务资源积累远不足以支持长期的大规模的扩张活动，长期采取快速扩张型财务战略并不适合佑威国际。分析佑威国际近4年的现金流量数据（见表3）可知，佑威经营活动的现金流入远小于投资活动的现金流出，并且投资活动现金流出逐年猛增，说明公司近年进行大量的扩张建设零售渠道等投资活动，并不能得到自身的经营业务产生的财务资源的完全弥补。所以公司的现金流主要依靠外部筹资，如多家内外资银行的有息贷款，这不仅让企业背负了沉重的财务负担，而且高额利息在经营环境不利的时期极易造成企业陷入财务困境。

表3	佑威国际近4年现金流量表数据			港元（千元）
	2008年3月	2007年3月	2006年3月	2005年3月
经营活动现金流量净额	126 890	（11 020）	（28 261）	25 636
投资活动现金流量净额	（721 464）	（249 103）	（275 578）	（153 321）
融资活动现金流量净额	395 035	176 041	443 335	
现金及现金等价物增减净额	（199 541）	（84 082）	139 466	82 240

　　在内部财务资源不足、大规模投资扩张不符合实际的情况下，企业更应当考虑立足实际，由单纯的规模投资扩张转向充分利用已有财务资源，回归核心业务核心市场的精耕细作，为企业未来快速扩张打下扎实基础。然而佑威国际坚持快速扩张型财务战略，而自身缺乏创造现金流的能力，仅靠外部资金维持企业运转，在金融危机银根紧缩的背景下出现财务危机甚至破产清算也就不足为怪了。

【分析与思考】

1. 在选择财务战略时需要考虑哪些因素？

2. 佑威国际采取了何种财务战略，这些战略是否符合本企业的情况？

3. 从佑威国际破产案中我们可以得到哪些启示？

第二章　企业融资战略管理

第一节　企业融资战略管理概述

从企业发展的角度来看，资金对每个企业都是稀缺资源，而企业的生产经营、资本营运以及长远战略目标的实现都离不开资金。因此，如何有效地进行融资就成为企业财务管理部门的一项基本活动。如果从战略的构成来看，融资战略也成为财务战略的一个重要组成部分。

一、融资战略与融资战略管理

融资战略是指企业在综合考虑其战略发展对资金的需求和融资环境及融资能力等诸因素后，对企业融资规模、融资结构、融资方式和融资时机等作的战略性安排。它不是企业具体的资金计划，而是为了适应未来环境和企业战略发展的要求，对进行融资活动的重要方面所作的一种长期的、系统的构想。

企业融资战略管理就是根据企业融资战略的要求，结合企业内外环境的发展变化，对融资战略的制定、实施、控制及实施效果评估的全部管理活动。其目的在于使企业资本结构在不断优化的过程中，为企业战略实施提供可靠的资金保障。

二、制定融资战略需要考虑的因素

在市场经济条件下，企业战略性融资主要是通过资本市场（长期资金市场）进行的，而通过资本市场与通过其他途径融资相比有其特殊性。因此，企业要想既从资本市场融得所需的资金，又要降低融资成本，并树立在资本市场的良好形象，必须考虑各方面的因素。

（一）明确融资的目的

企业如果要在资本市场上进行融资，必须要有明确的目的。一般而言，企业融资的战略目的主要包括以下四个方面：一是扩大生产经营规模；二是进行技术和产品创新；三是改善企业财务状况；四是进行企业并购。无论出于何种目的，都必须在确定融资计划前明确。这不仅是提高募集资金使用效率的要求，也是由资本市场的性质所决定的。因为资本市场是一个公众广泛参与的市场，该市场的行为主体的行为必然受到管理层的严格监管和中小投资者的监督与关注，企业的融资行为也必须公开、透明。如果公司以保守商业秘密或其他理由作为借口，对融资目的含糊其辞，甚至打算募集资金后再改变用途，这不仅会使监管部门难以核准，也会受到社会公众的抨击，损害其在证券市场上的形象。

（二）选择合适的融资时机

融资时机对于企业来说至关重要。融资时机对于公司融资的影响主要表现在两个方面：一是国家产业政策的影响。在经济发展的某些时期，国家对一些产业的发展可能采取扶持或鼓励政策，这时企业进行融资就比较容易获得通过。而对另一些产业可能采取限制发展的政策，这时企业要进行融资就比较难通过。从今后相当长的一段时间的发展趋势来看，国家对于节能、环保、高科技、农业、能源、交通等产业会采取积极扶持的政策，而对于污染较重、耗能较大的产业以及一些竞争性很激烈的产业如家电、房地产业等则会采取限制性政策。处于这类产业的公司可考虑其他融资方式或进行产业逐步转型。二是二级市场股价的影响。行为金融学研究成果表明，市场经济成熟的国家的公司通常是在市值高的时候——市值高于公司资产的账面价值的时候或者是现在的市值高于过去的市值的时候上市发行股票，在市值低的时候回购股票。在我国现实的证券市场中，选择二级市场股价高涨时进行融资，不仅可以较顺利通过核准，而且可以提高发行价格，扩大融资规模，同时还可以缩短融资时间和降低融资的实际成本。例如，我国证券市场在 2007 年出现了一轮大行情。据 Wind 资讯统计，2007 年的新股 IPO 家数为 120 只，合计募集资金高达 4 469.96 亿元，是 2006 年新股 IPO 募集资金量的 2.7 倍[①]。

（三）建立合理的资本结构

资本结构是指各种资金的构成及其比例关系。上市公司的资本结构是由公司采用的各种融资方式筹集资金而形成的。各种融资方式不同的组合类型决定着企业的资本结构及其变化。尽管融资方式有很多种，但从总体上看可分为股权融资和债权融资。因此，资本结构问题实质是负债资本的比例问题。合理的公司资本结构取决于公司经营风险及其与财务风险的配合、公司所处的寿命周期阶段、公司对风险的承担能力以及管理者的理财观念等。

一般来说，股权融资有利于改善公司的资本结构，降低公司的财务风险；而债权融资则有利于公司充分利用财务杠杆的作用，但也存在恶化公司资本结构，增大公司财务风险的可能性。如果企业的经营风险较大，则应该采用较小的财务风险，相应的资本结构应该是权益资本所占比重较大，而负债资本较小；如果企业的经营风险较小，则可以承受偏大的财务风险，相应的资本结构也可以采用较大的债务资本比重，而权益资本可偏小。因此，在确定融资方式时必须进行充分论证，特别是要认真研究企业所处的寿命周期阶段及其相应的经营风险大小，比较各种融资方式对企业资本结构影响的大小，进而评估企业财务风险影响的大小，最终选择最适合于本企业实际情况的融资方式。

（四）降低融资成本

融资成本是公司融资需要考虑的关键因素。因为融资成本的高低，在一定程度上影响融资后企业财务负担以及公司治理结构的运作状况，因此，必须高度重视对融资成本的分析。然而，不同的融资方式会产生不同的成本，因此，必须分清不同情况，权衡利弊。

对于新发股份而言，除了融资活动自身所带来的成本之外，其成本主要表现在三个方

---

① 上海证券报，2007 - 12 - 19.

面：一是股本规模扩大，以后支付的股利会随之增加，这将成为公司一项长期的成本负担；二是对原有股东利益的摊薄，使其利益受到一定损失，必然受到原有股东一定程度的抵制，使融资方案在公司股东会上难以获得通过；三是随着股本规模的扩大，公司的股权结构会发生变化，从而导致公司原有治理结构的改变，会在一定程度上形成公司治理效率下降的潜在风险。

对于新发债券而言，除了融资活动本身的成本之外，其主要成本在于每年需要支付的利息，在债券到期还本之前，将形成一笔固定的财务费用，从而加重企业的财务负担。同时，企业发行债券，一般都需要有资产作抵押或第三方提供担保，这些都会构成发行债券的现实成本或潜在成本。

除上述成本之外，上市公司通过证券市场融资还会产生机会成本和时间成本。例如，选择证券市场融资可能会放弃银行借贷等其他融资方式，从而产生机会成本。另外，通过证券市场融资可能会花较长时间，花费较多人力和财力而最终难以获得通过。这些因素都是上市公司进行融资时必须要考虑的成本因素。

（五）融资过程的管理与控制

公司实施融资活动，是一项系统性工作，不仅涉及企业内部，还涉及企业外部的诸多方面。因此，实施一次融资行动，必须对整个过程进行严密的管理与控制，以确保融资活动的成功。

从企业内部工作来看，必须制订严格周密的工作方案，组织高效、得力的管理团队，编制实事求是、同时又具有吸引力的募资方案，组织各种上报材料的编制与上报工作等。

从企业外部工作来看，要认真选择影响力较大、资信好、办事效率高的中介机构，包括券商、会计师事务所等。同时，在非公开发行股票的情况下，要做好与战略投资者沟通、协调的工作，向他们介绍本公司的发展战略、经营状况、财务状况以及募集资金的具体用途与安排，使战略投资者建立投资信心并能够以合适的价格出资购买。

此外，还要做好与公司股东（特别是一些持股比例较大的机构）的沟通、协调工作，争取融资方案获得股东的理解与支持，以便顺利获得股东大会的通过。同时还要做好与有关部门包括经济管理部门、证券监管部门的沟通与协调工作，争取相关部门的支持，使企业融资方案能够及早获得相关部门的核准。

三、企业融资战略的制定过程

融资战略制定的过程可以概括为以下几个步骤：

1. 分析企业内外部环境，制订融资战略备选方案

企业融资战略包括融资规模、资金来源结构、融资方式及融资时机等因素。这些因素的不同组合构成了多种战略融资方案。由于构成融资方案的不同因素并不完全能够由企业自身所控制，所以，必须认真研究企业所面临的内外部条件，对企业内外环境中的有关因素进行综合分析与评价并据以提出各种可行的备选方案。

2. 评估融资战略方案

为了使企业融资战略与企业战略之间保持一致性，必须选出能够支持企业战略的融资战略方案。这里重点要考虑的是企业融资的来源结构与企业战略的一致性。企业应该从以

下四个方面判断筹资结构与企业战略是否一致：第一，能采用与企业战略目标一致的方式为战略推进提供充足的资金；第二，能保持一定的筹资优势和战略机动性；第三，能与企业战略的现金流量状况及未来趋势保持协调一致；第四，能与企业高层领导人的战略思想协调一致。

3. 优选融资方案

对选出的符合企业战略要求的融资战略方案，可对其资金成本与资金风险进一步运用资本结构理论进行分析评价，以低成本和低风险为标准，从可行的融资战略方案中，选择和确定最佳方案。

4. 融资方案的执行

融资方案的执行即把已确定的资金来源结构战略方案投入实施。企业资金来源结构并不是一个固定的结构，而是动态的结构，因为每一次筹资活动都会对企业资金来源结构产生影响。所以实施资金来源结构战略方案要区分不同情况进行，在企业原有资金结构已经合理的情况下，应使之继续保持；而如果原有结构不尽合理，则应通过筹资活动进行调整，使之趋于合理。

第二节 资本结构与融资战略

一、资本结构理论及其发展

资本结构理论是西方当代财务管理理论的主要研究成果之一。企业的资本结构是由于企业采取不同的筹资方式形成的，表现为企业长期资本的构成及其比例关系即企业资产负债表右方的长期负债、优先股、普通股权益的结构。各种筹资方式及其不同组合类型决定着企业的资本结构及其变化。资本结构的变化与企业价值处于怎样的关系？企业资本结构处于什么状态能使企业价值最大？这种关系构成了资本结构理论的焦点。其中，莫迪利亚尼和米勒（Modigliani and Miller）创立的 MM 定理，被认为是当代财务管理理论的经典。

（一）MM 理论及其发展

1. 最初的 MM 理论——无税收条件下的资本结构理论

最初的 MM 理论，由美国的莫迪利亚尼和米勒两位教授创立，是 1958 年 6 月份发表于《美国经济评论》的《资本结构、公司财务与资本》一文中所阐述的基本思想。该理论认为，在不考虑公司所得税，且企业经营风险相同而只有资本结构不同时，公司的资本结构与公司的市场价值无关。或者说，当公司的债务比率由零增加到 100% 时，企业的资本总成本及总价值不会发生任何变动，即企业价值与企业是否承担负债无关，不存在最佳资本结构问题。

2. 修正的 MM 理论——含税条件下的资本结构理论

修正的 MM 理论，是莫迪利亚尼和米勒于 1963 年共同发表的另一篇与资本结构有关的论文中的基本思想。他们发现，在考虑公司所得税的情况下，由于负债的利息是税前支出，可以降低综合资本成本，增加企业的价值。因此，只要财务杠杆利益不断增加，而资本成本不断降低,负债越多,杠杆作用越明显,公司价值越大。当债务资本在资本结构中趋近100%时,形成最佳的资本结构,此时企业价值达到最大。最初的 MM 理论和修正的 MM 理论是资本结构理论中关于债务配置的两个极端看法。

3. 米勒模型理论

米勒模型是米勒1976年在美国金融学会所作报告中阐述的基本思想。该模型用个人所得税对修正的 MM 理论进行校正,认为修正的 MM 理论高估了负债的好处。实际上个人所得税在某种程度上抵消了个人从投资中所得的利息收入,他们所交个人所得税的损失与公司追求负债减少公司所得税的优惠大体相等。于是,米勒模型又回到最初 MM 理论中去了。

(二)融资优序理论

融资优序理论(Pecking Order Theory)是由 Myers 和 Majluf 于1984年提出的。它是从信息不对称的角度来分析公司融资行为。该理论假定经理人员是保护现有股东利益的,且资本市场不完善,经理人员比外部投资者拥有信息上的优势。因而,该理论认为,企业在融资时首先偏好内部融资,因为筹集这些资金不会传递任何可能降低股票价格的逆向信号;当企业需要外部资金时首先会发行债券,股票发行只是放在最后关头,这个优先次序的产生是因为债券的发行更不可能被投资者理解为一种坏预兆。如果投资人拥有的关于企业资产价值的信息比企业内部人少,则企业的股东权益价值在市场上的定价可能是错误的。在股东权益被低估时经理不愿意发行股票为投资项目筹集资金,因为股价过低可能会使新投资者获取的收益大于新项目的净现值,在这种情况下,即使新项目净现值为正,该项目也会被拒绝。所以,经理只有在股票价格高估时才愿意发行股票。然而,在这种情况下自然不会有人愿意购买,因为股权融资被认为是不好的信息。这时如果企业能够用对信息敏感性不强的资金来代替股票为投资项目融资是较好的选择,例如,内部资金或无风险债务,这样投资不足就可以避免。因此,企业更愿意采取内部融资(保留盈余)或无风险举债融资或非高风险融资融券,而不采取发行股票的方式融资。

归纳起来,融资优序理论的主要内容包括:①相对于外部融资而言,公司更加倾向于内部积累;②分红是具有刚性的,公司现金流的变化表现在对外部融资需求的变化;③若公司需要外部融资,在进行权益性融资前会首先考虑负债融资;④每个公司的负债率反映其对外部资金的累积需求。

(三)新资本结构理论的形成和发展

传统资本结构理论放宽了 MM 定理的主要假设,但有一个前提始终未被触及,即充分信息假设。随着信息经济学的发展,以信息不对称理论为中心的资本结构理论出现,该理论试图通过信息不对称理论的"信号"、"动机"、"激励"等概念,从企业内部来展开对资本结构的分析,把传统资本结构的权衡难题转化为结构或制度设计问题。

1. 代理成本理论

现代企业中所有权与经营管理权是分离的,企业管理层与股东间存在一层代理关系。而当企业对外举债时,债权人与企业间(含管理层、股东)也存在一层代理关系。一般认为委托人和代理人之间的利益目标函数是不一致的。当存在信息的非对称性、经营环境的不确定性和代理人行为的不可观察性时,委托人就需建立一套监督机制和激励机制促使代理人采取适当的行动，保证委托人的利益。因此，詹森和麦克林（Jensen and Mecking，1976）指出代理成本是主人监督费用、代理人受限制费用和残余损失之和。由于企业管理层和权益股东的风险暴露水平不同，股东一般来说持有多样化投资组合，关心企业的系统风险；而管理层对于职务安全的考虑更关心企业的总风险，因而企业管理层不会努力工作（主要表现在宁可放弃投资机会也不冒险举债），反而积极追求额外的职业消费。所以，权益股东要建立机制监督企业管理层的行为，从而发生代理成本。为减少这种代理成本，可能的选择有：一是将经理的报酬与公司业绩挂钩，特别是让经理拥有企业的股票及未来的股票购买期权，成为企业剩余的所有者；二是强制企业举债，从而对经理构成压力，迫使其追求利润的最大化以避免破产，同时减少股东对管理层的监督。

另外，如果企业举债，而对不变的企业净资产，增加债务意味着原有债权人的资产保障程度降低，其遭受损失的风险加大。同时，如果企业将吸纳的债务转投高风险项目，则在投资成功时，债权人只能获得与原定低风险相适应的收益，额外的好处均归股东；一旦投资失败，大部分的损失将由债权人负担。为此，债权人或提高债务资本的成本，或在借贷协议中附加保护性条款以保护自己的利益，从而产生债权人与企业间的代理成本。总的来看，企业的代理成本可分为两部分：管理层"剥削"外部权益所有者所产生的代理成本；在所有权结构中引入负债所产生的代理成本，企业的最优资本结构将是这两种代理成本边际费用相等时的均衡点。

2. 信号模型理论

资本结构作为解决企业过度投资和投资不足问题的一种工具，在投资确定情况下，也可用作传递企业内部人私有信息的信号。利兰和派尔（Leland and Pyle，1977）认为，经营者若想鼓动外界投资，就必须使投资者相信这个项目的确能达到预定的收益率。为了"示意"这一点，经营者把自己的钱投进去，即自有资本越多，表明项目的收益越高，企业的市场价值相应提高。但罗斯（Rose，1977）却指出，由于管理层掌握企业投资项目收益的分布函数，而外部权益所有者不了解。企业的投资收益分布是按随机一阶序排序，如果企业的证券市价高于实际价值则管理层受益，如果企业破产则管理层受到惩罚。投资者把具有较高债务水平当成一种高质量的信号，也即企业举债表明管理层预期有更好的经营业绩。所以综合来看，债务比率越高的企业，内部人（管理层）持股比例越高，企业的质量也越高。

3. 控制权理论

代理成本与信号反应机制模型把股票和债券视为资本的回收方式。事实上，股票有投票权，债券只有在企业破产后才有投票权，因而资本结构的选择也是企业控制权在不同证券所有人之间分配的选择。控制权理论认为达到最优资本结构时的负债水平能保证企业控制权在内部权益所有者（管理层）、外部权益所有者和债权人之间顺利转移，以实现社会总收益最大化。其实质在于通过资本结构的调整，改变企业管理层的内部持股比例或使企业被兼并的可能性发生变化，从而实现对管理层的激励，解决公司治理中管理层效率低下的问题。

（四）产业组织理论下的资本结构理论

20世纪80年代以来，金融经济学家和产业经济学家开始关注产品市场竞争与资本结构互动关系，一些基于产业组织理论的资本结构模型开始出现在相关文献中。对产品市场竞争与资本结构互动关系的研究有助于解释不同的竞争结构和竞争战略的行业资本结构。产业组织理论认为企业的战略目标是总利润最大化。财务理论则强调企业权益的最大化，对企业产品市场策略有所忽视，但企业要在现代市场竞争中取胜，有必要实现财务、生产、营销的一体化。因此财务学界也开始对企业资本结构与产品市场策略的关系进行研究，主要侧重于债务对企业产品策略及企业的顾客与供应商的影响。

布兰德和刘易斯（Brander and Lewis）根据詹森的观点提出：增加负债会引起股东追求更高风险的策略。在市场竞争中，若企业采用较激进的产品战略，则企业的风险也较高，企业将选择较高的债务水平。因此如果企业产品的毛利较高，一般选择较激进的策略，否则选择较保守的策略，产品的需求与资本结构相关。马克丝莫科（Maksimovic，1988）进一步指出：企业债务容量随产品需求弹性的增加而增加，随折现率的提高而减少。

惕特曼（Titman，1984）观察到企业清算会给顾客与供应商造成成本负担，如无法得到其产品、零配件和服务，这种成本最终会通过产品的低价清算出售转嫁给权益股东。所以生产独特产品或耐用消费品企业的债务水平较低，以免权益股东最终承担过多的顾客与供应商转嫁过来的成本。

二、影响资本结构的因素

在实践中，企业资本结构的形成往往是一个十分复杂的问题，是多重因素共同影响的结果，而不是简单纯粹地遵循某一种理论观点。根据国内外已有研究，这里就一些主要的影响因素作一个归纳和说明。

（一）资本结构的国别差异

在工业化国家中，美国、英国、德国、澳大利亚和加拿大的公司平均账面资产负债率要比日本、法国、意大利和其他的欧洲国家低，而英国和德国公司的市场价值杠杆比率是最低的。在发展中国家（或新兴工业化国家）中，新加坡、马来西亚、智利和墨西哥的负债比率明显地要低于巴西、印度和巴基斯坦。一般认为，导致不同国家之间资本结构差异的主要原因，在于各国金融市场的相对分离，以及各国金融市场的运行规则及状态的差异。正是这些差异，造成了各国不同的融资环境，从而导致处于不同国家的企业之间资本结构的不同。例如，研究表明，普通法系国家能给少数股东监控提供更多的保护，于是，由于这些国家具有众多分散的公司所有者，也就有了更多获取资本的通道。而采用民法法系的国家，例如日本，由于对少数股东提供的保护太少，以至于公司难以获得足够多的外部资本①。表2-1提供了西方七国（7个大的工业化国家）在1970—1985年的负债比率表。

---

① Zenichi Shishido. Japanese Corporate Governance：The Hidden Problems of the Corporate Law and Their Solutions. *Berkeley Oline Program in Law & Economics*，Working Paper Series（University of California，Berkeley），1999，P. 23.

表 2 - 1 　　　　　　　　　　1970—1985 年发达国家融资结构

	加拿大	法国	德国	意大利	日本	英国	美国
留丰收益	54.2	44.1	55.2	38.5	33.7	72.0	66.9
资本转让	0.0	1.4	6.7	5.7	0.0	2.9	0.0
短期证券	1.4	0.0	0.0	0.1	NA	2.3	1.4
银行贷款	12.8	41.5	21.1	38.6	10.7	21.4	23.1
商业信贷	8.6	4.7	2.2	0.0	18.3	2.8	8.4
公司债券	6.1	2.3	0.7	2.4	3.1	0.8	9.7
股票	11.9	10.6	2.1	10.8	3.5	4.9	0.2
其他	4.1	0.0	11.9	1.6	0.7	2.2	-0.8
统计误差	0.8	-4.7	0.0	2.3	NA	-9.4	-4.1
总计	99.9	99.9	99.9	100.0	100.0	99.9	105.4

资料来源：Mayer. *Myths of West.* Wps301. World Bank，Policy Research Deparment.

（二）行业性因素对资本结构的影响

在发达国家，通常某些行业（公用事业、运输公司及成熟的资本密集型的制造型企业）以较高的债务比率为特征，而其他的一些公司（如服务行业、矿业公司和大多数的成长迅速或以技术为基础的制造型企业）却有很少甚至没有长期负债。这些模式说明了行业的最佳资本组合特征以及运营环境的多样化共同对世界各地该行业的公司实际选用的资本结构造成了显著的影响。

（三）周期性因素对资本结构的影响

1. 商业周期的影响

当整体经济处于复苏上升时期时，社会对各种产品的需求高涨，刺激企业提高产能以应付市场扩张。为满足增添设备、招募员工及增加周转资金等的需要，企业要尽快筹集新的资金。从资本结构理论的分析可知，增加权益资本的比重涉及企业管理层、新旧股东对资产控制权的重新分配和代理成本问题，协调难度较大。而且，各国证券监管机构从稳定股票市场角度出发，对公开发行股票募集资金有一系列的较严格的限制性规定，因此通过权益融资耗时较长，可能会贻误企业争夺市场的机会。相反，发行债券或直接向银行举债就简单得多。由于企业的赢利前景在经济高涨时看好，并可采用资产抵押等方式降低债权银行的风险，企业与债权人之间的代理成本也可得到有效的控制。所以，在经济复苏上升期，企业的债务比例一般都提高得比较快。而在经济衰退期，由于市场需求不振和规模收缩，企业将设法偿还债务以减少不必要的利息开支，企业的债务比例一般会呈现下降趋势。

2. 利率变化的影响

企业负债经营时存在财务杠杆效应，当借入资金利率低于企业总资产收益率时，支付融资成本后的剩余利润均归股东，即企业具有正的杠杆效应，权益融资供给将会减少；当借入资金利率高于企业总资产收益率时，原属股东的部分利润被用于支付利息，此时企业具有负的杠杆效应，企业将寻求其他低成本的融资方式，如商业信用等。所以从宏观经济角度看，企业总资产收益率高于宏观利率时，企业总体债务供给量增加，企业债务比例上升，财务杠杆效应增加；企业总资产收益率低于宏观利率时，企业经营业绩下滑，总体债务供给量减少，企业债务比例下降，财务杠杆失去正效应。

3. 通货膨胀率的影响

一般认为在通货膨胀下，企业举债经营是有利的，因为企业以后偿还的是更"廉价"的货币。事实上，企业在通货膨胀时举债的受益程度取决于企业的赢利水平。在企业节税收益保持一定常数且企业总资产收益率高于借贷利率的情况下，通货膨胀率的上升将增加企业对债务的需求，并刺激投资者（债权人）收益的提高，企业债务比例上升。当总资产收益率低于借贷利率时，企业将回购部分债券从而减少债务的供给。同时，由于投资者预见到企业业绩滑坡，对企业债务的投资行为减少，导致债务需求的减少，企业债务比例下降。所以总的来看，在总资产收益率低于借贷利率时，通货膨胀是无法刺激经济发展的。

（四）公司内部因素对资本结构的影响

1. 股东和经理的态度

股东和经理的态度对资本结构形成也有重要影响，因为他们是企业重大经营和财务决策的制定者。

一个企业在IPO之后，再融资方式的选择在很大程度上取决于大股东的态度。如果大股东十分在乎公司的控制权，而大股东的持股比例业已接近保持控制权的底线，与此同时，大股东又没有或不愿意将更多的资金投资该公司，那么，大股东就会尽量避免发行普通股筹资，而是更多地采用优先股或负债的方式筹集资金。相反，那些大股东控股比例特别高，从而不必担心控制权旁落的公司，就很可能倾向于选择普通股融资。

2. 债权人的态度

企业的债权人主要有两类：一是债券投资者；二是以银行为代表的信贷机构。债权人通常都不希望公司的负债比例太高，因为过度负债意味着企业的经营风险将更多地由股东转嫁给债权人。如果将企业的债权人细分为短期债权人和长期债权人两类，那么长期债权人对企业过高的负债率相对更加厌恶，因为企业的长期偿债能力较短期偿债能力更取决于企业未来的安全性。

3. 资产担保价值

研究发现，企业所拥有的资产的类型在某种程度上会影响企业资本结构的选择。一般认为，当企业所拥有的资产较多地适合于担保时，企业趋向于高负债；反之则趋向于低负债。

按照信号传递理论，在信息不对称的情况下，企业的经营者较企业外部的投资人更为了解企业的真实情况。企业外部的投资人只能根据企业经营者传递的信号来重新评价其投资决策。公司的资本结构也是经营者向外传递信号的一种方式。如企业为新项目筹资，由于企业经营者比潜在投资者更清楚投资项目的实际价值，若项目具有较好的获利能力，经营者代表老股东利益，一般不愿发行新股而分散收益。此时，如果企业发行新股，在投资者看来，即是一种"利差"消息，从而影响新股的价值。所以，企业会更趋向于负债融资。而且，如果发行有担保的债券，企业的融资成本还将进一步下降，因此，拥有较多的可担保资产的企业更趋向于多负债的策略。

4. 企业成长性

企业成长性一般是用销售增长率等指标量度的。销售增长率越高，企业成长性就会被认为越强。成长性强的企业，在固定成本既定的情况下，营业利润会随销售的增长而更加快速地增长。因此，一般来说，企业成长性越强，预期利润增长越快，就越可以更多地负债。不过，企业成长过程的稳定性或波动性，也是影响企业资本结构形成的一个重要方面。企业成长过程的波动性越大，说明企业经营风险越大，预期利润就越不稳定。这样的企业就应对负债持更为慎重的态度。所以，在实践中，企业成长性对资本结构形成的影响关系是复杂的、不确定的，即成长性越强的企业负债率可能越高，其原因是企业和债权人都对企业的未来利润有着充分的信心；也可能相反，即成长性越强的企业负债率越低，其原因是高成长的企业可能伴随着高风险，因而债权人鉴于该类企业的高风险而不愿给予信贷支持。

三、中国上市公司融资行为与资本结构的现实考察

目前，国内关于资本结构的研究主要集中在我国国有企业资本结构现状分析、资本结构的影响因素以及上市公司融资偏好等方面。相比国际学术界对资本结构探讨的广度和深度，我国资本结构研究总体上还比较滞后。而国外很多相关研究成果在解释我国企业资本结构现实时往往又不太适用。因此，有关我国企业资本结构的研究仍有很多工作可做。

纵观资本结构研究史，可以发现国内外的研究大多基于这样一个隐含的假设：资本市场提供的金融产品丰富，并且公司可以自由选择融资方式，但这些研究忽视了资本市场发展程度对公司资本结构的影响。实际上，资本市场的发展程度对公司资本结构选择有着不可忽略的影响。许多学者对资本结构决策的通用性和移位问题的研究表明，虽然发达国家与发展中国家的资本结构决策有共同的决定因素，但也受各个国家特有因素（比如 GDP 增长、通货膨胀、资本市场发展程度等）的影响，资本结构理论不能盲目移位，其适用性也需立足国情，视国别、行业、企业特征等诸多具体因素来甄别。

（一）中国公司的股权融资偏好

融资偏好的理论研究由来已久，有关的理论模型主要有基于对称信息的资本结构理论，基于信息不对称理论的优序融资理论，基于信号理论、代理理论、所有权与控制权、市场竞争结构、企业成长条件和行为金融学等的融资偏好理论等，尤其是 Myers 和 Majluf（1984）的优序融资理论，提出了企业融资通常都遵循所谓的"啄食顺序"，即先内源融资、再外源融资，在外源融资中优先考虑债权融资，不足时再考虑股权融资。国外的许多实证研究，如 Titman 和 Wessels（1988）也验证了 Myers 和 Majluf 的这一结论。然而，我国众多学者的研究发现（林凡，2007；陆正飞等，2005），中国上市公司融资行为却呈现出与发达国家上市公司截然不同的融资偏好。

在内源与外源融资选择上，中国上市公司更偏向于外源融资来满足资金需求。发达国家的上市公司内源融资占资金来源的 44% ~77%，而中国上市公司情况正好相反，其外源

融资在融资结构中占主导地位，比重高达 72.52%，内源融资的比重仅为 27.48%。①

在股权融资与债权选择上，中国上市公司更倾向于股权融资。从资本结构和融资结构看，中国上市公司的资本结构表现为资产负债率较低、流动负债占负债总额比重较高、长期资金来源中权益资本比重较高等特点。从融资行为来看，中国上市公司表现为强烈的股权融资偏好。中国上市公司表现为先外源融资、后内源融资，重股权融资、轻债权融资的融资偏好，这与西方发达国家的优序融资理论和实践存在明显的差异。在特殊政策背景下，尽管中国上市公司股权融资偏好的满足程度较低，但上市公司在资产负债率较低的情况下，仍选择最大限度地进行股权融资，出现再融资周期短、再融资热点依次更迭等明显特征。

与西方发达国家不同，我国上市公司具有强烈的股权融资偏好。这一方面是由于债权融资渠道的匮乏，股权融资监管薄弱；另一方面是由于股权结构不合理，中小股东权益难以得到有效的保障。相比较而言，我国企业就明显倾向于股权融资。如表 2 - 2 所示，股权融资比例在大多数年份高于 70%，这显然是"优序融资理论"难以解释的。究其原因，可以从内因和外因来分析：

（1）内部原因。

股权融资成本在很长时期内具有价格优势，我国股权融资的成本约为 2.42%，同期我国三年期和五年期企业债券利率平均为 4%～5%，银行 1～3 年期贷款利率为 5.49%②。另外，近年来银行债务还本付息的刚性特点不断加强，企业随时面临中途被停止贷款的风险，破产机制的引入也对高负债公司形成的威慑力不断加大。同时，股票发行价格形成机制存在缺陷，股票发行价格与公司价值的关联程度不强。新股发行定价过高，企业超募资金的情况时有发生，而新股上市即跌破发行价的案例也屡见不鲜。另外，股票市场退市机制不完善，股票一旦上市，很少有退市情况发生，这在客观上促使企业偏向于选择股权融资方式。

（2）外部原因。

中国资本市场存在制度性缺陷。由于政府的特殊干预，导致股票市场与债券市场发展不均衡。根据 Wind 资讯，2007 年债券市场融资额 8 万亿，远远高于股票市场。但是其中绝大部分是国债和金融债券，企业债的发行额只占 2.2%，而且发行企业债券的门槛极高。可以看出，债券融资渠道不通畅也是导致企业倾向于股权融资的重要原因。因此，只要来自股权融资的压力小于债权融资，企业就会毫不犹豫地选择股市。这也是我国企业选择先股权，再债权的融资次序的重要原因。

① 魏成龙，杨松贺. 中国公司股权融资偏好的形成机理及治理对策分析. 财经问题研究，2010（12）.
② 彭柯. 我国上市公司资本结构影响因素实证分析. 新金融，2008（8）.

表 2 - 2　　　　　　　　　中国上市公司融资方式　　　　　　　　单位：亿元人民币

年度	股权融资				债权融资	股权融资比率（%）
	IPO	增发	配股	总和	企业债	
2007	4 469.96	3 119.17	227.68	7 816.81	1 821.3	81.11
2006	1 642.56	1 030.26	4.32	2 677.14	1 015.5	72.50
2005	57.63	278.78	2.62	339.03	654.1	34.14
2004	353.46	159.73	104.77	617.96	322.3	65.72
2003	453.51	116.13	76.52	646.16	458	58.52
2002	516.96	162.14	56.61	735.71	325	69.36
2001	563.18	225.13	430.64	1 218.95	144	89.43
2000	871.59	170.46	509.53	1 551.58	105.31	93.64
1999	498.93	50.53	318.98	868.44	162	84.28
1998	417.47	30.46	344.76	792.69	135	85.45

（二）上市公司长期负债率很低

我国上市公司普遍存在着低长期负债现象。学者张信东等较系统地研究了这一现象。研究结果表明，我国上市公司长期负债率相当低[①]。表 2 - 3 从特殊性角度列示了 2004—2008 年我国证券市场部分上市公司的长期负债率分布情况。图 2 - 1 则从普遍性角度描绘了我国证券市场上市公司 1990—2008 年平均长期负债率的分布情况。

表 2 - 3　　　　　　2004—2008 年我国部分上市公司长期负债率概况（%）

上市公司 ＼ 时间	31/12/2004	31/12/2005	31/12/2006	31/12/2007	31/12/2008
贵州茅台	0	0	0	0	0
汾酒集团	0	0	0	0	0
中国医药	0	0	0	0	0
同仁堂	0.64	0.52	0.67	0.3	0.51
城投控股	0	0	0	0	0
宝石集团	0	0	0	0	0
长园集团	0	0	0	0	0
强生控股	0	0	0	0	0
一汽轿车	0.53	0.45	0.43	0.39	0.36
索芙特	0	0	0	0	0
老凤祥	0	0	0	0	0

资料来源：图泰安 CSMAR 数据库，2004—2008 年.

---

① 张信东，倪玲. 我国上市公司资本结构"异象"分析（上）. 中国金融学术研究网，2010 - 12 - 09.

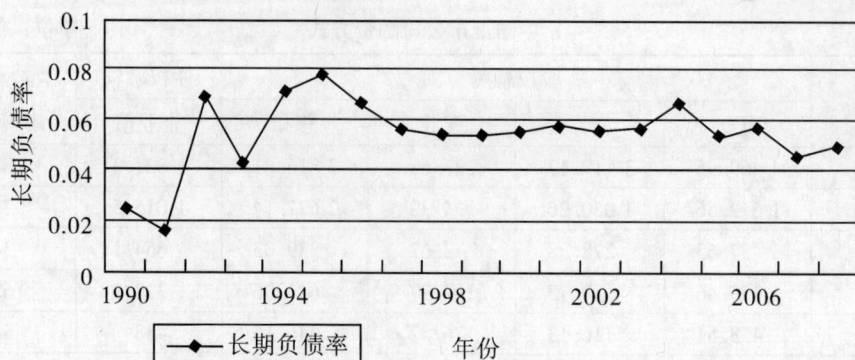

图 2 - 1　1990—2008 年我国上市公司长期负债率

　　图 2 - 1 表明，1990—2008 年我国上市公司平均年长期负债率为 5.38%，其中 1996 年上市公司长期负债率最高，但仍不足 8%，1996 年之后，长期负债率水平总体呈现下降趋势。低长期负债比率，意味着流动负债比过高，这不仅财务杠杆作用没有得到很好发挥，还会给企业带来极大的信用风险和流动性风险。一旦出现现金匮乏情况，企业不仅要经受投资者及其他利益集团的压力，还要背负沉重的利息和信用包袱，其风险监督和控制能力将会极为脆弱。

（三）不同规模的上市公司的资本结构有较大差异

　　国外研究资本结构影响因素的大部分文献显示，企业规模在资本结构决策中起着重要作用。这意味着大型与中小型公司会因为规模不同而有不同的资产负债率。但是，国外学者关于规模与资本结构的关系的实证研究并没有获得一致的结论。部分研究发现公司规模与负债水平正相关；而另一部分研究则表明公司规模与负债水平负相关。

　　国内学者在研究上市公司资本结构决定因素的过程中，对公司规模与负债率的关系也进行了探讨。陆正飞和辛宇的研究认为公司规模与负债率无显著关系；而王娟和杨凤林的研究认为负债率与公司规模负相关。但更多的学者研究认为公司规模与负债率正相关。

　　张程、李文雯、张振新等学者认为[①]，公司规模对资本结构的影响并不是独立发生的，很大程度上可能受到所有权性质、公司治理状况、外部金融环境等因素的影响。对这些方面进行区分是更准确把握公司规模与资本结构关系至关重要的前提。他们对 2005—2008 年我国大型与中小型上市公司的资产负债率进行比较研究，发现前者的资产负债率显著高于后者。通过实证研究深入分析二者差异的成因，研究结果表明，大型上市公司有更强的贷款意愿，而中小型上市公司相对有较强的股权融资偏好；上市公司的所有权性质会对其资产负债率产生影响；大型上市公司的规模效率有利于其进行债务融资，同时，中小型上市公司治理状况是导致其资产负债率较低的原因之一。

　　（1）与中小型上市公司相比大型上市公司具有更强的贷款意愿。

　　中小型上市公司虽然较大型上市公司有相对较低的经营风险，但并不能利用这一点获取相对于大型上市公司的融资优势。因为在我国因缺乏利率弹性而存在逆向选择状况的债

---

① 张程，李文雯，张振新. 公司规模与资产负债率：采自上市公司的证据. 财经问题研究，2010（11）.

务性融资市场。另外，中小型上市公司固定资产比例普遍低于大型上市公司，这又使得其在利用抵押物获得债务性融资机会方面少于大型上市公司。与中小型上市公司相比，大型上市公司在债务性融资市场上具有较强优势和较高比例的可抵押资产，这使这类公司具有更强的贷款意愿和更有利的获得贷款的条件，从而使得大型公司更有可能具有更高的资产负债率。

（2）中小型上市公司相对有较强的股权融资偏好。

数据显示，中小型上市公司的成长性和经营波动性并不像人们普遍认为的那样高于大型上市公司，相反却是相对更低的。但由于证券市场上人们对其成长性的期待以及小规模公司股票的易炒作特点，导致这类公司具有较高的市值账面比。而高市值账面比的公司选择股权融资能够筹集到更多资金，因此拥有较高市值账面比的中小型上市公司在融资抉择中会更倾向于股权融资，从而降低债务融资比例，导致其相对较低的资产负债率。

（3）上市公司所有权性质对资产负债率有一定影响。

相关研究表明，控制权性质为国有的上市公司普遍拥有较高的资产负债率。在我国大型上市公司多为国有控股性质，该类企业对经济和社会的稳定起着重大作用，与中小上市公司或民营控股公司相比，更容易获得金融机构的债务融资服务。且银行（尤其是国有银行）对该类公司的债权存在"软约束"，国有控股性质的上市公司较少因负债率过高面临破产威胁，从而在一定程度上助长了大型上市公司不断扩大债务融资规模的行为，成为导致大型上市公司的负债率普遍较高的原因之一。

（4）大型上市公司较明显的规模效率有利于其进行债务融资。

研究表明，我国中小型上市公司低负债的同时伴随着较高的资金流动性，这意味着中小型上市公司为避免受制于资金限制而倾向于保持较高的资金流动性和采取相对谨慎的经营策略和相对较慢的扩张速度。相关数据显示出中小型上市公司在资金营运能力、成长性和赢利能力上均不如大型上市公司。而大型上市公司在相对较高的资产负债率下有相对较高的资金周转率，反映出大型上市公司债务融资资本充裕，且能够充分利用规模效率增强营运能力的现实状况，而这可能在一定程度上支持了大型上市公司相对较高的债务融资比例。

第三节　战略融资方式的选择

一、融资方式

企业融资方式有多种不同的分类，归纳起来，主要有如下五类：

（一）内部融资

企业可以选择使用内部留存利润进行再投资。留存利润是指企业分配给股东红利后剩余的利润。这种融资方式是企业最普遍采用的方式之一。但企业的一些重大事件，比如并购，仅仅依靠内部融资是远远不够的，还需要其他的资金来源。内部融资的优点在于管理层在作此融资决策时不需要听取任何企业外部组织或个人的意见，比如并不需要像债权融资那样向银行披露自身的战略计划或者像股权融资那样向资本市场披露相关信息。同时，由于不需要筹资费用，可以节省融资成本。当然不足也是存在的，比如股东根据企业的留存利润会预期下一期或将来的红利，这就要求企业有足够的赢利能力，而对于那些陷入财务危机的企业来说压力是很大的，因而这些企业就没有太大的内部融资空间。

（二）股权融资

股权融资是指企业为了新的项目而向现有的股东和新股东发行股票来筹集资金。股权融资也可称为权益融资。这种融资经常面对的是企业现在的股东，按照现有股东的投票权比例进行新股发行，新股发行的成功与否取决于现有股东对企业前景是否有较好的预期。股权融资的优点在于当企业需要的资金量比较大时（比如并购），股权融资就占很大优势，因为它不像债权融资那样需要定期支付利息和本金，而仅仅需要在企业赢利时向股东支付股利。这种融资方式也有其不足之处，比如股份容易被恶意收购从而引起控制权的变更，同时股权融资方式的成本也比较高。

（三）债权融资

债权融资大致可以分为借贷、发行债券和租赁三类。

1. 短期借贷与长期借贷

从银行或金融机构贷款是当今许多企业获得资金来源的普遍方式，特别是在银行对企业的发展起主导作用的国家更是如此。年限少于一年的借贷为短期贷款，年限高于一年的贷款为长期贷款。运用贷款融资的企业需要定期支付贷款利息，短期贷款利率相对于长期贷款的利率要高些，不过长期贷款通常需要企业的资产作抵押。资产抵押意味着企业如不按期偿还贷款，债权人就有权处置企业所抵押的资产。企业可以选择不同的贷款合同，比如选择固定的或是浮动的利率和贷款期限。

一般额度较高的贷款会附加较多的合同条款，条款的苛刻程度取决于企业对贷款的需求程度，这类贷款一般都会要求资产抵押。一旦企业违约，资产的所有权就归债权人所有。也正因为有资产作抵押，债权融资的成本一般会低于股权融资，但是无论企业的赢利状况如何，即便是亏损，企业也需要支付合同规定的利息费用，从而导致企业财务负担的增加。而股权融资在此时则可以选择不发放股利。每个企业的贷款额度都是有限的，债权人会从风险管理的角度来评估需要贷款的企业，从而作出最优的贷款决策。例如，债权人会分析企业过去的经营业绩、未来前景、现有的资产负债率、抵押资产的质量以及与企业长期培养的合作关系。债权融资方式与股权融资方式相比，融资成本较低、融资的速度较快，并且方式也较为隐蔽。但是不足之处也很明显，当企业陷入财务危机或者企业的战略不具竞争优势时，还款的压力会增加企业的经营风险。

2. 发行债券

债券是社会各类经济主体为筹集负债资金而向投资人出具的，承诺按照一定利率定期支付利息，并到期偿还本金的债权、债务凭证。发行债券是企业融资的一种重要方式。发行债券融资从性质上说与银行贷款并无本质差别，同属于债权融资，因而与银行贷款具有许多共性。所不同的是，发行债券一般是通过证券市场进行的，其融资额度、融资程序以及融资时机等，要受到相关法律、法规的制约，因而又具有其特殊性。

3. 租赁

租赁是指企业租用资产一段时期的债务形式，可能拥有在期末的购买权。比如，运输行业比较倾向于租赁运输工具而不是购买。租赁的优点在于企业可以不需要为购买运输工具进行融资，因为融资的成本是比较高的。此外，租赁很有可能使企业有更多的税收优惠。租赁可以增加企业的投资回报率，因为它减少了总资本。不足之处在于，企业使用租赁资产的权利是有限的，因为资产的所有权不属于企业。

（四）销售资产

企业还可以选择销售其部分有价值的资产进行融资，这也被证明是企业进行融资的重要战略。从资源观的角度来讲，这种融资方式显然会给企业带来许多切实的利益。销售资产的优点是简单易行，并且不用稀释股东权益。不足之处在于，这种融资方式比较激进，一旦操作了就无回旋余地，而且如果销售的时机选择不准，销售价值就会低于资产本身的价值。

（五）资产证券化融资

资产证券化是传统融资方法以外的最新现代化融资工具，能在有效地保护国家对企业和基础设施所有权利益与保持企业稳定的基础上，解决企业特别是国有大中型企业在管理体制改革中所遇到的资金需求和所有制形式之间的矛盾。

资产证券化能将流动性差的资产转变为流动性高的现金，并将未来预期的资产收益转变为当前现实的现金收入，通过资产负债表外融资改善企业的资产负债结构。同时，利用资本市场、破产隔离和信用增级等措施，解决我国引进外资方面的问题，特别是使用增级技术更适合我国现状。

1. 资产证券化的含义

资产证券化就是将原始权益人不流通的存量资产或可预见的未来收入通过特设机构（Special Purpose Vehicle，SPV）构造和转换为资本市场可销售和流通的金融产品即证券的过程。这种由一组不连续的应收账款或其他资产组合产生的以现金流量为支撑的证券，被称为资产支撑证券（Asset-Backed Securities，即 ABS）。

2. 资产证券化的过程

（1）资产的原始权益人对自身资产进行定性和定量分析，将流动性较差但能带来稳定现金流量的存量资产如应收账款、住房抵押贷款等或可带来未来现金流量的合同或项目进行剥离，出售给 SPV。

（2）SPV 将从不同发起人处购买的资产"开包"组合成资产池。这些资产池内的资产采用真实销售的方式从原始权益人处购入，与原始权益人进行了破产隔离，即它不属于原始权益人破产清偿财产的范围。

（3）SPV 将资产池内的各种资产进行结构性重组，设计成各种期限不等、利率高低不一的证券。

（4）进行证券信用增级。信用增级有多种方式：①破产隔离。由于实行破产隔离，证券化的资产与原始权益人自身的信用水平分开，投资者不受原始权益人信用风险的影响。②卖方信用增级。一是直接追索权，即 SPV 在资产遭到拒付时有权向原始权益人追索；二是资产储备，即原始权益人持有证券化资产之外的足以偿付 SPV 购买金额的资产储备；三是购买或保留从属权利，即由原始权益人向 SPV 提供一笔保证金。③第三方信用增级。即由信用较高的金融担保公司提供担保。

（5）进行发行评级。SPV 聘请信用评级机构对 ABS 进行发行评级，并对外发布。投资者据此对投资风险进行判断。在信用增级之前，SPV 已聘请信用评级机构进行过初步评级。

（6）进行证券销售。SPV 发行的证券可采用包销或委托销售的方式由证券承销商负责销售。由于 ABS 进行了信用增级，已具备较高的信用等级，因此能以较好的条件售出。

（7）SPV 获取证券发行收入，向原始权益人支付购买价格，向聘用机构付费。

（8）实施资产管理，建立投资者应收积累金。SPV 向服务人支付服务费用。

（9）还本付息。到了规定期限，由托管机构将积累金拨入付款账户，对投资者还本付息。由证券化的资产产生的收入扣除本息及可能会产生的各项费用之后，若有剩余，按协议在原始权益人和 SPV 之间进行分配。

3. 证券化资产

从理论上讲，大多数流动性较差但能够在未来产生可预见的稳定现金流量的资产经过特殊组合后都能证券化。从美、日等国家资产证券化的实践看，适合证券化的资产主要有以下四类：

（1）住房抵押贷款。住房抵押贷款是银行贷给购房者的以所购住房作抵押的应收款项，期限较长，流动性很差，但能产生稳定的现金流。美国、日本资产证券化实践都是从住房抵押贷款证券化开始的。

（2）应收账款。应收账款一般没有利息收入，期限很短，是否能产生现金流量取决于债务人的信用和支付能力。所以对单个应收账款而言，其现金流量是不确定的；但对一组应收账款而言，由于大数定律的作用，整个组合的现金流却呈现出一定的规律。因此应收账款可以证券化，并成为信用中下的企业融资的重要方式。

（3）汽车抵押贷款和其他消费贷款。

（4）高速公路收费、版权专利费等项目。这些项目能够在未来产生可预见的稳定现金流量，以此为偿债担保发行的债券，也是 ABS 的一种形式。这种形式在美国已有广泛实践。在我国，1995 年铁道部门利用年收入超过 300 亿元现金流量的"铁路建设基金"作为偿债担保发行的铁路建设债券就类似于这种类型。

4. 资产证券化融资方式的特点

（1）资产证券化是一种表外融资方式。因为原始权益人对被证券化的资产采取真实销售的方式出让给 SPV，因此，根据美国财务会计准则第 125 号的规定，只确认现金的增加、被证券化资产的减少和相关损益，而不确认负债。这种融资方式有利于保持原有资产负债比率，有利于维持原有的财务杠杆比，为企业再融资提供了便利。

（2）资产证券化是一种结构融资方式。资产证券化的核心是设计出一种严谨有效的交易结构，如多种资产支撑一种证券或一种资产支撑多种证券或多种资产支撑多种证券，有多个当事人参与。这样有利于提高 ABS 的安全性，以吸引投资者，提高 ABS 发行的成功率。

（3）资产证券化是一种低成本的融资方式。由于信用增级技术的应用，ABS 具有较高的信用等级，因此，票面利率一般较低。

（4）资产证券化使融资者匿名融资成为可能。由于 ABS 的到期清偿只与被证券化的资产产生的现金流有关，从而只需向投资者提供该资产的相关信息，而不必提供企业其他方面的信息，有利于保护企业的财务秘密和商业秘密，尤其为资信等级较低的企业融资提供了有利条件。

（5）资产证券化有利于提高存量资产的质量，加速资产周转和资金循环，提高资产收益率和资金使用效率。

由于资产证券化具有的创新融资结构，特别是信用增级技术，满足了融资者、投资者和其他当事人的不断变化的需求，从而使资产支撑证券成为当今国际资本市场上发展最快、最具活力的金融产品之一。开展资产证券化业务对我国金融产品创新、不良资产盘活和企业融资渠道的扩大将具有较大的促进作用。

二、各种融资方式特点分析

企业在从战略角度选择筹资渠道和方式时，应该对各种筹资渠道和方式所筹集资金的特点进行详细分析。在此基础上，结合企业战略目标分析，即可对筹资渠道与方式作出合理的战略选择。不同筹资渠道与方式所筹集资金的特点如表2-4所示。

表2-4　　　　　　　　　　各种个别资本的特点[①]

筹资渠道与方式	资金成本	方便性、对经营权的影响	对利润的影响、利用时间的长短、利用额的大小
内部留成	◆财务计算上没有成本 ◆作为机会费用有一定的成本	◆如果没有利润也无法留成 ◆对经营来说是最安全的资金 ◆分红后可以自由支配	◆没有使用年限
股票	◆可以根据利润情况确定分红 ◆按市价发行时，由于发行后的还原，成本提高	◆发行种类较多，可以相互组合 ◆手续多、时间长 ◆根据股份稳定程度不同对经营权有不同程度的影响 ◆在异常时可以不分红	◆无期限资金 ◆可以大量筹资 ◆基于利润处理确定股利
贷款	◆成本低于普通公司债 ◆有时银行将强制提高提取存款的比率	◆手续简单 ◆有时不需要担保 ◆需要支付利息和还本 ◆经营不佳时，成本较高 ◆在有些情况下经营权受到干预	◆金额可大可小 ◆也有长期贷款，但以短期为主 ◆费用就是利息
公司债	◆由于是固定利息，在低利息时发行较为有利 ◆在兑换公司债时附带发行新股票利息更低	◆一般需要担保 ◆手续较多、时间长 ◆需要支付利息和还本 ◆经营不佳时，难以筹措 ◆类型较多，利用范围较广	◆时间长、数额大 ◆费用就是利息

---

① 韦德洪. 高级财务管理理论与实务. 上海：立信会计出版社，2005. 433.

（续上表）

筹资渠道与方式	资金成本	方便性、对经营权的影响	对利润的影响、利用时间的长短、利用额的大小
赊购款	◆表面没有成本，但实际上这种成本有时加在价格里。另外在采取现金折扣制度时，也有成本	◆容易筹措 ◆不必担心经营权受干预 ◆在急需时可以筹措到一定限度的资金	◆短期 ◆只能利用购入金额部分
租赁	◆比购买设备的成本高	◆只能利用相当于租赁设备的资金 ◆手续简单 ◆不需要担保 ◆如果拖延支付租赁费，对方将提出支付全部价款	◆折旧快 ◆金额可大可小 ◆贷款期间由租赁设备使用年限决定

三、不同融资方式的限制

在了解了企业的几种主要融资方式后，管理层还需要理解限制企业融资能力的两个主要方面：一是企业进行债务融资面临的困境；二是企业进行股利支付面临的困境。

1. 债务融资面临的困境

如前所述，债务融资要求企业按照合同进行利息支付，利率一般是固定的，并且利息的支付还有两个方面的要求：一是利息支付一定优先于股利支付；二是无论企业的赢利状况如何，企业都必须支付利息。因此，如果企业负担不起利息，就将进入技术破产。这意味着，企业赢利波动的风险由股东承担，而不是由债权人承担。高风险通常与高回报相联系，因此股东会比债权人要求更高的回报率。按照这个逻辑，企业应该更偏好于选择债权融资。尽管相对于股权融资而言，债权融资的融资成本较低，但是企业也不可能无限制地举债，因为巨额的债务将产生较大的财务费用，从而会加大企业利润的波动，表现为留存利润和红利支付的波动。而企业通常会提前对未来的留存利润进行战略规划，如果留存利润的波动较大，企业就不能很好地预期，这样就会影响到企业的战略决策。因此，举债后企业的红利支付水平的波动比没有举债时更大。举债越多，红利支付水平波动越大。因此，即便是在企业加速发展时期，企业也会有限地举债。

债权人不愿意看到企业的资产负债比例高达100%，因为高负债率对企业利润的稳定性要求非常高。然而，当债权融资不能满足企业的增长需求时，企业会寻求其他途径来实现企业增长的目标。总的来说，企业会权衡债权融资的利和弊作出最优的融资决策。

2. 股利支付面临的困境

企业在作出股利支付决策时同样也会遇到两难的境地。如果企业向股东分配较多的股利，那么企业留存的利润就较少，因为两者是此涨彼消的关系。理论上讲，股利支付水平与留存利润之间应该是比较稳定的关系。然而，实际上企业经常会选择平衡增长的股利支付政策，这样会增强股东对企业的信心，从而起到稳定股价的作用。而且，留存利润也是属于股东的，只是暂时没有分配给股东而要继续为股东增值，但是，较稳定的股利政策也有其不足之处，与前述债权融资的思想类似，不稳定的留存利润不利于企业作出精准的战略决策。同样，企业也会权衡利弊作出最优的股利支付决策。

练习与案例

一、复习思考

1. 企业制定融资战略需要考虑哪些因素？
2. 各种不同融资方式的主要优缺点有哪些？
3. 中国的上市公司为何偏好股权融资？

二、案例分析

青岛海尔定向增发收购集团同业资产①

青岛海尔（600690）发布公告称，中国证券监督管理委员会以有关文件核准青岛海尔股份有限公司向海尔集团公司发行 142 046 347 股的人民币普通股购买其相关资产；并豁免了海尔集团公司因认购公司向其发行的新股而增持的 142 046 347 股，合计持有并控制公司 43.54% 的股份而应履行的要约收购义务。

青岛海尔 2006 年 9 月公告董事会审议通过的定向增发方案：拟以 4.97 元/股向海尔集团发行 1.42 亿股，购买其持有的青岛海尔空调电子有限公司 75% 的股权、合肥海尔空调器有限公司 80% 的股权、武汉海尔电器股份有限公司 60% 的股权及贵州海尔电器有限公司 59% 的股权。当时即确定此次发行的特定对象为海尔集团公司，也就是说海尔集团以旗下四家公司的部分股权全额认购青岛海尔 1.42 亿股股份，资产注入、减少集团和上市公司关联交易意图明显。本次定向增发标的的评估值为海尔集团公司持有的青岛海尔空调电子有限公司 75% 的股权、合肥海尔空调器有限公司 80% 的股权、武汉海尔电器股份有限公司 60% 的股权及贵州海尔电器有限公司 59% 的股权于 2005 年 12 月 31 日的评估值，为 705 970 343.68 元。而发行价格是按照市场化的原则方式确定，以董事会决议公告日前 20 个交易日公司股票收盘价的算术平均值溢价 10%（保留两位小数）为发行价格，经计算后得出的发行价格为每股 4.97 元。由此计算出，本次发行的股份数量为 142 046 347 股。此外，青岛海尔还计划设立全资营销子公司，在全国分设 42 家分公司，自 2007 年开始从事海尔白色家电产品的国内营销。业内人士认为，此举将消除与大股东之间的同业竞争和关联交易，壮大空调主业，提高赢利能力。

2007 年 4 月 12 日，青岛海尔董事会审议通过向海尔集团定向发行 1.42 亿 A 股股票的决议，每股作价 4.97 元，总作价为 7.06 亿元，用于收购海尔集团公司所持有的青岛海尔空调电子有限公司 75% 的股权、合肥海尔空调器有限公司 80% 的股权、武汉海尔电器股份有限公司 60% 的股权及贵州海尔电器有限公司 59% 的股权。与不少定向增发公司以决议公告日前 20 个交易日的均价为定价标准不同，此次青岛海尔定向增发规定的发行价则是在公告日前 20 个交易日的均价基础上再溢价 10%，保证了海尔集团公司此次的认购成本不低于二级市场股价。市场人士认为，此种定价方式从认股成本和持股比例两个方面，

---

① 资料来源：刘莎莎. 青岛海尔定向增发收购集团同业资产. 证券日报，2007 - 04 - 13.

保护了中小股东的利益，避免了大股东用低股价的方式来获取上市公司更多股权。据业内人士介绍，通过此次定向增发，海尔集团将四家公司的控股权注入上市公司，可以看成是控股股东履行股改承诺，为消除同业竞争、提升上市公司业绩、维护中小股东利益而实施的重要举措。

青岛海尔与海尔集团的控股子公司空调电子、合肥海尔、武汉海尔及贵州海尔均从事空调或冰箱产品的生产与销售，存在同业竞争问题。据资料显示，青岛海尔作为我国白色家电的领军企业，几年来的业绩一直不错，但其股价却一直不太活跃，市盈率低于同行业上市公司的平均水平。据世纪证券万字宇分析，其中原因可能是投资者对青岛海尔由于历史遗留问题导致的与集团公司存在的同业竞争及关联交易心存顾虑，从而限制了股价的上涨。

据了解，此次购买的资产相对原青岛海尔资产质量高、赢利能力强，收购完成后，有望提升青岛海尔的业绩。同时，会对青岛海尔的资产及收入规模有较大的提升，有利于青岛海尔中小股东的利益，促进公司健康规范发展。统计显示，青岛海尔此次对集团公司的定向增发价格与每股收益的比明显大于目前同行业上市公司的平均市盈率。业内人士分析，按照 2006 年 9 月 22 日的收盘价计算，日前同行业上市公司的平均市盈率为 16.03 倍，如果按照青岛海尔 2005 年每股 0.20 元的收益计算，此次青岛海尔的发行市盈率为 24.85 倍，比同行业平均水平高 55.02%。海尔集团公司以高于可比上市公司平均市盈率的价格认购青岛海尔的股份，充分显示了海尔集团公司对青岛海尔未来发展的信心，同时保障了其他非关联股东的利益不受损失。

【分析与思考】
1. 比较定向增发和公开增发的主要异同。
2. 分析定向增发对其他股东权益的影响。

第三章　企业投资战略管理

第一节　企业投资战略管理概述

一、投资战略与投资战略管理

企业资产投放是指为获得未来的经济利益和竞争优势而把筹集到的资金投入到一定的事业或经营活动中的行为。它不仅是表达企业战略意图的一种重要方式，而且还是保证企业战略实施的一个关键环节。没有投资，企业就不可能获得发展；没有投资，企业也不可能实现自身的战略目标。投资按其性质可以分为直接投资和间接投资两类。直接投资是对实物资产的投资，即一般所称的项目投资；间接投资是对股票、债券等金融资产的投资。

投资战略是指企业为了长期生存和发展，在充分估计影响企业长期发展的内外环境中的各种因素的基础上，对企业长期的投资行为所作出的整体筹划和部署，它是企业战略不可分割的一部分。企业投资战略对企业资源的运用具有指导性，其目的是为了全面、有效地利用企业各种资源，合理科学地配置企业生产力，从而使企业整体投资效益最大化。企业投资战略一般具有从属性、导向性、长期性和风险性的特点。换言之，投资战略一旦实现，就会给整个企业带来生机和活力，使企业得以迅速发展。但是投资战略一旦落空，将给企业带来较大损失，甚至陷入破产、倒闭的局面。

投资战略管理是指包括投资战略目标的确定、投资战略类型的选择、投资战略的制定和实施在内的一系列管理活动的总称。投资战略管理的核心问题是进行收益与风险的权衡。投资战略管理强调投资对象的内在价值，以及根据环境的变化和投资者的情形来调整投资战略。

就直接投资而言，投资战略管理要解决企业为什么要扩大生产规模；企业投资方向应该如何选择：专业化、一体化还是多元化；企业采取什么样的投资方式来实现：新建、并购还是重组等问题。

就间接投资而言，一般投资管理侧重于从技术层面分析研究投资的风险与收益。涉及投资组合理论、资本定价理论、套利定价理论等。投资战略管理除了考虑这些技术性的方面之外，更多地强调投资对象的内在投资价值，以及根据环境的变化和投资者的情形调整投资战略。

二、投资战略的目标

现代企业财务理论认为，企业财务管理的目标是实现企业价值最大化。这一目标在企业投资行为中的体现就是较少的资金投放和较低的投资风险获得较大的投资收益和竞争优势。企业投资战略目标应具有挑战性、可行性、多元性和弹性。这些目标主要包括：

（1）收益性目标。即指企业通过投资所产生的各种获利能力指标，如利润率、投资收益率等。

（2）成长性目标。即指通过投资战略带来的企业的发展空间和水平，表现为那些能表明企业成长、发展程度的目标，如扩大规模、增加产量、提高销售额、提高技术准备水平等。

（3）市场占有目标。通过投资战略的制定与实施，要有助于企业开拓市场，提高市场占有率等。

（4）技术领先目标。即指企业投资战略的制定与实施，要有助于企业能在某项技术上占据领先地位目标。

（5）产业转移目标。即指通过投资战略，可使企业改变生产方向，从一个行业转向另一个行业。

（6）产业化目标。即指通过投资战略，可使企业取得或建立有保证的销售渠道、关键技术、原材料供应基地和能源供给，达到产前、产中、产后一体化。

（7）社会公益目标。即指投资战略提供社会公共效益方面的目标，如环境保护、公共交通、节约能源等。

上述目标相互联系，共同构成一个多元化的投资战略目标体系。当然，这些目标也不可能完全同时满足，企业应根据具体情况，选择合理的目标体系。一般来说，企业在选择投资战略目标时，应该做到以下几点：充分了解竞争的特点，包括影响市场竞争的因素、竞争范围、竞争对手以及竞争层次；分析产业前景；分析投资收益与投资风险的关系；明确企业战略的要求等。

三、投资战略管理的内容

1. 投资战略类型的选择

企业投资战略类型是指企业根据内部情况和外部环境所确定的战略投资的方向、重点等，它在一定程度上决定了企业今后一定时期的发展方向。因此，企业应该在充分分析各种战略类型特点的基础上，结合自身情况，选择与本企业发展战略相符合的投资战略类型。

2. 投资战略的制定

投资战略的制定就是管理者运用各种可行和实用的分析工具，系统地分析企业的优势、劣势、机会和挑战，选择合理的战略类型，找到那些真正能够提升企业价值的投资项目，并提出完成这些项目的总体规划和具体实施步骤。

3. 投资战略方案的评价

投资战略方案的评价就是运用各种财务投资管理指标和非财务指标，对拟定的战略投资方案，从经济、技术等方面进行分析、比较，从中选择较优的方案加以采用。

投资战略方案的评价在一定程度上可以利用贴现的现金流量法（即 DCF 法），如净现值法、内部报酬率法等。与常规投资项目评价的不同之处在于，战略性投资方案的有关指标预测、分析的难度会加大，导致 DCF 模型所需数据的预测值的准确性难以保证。因此对应用 DCF 法所得的结论不能过分依赖，还应配合适当的定性方法分析，才能作出最终结论。

第二节　企业投资战略的类型及其选择

一、企业投资战略的类型

企业投资战略的制定是投资战略管理的重要环节。企业的投资战略可以按不同的分类标准分为多种类型，不同企业或同一企业在不同时期所采取的投资战略类型会有所不同。

（一）按照投资战略的性质划分

按投资战略的性质划分，有稳定性投资战略、扩张性投资战略、紧缩性投资战略和混合性投资战略。

稳定性投资战略是一种维持现状的战略，即在外部环境短期内无重大变化的情况下，将现有战略继续进行下去，最有效地利用现有的资金和条件，继续保持现有市场，维持现有投资水平，降低成本和改善企业现金流量，以尽可能多地获得现有产品的利润，积聚资金为将来发展做准备。这种战略实际上是产品转向的一个过渡阶段。其过渡时间的长短，取决于现有产品的生命周期和转入新产品的难易程度。

扩张性投资战略是一种不断扩大现有投资水平的战略。企业通过扩大投资规模或提高投资的增长速度，不断扩大企业的生产经营规模，增加生产和经营产品的种类，提高市场占有率，其核心是发展与壮大。这种战略具体包括市场开发战略、产品开发战略、市场渗透战略和多角化经营战略。

紧缩性投资战略是一种收缩现有投资规模的战略。企业从激烈的市场竞争中撤退下来，从现有经营领域抽出投资，缩小经营范围，休养生息。企业在经营决策失误、经营优势丧失，或者取得竞争胜利后放慢竞争节奏时，宜采用紧缩性投资战略。

混合性投资战略是指企业在一个战略时期内同时采用稳定、扩张、紧缩等几种战略，多管齐下，全面出击。其战略核心是在不同阶段或不同领域，采用不同的投资战略。

（二）按投资经营对象的差异划分

企业投资战略按照投资经营对象的差异可分为密集型投资战略、一体化投资战略和多样化投资战略。

密集型投资战略是指企业在以单一产品为投资对象的条件下，采取积极措施，开辟新的经营领域，增加新的品种，扩大市场面，从而全面扩大生产和销售。

一体化投资战略是指企业在供、产、销三个方面的投资与经营实现一体化，使得原料供应、加工制造和市场销售实行联合，从而提高生产和销售的能力。

多样化投资战略是指企业的新产品和新市场相结合，从事相关多元化投资和经营的战略。

二、投资规模扩大的利与弊

投资规模扩大是实现企业发展的典型形式。但是，投资规模的扩大给企业带来的不仅仅是利益，还有问题（弊端）。如果以利润率——主要是资金利润率——作为评判标志，那么，企业投资规模的扩大究竟是导致利润率的上升还是下降，就取决于利与弊的相对对比关系。

（一）企业投资规模扩大的利益

1. 规模扩大有利于降低成本

较大规模企业通常比较小规模企业具有更低的成本水平。规模扩大之所以会有这种作用，其原因是多方面的：

（1）规模较大的企业更能集中现代科学技术，更能科学地进行生产组织与管理，因而能以相对低的固定资产投资，取得相对多的产品。

（2）较大规模的企业通过采用大型先进高效设备、采用先进工艺，节约原材料和能源消耗。

（3）较大规模的生产便于实现标准化、专业化，从而可以提高产品质量，减少废、次品损失。

（4）较大规模的生产，有助于提高劳动生产率，节约活劳动消耗，减少人工成本支出。

（5）较大规模的企业，可以通过大批量采购，降低单位采购成本。

（6）较大规模的企业，通过大量销售，可降低单位产品负担的营销费用。

可见，企业投资规模的扩大，不仅能降低单位产品所负担的固定成本，更重要的是能降低物化劳动及活劳动消耗，提高产品质量，降低管理费用及营销费用的相对水平，从而降低了单位产品生产和经营的变动成本。

2. 规模扩大是实施多角化经营和纵向一体化的基本前提

多角化经营之所以能提高企业的长期利润率，是因为它能分散企业的经营风险，从而增强了企业抵御行业风险的能力，比较容易实现长期稳定发展。与此相类似，纵向一体化通过把原本由市场协调的原材料和（或）产品的供销关系转化为企业集团内部的协调关系，有利于降低交易成本，同时有助于企业稳定生产所需原材料的供应和（或）产品销售渠道，从而稳定整个企业集团的生产和经营。

3. 大规模企业内部资金融通而导致的资金利用效率的提高等方面的利益

企业规模的进一步扩大，将会形成集团型企业等组织形式。在企业集团内部的成员企业中会出现部分企业有资金短缺、部分企业有资金富余的情况，通过一定的组织形式如资金结算中心、财务公司等，可以调节各个成员企业的资金余缺，有利于提高资金的使用效率，使这些企业都受益。

（二）规模扩大导致的问题

1. 规模扩大的过程总会包含一定的风险

规模的扩大往往伴随着多角化和（或）纵向一体化，从而导致发展过程中较长时期利润率下降。新的投资越大，回收期越长，企业将要经历的利润率下降的时间也就越长。而且，扩大规模能否取得最终的成功，除了取决于企业自身的努力之外，还在很大程度上依赖于企业所进入的行业的竞争状况和未来前景。如果企业对这些状况和前景的预测有所失当，就可能意味着这种规模的扩大是一种"灾难"或者说"先天不足"。

2. 规模扩大可能会导致管理组织成本上升

随着企业规模的扩大，尤其是企业的多角化、纵向一体化、集团化和国际化，必然要求增设管理机构，扩大管理层次，增加管理人员，以协调企业各部门、各子公司或分支机构的活动。这些都会导致管理成本的上升和管理效率的下降。严重时甚至会抵消由于规模扩大而带来的成本节约。

三、投资战略类型选择的依据

在决定选择具体投资战略之前，企业必须通过可行性分析，对各种战略进行全面的研究，很多因素都会影响企业投资战略的选择。这些因素可以分两类，即外部因素和内部因素。

（一）外部因素

外部因素包括市场规模、竞争、经济状况、政府政策、政治环境、社会及自然环境等。

1. 市场规模

市场机会的存在是企业采取行动的必要前提，但这并不等于说只要有市场机会，企业就可以采取行动。市场规模及市场组成将要影响到一个企业可能面临的机会的特性。市场的成本及其长期保持不仅会对企业是否应该把握机会产生影响，而且会影响企业为把握机会要付出多少代价。

2. 竞争

竞争分析要解决的一个基本问题是：有哪些竞争者会把哪些细分市场作为目标市场，他们会采取哪些营销策略。其目标是找到那些目前未被发现的细分市场以及那些虽然已被发现但竞争并不充分的细分市场。在那些竞争者采取营销策略并无明显特点或者各竞争者之间的策略并无明显区别的细分市场上，只要分析者采取能够迎合市场需求的营销策略就能更好地占领这些市场。

3. 经济状况

一国宏观的基础性经济环境将会决定一个微观组织可能遇到的机遇的大小。通货膨胀、货币紧缩及货币流动性问题都是当代企业经常面临的经济环境，而能够适应这些宏观环境就需要各企业做好投资策略制定工作。即使规模巨大，实力雄厚的企业也不可避免地会遇到这些问题。

4. 政府政策

世界上所有的主要工业国家的政府在规划国家经济生活方面所起到的作用都在增加。劳工政策、税收政策、政策环境、安全政策及其他监管和规定，都直接影响到投资的收益。对过去和未来的法律法规的评估已成为所有国际投资者制定策略的核心部分。

5. 政治环境

对政治风险的预测及分析也是国际投资者进行投资策略制定时非常关心的问题，很难想象一个投资者会冒着风险到一个政局动荡不安的国家去投资。

6. 社会及自然环境

社会变化对商业企业来说意味着风险，同时也意味着机遇。它带来的影响是逐步体现出来的。社会变化还会对消费群体的理性行为产生重要的影响，例如，技术创新在转化为生产力之前必须先被消费者认同。然而，即使技术创新从经济方面来讲是可行的，发展如此缓慢的社会也不会接受这种技术创新，企业经常是认识不到这些变化对其商业活动产生的重要影响，因此，他们没有时间减少损失或是在机遇到来时进行投资。

（二）内部因素

1. 企业财务整体战略

财务投资战略类型的选择是为了实现企业财务整体战略，因此企业在选择投资战略类型时需要以其财务整体战略为指导，在其规定的框架内进行，具体战略类型的确定应与整体战略保持一致。

2. 战略实施后的赢利和增值水平

追求利润最大化或使企业价值增值是企业投资战略的主要目标之一，而这一目标需要依靠具体的战略类型来实现。因此在确定投资战略类型进而选择投资项目时，对其赢利与增值水平的考量是最重要的参考依据之一。

3. 战略的风险及其防范与规避机制

无论选择何种战略类型，都会面临风险。但是，不同的战略类型相对不同的企业而言所承担的风险性质、风险大小等有所不同。因此，企业在选择战略类型时，必须进行周密的风险分析并制定相应的防范与规避机制，尽量避免那些风险大而企业又难以规避或承担的战略类型。

4. 融资能力

企业的融资能力是保证战略有效实施的先决条件，任何战略的实施都要求企业能及时、足额、低成本地筹集到所需资金。如果企业资金短缺，融资能力又较弱，就要选择那些资金需求不大且见效较快的战略类型。如果企业具有良好的融资平台，如本身是上市公司或是上市公司的控股公司，则可以选择那些资金需求较大、投资周期较长的战略性投资项目。

5. 战略的实施成本

战略的实施都需要企业支付一定的成本。其中有些成本具有一定的弹性，而另外一些成本则是刚性的。战略一旦启动，刚性成本就难以下降，因此，企业必须考虑在整个战略实施中对成本的控制能力和承担能力，尽可能规避那些成本高特别是刚性成本高而收益不确定的投资战略。

6. 投资管理与经营控制能力

没有良好的管理与控制，再好的投资战略也不能达到预期目的。因此，投资战略的选择还要考虑企业的投资管理和经营控制能力。包括相应的组织机构、人力资源系统、工作程序和财务控制机制等的建立和完善。

第三节　企业投资战略制定的方法

在进行投资战略规划时，管理者不应该通过拍脑袋等手段随意地寻找投资机会，使用一些发现机会的工具是必要的。这些工具将帮助管理者系统地思考问题，分析企业的优势、劣势、机会和挑战，从而找到那些真正能够提升企业价值的投资项目。

通常采用的投资战略制定方法有以下七种：

一、生命周期分析法

生命周期分析是描述产品、企业和行业动态演变过程的一个重要工具。虽然生命周期分析直接描述的是销售额和利润的变化过程，但是我们可以将之用于投资战略规划。因为在不同的生命周期阶段，企业的投资需求、风险水平等也是不同的。许多产品的生命周期曲线是S形的，这条曲线分为四个阶段：引入、成长、成熟和衰退。引入阶段，是指产品引入市场时销售缓慢成长的时期。在这一阶段，由于产品引入市场需要支付巨额费用，利润几乎不存在。成长阶段，是指产品被市场迅速接受和利润大量增加的时期。成熟阶段，是产品已被市场广泛认可，销售量维持在一定水平上，现金流量比较充足的阶段。在这一阶段为了对抗竞争，维持产品的地位，营销费用日益增加，利润稳定或有所下降。衰退阶段，是指销售下降的趋势增强和利润不断下降的时期。企业的生命周期就是企业所生产产品生命周期的组合。

图3-1是典型的产品生命周期曲线，同时说明了不同阶段流动性、赢利能力、现金流量等指标的特征。显然，在不同的生命周期阶段，企业的投资机会也不相同。例如，引入阶段需要企业支付大笔资金，而现金流量的风险很大且金额较小。而成熟阶段需要企业支付的投资额较小，而且此时的现金流量相对易于预测且金额较大。因此，使用传统的贴现现金流量方法有时结论可能会有偏颇，尤其是在引入阶段。

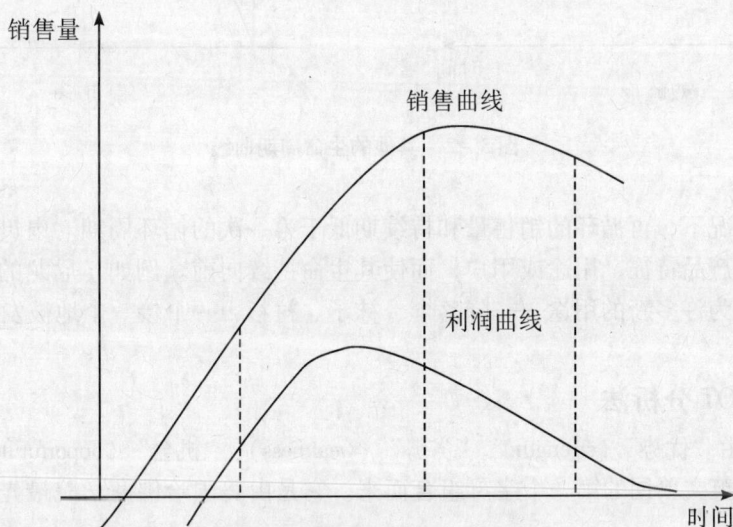

图3-1　典型的产品生命周期曲线

在引入阶段，企业今天所进行的投资是为了获得明天的投资机会，也就是说为了获得一种投资的期权。各阶段主要财务特征见表3-1所示。

表3-1 产品生命周期各阶段主要财务特征

	引入	成长	成熟	衰退
流动性	低	略有改进	改进很大	高
利润	亏损	改进很大	下降	下降
财务杠杆	高	高	下降	低
现金流量	小（或者为负）	高，且呈上升态势	大的现金流入	下降
销售收入	低	快速增长	增幅放缓	下降

在应用生命周期曲线对项目作分析时，要注意两个问题：第一，项目究竟处于生命周期的哪个阶段是很难准确判断的。有的项目的某个阶段可能很长，而另外的项目该阶段却可能很短。第二，S形的生命周期曲线只是比较典型的一种生命周期曲线，还有双峰形、扇贝形等生命周期曲线。如图3-2所示，双峰形的项目经历的两个循环，销售的第二个驼峰是产品进入衰退阶段时，由于促销推进而造成的。

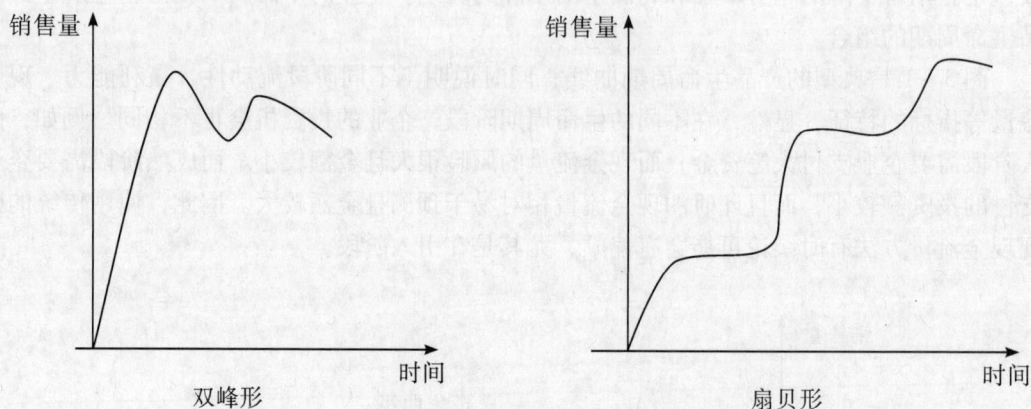

图3-2 其他的生命周期曲线

在正常情况下，再循环的销售量和持续期低于第一次的循环周期。扇贝形的曲线是基于发现了新的产品特征、用途或用户，而使其生命持续向前。例如，尼龙的销售就显示了这种特征，因为许多新的用途——降落伞、袜子、衬衫，一个接一个地被发现。

二、SWOT 分析法

SWOT 是由"优势"（strength）、"劣势"（weakness）、"机会"（opportunity）和"威胁"（threat）四个英文单词的第一个字母组合而来。它是由美国哈佛商学院最先采用的一种经典分析方法。

1. SWOT 分析法的基本原理

SWOT 分析法是一种在综合考虑企业内部条件和外部环境的各种因素，正确认识自身优势和劣势的基础上，进行系统评价，扬长避短，抓住机会，避开威胁从而选择最佳投资战略的方法。企业的内部优劣势是相对于竞争对手而言的，一般表现在企业的资金、技术产品、市场等方面；企业外部的机会是指环境中对企业有利的因素，如政府支持、高新技术的应用等；企业外部的威胁是指环境中对企业不利的因素，如市场增长率减慢，技术老化等。企业内部的优势、劣势、机会与威胁一旦确定，管理者即可着手制定投资战略。投资战略应充分利用外部机会，避免或克服外部威胁，充分利用内部优势，克服内部劣势。在此过程中，一定要注意两方面的一致性：一是内部一致性，即投资战略要与企业战略相一致；二是外部一致性，即投资战略要与外部环境相一致。

2. SWOT 分析法的战略生成过程及应用

对于内部优势、劣势和外部机会、威胁因素的不同组合来说，总有一些投资战略与之相对应，也就是说企业在特定的情况下，有些特定的投资战略可供选择。SWOT 分析法的分析过程包括了以下八个步骤：①列出企业的关键外部机会；②列出企业的关键外部威胁；③列出企业的关键内部优势；④列出企业的关键内部劣势；⑤将内部优势与外部机会相匹配，得出优势—机会（SO）战略；⑥将内部劣势与外部机会相匹配，得出劣势—机会（WO）战略；⑦将内部优势与外部威胁相匹配，得出优势—威胁（ST）战略；⑧将内部劣势与外部威胁相匹配，得出劣势—威胁（WT）战略。

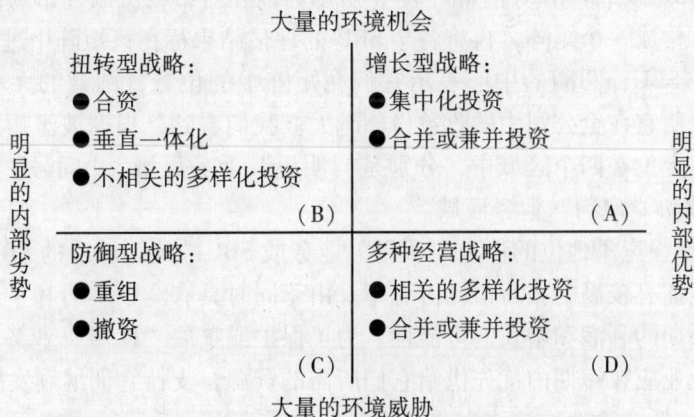

```
                          大量的环境机会
        扭转型战略：              增长型战略：
明        ●合资                   ●集中化投资           明
显                                                      显
的        ●垂直一体化            ●合并或兼并投资       的
内                                                      内
部        ●不相关的多样化投资                          部
劣                          (B)              (A)        优
势        防御型战略：              多种经营战略：        势
          ●重组                   ●相关的多样化投资
          ●撤资                   ●合并或兼并投资
                          (C)              (D)
                          大量的环境威胁
```

图 3 - 3　SWOT 分析图

通过上述分析，将得出的结果用图 3 - 3 来表示，它表明了某些投资战略与不同的SWOT 因素组合之间的关系。图中横、纵两轴把平面分为四个区域，横轴表示内部优势与劣势，纵轴表示外部机会与威胁。其中，最有利的区域是区域（A），属于优势—机会（SO）战略。在该区域内，外部环境机会很多，并且企业内部也具有明显优势，因此企业可以充分利用良好的机会增加投资。相应采取的战略应该是扩张型战略。区域（C）则是最不利的区域，属于劣势—威胁（WT）战略，在该区域内企业不仅劣势明显，而且外部面临较大威胁，企业应采取紧缩型战略。区域（D）属于优势—威胁（ST）战略，企业内部具有较强的优势，但外部面临较大威胁，这种情况下，企业可以在相关领域内进行多元化投资，充分利用自己的优势。区域（B）属于劣势—机会（WO）战略，环境机会很多，却受到内部劣势限制，所以企业应采取扭转型战略来抓住机会，回避劣势，可以采取合资、混合多元化投资等战略。

三、波士顿矩阵法

波士顿矩阵法是美国波士顿咨询公司（BCG）在20世纪60年代提出的一种投资组合分析方法。该方法将企业生产经营的全部产品或业务的组合作为一个整体进行分析，其着眼点是企业各种业务的相对市场份额以及给企业所带来的现金流量。因此，该方法非常有利于财务战略的制定。

波士顿矩阵法的分析前提是认为企业的相对竞争地位（以相对市场份额指标表示）和行业增长率决定了企业业务组合中的某一特定业务应当采取何种战略。企业的相对竞争地位越强，其获利率越高，该项业务能够为企业产生的现金流越大；行业增长率越高，说明企业获取利润的能力和现金投入的需求也越大，行业的吸引力也越大。

波士顿矩阵法主要包括以下两项内容：

（1）划分并评估战略经营单位（SBU）。管理者首先把整个企业划分为若干个战略经营单位，在企业实践中，战略经营单位一般都是按所处的产品市场情况来划分的。划分战略经营单位之后，要根据相对市场占有率和行业增长率两个指标对其进行评估。

（2）比较SBU或经营活动。如图3－4所示，以相对市场份额（市场占有率）和行业增长率为二维，构成一个矩阵，再将各个SBU的评估结果标在该矩阵中进行比较。该图中的圆圈代表各个SBU，圆圈的中心表示它们在矩阵中的位置，圆圈的大小与其收益成比例，圆圈越大表明它在全公司中的收益份额越大。我们看到，根据波士顿矩阵法可将企业的全部经营业务定位在四个区域中，分别是"明星"业务区域、"问号"业务区域、"现金牛"业务区域和"瘦狗"业务区域。

处于高增长/强竞争地位的称为"明星"业务或SBU，此区域中的SBU不仅位于高增长行业中，而且拥有较高的相对市场占有率。由于同时具有竞争实力和扩展机会，因此可以为企业提供长期的利润和增长的可能性。为了保护或扩展"明星"业务在增长的市场中的主导地位，企业应在短期内优先供给它们所需的资源，支持它们继续发展。

处于高增长/低竞争地位的称为"问号"业务或SBU，此区域内的SBU具有较低的相对市场份额和较弱的竞争能力，不过它们所依托的行业是高速增长的行业，因此为企业提供了长期获利和发展的机会。如果得到适当的帮助，注入大量的资金，"问号"就可以转变为"明星"。关键是管理者必须首先确定哪一个"问号"有可能转变为"明星"。

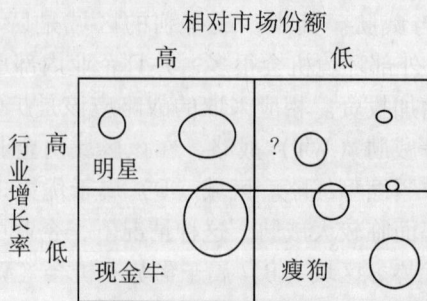

图3－4 波士顿矩阵图

处于低增长/高竞争地位的称为"现金牛"业务或 SBU。虽处于低增长率行业，但占有的相对市场份额较高的 SBU 就叫做"现金牛"。它们是成熟行业中的成本领先者，本身不需要投资，反而能保持利润、产生大量的正现金流量，用以支持其他业务的发展。不过，行业的低增长率预示着缺少未来的发展机会，因此不能向其进行大量的投资。

处于低增长/低竞争地位的称为"瘦狗"业务或 SBU。它们所在的行业处于饱和的市场竞争中，没有吸引力，并且本身又缺乏竞争力，因此对企业的贡献不大，虽然也能带来正现金流量，但利润很低甚至亏损。即使要维持其很低的市场份额，也需要大量的资本投资。因此，如果这类经营业务还能自我维持，则应缩小经营范围，加强内部管理。如果这类业务已经彻底失败，企业则应及早采取措施，清理业务或退出经营。

该矩阵指出了每个经营业务在竞争中的地位，使企业了解它的作用或任务，从而有选择地、集中地运用企业有限的资金。如果对经营业务不加区分，按相同的比例分配资金及人员，结果往往会造成企业资源的浪费，使急需资金的业务得不到充足的资金，而将资金浪费在没有前途的业务上。综上所述，利用波士顿矩阵分析法，最佳投资战略的制定应该包含以下几个方面的内容：

（1）应该把有希望的"问号"转变为"明星"，巩固现有"明星"的地位作为企业的长期目标，这就需要把来自"现金牛"的大量资金用于对某些"问号"的开发和未来"明星"的资助上。

（2）对远景不明的"问号"应减少或停止投资，以避免或减少企业资金和资源的浪费。

（3）完全停止对"瘦狗"的投资，退出所在行业。

（4）如果缺少足够的"现金牛"、"明星"和"问号"，就应采取兼并或退出等战略对整个组织加以全面调整。

（5）一个企业拥有足够的"明星"和"问号"，才能确保利润和发展；拥有足够的"现金牛"才能保证对"明星"和"问号"的资金支持。

四、通用电气经营矩阵分析法

与波士顿矩阵分析法类似，该方法也要把整个组织分为若干个 SBU，并从两方面进行评估：一是行业吸引力；二是 SBU 在本行业中的竞争力。通用电气经营矩阵如图 3 - 5 所示，水平方向表示 SBU 在行业中的竞争地位，垂直方向表示 SBU 所在行业的吸引力。该方法认为，处于"输家"地位的经营活动或 SBU 应给予必要的资金资助；对于有希望的"问号"也应给予支持，以便使之转变为"胜者"；对于"利润生产者"应充分利用其强有力的竞争地位，使之尽可能提供利润，用于对"胜者"和某些"问号"的资助；对于不会提供长期收益的"平均经营者"，可以设法使之转变为胜者，也可以考虑停止投资。

竞争地位			
	高	中	低
行业吸引力　高	胜者	胜者	问号
中	胜者	平均经营者	输家
低	利润生产者	输家	输家

图 3 - 5　通用电气经营矩阵分析

管理者通过通用电气经营矩阵分析，可以知道整个企业的经营活动是否为一个平衡的经营组合。在一个"平衡"的经营组合中，应包含多数"胜者"和少数的"利润生产者"，只有这样才能提供必要的现金流量，支持未来的"胜者"和有可能成为胜者的"问号"，保证合理的利润和未来的发展。

五、行业结构分析法

行业结构分析法一般都采用哈佛商学院著名战略管理学者迈克尔·波特在20世纪90年代末提出的五种力量模型。通过这五种力量模型，企业可以分析其自身的竞争优势和劣势。

波特认为，在一个行业中，存在五种基本的竞争力量，即行业的新进入者、替代品、买方、供方和行业中原有的竞争者。在一个行业中，这五种基本竞争力量的状况及其综合强度，引发行业内经济结构的变化，从而决定着行业内部竞争的激烈程度与在行业中获得利润的最终潜力。如图 3 -6 所示。

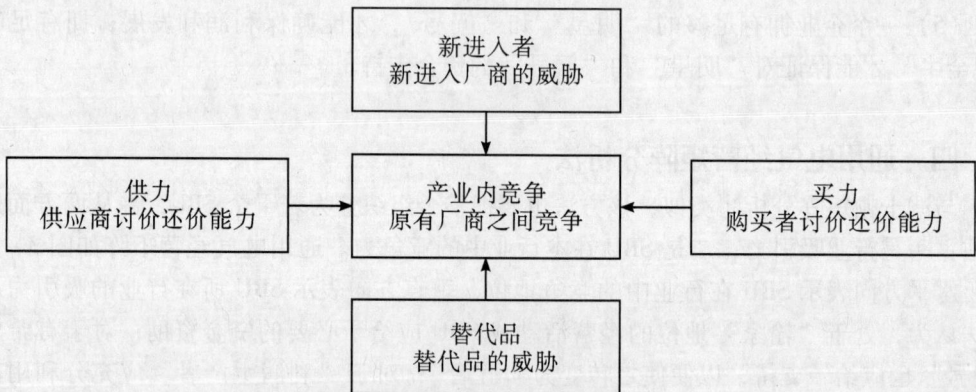

图 3 - 6　行业中的竞争力量分析

上述五种力量决定着企业产品的价格、成本和投资，因此也就决定了行业的长期赢利水平。由于不同行业中这五种力量的大小是不一样的，因此也就造就了不同行业高低不同的利润率。

同时，这五种力量构成行业的竞争结构。在每一行业中，这五种竞争力量的大小强弱都是不同的。因此，每个行业都有其独特的竞争结构。比如，计算机行业的进入门槛比较高，涉足这个行业要求高额的研发费用、一定的销售规模、资金需求量大、存在规模经济的影响以及技术更新换代较快等。

根据行业结构原理，企业竞争的战略目标应该定位在行业里。通过界定，企业可以较好地防御这五种竞争力量或者企业能够对这五种竞争力量施加影响，使它们有利于本企业的发展。通过行业结构分析，企业可以确定每个行业中决定和影响这五种竞争力量的基本因素，明确企业生存的优势和劣势，从而发现该行业是否能够提供较好的持续赢利机会，并可结合企业实际情况决定是否向该行业投放资金，从而确定投资方向和领域。

六、产业链分析法

产业链的本质是用于描述一个具有某种内在联系的产业群。产业链中大量存在着上下游关系，上游和下游之间相互交换，上游环节向下游环节输送产品（可以是有形的物质产品，也可以是技术或服务等特殊商品），下游环节向上游环节反馈信息和价值。一条产业链上的所有环节共处在一个产业生态系统之中，如果有一个环节发生了变化（如技术），就会导致其他环节的连锁反应。产业链的整合往往蕴涵着新的发展机会和发展空间。

1. "研发—生产—营销" 型产业链

在世界范围内，产业链的发展经历了几个历史性的阶段：20 世纪 60 年代前期不够重视生产；60 ～ 80 年代对生产进行的全方位的改进，包括 TQC（全面质量管理）体系的完善和 MRP/ERP 系统的出台和改进；80 年代末 90 年代初，欧美企业开始重新认识产业链前后两端，关注重点转向研发和销售环节；90 年代末至今，流行专业化分工和行业整合。贯穿这些变革的是一个不变的主题：实现企业价值最大化，使企业在激烈的竞争中立于不败之地。

以跨国家电企业在华投资战略转变为例，像家电这类大众消费品的跨国生产企业来华投资发展，经历了旧 "三部曲" 和新 "三部曲"。所谓旧 "三部曲" 是指 20 世纪 80 年代初期，跨国家电企业尤其是日本企业，没有大规模在华直接投资，更多的是把中国当做销售场地；80 年代中期到 90 年代初，开始了技术转让；从 1992 年开始，跨国家电企业开始大规模直接投资，建立生产基地。随着中国在全球经济地位的上升，90 年代末跨国家电企业又开始全面转变投资战略，跨国家电开始新 "三部曲"，在中国的投资战略由制造中心向研发中心继而向运营服务中心转变。①

2. "原材料—制造—批发—零售—消费" 型产业链

如果某企业所处行业很有发展前途，而且企业具备足够的资本运作实力、现金流和管理整合能力，那么企业在产、供、销等方面实行一体化能提高效率，获得规模效益，企业应通过并购、重组等方式来实现一体化增长战略。如壳牌在中国真正开展业务始于 20 世纪 70 年代，而今天的壳牌在中国拥有了一条完整的产业链。壳牌在中国石油产业上、中、下游都进行了大量的投资。20 世纪 80 年代初，当中国海域首次对外资开放时，壳牌与刚成立不久的中国海油以分成合同的形式，开采中国近海的油气田；在中游，壳牌投资 43

---

① 汤谷良. 高级财务管理. 北京：中信出版社，2006. 62.

亿美元与中国海油合作开发了中海壳牌南海石化项目；在下游，壳牌与中石化联手在江苏省合资经营超过 500 座加油站。

3. 关联产业链分析

企业发展到一定的规模后，增长模式会发生新的变化，企业利用产业价值链的优势寻找机会进入关联产业，打造跨产业的产业链运动。企业可以利用现有的技术、特长、经验发展新产品；或者利用原有市场，采用不同的技术来发展新产品。企业形成相关多元化投资模式。

例如，20 世纪 80 年代在美国，强生生产的一种无菌的、可包扎的、密封于单独包装、不会被感染且立即可用的外科敷料成品的使用可以大大降低手术后病人感染和再次得病的机会，强生因此迅速发展起来。随着企业的发展，在拥有了技术和市场后，强生不断拓展，从生产医疗用品，逐步推出婴儿护理、妇女护理、家庭保健等系列产品，到今天，强生在全球拥有 180 多个公司、近 10 万名雇员，年度营业收入超过 330 亿美元。

七、价值链分析法

企业特有的价值链是形成竞争优势的基础。对企业内部价值链的分析是进行财务战略决策分析的最末端、最核心的环节之一。价值链（value chain）就是企业用来进行设计、生产、营销、交货及维护其产品的各种活动的集合。所有这些活动都可以用图 3 - 7 来表示。财务部门对企业价值链进行积极的分析，不仅可以使企业进行成本战略控制，还可以为领导者决策提供支持，帮助企业重组业务流程，为企业对内、对外投资或一体化并购决策提供强有力的支撑。

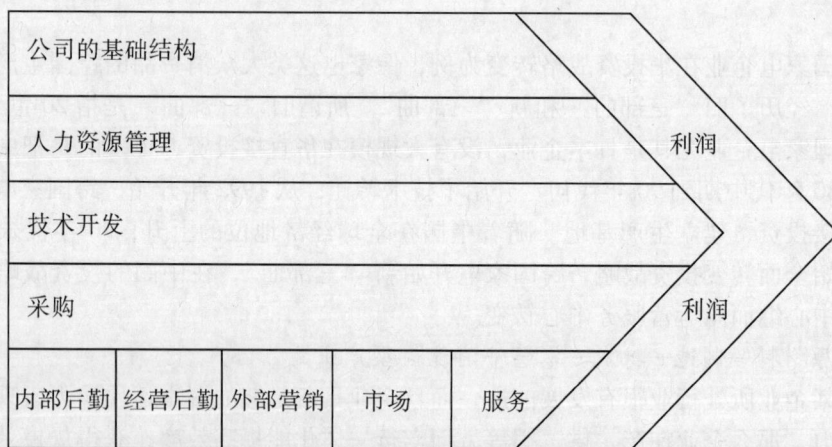

图 3 - 7　企业价值链九种基本价值活动

从企业基本价值链可以看出，企业行为可以分成九种相关活动。这些活动可以分为两大类：基本活动、辅助活动。基本活动是由投入到产出的转化，是产品或服务在实质上的创造，并把它提供给买方以及进行一系列售后服务。它们包括：进货后勤，其有关的活动是接收、储存、散发、输送物资到生产中去（包括入库、存货控制、车辆安排）；生产作业，投入到最终产品的转化（加工、装配、检验、包装、设备维护等）；发货后勤，收集、贮存、向买主供货；市场营销，有关的活动是提供买主可以买到产品的方法，并引导他们去购买（做广告、销售、选择渠道、定价）；服务，提供服务以维持或增加产品的价值（安装、培训、配件供应、修理和保养）；辅助活动支持基本活动和其他辅助活动，由企业职员来完成，包括采购原材料、供应品及其他消费品和资产，采购不好会导致高成本和低质量；技术开发，它不仅包括设备、生产过程、程序和体制，在一些行业（如石油冶炼）中，生产过程的技术可能被认为是成本优势的关键来源；人力资源管理，它包括所有参与招聘、培训、开发、付酬的活动；企业的基础结构包括常规管理、财务、计划、房产管理、质量保证等，该基础结构支持了整个价值链，基础结构可以帮助或阻碍成本竞争优势的形成。

价值链上的每项活动都有自身的经营成本和占用的资产，因此每项活动的成本都要受到所分配的资产数量和使用效率的影响。为分别观察每种活动的成本效益状况，应将资产和成本分配到这些活动中去，并确定每项活动的成本驱动因素，将其影响予以数量化，以提示各种成本驱动因素的相对重要程度。同时为了衡量企业的成本竞争地位，还应将上述分析运用到竞争对手身上。当企业价值链上所有活动的累计总成本小于竞争对手的成本时，就具有成本优势。而这种优势若能得以保持，使得竞争对手无法轻易模仿，就具有战略上的意义。

无论是投资者还是经营者，通过价值链分析，可以利用价值链来消除不增值作业，提高资源的利用效率。企业价值链中常常会存在许多不增值的作业。如炼铁厂向炼钢厂提供生铁，就因铁水的冷却、运输、熔化而产生许多不增值作业，浪费社会资源，通过价值分析就能发现问题，并寻求解决办法。又如成品水泥用纸袋包装送达用户，用户拆包使用，这一包一拆的过程就属浪费作业，通过价值链分析后改进为利用罐装车直接向用户运送散装水泥，不仅方便了供需双方，还节约了社会资源。同时出资者或经营者可以通过价值链分析，寻求利用上、下游价值链以降低成本。例如，通过与上游供应商共同协商降低供应商产品成本的途径并付诸实施，通过供应商及时供货降低存货及采购成本；通过与下游分销商一道协商降低销货成本，利用零售商了解顾客消费倾向及对产品的要求，降低产品生命周期成本。出资者或经营者还可以通过对竞争对手价值链分析，了解竞争对手的成本情况、市场份额，使管理当局能借此评价其与竞争对手相比的成本态势，客观评价自己在竞争中的优势与劣势，从而制定取得竞争优势的竞争战略。

公司为了分析自身的价值链，以确定收购或合并什么样的企业，并以此为依据制定其战略，需要做到：

（1）识别价值链活动。

企业识别出在设计、生产和顾客服务这一过程中，企业必须从事的特别活动。一些企业可以涉及单项活动或整个活动中的一部分，例如，一些企业仅从事生产，而其他企业进行配送和销售。

（2）识别每一项价值活动的成本动因。

成本动因是导致总成本变化的任何因素。例如，一家保险代理机构可能发现它的一项重要成本动因是顾客账户记录的成本。这一战略的成本动因信息将导致这一机构去寻找降低成本或外购服务的方法，它可能去雇用一家计算机服务公司为其处理数据，以此降低总成本，并维持甚至提高竞争力。

（3）通过降低成本或增加价值建立可持续竞争优势。

企业必须考虑：①识别竞争优势（成本领先性或差异性）。价值活动的分析有助于管理层更好地理解企业的战略竞争优势和企业在整个行业价值链中的定位。例如，一些企业关注创新式的设计，而另一些企业则关注低成本生产。②识别增加价值的机会。价值活动的分析有助于企业识别能为顾客显著增加价值的活动。例如，现在的食品加工厂和包装厂的选址一般都靠近最大的顾客群，从而为其更方便更廉价地送货。③识别降低成本的机会。

练习与案例

一、复习思考

1. 企业扩大投资规模的利弊有哪些？
2. 企业选择投资战略需要考虑哪些因素？
3. 产业链分析法与价值链分析法各自的特点是什么，它们的区别是什么？

二、案例分析

春兰集团的多元化战略①

1989 年 1 月，江苏泰州冷气设备厂与香港钟山公司合资成立江苏春兰制冷设备有限公司，"春兰"这个名字正式出现在公众视野之中。1989 年至 1994 年间，春兰形成空调批量生产能力，成为中国空调业"龙头"，并进入中国 500 家最佳经济效益工业企业行列。1994 年，春兰正式在上海证券交易所上市。当时春兰股份曾与长虹、海尔并称中国股市的三驾马车。此后的几年中，春兰空调发展至顶峰，占据全国空调市场的半壁江山，稳居行业首位。

空调业的快速发展让春兰迫不及待地将触角伸进其他领域，意图打造一个"春兰帝国"。正值企业成长的巅峰阶段的春兰股份，在中国家电企业普遍遭遇主业成长的困扰之际，先人一步实施了企业多元化战略。除了主业，春兰股份还与母公司春兰集团共同持股多个产业公司。资料显示，至 2005 年，春兰股份先后介入摩托车、洗衣机、冰箱、汽车底盘和压缩机等项目。

然而好景不长。仅仅几年后，曾经光耀市场的春兰股份，就跌进了 ST 一族。在 2005、2006、2007 连续三年亏损后，这个当年响当当的中国空调业第一品牌，陷入了退市危机。

多元化，春兰的机会主义之痛

1994 年，春兰空调如日中天行销全国，以年产量 150 万台一举成为中国最大的空调生产基地、世界空调七强之一。在春兰空调市场占有率最高、品牌影响力最强的时候，春兰

---

① 陶建幸. 春兰，空调主业的丢失之痛. 新财经，2008（3）（有删改）.

出人意料地进入了摩托车行业，迈开了在多元化道路上的第一步。那时国内空调业的双雄是春兰和美的，但位居老二的美的，离春兰也有一段距离，还谈不上对老大春兰构成真正的市场威胁。

春兰多元化路径选择的第一站，是生产摩托车。2000年之前，国内摩托车市场在经过军工企业出身的济南轻骑、重庆嘉陵、南方洪都等企业的培育后，开始进入民营板块的"重庆三强"时代。力帆、宗申、隆鑫三大重庆民营摩托车企业的快速崛起，使军工"老三企"迅速走向没落。但此时，这三家企业生产的摩托车还基本是低端产品。

春兰在1994年进入摩托车生产领域，早于"重庆三强"，进入之初就迅速推出了"春兰虎"、"春兰豹"两个高端系列产品。每辆5000元以上的售价，让春兰摩托的"虎豹"一炮走红，畅销大江南北，1997年上半年就实现了6万台的销量，销售收入近10个亿。摩托车战略的试水成功，让春兰更加坚定了多元化战略实施的决心。

之后不久，春兰一举收购了陷于亏损的南京东风汽车制造厂，先后投资6亿元进行技术改造，建成了货卡生产线，生产5～15吨的载重卡车。2001年3月，春兰卡车开始投入批量生产，同年10月，春兰生产的中型货卡产销量列于一汽、东风之后，跃居国内第三。

在春兰多元化鼎盛时期，除了不相关产品的多元化，春兰并没有全面放弃家电产品生产优势。位于南京中央路的春兰家电展示厅里，冰箱、彩电、洗衣机、DVD、微波炉等产品应有尽有。

春兰也许没有估计到，对一个初具规模的公司来说，某个产业如果不能为企业尽快形成50个亿以上的销售产能，对这个企业来说，是没有产业增长价值的。经过十多年的培育，春兰股份的春兰摩托和春兰汽车还没有形成规模，竞争对手们就早已远远地跑在了它前头。

"进入一个新的领域并做到前三名，否则就退出。"春兰一贯推崇的"韦尔奇主张"，并没有将它的多元化之梦，变为如饮甘霖的现实。

多产业，春兰的主业丢失之痛

从20世纪90年代中期开始，春兰从单一的空调生产企业，发展到品种齐全的家电企业，并涉足摩托车、汽车、高能电池、集成电路等产业，主导产品包括空调、洗衣机、除湿机、卡车、电动车、摩托车、摩托车发动机、空调压缩机、冰箱压缩机、半导体、集成电路、高能动力镍氢电池等数十种，成为中国企业中产业跨度最大的多元化公司之一。如今，在春兰集团的产业架构中，家用电器、自动车（含电动自行车）、新能源已成三足鼎立之势。但除了春兰空调还为市场所知外，其余两大产业并没有成为足以支撑企业继续长大的脊梁。最令人不可思议的是，春兰在高能动力电池不能实现大规模工业化生产之时，将产业链条向低端进行了延伸，生产起了技术含量较低的电动自行车。

2006年，ST春兰仅实现主营业务收入22亿元，较2005年下降了10多个亿，2006年每股收益-0.24元；2007年每股收益-0.61元。同样是在2007年，美的电器的主营业务一路高歌猛进，销售收入高达333亿元，是ST春兰的十几倍。

春兰花费了十多年培育它的摩托车、汽车、高能动力电池等产业。春兰摩托在"重庆三强"的强大挤压下逐年萎缩。汽车板块的市场需求也急速转换，15吨以下货卡已经失去了市场生存优势，代之而起的，是30吨以上、真正意义的重卡。重卡市场需求的大幅度提升，催生了中国重汽、陕汽、红岩、北汽福田等一大批重卡生产企业，而春兰汽车则局限在小载量空间里，难以向高利润的重卡制造领域升级。

2007年，美的、格力、海尔三大空调巨头，已形成中国空调产业的鼎立之势。光是格力一家的产能，就已经储备到了800万台，后边还有1 200万台的格兰仕在建产能，也在对这个成熟市场虎视眈眈。

难改制，春兰的企业生存之痛

2002年，春兰提出了一个宏大的改制计划，企业准备拿出30个亿的现金，进行MBO股改和全员持股，而且确定高管层还要持大股。但由于当时政策方面的原因，该项改革没有能够按计划推进。

企业机制在一定程度上决定企业的生死。通过MBO焕发生机的美的集团，MBO后走上高速成长之路，产销额连年高速递增。2010年已经实现1 000亿元的销售收入。2007年10月，在胡润发布的"中国家电业富豪榜"上，美的集团创始人何享健以110亿元人民币的身家，名列中国家电业富豪榜第三。在这个榜单中，还有另外三个来自美的集团的人，身家都超过了30个亿。财富不止表现在他们个人身上，截至2008年2月26日A股市场收盘，美的总市值已经高达588亿元。而此时的春兰，总市值仅有区区30亿元。

美的坚持在主业里深度经营，以同样的时间，成长为行业领袖和真正的强者。春兰的多元化之路，却将春兰带入亏损窘境，并步入了生存的泥潭。

【分析与思考】
1. 企业应该实行何种多元化才会有利于自身的发展？
2. 从春兰集团失败的多元化投资战略中别的企业可以吸取哪些教训？

第四章　企业并购

　　并购，作为资本集中的必然要求和实现形式，由来已久，已有百年历史。西方国家的并购，同其产业发展史相伴相随，历经数次高潮，美国的公司并购从19世纪末20世纪初开始至今，历经五次浪潮。百年来的并购史，使并购无论是在理论上还是在实践上都异彩纷呈。

第一节　企业并购概述

一、并购的基本含义

（一）兼并、合并、收购

1. 基本定义

　　（1）兼并（merger），是指一家企业吸收另外一家或几家企业的行为，被吸收企业的法人地位消失（称为被兼并公司），吸收的企业则存续（称为兼并公司），用公式表示是：$A + B = A$。兼并经常发生在实力比较悬殊的企业之间，兼并公司通常是优势企业。

　　（2）合并（consolidation），是一种特殊的兼并，也可被称为新设兼并，是两家或两家以上的企业结合后全部消失，并在原来企业资产的基础上创立一家新企业，用公式来表示是：$A + B = C$。

　　（3）收购（acquisition），是指一家企业用现金、债券或股票等方式，购买另一家企业的股权或资产的行为，其目的是获得该企业的控制权。

2. 狭义与广义的定义

　　（1）狭义的定义。

　　美国法律中的兼并实际上相当于我国《公司法》的吸收合并，而美国的合并概念则相当于我国的新设合并，这可以作为我们对兼并、合并概念的狭义理解。因此，狭义的兼并是指吸收合并，狭义的合并是指新设合并。

　　（2）广义的定义。

　　我国无论是理论界还是实务界，往往都将兼并、合并混合使用，我国立法中也未将兼并、合并进行严格区分，而用它们泛指同一类现象；在国外，也往往只用 Merger，而很少用 Consolidation。因此，广义上的兼并、合并可以作为同一概念，是指两个或多个经济实体联合，成为一个统一的经济实体，而不论是否有一个实体会存续下来，它可以分为吸收合并和新设合并。

　　本书采用广义的概念，不对兼并与合并进行严格区分。我们经常讨论的并购（Merges

and Acquisition，M&A）指上述三个概念的全部或部分含义。

3. 兼并与收购的区别与联系

一般来说，兼并与收购有如下区别：兼并是两个或多个企业结合为一个企业，结合各方资产进行重新组合，一般只有一个法人；而收购则是一个企业通过收购资产或股权实现对其他企业的控制，收购后通常只进行业务整合而非企业重组，收购后两个企业仍为两个法人，只发生控制权转移。

从经济意义上讲，企业并购的实质是在企业控制权运动过程中，各权利主体依据企业产权所作出的制度安排而进行的一种权利让渡行为。企业并购活动是在一定的财产权利制度和企业制度条件下进行的，在企业并购过程中，某一或某一部分权利主体通过出让所拥有的对企业的控制权而获得相应的收益，另一或另一部分权利主体则通过付出一定代价获取这部分控制权。企业并购的过程实质上是企业权利主体不断变换的过程。

（二）收购与接管

1. 涉及收购与接管的名词和术语

（1）Acquisition：中文译为收购或获取，在一般意义上指获取特定财产所有权的行为，在并购重组中，特指获取目标公司股份。

（2）Tender Offer：中文译为公开收购要约或全面要约，指收购者直接在公开交易市场上向目标公司股东提出以较好价格购买他们所持股票的要约。这种要约通常以报纸、广告的形式或以统一邮件的形式向目标公司所有股东发出。这种要约的目的通常在于获取目标公司的控制权。可见，Tender Offer 是股份收购（Acquisition）行为的一种。

（3）Takeover：中文译为接管，是指谋取目标公司的控制权或经营权的行为——并不限于绝对财产权的转移（Black's Law Dictionary）。由于 Takeover 除了取得某公司股份的控制权之外，还包括通过控制目标公司的股东大会并改组其管理层来实现经营权，所以学界将 Takeover 翻译为接管。Takeover 的实现主要有三种形式：①Acquisition，即收购股份；②Proxy Contest，即投票权（代表权）争夺，上市公司股东通过征集、收购其他股东的投票权等方式来改变公司董事会的组成人选，以达到控制该上市公司的目的；③Going Private，即上市公司转化为非上市公司。可见，Acquisition 是 Takeover 行为之一。

从以上的分析可以看出，Takeover 包括两层含义：第一层含义为控制权的谋取行为，第二层含义为具体的接管行为。接管的谋取行为包括收购股份、投票权（代表权）争夺以及上市公司转化为非上市公司等。接管行为是指实际获得了公司的经营权和管理权，例如通过股东权利的行使改选董事会、聘任或者罢免公司的高级管理人员等。

（4）Receiver：在各国公司（企业）破产法中存在一种"接管人"（Receiver）制度，它是指在破产清算时，法定的接管人对破产企业进行全面接管，对破产企业的财产、文件等进行接受和控制，并对破产企业实施管理，在我国即为清算组接管。在实施破产接管的情况下，公司（企业）的控制权自然地转移到"接管人"手中，由此可见，"接管人"制度实际上也是接管的一种情形。但是破产法上的接管和并购重组中的接管不同。破产法上的接管原因为破产宣告，而并购重组中的接管原因是收购、兼并、投票权征集等；并购重组中的接管重点在于经营权的接管，而破产法上的接管由于企业的经营行为基本被禁止，因此主要是破产财产的接受和管理。并购重组中的接管的外延要比破产法上的接管大得多。

2. 我国的定义

在我国，对收购的最直接定义来自于中国证券监督管理委员会颁布的《上市公司收购管理办法》。该办法第五条称："收购人可以通过取得股份的方式成为一个上市公司的控股股东，可以通过投资关系、协议、其他安排的途径成为一个上市公司的实际控制人，也可以同时采取上述方式和途径取得上市公司控制权。"可见该办法将收购定义为通过持有或者控制公司的股份获取公司实际控制权的行为，接近国外对 Acquisition 的定义。

从我国现行法律体系来看，接管一词主要在破产法领域使用。于 2007 年 6 月 1 日开始生效的《中华人民共和国企业破产法》第二十五条规定："管理人履行下列职责，（一）接管债务人的财产、印章和账簿、文书等资料；……"可以看出，此处的接管类似于国外"receiver"制度下的接管，即是企业监管组或者清算组织直接依据破产法取得接管权、承担接管职责。

3. 本书的定义

（1）收购，对应英文单词 Acquisition。

（2）接管，对应英文单词 Takeover。

从定义上我们可以看到，收购会导致或可能导致目标公司控制权的转移，而控制权的转移一般会导致经营管理层的变动和经营管理权的交接，因此，当一个公司被收购时，我们可以说这个公司被接管了。从上述分析我们可以看出，收购和接管的区别是明显的，主要区别在于收购和接管的宽度和深度不同。宽度不同是指接管的概念基本覆盖了收购的概念，即股份的购买以及与此相应的控制权的转移是接管的概念中应有之意。但是接管还包括投票权的征集以及征集成功之后实现的经营权的获取、兼并行为造成的控制权的转移和经营权的获取，等等。深度不同是指收购含有股份购买、控制权的转移的含义，并不包括控制权转移之后的经营管理层变化和经营权的获取，接管所强调的重点在于经营管理层变化和经营权的获取。另外，收购将导致股权这种实体财产权利的转移，而接管并不限于这种实体财产权利的转移。

（3）在本书中，除了在第六章"公司重组"中所提及的"清算与接管"（Receiver）或者有特别说明外，接管一般是指与并购相关联的接管（Takeover）。

二、企业并购类型

并购（M&A）的种类很多，按不同的标准可以把并购划分为不同的类型。

（一）按并购双方所涉及行业

按并购前企业间市场关系划分，可将并购分成以下三类：

1. 横向并购（horizontal integration）

也称水平并购，是指具有竞争关系的，经营领域相同、生产同类产品的同行业企业之间的并购。横向并购会削弱企业间的竞争，可能造成垄断的局面，在一些国家受到反托拉斯法的限制。

2. 纵向并购（vertical integration）

也称垂直并购，是指并购企业的双方或多方之间有原料生产、供应和加工及销售的关系，分处于生产和流通过程的不同阶段。纵向并购是大企业全面控制原料生产、销售的各个环节，建立垂直结合控制体系的基本手段。

3. 混合并购（conglomeration）

混合并购指横向并购与纵向并购的结合。混合并购的规模一般比较大，它不仅兼有横向并购和纵向并购的优点，而且有利于经营多样化和减轻经济危机对企业的影响，有利于扩大企业自身的产业结构，增强控制市场的能力。混合并购一般分为产品扩张型、市场扩张型和纯混合型三种。产品扩张型并购是指一家企业以原有产品和市场为基础，通过并购其他企业进入相关产业的经营领域；市场扩张型并购是指一个企业为扩大其竞争地盘而对它尚未渗透的地区生产同类产品的企业的并购；纯混合型并购是指生产和职能上没有任何联系的两家或多家企业的并购。

（二）按出资方式

按出资方式，可将并购分为以下两类：

1. 现金并购

现金并购是指并购方用现金作为支付工具购买目标公司的股权或资产的并购方式。现金并购具有自己的优势，一方面，对并购方来说，可以迅速支付，在敌意收购中可以有效地对付被收购方的反收购；另一方面，对于被收购方来说，现金最具流动性，不存在变现问题。但是收取现金对被并购方股东来说也是有代价的，它使被并购方股东无法推迟资本利得的确认，也不能拥有并购后形成的新公司的股东权益。

2. 换股并购

换股并购指并购公司向目标公司的股东直接发行股票以交易目标公司大部分或全部股票的并购行为。换股并购对并购来说可以降低筹资成本，但会稀释股权和每股收益，而对被并购方股东而言，换股并购可以推迟收到现金的时间，享受税收优惠，并分享并购带来的资本增值。

（三）按并购动机

按并购的动机，可将并购分为以下两类：

1. 善意并购

又称友好并购，指目标公司的经营管理者同意并购方提出的并购条件，接受并购。一般先由并购方来确定目标公司，然后设法使双方高层管理者进行接触，商讨并购事宜，通过讨价还价，在双方都可接受的条件下，签订并购协议，最后经双方董事会、股东大会通过。由于双方在自愿、合作、公开的前提下进行，故善意并购的成功率较高。

2. 恶意并购

又称敌意并购，通常是指并购方不顾目标公司意愿而采取非协商购买的手段强行并购目标公司。通常由一家公司以高于交易所股票的价格，向目标公司股东收购股票。同时，被收购公司在得知收购公司收购意愿之后，可能采取一些反收购措施。

（四）按并购的方式

按并购方式，可将并购分为以下两类：

1. 要约收购

要约收购是指收购人通过向目标公司的股东发出购买其所持有该公司股份的书面意思表示，并依照依法公告的收购要约中所规定的收购条件、价格、期限以及其他规定事项，收购目标公司股份的收购方式。要约收购不需要事先征求目标公司管理层的同意，而是由收购人提出统一的收购要约，并由受要约人（目标公司股东）分别承诺，从而实现收购人的收购意图。

2. 协议收购

协议收购是指收购人通过与目标公司的股东反复磋商，并在征得目标公司管理层同意的情况下达成协议，按照协议所规定的收购条件、价格、期限以及其他事项收购目标公司的收购方式。协议收购必须事先与目标公司的股东达成书面转让股权的协议以实现收购的目标。

（五）按融资渠道

根据并购方的融资渠道，可将并购分为以下三类：

1. 杠杆收购（Leverage Buyout，LBO）

杠杆收购是指收购者以自己较少的本钱为担保，从投资银行或其他金融机构筹集大量的资金进行收购活动，并通过收购成功后出售被收购企业的资产或依赖被收购方的收益来偿还债务。杠杆收购出现于 20 世纪 80 年代初的美国，将企业界和金融界带进了"核金融"时代，直接引发 20 世纪 90 年代中后期的第四次并购浪潮。杠杆收购本质上是一种融资行为，关键是对收购资金作好安排，通过财务杠杆的作用提高股本报酬率。杠杆收购是一种高风险高收益的收购方式，收购失败或收购后公司运作欠佳，将会给收购方造成巨大损失，并可能因巨额债务导致收购方破产。

2. 管理层收购（Management Buyout，MBO）

管理层收购是指因为目标公司的管理层对公司的经营情况最为清楚，当他们认为目标公司具有巨大的发展潜力时，对目标公司的股票进行收购。管理层收购于 20 世纪 70 年代在美国出现，由于杠杆收购的出现，管理层收购得到极大发展，管理层收购和杠杆收购不断融合，杠杆收购是管理层收购中常用的一种方式，甚至管理层收购被称作一种特殊的杠杆收购。

3. 发行可转换债券收购

杠杆收购和管理层收购具有十分巨大的风险，如果收购失败，巨额债务就难以清偿。因此，在收购过程中，寻找一种即使收购失败也能保证财务相对稳定的融资手段显得十分重要。发行可转换债券能满足这种条件。可转换债券兼具股票与债券的特点，如果收购失败，它可在一定时期后将债券转为股票，免除沉重的债务负担，一旦收购成功，又可以享受杠杆收购的收益。

三、企业并购的理论基础

（一）效率理论

效率理论认为公司购并活动能够给社会收益带来一个潜在的增量，而且对交易的参与者来说无疑能提高各自的效率。这一理论包含两个基本的要点：一是公司购并活动的发生有利于改进管理层的经营业绩；二是公司购并将导致某种形式的协同效应。该理论暗含的政策取向是鼓励公司购并活动的。

效率理论可细分为以下六个子理论：

1. 效率差异化理论

效率差异化理论认为购并活动产生的原因在于交易双方的管理效率是不一致的。简单地讲就是，如果 A 公司的管理效率优于 B 公司，那么在 A 公司兼并 B 公司后，B 公司的管理效率将被提高到 A 公司的标准，因而管理效率由于两公司的合二为一得到了提高。该理论可以形象地称为"管理协同"理论。亦即具有较高效率的公司将会兼并有着较低效率的目标公司并通过提高目标公司的效率而获得收益，这暗含着收购方具有剩余的管理资源。该理论有两个基本假设：一是如果收购方有剩余的管理资源且能轻易释出，购并活动将是没有必要的，但如果作为一个团队，其管理是有效率和不可分割的或者具有规模经济，那么通过购并交易使其剩余的管理资源得到充分利用将是可行的；二是对于目标公司而言，其管理的非效率可经由外部经理人的介入和增加管理资源的投入而得到改善。

2. 非效率管理理论

这一理论一般很难和前面提及的效率差异化理论及后面将提到的代理理论区分开来。一方面，非效率管理可能仅是指由于既有管理层未能充分利用既有资源以达到潜在绩效，相对而言，另一控制集团的介入能使目标公司的管理更有效率；另一方面，非效率管理亦可能意味着目标公司的管理是绝对无效率的，几乎任一外部经理层都能比既有管理层做得更好。该理论为混合兼并提供了一个理论基础。而在效率差异化理论中，收购方具有目标公司所处行业所需的特殊经验并致力于改进目标公司的管理。因此，效率差异理论更适用于解释横向兼并，与此相对，非效率管理理论更适用于分析混合兼并，即处于不相关的行业的公司间的购并活动。非效率管理理论具有三个理论假设：一是目标公司无法替换有效率的管理，而诉诸需要成本的收购；二是如果只是因为经理人的无效率管理，目标公司将成为收购公司的子公司而不是合二为一；三是当收购完成后，目标公司的管理者需被替换。

3. 经营协同效应理论

该理论认为，由于在机器设备、人力或经费支出等方面具有不可分割性，因此产业存在规模经济的潜能。横向、纵向甚至混合兼并都能实现经营协同效应。例如，A 公司擅长营销，但不精于研究开发，而 B 公司正好相反时，如果 A 公司兼并了 B 公司，那么通过两者的优势互补将产生经营上的协同效应。

4. 多角化理论

作为一种并购理论，多角化理论区别于股份持有者证券组合的多样化理论。由于股东可以在资本市场上将其投资分散于各类产业，从而分散其风险，因此，公司进行多角化经营和扩张并不是为股东利益着想。在所有权与经营权相分离的情况下，公司管理层甚至其他员工将面临较大风险——如果公司的单一经营有可能陷于困境的话。由于他们不能像公司股东一样可在资本市场上分散其风险，只有靠多角化经营才能分散其投资回报的来源和降低来自单一经营的风险。而且，公司内部的长期员工由于具有特殊的专业知识，其潜在生产力必优于新进的员工，为了将这种人力资本保留在组织内部，公司可以通过多角化经营来增加职员的升迁机会和工作的安全感。此外，如果公司原本具有商誉、客户群体或是供应商等无形资产时，多角化经营可以使此资源得到充分的利用。虽然多角化经营未必一定通过收购来实现，还可通过内部的成长而达成，但时间往往是重要因素，通过收购其他公司可迅速达到多角化扩展的目的。

5. 策略性结盟理论

该理论认为，公司的购并活动有时是为了适应环境的变化而进行多角化收购以分散风险，而不是为了实现规模经济或是有效运用剩余资源。多角化互补的形成，可使公司有更强的应变能力以面对改变着的经营环境。

6. 价值低估理论

这一理论认为，当目标公司的市场价值由于某种原因而未能反映出其真实价值或潜在价值时，并购活动将会发生。公司市值被低估的原因一般有以下三种：

（1）公司的经营管理未能充分发挥应有的潜能。

（2）收购公司拥有外部市场所没有的、有关目标公司真实价值的内部信息。

（3）由于通货膨胀造成资产的市场价值与重置成本的差异，而出现公司价值被低估的现象。

经济学家托宾于 1969 年提出了一个著名的系数，即"托宾 Q"系数（也称 Q 比率）。该系数为企业股票市值对股票所代表的资产重置成本的比值，在西方国家，Q 比率多在 0.5 和 0.6 之间波动。因此，许多希望扩张生产能力的企业会发现，通过收购其他企业来获得额外生产能力的成本比自己从头做起的代价要低得多。例如，如果平均 Q 比率在 0.6 左右，而超过市场价值的平均收购溢价是 50%，最后的购买价格将是 0.6 乘以 1.5，相当于公司重置成本的 90%。因此，平均资产收购价格仍然比当时的重置成本低 10 个百分点。

（二）信息与信号理论

信息与信号理论力图解释为什么无论收购成功与否，目标企业的股票价值在要约收购中总要被永久性地提高。这一理论可分为两种：

1. 信息理论

信息理论认为新的信息是作为要约收购的结果而产生的，且重新估价是永久性的，该信息假说可以区分两种形式：一种认为收购活动会散布关于目标企业股票被低估的信息并且促使市场对这些股票进行重新估价，目标企业和其他各方不用采取特别的行动来促进价值的重估，即所谓的"坐在金矿上"的解释；另一种形式是认为要约会将信息传递给目标企业的管理者，从而激励其依靠自身的力量贯彻更有效的战略，即所谓的"背后鞭策"的解释，收购要约之外不需要任何外部动力来促进价值的重新高估。

2. 信号理论

信息理论的一个重要变形是信号理论，信号理论说明特别的行动会传达其他形式的重要信息，信号的发布可以以多种方式包含在并购活动中。公司收到收购要约这一事实可能会传递给市场这样的信息：该公司拥有迄今为止尚未被认识到的额外的价值，或者企业未来的现金流量将会增长。当一个主并企业用普通股来购买其他企业时，可能被目标企业或其他各方视作是主并企业的普通股价值被高估的信号，而当商业企业重新购回他们的股票时，市场又会将其视为这样一种信号：管理层有其自身企业股票价值被低估的信息，且该企业将会获得有利的新的成长机会。

（三）代理理论

代理问题的产生是由于公司管理层与公司股东的利益不一致造成的。由于管理层只有公司的小部分所有权，这使得管理层会偏向于非现金的额外支出，如豪华办公室、专用汽车等，而这些支出则由公司其他所有者共同负担。这种情形在大公司更为严重，由于所有权更为分散，对于个人股东更缺乏动力花费成本以监控管理者，即使监控管理者，所费资源仍属于代理成本。所以代理成本可以扩大为以下范围：①所有人与代理人的签约成本；②监督与控制代理人的成本；③限定代理人执行最佳决策成本或执行次佳决策所需的额外成本；④剩余利润的损失。

这一理论对公司购并的解释可归纳为以下三点：

1. 收购可以降低代理成本

公司的代理问题可经由适当的组织设计解决，当公司的经营权与所有权分离时，决策的拟定、执行与决策的评估、控制应加以分离，前者是代理人的职权，后者归所有者管理，这是通过内部机制设计来控制代理问题。而收购事实上可以提供一种控制代理问题的外部机制，当目标公司代理人有代理问题产生时，收购或代理权的竞争可以降低代理成本。

2. 管理者主义

穆勒（Muller）于1969年提出假说，认为代理人的报酬决定于公司的规模，因此代理人有动机通过收购使公司规模扩大，而忽视公司的实际投资收益率。但李魏仑（Lewellen）、汉斯曼（Huntsman）在1970年的实证分析表明，代理人的报酬与公司的投资收益率有关而与公司规模无关，此结果与上述假设相反。持反对意见者则认为收购本身实际就是代理问题的产生。

3. 骄傲假说

罗尔（Roll）在1986年认为收购者在评估目标公司时，往往过于乐观，尽管该项交易并无投资价值。如将所有的收购都归因于骄傲理论，必须具备强式效率市场的前提，但在实际的经济体系中，强式效率市场是很难存在的，因此骄傲假说只能部分解释收购活动的发生。

（四）市场势力理论

并购的动因源于对企业经营环境的控制，提高市场占有率，增加长期获利的机会。企业并购提高行业集中程度，减少竞争者数量，使行业相对集中，增大进入壁垒。当行业出现寡头垄断时，企业即可凭借垄断地位获取长期稳定的超额利润。这种大公司不易受市场环境变化的影响，在利润方面的变化比小公司小。由于企业对市场一定程度的控制与对市场完全垄断界限很难界定，在一向崇尚自由竞争的美国，对基于控制市场目的这种并购行为一直存在争议。按照《克莱顿法》，在一个高度集中的行业中，如果一家占有市场10%份额的厂商合并了另一家占有市场2.5%或略多一点份额的厂商，司法部很可能"反对"这种合并；1984年对企业并购的指导方针是要求有关厂商提供效益证据，从而达到对其监控的目的。针对垂直并购的政府政策也在不断发生变化。1968年的垂直并购指导方针使用的是"厂商作为生产职能"的推理，当时垂直并购如果在其体制的任何阶段有"明显可见的市场控制"，它就要受到禁止。1968年司法部合并指导方针认为"因为互惠购买……是一种经济上不正当的商业行为，它赋予无长处的受惠厂的一种竞争优势"。即使政府不鼓励甚至限制这种"控制市场"的并购，但资料表明，美国最大的200家公司的资产份额占所有厂商资产总额的比重从 1910 年的33%左右增加到 1982 年的61%，以至于感到事态严重的联邦贸易委员会惊呼"大公司将最终统治全国"。

（五）其他理论

1. 规模经济论

所谓规模经济，指每个时期内，产品或从事生产产品的业务、职能的绝对量增加时，其单位成本下降。企业并购对规模经济产生直接影响，企业通过并购对工厂的资产进行补充和调整，以达到最佳规模经济的要求，使其经营成本最小化；可以使企业在保持整体产品结构的同时，实现产品深化生产，或者运用统一的生产流程，减少生产过程的环节间隔，充分利用生产能力。施蒂格勒认为："随着市场的发展，专业化厂商会出现并发挥功能，在这一方面规模经济是至关重要的，一个厂商通过并购其竞争对手的途径成为巨型企业是现代经济史上一个突出现象。"另一位学者戴维·本·丹尼尔也指出："当代经济已成为竞争力很强的国际商业经济，为了在全球具有竞争力，企业规模必须变得更大。"企业并购还有利于从市场营销、管理、科技开发等环节促进企业的规模经济目标，企业并购后，原来分散的市场营销网络、科技人员可以在更大范围内实现优化组合。这些规模巨大的厂家是技术进步的源泉。

但是，理论的解释有时也难令人信服。据调查，西方公司中只有18%承认合并动机与规模经济相关，企业获利能力与企业规模大小也不相关，在实践中几乎没有证据可以表明并购会使成本普遍下降。

2. 自由现金流量假设

自由现金流量假说源于代理成本理论。在公司购并活动中，自由现金流量的减少有助于化解经理人与股东间的冲突。此处的自由现金流量指的是公司的现金在支付了所有净现值（NPV）为正的投资计划后所剩余的现金量。詹森在 1986 年认为，自由现金流量应完全交付股东，此举降低经理人的权力，避免代理问题的产生，同时再度进行投资所需的资金由于将在资本市场上重新筹集而再度受到监控。

除了减少自由现金流量外，詹森认为适度的债权由于在未来必须支付现金，比管理者采用现金股利发放有效，更容易降低代理成本。他强调，尤其是在已面临低度成长而规模逐渐缩小，但仍有大量现金流量产生的组织中，控制财务上的债权是重要的。也就是说，公司可通过收购活动，适当地提高负债比例，减少代理成本，增加公司的价值。

3. 交易费用论

微观经济学中，价格反映资源的稀缺度，是资源配置的信号。价格机制被认为是最有效的协调和指导资源配置的工具。在此情况下，科斯分析了企业存在的理由是使用价格机制支付成本，并让某种权力（企业）支配资源，部分节省市场费用；企业面对的是有限理性、机会主义动机、不确定性和信息不完的世界，企业并购正好实现节约交易费用的目的。通过并购可以使专门的知识（企业通过研究开发投入获得的产品）在同一企业内部使用；防止企业商誉运用上的外部性问题；可以保证企业生产需要的中间产品质量；可以形成市场进入壁垒，限制竞争者进入，形成市场垄断；并购还可以节省管理成本，提高管理效率。这种解释说服力强，但分析方法较抽象，难以得到系统检验，因此在管理实践中很少应用。

当然，企业并购还与税收制度、经理人员的动机、股票投机等因素密不可分。一起并购案例往往同时是上述几个方面因素共同作用的结果。

四、企业并购的历史发展

西方社会的发展史也是一部并购的历史。在一百多年的时间里，西方掀起五次并购浪潮，在席卷社会的同时，也为经济发展带来了促进作用。

（一）西方五次并购浪潮

1. 第一次浪潮

第一次浪潮发生在 19 世纪末的最后 10 年到 20 世纪的最初 10 年间，高峰时期是 1889 年至 1903 年。18 世纪以蒸汽机和各种机器发明为基础的产业革命使世界进入大机器生产时代。19 世纪下半叶，爆发了以电力发行和应用为基础的第二次产业革命，使世界跨入电器时代。生产力的发展要求集中化的巨额资本，而个别企业内部的资本积累已远远不能满足社会化生产的要求。因此，在这种背景下，西方主要国家产生了第一次企业并购浪潮。

美国第一次企业并购浪潮以同行业的横向并购为主。这一时期共有 2 864 起兼并，涉及资产总额 63 亿美元，100 家最大公司的总规模因此扩大了 4 倍，并控制了全国 40% 的工业资本。通过并购导致的首先是托拉斯，其最直接的结果是企业数量的急剧减少和单个企业规模的迅速膨胀，同时产生了一大批垄断性的企业集团。在钢铁、烟草、石油、制糖、制鞋和有色金属等十多个行业里，并购运动有效地把原来过度竞争的市场变成一个由少数大企业控制了 50% 以上产量的市场。在这次并购浪潮中，许多世界著名大公司相继出现。两个主要因素导致了这次并购浪潮的结束：一是美国经济从 1903 年起再次出现衰退，股票价格大跌，资金来源枯竭；二是美国国内兴起了反托拉斯运动，垄断价格的形成危害了大众福利，激起了社会不满，促使政府采取了一些反垄断措施。

欧洲的企业并购主要发生在英国和德国。英国的第一次并购浪潮也发生在 19 世纪末 20 世纪初，多发生在纺织行业中，新兴的公司取代了原来效率较低的企业。19 世纪后半期，在生产集中的基础上，德国逐渐形成了以卡特尔为特征的垄断组织。进入 20 世纪，德国的大多数卡特尔具有辛迪加的性质。在第一次世界大战前，莱茵—威斯特伐利亚辛迪加集中了该地区煤产量的 90% 和全国煤产量的一半以上，德国钢业联盟和铁业联盟控制了全国钢铁产量的 98%。

第一次并购浪潮的特点是以横向并购为主，导致生产迅速集中。这次并购不仅使大企业的地位和规模日益强大，推动了生产向专业化、系列化和规模化方向的发展，而且完成了企业组织由传统结构向现代结构的转变，促进了企业最终所有权和法人所有权的分离，现代公司逐渐进入管理层委托代理阶段，职业经理逐渐占据公司重要位置。

2. 第二次浪潮

第二次并购浪潮发生在 20 世纪 20 年代和 30 年代初，其中以 1929 年的经济大危机为最高潮。当时西方国家工业正处在从以轻工业为主的结构向以重工业为主的结构的转变过程中，因为重工业发展需要大量资本，使得资本集中和企业并购再度掀起高潮。

这次并购的数量大大超过前一次，美国 1919 年到 1930 年的企业并购近 12 000 家，比第一次并购浪潮的企业数量高近4倍，且以纵向并购为主，即企业并购主要是产品处于两个相邻生产阶段上的企业重组，参与纵向并购的企业占全部并购企业的75%以上。企业并购使一些行业，特别是汽车制造业、石油工业、冶金工业、成品加工业完成了集中过程，公用事业、银行业和零售商业中也发生了大量的兼并。

英国的企业兼并发生在军火工业方面和化学工业方面。德国同样掀起了企业并购的浪潮。作为第一次世界大战的战败国，德国工业生产大幅度下降，垄断巨头不断吞并中小企业，出现了一批巨型垄断组织。从1924年起，德国经济开始复苏，生产和资本进一步集中，20年代中期组成了庞大的法本化学工业托拉斯和钢托拉斯，并成为德国当时军事潜力复活的两大支柱。

总体来看，纵向并购是第二次企业并购浪潮的主要特征。企业通过并购，把与本企业生产紧密相关的非本企业所有的前后生产工序和环节的企业吞并，形成纵向一体化生产。出现了以产业资本与金融资本互为渗透为特征的并购，金融资本更有力量并购或控制其他企业，从而使生产集中的程度进一步加强。

3. 第三次浪潮

第三次并购浪潮发生在20世纪50至60年代，在60年代后期达到顶峰。这次并购浪潮迎合了新一轮产业结构调整和企业多元化发展的战略需求。

在美国，企业并购的浪潮向混合并购的方向发展。1948—1964年美国发生的647起企业并购中，混合并购占63%，美国出现了一大批混合企业。

在欧洲，英、德、法等国家都掀起企业并购浪潮。英国许多工业部门中较大的独资或合伙企业，纷纷改组为股份公司，并进行联合和并购活动，加速生产集中的过程。在德国，不仅有大垄断公司吞并中小垄断公司的现象，而且出现了大垄断公司互相并购的活动。法国企业并购的数量也开始大幅增多，在1960—1970年，有1 850家企业被并购。

第三次浪潮以混合并购为主，即优势企业并购那些与其生产和职能没有紧密联系的其他产业部门的企业，以谋求生产经营的多样化，降低经营风险。并且，这次并购浪潮不仅是"大鱼吃小鱼"，而且出现了"大鱼吃大鱼"的现象，其激烈程度大大超过前两次并购浪潮。同时，跨国并购异军突起。由于全球经济一体化的萌芽，大企业经营的空间分布开始出现多样化发展的趋向。但同时也给专业化的中小企业发展留下一定空间。

4. 第四次浪潮

第四次企业并购浪潮发生在1975—1992年之间，此次并购浪潮持续时间较长，并且比以往的并购浪潮规模更大，方式更为多样化。

进入20世纪80年代，美国的企业并购浪潮十分巨大。从并购数量上看，1980年至1987年企业并购总数超过2万起；从交易金额上看，并购规模达到空前的程度，1985年超过10亿美元的企业并购达到37起，多发生在石油、化工等行业。美国杠杆收购开始兴起，并成为十分重要的策略。随着垃圾债券的广泛发行，"小鱼吃大鱼"的案例出现。

20世纪80年代以来，欧洲共同体各成员国出于为欧洲统一市场做积极准备的目的而刮起了企业并购之风，其中英国企业并购的数量和金额都位列首位，处于主体地位。在西欧企业并购中出现了私人企业并购国有企业的现象，成为西欧并购史上的一大特色。

在日本，20世纪80年代随着日元升值造成的压力增大，并购成为企业的重要策略，以改善企业的经营管理和业务多元化。日本企业通过相互协商达成合并协议，成为具有日本特色的企业并购。日元升值也促使日本企业向海外收购公司，建立海外经营网络和海外生产基地，绕过贸易壁垒。1986 年，日本发动了 50 起国际并购，1989 年日本收购的国外企业上升到 340 家，1990 年又并购了 200 多家国外公司，其中以美国企业居多。1992 年，欧洲统一大市场形成，日本公司通过并购活动把业务迁往欧洲，形成了一股对欧洲企业的并购潮。

第四次并购浪潮涉及的行业广泛，从食品到烟草、连锁超级市场、汽车、化学、医药、石油、钢铁等各种行业都有不同程度的并购活动。在并购形式上，横向、纵向和混合三种并购方式互补。而金融财团的推动在这次并购中起到了重要作用，对金融衍生工具的运用也起到了推波助澜的作用。

5. 第五次浪潮

第五次并购浪潮发生在 20 世纪 90 年代初，紧接着第四次浪潮迅速掀起。这次并购涉及的行业十分广泛，遍及金融、通信、娱乐、零售和国防工业等。

在金融业的并购中，美国金融业出现了数次的并购案例，涉及数额巨大，影响深远。在通信业的并购中，美国同样爆发了多起企业并购；在运输业中，波音与麦道的合并产生相当大的互补作用。

这次浪潮有四个新的特点：一是在总规模上创造了历史纪录，且呈现连续八年递增态势；二是相当一部分并购发生在巨型的跨国公司之间，出现了明显的强强联合趋向；三是金融业的并购明显加剧；四是大多数企业放弃了杠杆收购式的风险投机行为，改以投资银行操作为主，旨在扩大企业规模和国际竞争力。

6. 五次并购浪潮的共性

以上五次并购浪潮呈现出以下一些共性：

（1）从时代背景看，企业并购浪潮往往掀起于经济快速成长的时期，与经济周期呈现出一种被动的吻合。

（2）从内生力角度看，技术革命是企业并购的催化剂。如第一次浪潮与第二次产业革命联系在一起，并购集中在重型制造业；第二次浪潮与陆上运输革命，尤其是汽车工业的突飞猛进密不可分，并购开始向机器制造业、食品加工业等更广泛的领域转移；第三次浪潮则与航空航天、核技术等领域的新技术革命关系非常密切，航空业在并购中占有了显著的份额；第四次和第五次浪潮与新技术革命——计算机技术以及网络发展相吻合，并购由第二产业大量转向第三产业，并产生了大量的跨国并购。因此，从总体上看，呈现出了一种技术革命带动经济发展、经济发展促进企业并购、企业并购反作用于经济发展的趋势。

（3）从并购的空间范围看，市场的扩张与企业的扩张是同步进行的，表现为近年来愈演愈烈的跨国并购趋势。

（4）从政策约束的角度看，随着国际竞争的日益加剧，美国国内有关反垄断法案的执行开始呈现放松的迹象。管制的目的不仅仅在于保护竞争，更重要的是追求帕累托最优和国家优势。

（5）从进化的角度看，随着市场经济和企业制度的发展，并购也从最初以排挤竞争对手为目的，恶意收购为主，到 20 世纪 90 年代强强联合的善意并购为主，似乎存在某种从

"野蛮"到"文明"的演进。

（二）我国企业并购的发展历程

与西方相比，由于长期处于计划经济体制下，我国的并购史不过短短二十几年的时间，但发展极其迅速，回顾我国企业并购的发展历程，可以看到并购这一活动在我国方兴未艾。我国企业的并购活动起步较晚，直至1984年发生的第一起并购事件才开始了中国的并购历史，然而其发展速度却很快。我国企业并购的历程可以分为以下三个阶段：

1. 试点起步阶段（1984—1992年）

1984年，河北保定纺织机械厂和保定锅炉厂以承担被兼并企业全部债务债权方式，分别兼并了保定市针织器材厂和保定市风机厂，开创了我国企业并购的先河。随后，企业并购现象在北京、南京、沈阳、成都等城市陆续出现。1987年，中共中央十三大报告明确提出，小型国有企业产权可以有偿转让给集体和个人。1989年2月，国家发改委、国家计委、财政部和国家国有资产管理局联合颁布《关于企业兼并的暂行办法》。至此，在中央和地方各级政府的积极倡导和推动下，我国企业并购掀起了第一次浪潮。这是我国第一部有关企业兼并的行政法规，对企业兼并活动起到积极推动作用。仅1989年一年，共有2 315家企业兼并了2 559家企业。这一阶段，企业兼并的目标由单纯的拯救亏损企业，向自觉优化经济结构的方向发展。

这一阶段的并购主要有三个特点：①企业的自发性和政府的干预并存，政府的出发点是拯救亏损企业；②这个阶段的并购只有国有企业和集体企业参与，民营企业和外资企业受体制限制，没有涉足并购；③并购方式多为承担债务和出资购买式，其主要目的是为消灭亏损企业，卸掉财政包袱。

2. 粗放式发展阶段（1992—2000年）

20世纪90年代以来，股份制改革走上中国经济体制改革的舞台，尤其是20世纪90年代初证券市场建立之后，上市公司的并购重组活动在规模、影响力、技术等方面都远胜于非上市公司的并购重组，逐渐成为我国企业并购重组的主要内容，对我国企业竞争格局、证券市场和宏观经济都产生了深远的影响。

1993年9月开始的宝安（上海）通过二级市场举牌收购延中实业的"宝延事件"是新中国证券史上第一例成功的上市公司并购重组案。延中实业是一家股份全流通的"三无概念"上市公司，股份极为分散，宝安（上海）联合两家关联公司于9、10两个月在二级市场上大量购入延中实业股票，成为延中实业第一大股东，此间虽然遭到了延中实业管理层的抵抗，但是在中国证监会和上海证管办的协调下，宝安（上海）与延中最终达成了协议，延中接受了被收购的事实，宝安（上海）成功入主延中实业。同时，宝安（上海）在收购过程中的违法违规行为也受到了中国证监会的处罚。同年10月至11月深万科通过二级市场增持申华股份并举牌，但是于次年退出。1994年4月的"恒棱事件"（恒通实业收购棱光股份）是第一例完整意义上的买壳上市案例。与"恒棱事件"同期发生的还有"康凤事件"（康恩贝收购浙江凤凰），这两个案例迈出了国家股、法人股协议转让的第一步，开启了买壳上市的先河。

1997年9月，党的十五大报告着重阐述了调整和完善所有制结构的任务，提出"通过资产重组和结构调整加强重点，提高国有资产的整体质量，对国有企业实施战略性改造"，为企业并购的发展指出方向。

1997年，上市公司并购陡然升温，该年度共发生了33起控制权转让事件，涉及的资产规模也相当可观。这一年，通过上市公司并购，实现资源优化配置的意识已开始在市场中萌芽，这一时期的典型案例主要有中远集团收购众城实业和上实集团重组联合实业。1997年出现了控股股份无偿划拨的转让方式，主要是在不同国有单位之间的划转，33起并购案例中采用无偿划拨的有7家。在并购对价支付上，除了现金，还出现了以资产换股份。

1998年延续了1997年的快速发展趋势。该年内清华同方、新潮实业通过以股权换资产或股权换股权的方式，实现了资产重组，开启我国证券市场"吸收合并"式重组之先河。同时，高科技企业纷纷借壳上市，如北大方正入主原延中实业、北大青鸟入主原北京天桥、创智软件入主五一文、托普集团入主川长征、四通集团入主华立高科等。这一年取得控制权的方式又有创新，往年是直接收购上市公司，这一年出现了5起通过控制上市公司母公司从而间接控制上市公司的案例。

1999年，党的十五届四中全会重申国有企业的改革方向是建立"产权清晰，权责明确，政企分开，管理科学"的现代企业制度，企业并购再次进入发展时期，并购活动又趋活跃，为国有企业战略性改组发挥了积极作用。

1999年，上市公司公告了84起并购案例，虽然总数上创下了新的纪录，但是增长的势头不如前两年。这一年，上市公司并购重组行为更加市场化，一是以优化资源配置、改善上市公司质量为目的的重组比重日益增加；二是重组参与者成分日益多样化，证券公司、咨询公司等中介机构的作用日益增强；三是并购创新继续增加。

这一阶段并购的主要特点有：①经过起步试点阶段的市场自发探索，并购已为人所熟悉、使用并逐渐成为市场焦点，上市公司并购成为主流，买壳上市大量发生，新的并购手段不断涌现，我国上市公司并购进入高速发展阶段；②逐步出现了横向并购、纵向并购及多元化并购；③企业在规模、专业化程度上都有了明显进步，发生并购活动的企业数量也有大幅度的增长，掀起了并购热潮；④跨出国门，跨国收购开始出现，同时外资进入中国市场收购中国企业，并购国际化开始出现；⑤并购中的不规范情况也很严重，政府意志在并购中仍起到重要作用。

3. 规范发展阶段（2000年至今）

我国自从加入WTO以后，经济逐步实现全球化的发展趋势，企业并购活动跨入新的阶段，逐渐趋于完善，逐步与国际接轨，出现了许多"战略性并购"，"强强联合"等成功的企业并购案例，企业并购进入规范发展阶段。

2001年12月，中国证监会出台《关于上市公司重大购买、出售、置换资产若干问题的通知》以及《关联方之间出售资产等有关会计处理问题暂行规定》，对于上市公司在并购过程中出现的问题起到了很好的规范和抑制作用。2002年10月，中国证监会颁布了《上市公司收购管理办法》及其配套法规，全面规范上市公司收购行为，积极鼓励上市公司收购活动有序、规范进行，是迄今为止我国上市公司收购立法和监管方面最大的突破。2006年再次修订《上市公司收购管理办法》，使该办法成为上市公司间并购的重要法规。

随着外资对我国企业并购的规模日益扩大，2003年3月7日，外经贸部、国家税务总局、国家工商行政管理总局、国家外汇管理局联合发布《外国投资者并购境内企业暂行规定》（以下简称《暂行规定》），这是我国涉及外资并购的一个标志性法规，是我国外资并购政策法规的一个突破。2006 年 8 月 8 日，在《暂行规定》的基础上修改制定的《关于外国投资者并购境内企业的规定》（以下简称《规定》）由商务部、国务院国有资产监督管理委员会、国家税务总局、国家工商行政管理总局、中国证券监督管理委员会、国家外汇管理局等六部委联合颁布，新《规定》于同年 9 月 8 日实施。

在实践方面，2000 年上市公司公告了 103 起并购案例（比 1999 年增长约 22%），该年上市公司并购市场有四个新动向：一是股权转让中的 29% 现象和一致行动人增多。这与监管层加强对《证券法》中规定购买上市公司股份超过 30% 的收购者赋予强制要约的义务的执行力有关。二是控制权之争频繁。以往控制权转让绝大多数都是友好协议转让的结果，但是 2000 年出现了胜利股份、西藏圣地、燃气股份、四砂股份、中联建设以及幸福实业等多起控制权争夺战。三是在股权收购中，出现了委托书征集和股权托管。如广州通百惠和山东胜邦企业在对胜利股份的股权之争中，为争夺控制权，广州通百惠成功实施了征集投票权的战术，而股权托管作为股权最终转让之前过渡时期的安排，被用作规避监管的手段。四是出现了我国上市公司第一例成功的 MBO 案例——粤美的管理层收购案。

2001 年，上市公司公告了 119 起并购案例，略高于 2000 年。这一年，上市公司并购市场主要有如下四个特点：一是绩差公司，尤其是控制权转让成为市场的一个焦点。二是民营企业收购继续高涨。在国退民进的大潮中，买壳上市的民营企业继续增多，而且民营企业还组成控股机构，控制多家上市公司，形成所谓的德隆系、泰跃系等，如在 2001 年下半年泰跃系披露将连续收购三家上市公司。三是在控制权转让中，司法裁定和股权托管的使用大幅度增加，而上市公司股权的公开拍卖被证监会制止。为了规避向中国证监会申请要约豁免和压低转让价格，不少收购人通过司法裁定的方式取得控制权，当年共发生了 14 起。四是横向和纵向并购继续发展，如太极集团收购西南药业及泰山石油控股鲁润股份。

2002 年，上市公司公告了 168 起并购案例，一改前两年缓慢增长之势。2002 年，上市公司并购重组市场主要有如下两个特点：一是 MBO 迅速发展，继 2000 年第一单以及 2001 年两单上市公司 MBO 之后，2002 年共完成 5 笔上市公司 MBO 交易，此外还有众多的上市公司正在酝酿 MBO；二是外资并购成为市场热点，如深发展公告引入战略投资者以及赛格三星公告外资取得控股权。1995 年 9 月禁止外商收购上市公司法人股和国有股之后，外资并购一直以迂回曲折的方式进行，到 2000 年政策面开始逐渐转向，先后出台了一系列政策鼓励外资并购，外资并购活动也日趋活跃和公开化。

2003 年以来，上市公司并购在数量上呈现出量的平台态势，但在上市公司收购目的与收购方式上出现质的提高。主要体现在如下三个方面：①战略并购大行其道。战略并购即是产业并购，它是指并购方与上市公司主营业务相同或者相关，并购方在收购上市公司以后，不改变上市公司原有业务，而以获取经营上的协同效应为目的。前几年，战略性并购尚处于言论阶段，到 2003 年，战略性并购大行其道。统计表明，在 2003 年上市公司的并购中，产业并购占 59.9%。②定价理念转向价值。在国外成熟市场中，股权转让定价是基于未来现金流折现进行的，我国上市公司国有股转让定价方式在前几年一般是基于账面有形的净资产，这从（国资企发〔1997〕32 号）文件规定"股份有限公司国有股股东行使股权时，转让价格不得低于每股净资产"上可以看出。随着股权分置改革接近尾声，国有股流通问题解决之后，国有股权转让的定价问题也将逐渐回归市场定价。③支付手段全面创新。2003 年以来，我国上市公司并购市场中，上市公司的并购方式呈现如下两方面的特点：一是采用非现金流出的收购方式多了；二是上市公司收购的方式不断创新。2003 年被称为我国上市公司并购创新年。从时间上看，2003 年 2 月，全兴股份（600779）公布信托融资收购事项；2003 年 4 月，南钢股份（600282）披露要约收购；2003 年 10 月初，TCL 集团合并 TCL 通信（000542）；11 月初，上工股份定向增发 B 股；11 月 18 日，武钢股份的增发，ST 小鸭向中国重汽集团的增发等，市场创新贯穿一年整。从创新手段来看，全兴股份（600779）使用的是公开融资，南钢股份（600282）采取的是要约收购，TCL 集团合并的结果是整体上市，武钢股份采用的方式是"公募"与"私募"的结合，上工股份定向增发 B 股购买资产，ST 小鸭的增发是为了纳入中国重汽集团整体资产。从业绩上看，TCL 通信、武钢股份是绩优的，全兴股份、上工股份是次之的，ST 小鸭是较差的。换股合并的运用突破了并购瓶颈的限制，股票支付加以推广，打破了现有上市公司并购的平台局面，掀起国内上市公司并购新高潮。

第二节　企业并购的操作程序

一、确定并购计划

企业首先要明确是否需要通过并购来解决自身的问题，是否需要通过并购达到战略目标、经营目标或者投资回报目标。企业通过战略方向的确定、对自身实力的判断，进而确定相应的并购主体，提出整体的并购计划。

（一）战略方向的确定

企业并购一般可能基于整体战略上的需要，由此而跨入新的具有发展前途、能给企业带来长期利益的行业；也可能基于目标公司的价格较低，计划收购后再整体或分拆出售而获得最大利益。但是大多数是为了收购后与本企业资源进行整合。企业在进行并购前应首先确定并购的战略方向。

（二）自身实力的判断

在企业选择了以并购方式实现其发展战略后，首先就是制定目标，为并购作出准确的定位，如所属行业、资产规模、生产能力、技术水平、市场占有率等，从而确定自己的努力方向。为此要研究企业的外部和内部条件，进行实事求是地自我评估。

（三）并购主体的确定

一般情况下，并购主体都是将实施并购的企业。但是鉴于并购目标和策略的要求，并购主体有时会另有其人。例如是由集团公司进行并购，还是由下属控股子公司作为并购主体，或者是新设立一家"空壳公司"进行并购等。

二、并购决策

前面已论述过企业并购首先要"知己"，确定并购目标，接下来应该根据确定的目标进行市场搜寻，捕捉并购对象，当捕捉了一个"适当"的对象后，就要开始深入调查了解，并就目标企业的资产、财务、税务、技术、管理、人员、法律等方方面面进行评价，做到"知彼"。

（一）项目搜寻与尽职调查

企业在开始并购前，一般都有自己的并购目标。企业应将对目标企业的要求及对目标企业进行调查的清单一并交由企业所选定的财务顾问，由财务顾问负责协调完成目标公司的搜寻及对目标公司的尽职调查。

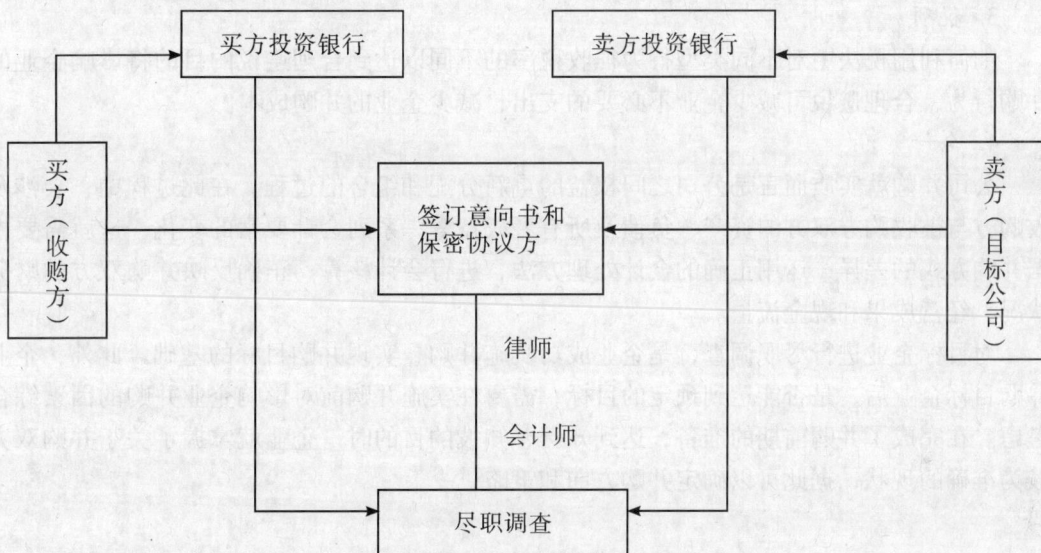

图 4－1　并购基本流程

（二）并购的财务平衡

收购方应在实施并购前对并购的成本与收益有一个大概的估算，以确定并购操作是否可行。并购涉及两方面利害关系人的利益分配，是一种产权交易行为，这就要求首先分析并购是否产生了经济效益。收购方在进行财务平衡分析时，应首先考虑以下因素：①评估目标公司的财务预测，如分析预测和历史趋势的对比等；②分析收购的协同收益潜力，如成本节约等；③预测的财务影响，如未来每股收益的增长率等；④投资银行的意见，投资银行是并购操作的专业机构，一般都拥有丰富的并购经验，操作过不同类型企业的并购，充分吸收投资银行专业人员关于并购的分析，将有助于收购方对并购目标作出更准确的定位；⑤税务专家意见，通过并购合理避税往往也是企业进行并购的动因之一，实现这一目标则有赖于税务专家的帮助。在投资银行专家和税务专家的协助下，收购方综合考虑以上几个因素，可以对并购的成本与收益作出一个大概的估算。

（三）其他因素

1. 股东

公司股东的目标是实现股东价值最大化。并购不仅牵涉到收购方股东的利益，更关系到被收购方股东的利益。当企业进行并购时，不可能满足所有股东的意愿，在这种情况下，就必然受到一部分公司股东的反对，合理平衡股东之间的利益分配，是并购能够顺利进行的基础。必要时，可以请公关公司协助做好股东工作。

2. 法律、法规和政策

并购双方在实施并购前，应对所在国关于并购方面的法律、法规及政策有一个了解，应请专业顾问人员就并购是否与所在国的法律、法规和政策相抵触作分析调查，以确认并购的合法性。如在美国有《反垄断法》，如果并购后的企业超过法律允许的规模，则将受到美国政府的干涉，很可能导致并购的流产。

3. 税项

如何利用税法中对不同类型行为征收税率的不同以达到合理避税的目的将影响企业的并购行为，合理避税可减少企业不必要的支出，减少企业的并购成本。

4. 会计

公司并购就实质而言是公司之间权益的重新分配和组合的过程。在此过程中，会涉及收购方与被收购方双方的资产、负债及所有者权益等一系列会计要素的变化，这就需要根据并购方式的差异，运用正确的会计处理方法，进行会计核算，正确反映并购双方的财务状况、经营成果和现金流量。

对目标企业进行尽职调查，是企业成功实施并购、实现并购目标的基础。此外，企业并购目标企业后，是否能达到预定的目标，需要在实施并购前对影响企业并购的因素综合考虑。在完成了并购前期的准备，达到知己、知彼的目的时，企业就掌握了关于并购双方较为准确的现状，据此可以确定并购方向和策略。

三、并购策略

企业并购是一项有风险的业务，较低的并购成功率往往产生于战略策划上的失误，因此，每个从事这项业务的企业，为了达到并购目标，都必须制定一个切实可行的策略，以适应不断变化的各种条件。每个企业都必须根据自己在市场上的地位及其目标、机会和资源，确定一个有意义的策略。

（一）明确并购对象

企业在对自己充分认识的同时，对收购对象的认识也有了一个大概的轮廓。收购对象按照公司股份是否上市交易可分为上市公司和非上市公司。收购方可根据自身状况和市场行情，比较选择并购对象。

表 4 - 1	收购上市公司与非上市公司的比较	
	收购上市公司	收购非上市公司
商业安排	在善意并购中以协议方式确定或收购方公司向被收购方公司提出公开收购要约 在恶意并购中直接在二级市场举牌或未与收购方公司接触直接提出收购要约	私下确定收购协议
证券监管机构	监管机构的角色因地而异 若项目为跨国并购，则将涉及双方国家的监管机关	如果收购方为上市公司，则应遵守证券监管机构相关规定 如果双方均为非上市公司，则该条不适用，除非某一方在交易安排中发行了证券
证券交易所	证券交易所的披露及对上市公司要求的条例适用于收购方及被收购方	如果收购方为上市公司，则应遵守证券交易所相关规定 如果双方均为非上市公司，则该条不适用，除非某一方在交易安排中发行了证券
行业监管机关	如果涉及国有资产，应得到国有资产管理部门的审批和监管 行业监管条件（例如银行、证券、电信业等）可能要求公司取得有关监管机构的额外审批	如果涉及国有资产，应得到国有资产管理部门的审批和监管 行业监管条件（例如银行、证券、电信业等）可能要求公司取得有关监管机构的额外审批

（二）确定并购比例

企业在明确了并购对象以后，应根据并购目标的不同确定并购比例。表 4 - 2 是各种收购比例对收购方和被收购方的影响的比较。

表 4 - 2	收购比例影响比较		
	少数股权 （< 20%）	相对控制 （20% ~ 50%）	绝对控制 （> 50%）
战略投资者	作为获取更多股份的第一步 经常用于加强联盟 可用于对某些经营行业施加影响	为许多投资者采用 允许投资者有更灵活的方式保护投资 市场价值往往高于账面价值	为避免少数股份无控制的问题，战略投资者越来越多地采用控股方式 相对昂贵的方式，须支付控股溢价
财务影响	无股本及净利润合并中的会计影响 只有由投资者产生股利收入；无须合并财务报表	股权投资的会计处理方式存在选择 通常情况下无须合并财务报表	合并财务报表 确认少数股东权益及损益
控股程度	无共同控制/重大影响	共同控制/重大影响	控制

（三）确定收购方式和支付方式

根据并购对象的性质和并购双方所处并购市场的状况，确定并购方式，例如是通过协商并购还是公开市场收购。同时，确定支付方式、并购方式是并购交易中较为重要的一环，对并购双方及并购后企业的整合都有很大影响。支付方式主要有现金及股票两种，表4-3是两种支付方式的对比。

表4-3   支付方式比较表

	考虑因素	交易条件
现金	为收购方股东提供确实价值 可能影响收购方的信用评级和融资的灵活性 被收购方股东可套现但存在税收影响	收购方具有较强的融资能力和较低的融资成本 被收购方股东希望套现 被收购方具有较高的税基而股东可享受较低的税率
股票	根据股价变动计算交易价值 需要对收购方的股价作出长期评估 对被收购方股东存在股价下跌的风险或 对收购方存在股价过高支付的风险	收购方股票的市盈率较高，存在较小摊薄风险 股价流动不大或采用限价以减少股价波动风险 被收购方股东希望继续参与业务经营或避免现时付税

（四）并购风险分析

企业并购是高风险经营，财务分析应在关注其各种收益、成本的同时，更重视并购过程中的各种风险。

1. 营运风险

所谓营运风险是指并购方在并购完成后，可能无法使整个企业集团产生经营协同效应、财务协同效应、市场份额效应，难以实现规模经济和风险共享互补。通过并购形成的新企业因规模过于庞大而产生不经济，甚至整个企业集团的经营业绩都为被并购进来的新企业所拖累。

2. 信息风险

在并购中，信息是非常重要的，知己知彼，百战不殆。真实与及时的信息可以大大提高并购企业行动的成功率。但实际并购中因贸然行动而失败的案例不少，这就是经济学上所称的"信息不对称"的结果。

3. 融资风险

企业并购需要大量的资金，所以并购决策会同时对企业资金规模和资本结构产生重大影响。实践中，并购动机以及目标企业并购前资本结构的不同，还会造成并购所需的长期资金与短期资金、自有资本与债务资金投入比率的种种差异。与并购相关的融资风险具体包括资金是否可以保证需要（时间上与数量上）、融资方式是否适应并购动机（暂时持有或长期拥有）、现金支付是否会影响企业正常的生产经营、杠杆收购的偿债风险等。

4. 反收购风险

在通常情况下，被收购的企业对收购行为往往持不欢迎和不合作态度，尤其在面临敌意并购时，他们可能会"宁为玉碎，不为瓦全"，不惜一切代价布置反收购战役，其反收购措施可能是各种各样的。这些反收购行动无疑会对收购方带来相当大的风险。

5. 法律风险

各国关于并购、重组的法律法规的细则，一般都要求增加并购成本而提高并购难度。如我国目前的《上市公司收购管理办法》，要求收购方持有一家上市公司 5% 的股票后，应当在事实发生之日起 3 日内必须公告并暂停买卖，以后每递增 5% 就要重复该过程，持有 30% 股份后要继续增持股份即被要求采用要约方式进行，发出全面要约或部分要约。这套程序造成的收购成本之高、风险之大、程度之复杂，足以使收购者气馁，反收购则相对比较轻松。

总之，并购风险非常复杂和广泛，企业应谨慎对待，多谋善选，尽量避免风险，将风险消除在并购的各个环节中，最终实现成功并购。

四、并购组织

企业并购是一项复杂的、专业性很强的工作，涉及许多资产、财务、政策、法律等方面极其复杂的问题，如对目标公司的搜寻及尽职调查、对目标企业的资产评估、财务审计、价格的确定、安排融资、处理法律事宜等，都需要专业化的服务。同时并购还涉及并购双方股东、政府、并购双方的债权人及员工等的利益，处理好各方面的利益关系，也是并购成功的保障。并购中的参与者及工作内容如图 4-2 所示。

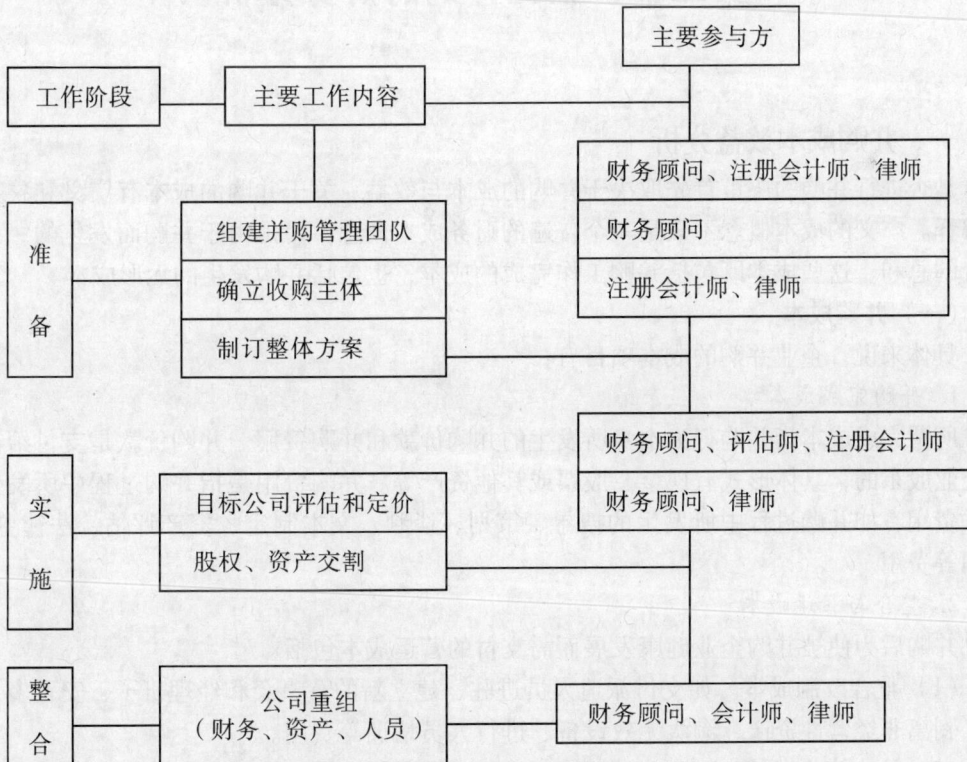

图 4-2 并购阶段及参与者

五、并购操作

并购工作一般设计为四个阶段,即基础调查与意向接触阶段;并购方案的专业设计阶段;并购实施阶段,即形成意向书、签订股权转让协议、股权交接、执行协议阶段;并购后整合阶段,即资产、管理、财务、人员重组阶段。并购工作的具体步骤如图4-3所示。

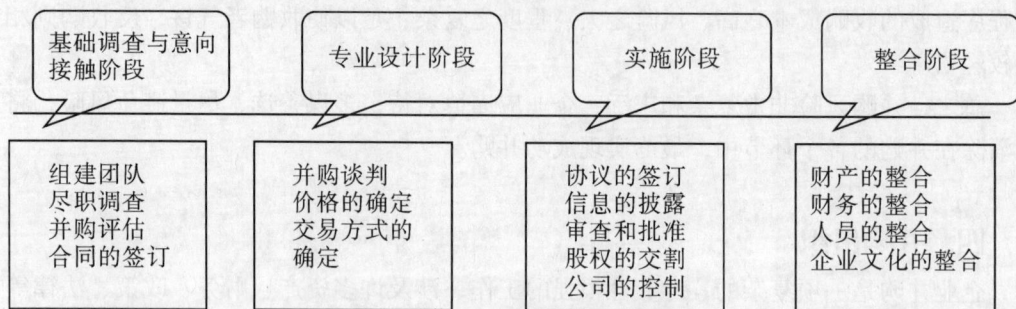

基础调查与意向接触阶段	专业设计阶段	实施阶段	整合阶段
组建团队 尽职调查 并购评估 合同的签订	并购谈判 价格的确定 交易方式的确定	协议的签订 信息的披露 审查和批准 股权的交割 公司的控制	财产的整合 财务的整合 人员的整合 企业文化的整合

图4-3 并购工作具体步骤

第三节 企业并购的财务分析

一、并购成本效益分析

是否进行并购的决策首先取决于并购的成本与效益。关于并购的成本有广义和狭义两种解释。广义的成本概念不只是一个普遍的财务成本概念,而是由于并购而发生的一系列代价的总和。这些成本既包括并购工作完成的成本,也包括并购发生的无形成本。

(一)并购成本

具体来说,企业并购的成本项目有:

1. 并购完成成本

所谓完成成本指并购行为本身所发生的并购价款和并购费用。并购价款是支付给被并购企业股东的,具体形式有现金、股票或其他资产等。并购费用是指并购过程中所发生的有关费用,如并购过程中所发生的搜寻、策划、谈判、文本制定、资产评估、法律鉴定、顾问等费用。

2. 整合与营运成本

并购后为使被并购企业健康发展而需支付的营运成本包括:

(1)整合改制成本。如支付派遣人员进驻、建立新的董事会和经理班子、安置多余人员、剥离非经营性资产、淘汰无效设备、进行人员培训等费用。

(2)注入资金的成本。并购公司要向目标公司注入优质资产,拨入启动资金或开办费,为新企业打开市场而需增加的市场调研费、广告费、网点设置费等。

3. 并购机会成本

一项并购活动所发生的机会成本是指实际并购成本费用支出因放弃其他项目投资而丧失的收益。狭义的并购成本仅仅指并购完成成本。本章下面的论述主要采用狭义的并购成本概念。

（二）并购收益

1. 并购收益

并购收益是指并购后新公司的价值超过并购前各公司价值之和的差额。例如，A 公司并购 B 公司，并购收益（S）为：

$$S = V_{ab} - (V_a + V_b) \tag{4.1}$$

其中：

V_a 为并购前 A 公司的价值；

V_b 为并购前 B 公司的价值；

V_{ab} 为并购形成的新公司的价值。

如果 $S > 0$，表示并购取得了收益。

2. 并购溢价

$$P = P_b - V_b \tag{4.2}$$

其中：

P_b 为交易价格；

V_b 为并购前 B 公司的价值。

在一般情况下，并购方将以高于被并购方价值的价格 P_b 作为交易价，以促使被并购方股东出售其股票，称为并购溢价。并购溢价反映了获得对目标公司控制权的价值，并取决于被并购企业前景、股市走势和并购双方讨价还价的情况。

3. 并购净收益

$$NS = S - P - F = V_{ab} - P_b - F - V_a \tag{4.3}$$

其中：

S 为并购收益；

F 为并购费用；

P 为并购溢价；

V_{ab} 为并购形成的新公司的价值；

P_b 为交易价格；

V_a 为并购前 A 公司的价值。

对于并购方来说，并购净收益（NS）等于并购收益减去并购完成成本、实施并购前并购方公司价值的差额。

例如，A公司的市场价值为5亿元，拟收购B公司，B公司的市场价值为1亿元。A公司估计合并后新公司价值达到7亿元。B公司股东要求以1.5亿元价格成交。并购交易费用为0.2亿元。由此得到：

并购收益 $S = 7 - (5 + 1) = 1$（亿元）

并购完成成本 $= 1.5 + 0.2 = 1.7$（亿元）

并购溢价 $P = 1.5 - 1 = 0.5$（亿元）

$$并购净收益\ NS = S - P - F = 1 - 0.5 - 0.2 = 0.3（亿元）$$
$$= V_{ab} - V_a - P_b - F = 7 - 5 - 1.5 - 0.2$$
$$= 0.3（亿元）$$

上述并购使A公司股东获得净收益0.3亿元。可以说这一并购活动对A、B两个公司都有利。这是并购活动能够进行的基本条件。

二、目标公司并购价值确定

企业并购的关键是对目标企业的价值评估，即通过对并购标的（股权或资产）所作出的价值判断，为并购双方的讨价还价提供基点和依据。对目标企业的价值评估通常有两种模式：一是现金流量贴现模式；二是非现金流量贴现模式。

（一）现金流量贴现模式

1. 现金流量的概念

现金流量贴现模式下通常采用的方法是贴现现金流量法。该方法认为企业的价值在于将来创造财富的能力，而由于从长期来看，企业的利润金额与现金流量金额是相等的，但现金流量对企业的生存发展更为密切，因此可以认为企业创造财富的能力集中体现为产生现金流量的能力。

那么，什么是"现金流量"？现金流量这一概念的外延非常广泛。在企业并购的价值评估中，经常采用的是自由现金流量（free cash flow）这一概念。自由现金流量作为一个专业术语，与经营性现金流量、现金净流量不同。为了便于理解，本章同时界定企业"经营性现金流量"的概念。

（1）经营性现金流量。

经营性现金流量是经营活动（包括商品销售和提供劳务）所产生的现金流量。它不反映筹资性支出、资本性支出或营运资本净增加等变动。其基本公式为：

$$经营性现金流量 = 营业收入 - 营业成本费用 - 所得税$$
$$= 息税前利润 + 折旧 - 所得税$$
$$= 息税前利润 \times (1 - 所得税税率) + 折旧 \qquad (4.4)$$

（2）自由现金流量。

詹森教授在研究代理冲突的时候论及现金流量概念：是满足全部净现值为正的项目之后的剩余现金流量，如果企业的目标为追求企业价值最大化，这种现金流量必须支付给股东；自由现金流量越大，企业价值越大，股东财富也越大；现金流量管理的关键是激励管理者将这部分资金分配给股东，防止进行负净现值项目的投资或者资金的滥用。

汤姆·卡普兰和蒂姆·科勒认为：自由现金流量等于公司的税后营业利润加上非现金支出，再减去营业流动资金、物业、厂房与设备及其他资产方面的投资，它未纳入任何与筹资有关的现金流量，如利息费用或股息；实际上等于向所有资本供应者支付或收取的现金流量总额（利息股利、新的借款、偿还债务等）。

肯尼斯·汉克尔和尤西·李凡特则认为：自由现金流量是企业在持续经营的基础上，除了库存、厂房、设备、长期股权等类似资产所需投入外，能够拥有的额外现金流量；按照标准普尔的定义，自由现金流量是税前利润减资本性支出。

从这些定义中可以概括出：自由现金流量是扣除运营资本投资和长期资本投资后，经营活动所带来的现金流量；所谓的"自由"即体现为管理当局在不影响企业持续发展的前提下，可将这部分现金流量自由地分派给企业所有的索偿权持有人，包括短期、长期债权人和股权持有人，从现金流量角度来讲，股东和债权人没有性质上的差别，存在的只是索偿权支付顺序上的差异；自由现金流量是充分考虑了公司的持续经营或必要的投资增长对现金流量要求后的一种剩余，即使这部分现金流量全部支付给普通股股东也不会危及目标企业的生存和发展。但应该看到的是，利息费用是属于债权人的自由现金流量，尽管它作为费用从收入中扣除。因此仅在计算股权自由现金流量时要扣除利息费用，而在计算公司自由现金流量时则不能扣除。

依据现金流量的口径不同，自由现金流量又分为股东自由现金流量和企业自由现金流量。

①股东自由现金流量。

股东自由现金流量是指满足债务清偿、资本支出和营运资本等所有的需要之后剩下的可用于发放股利的现金流量，也是企业自由现金流量扣除债权人自由现金流量的余额。其基本公式为：

$$股东自由现金流量 = 净利润 + 折旧 - 资本性支出 - 营运资本净增加 + \qquad\qquad\qquad\qquad (新发行债务 - 偿还债务本金) \qquad\qquad\qquad (4.5)$$

如果公司的负债比率保持不变，仅为增量资本性支出和营运资本增量进行融资，并且通过发行新债来偿还旧债，那么，上述公式可以改写为：

$$股权自由现金流量 = 净利润 - (1 - 负债比率) × 增量资本性支出 - \qquad\qquad\qquad\qquad (1 - 负债比率) × 营运资本增加额 \qquad\qquad\qquad (4.6)$$

②企业自由现金流量（经营实体自由现金流量）。

企业自由现金流量是指扣除税收、必要的资本性支出和营运资本增加后能够支付给所有的清偿者（债权人和股东）的现金流量。其基本公式为：

企业自由现金流量＝股权自由现金流量式债权＋自由现金流量

　　　　　　　　＝股权自由现金流量＋利息费用×（1－所得税率）＋偿还债务本金－新发行债务

　　　　　　　　＝息税前利润×（1－所得税税率）＋折旧－资本性支出－营运资本净增加

　　　　　　　　＝经营性现金流量－资本性支出－营运资本净增加

$$(4.7)$$

　　企业自由现金流量是扣除税收、必要的资本性支出和营运资本增长后经营所获得的现金流量，是企业在支付了经营费用和所得税后向各类收益索偿权持有人支付前的现金流量。企业自由现金流量为债务支付前的现金流量，其不受企业运用负债数额的影响，但这并不意味着由企业自由现金流量贴现得到的企业价值与负债金额没有关联，因为过高的负债会导致加权平均资本成本的提高，从而影响企业价值的波动。

　　2. 自由现金流量贴现模型

　　在确定自由现金流量之后，还必须确定贴现率，即对应的资本成本，才能通过贴现现金流量法进行估值。在完成上述步骤之后，可以通过稳定增长模型以及二阶段增长模型进行估值计算。

　　（1）预测期。

　　确定预测期的通常做法是：逐期预测现金流量，直到其不确定性的程度使得管理部门难以作出更进一步的预测行为。这种方法随着目标企业的行业背景、管理部门政策和收购的具体环境的不同而有所差异，具有一定主观性，但一般认为对目标企业现金流量的预测期为5~10年，预测期越长，预测的准确性越低。此外，企业的现金流量模式，往往会影响预测期的选择。例如，目标公司正处于进行巨额的资本投资情况下，当前及未来几年的自由现金流量很小甚至为负数——这段时期为投资持续期；接下来是伴随着投资所形成的生产经营能力得以利用，自由现金流量将逐年增加；最后一阶段是成熟期或稳定期，这时期自由现金流量渐趋稳定，或者开始按照固定比率增长。这种情况发生时，所确定的预测期最好能够涵盖投资持续期和迅速成长期，这种处理方法可以简化目标公司预测期后现金流量的计算，使预测期后的自由现金流量可以按照永续增长模型直接资本化。

　　（2）估计贴现率。

　　股东自由现金流量对应股权资本成本，企业自由现金流量对应加权平均资本成本。

　　（3）计算现金流量现值，估计购买价格。

　　根据目标企业自由现金流量对其估价为：

$$TV_a = \sum \frac{FCF_t}{(1+k)^t} + \frac{V_t}{(1+k)^t}$$

$$(4.8)$$

式中：

TV_a 为并购后目标企业的价值；

FCF_t 为在 t 时期内目标企业自由现金流量；

V,o t 时刻目标企业的终值；

k 为贴现率。

【例4.1】大华公司是一家生物工程公司，2000年其每股营业收入为12.4元，每股净收益为3.1元，每股资本性支出为1元，每股折旧为0.6元，营运资本为收入的20%，预期该公司在未来5年内将高速增长，每股收益增长率为30%，资本性支出、折旧和营运资本以同比例增长，β 为1.3，国库券利率为7.5%。5年后公司进入稳定增长期，预期增长率为6%，即每股收益和营运资本按6%的速度增长，资本性支出可以由折旧来补偿，β 为1。公司的收益留存比率为100%，负债率保持在60%。该公司发行在外的普通股共3 000万股，市场平均风险报酬率为5%。估计该公司的股权价值。

第一步：估计公司高速成长期的股权现金流量

$FCFE$ = 净收益 － （资本性支出 － 折旧）（1 － 负债比率） － 营运资本增量（1 － 负债比率）

$$FCFE_{2001} = 3.1 \times (1+30\%) - (1-0.6) \times (1+30\%) \times (1-60\%) - [12.4 \times 20\% \times (1+30\%) - 12.4 \times 20\%] \times (1-60\%)$$

$$= 4.03 - 0.21 - 0.30$$

$$= 3.52$$

$$FCFE_{2002} = 4.03 \times (1+30\%) - 0.21 \times (1+30\%) - 0.3 \times (1+30\%)$$

$$= 5.24 - 0.27 - 0.39$$

$$= 4.58$$

$$FCFE_{2003} = 6.81 - 0.35 - 0.50 = 5.96$$

$$FCFE_{2004} = 8.85 - 0.46 - 0.65 = 7.74$$

$$FCFE_{2005} = 11.51 - 0.60 - 0.85 = 10.06$$

第二步：估计公司高速成长期的股权资本成本

$r = 7.5\% + 1.3 \times 5\% = 14\%$

第三步：计算公司高速成长期股权自由现金流量的现值

FCF 现值 $= 3.09 + 3.52 + 4.02 + 4.58 + 5.22 = 20.43$

第四步：估计第6年股权现金流量

$FCFE_{2006} = 12.20 - 0.22 = 11.98$

第五步：计算公司稳定增长期的股权资本成本

$r_n = 7.5\% + 1 \times 5\% = 12.5\%$

第六步：计算公司稳定增长期股权现金流量现值

$$FCFE \text{ 现值} = \frac{11.98}{(12.5\% - 6\%)(1+14\%)^5} = 95.84$$

第七步：计算公司股权自由现金流量现值总和

$V = (20.43 + 95.84) \times 3\,000 = 348\,810$

3. 拉巴波特模型（Rappaport Model）

这一模型由美国西北大学阿尔弗雷德·拉巴波特创立。拉巴波特认为有五种价值动因影响企业价值：销售增长率、经济利润边际、新增固定资产投资、新增营运资本、资本成本率，他把这五种因素运用在自由现金流量模型中。

拉巴波特模型是用贴现现金流量方法确定最高可接受的并购价格，这就需要估计由并购引起的期望的增量现金流量和贴现率（或资本成本），即企业进行新投资时市场所要求的最低的可接受的报酬率。拉巴波特建立的自由现金流量预测模型如下：

$$CF_t = S_{t-1}(1+g_t) \times P_t(1-T_t) - (S_t - S_{t-1}) \times (F_t + W_t) \qquad (4.9)$$

式中：

CF 为现金流量；

S 为年销售额；

g 为销售额年增长率；

P 为销售利润率；

T 为所得税率；

F 为销售额每增加 1 元所需追加的固定资本投资；

W 为销售额每增加 1 元所需追加的营运资本投资；

t 为预测期内每一年度。

可以看出，拉巴波特模型所预测的自由现金流量就是企业自由现金流量。因为 "$S_{t-1}(1+g_t) \times P_t$" 代表企业的息税前利润（假定企业的所有利润来源于销售），"$(S_t - S_{t-1}) \times F_t$" 表示的是需要"追加"的固定资本投资，其数值等于"资本性支出－折旧"，因为折旧是企业的资金来源；"$(S_t - S_{t-1}) \times W_t$" 表示的是需要"追加"的营运资本投资。

拉巴波特认为，目标企业在战略规划期末的终值可以通过战略规划期的长短而定。在战略规划期足够长的情况下，目标企业的终值就显得不是那么重要了，因此，很多情况下利用拉巴波特模型都会忽略目标企业的终值。

【例 4.2】假定甲公司拟在 2002 年初收购目标企业乙公司。经测算，收购后有 6 年的自由现金流量。2001 年乙公司的销售额为 150 万元，收购后前 5 年的销售额每年增长 8%，第 6 年的销售额保持第 5 年的水平。销售利润率（含税）为 4%，所得税率为 33%，固定资本增长率和营运资本增长率分别为 17% 和 4%，加权资本成本为 11%，求目标企业的价值。

依据上述资料的计算，其结果见表 4－4。

表 4－4

	2002 年	2003 年	2004 年	2005 年	2006 年	2007 年
销售额（万元）	162.00	174.96	188.96	204.07	220.40	220.40
销售利润（万元）	6.48	7.00	7.56	8.16	8.82	8.82
所得税（万元）	2.14	2.31	2.49	2.69	2.91	2.91
增加固定资本（万元）	2.04	2.20	2.38	2.57	2.78	0.00
增加营运资本（万元）	0.48	0.52	0.56	0.60	0.65	0.00
自由现金流量（万元）	1.82	1.97	2.13	2.30	2.48	5.91

则：$TV = \dfrac{1.82}{(1+11\%)^1} + \dfrac{1.97}{(1+11\%)^2} + \dfrac{2.13}{(1+11\%)^3} + \dfrac{2.30}{(1+11\%)^4} + \dfrac{2.48}{(1+11\%)^5} +$

$\dfrac{5.91}{(1+11\%)^6}$

$=10.943$（万元）

因此，如果甲公司以低于 10.943 万元的价格购买乙公司，那么这一并购活动从价格上讲，将是合理的。或者说，通过上述估值分析，求出了并购方能接受的最高价格。

【例4.3】A 公司拟在 2011 年初并购目标企业 B 公司。经过测算，并购后有 6 年的自由现金流量。2010 年 B 公司的销售额为 150 万元，以后每年增长 8%，第 6 年的销售额保持第 5 年的水平。销售利润率（含税）为 4%，固定资本增长额和营运增长额占销售增长额的百分比分别为 17% 和 4%。并购前 B 公司的 β 值为 1.40，负债比率按市值计算为 25%。并购成功后 A 公司将把 B 公司作为独立子公司来经营，并使 B 公司的负债比率达到 45%，这将使其 β 值增加到 1.655。市场平均风险报酬率为 12%，无风险报酬率为 8%，负债利率为 11%，公司所得税率为 20%。请计算 B 企业的并购价值。

表4-5

	2011 年	2012 年	2013 年	2014 年	2015 年	2016 年
销售额（万元）	162.00	174.96	188.96	204.07	220.40	220.40
销售利润（万元）	6.48	7.00	7.56	8.16	8.82	8.82
所得税（万元）	1.30	1.40	1.51	1.63	1.76	1.76
固定资本增长额（万元）	2.04	2.20	2.38	2.57	2.78	0.00
营运资本增长额（万元）	0.48	0.52	0.56	0.60	0.65	0.00
自由现金流量（万元）	2.66	2.88	3.11	3.36	3.62	7.05

B 公司的股本资本成本率 = 8% + 1.655 × 12% = 27.86%

B 公司的加权平均资本成本 = 27.86% × 55% + 11% × （1 - 20%） × 45% = 19.28%

$TV = \dfrac{2.66}{(1+19.28\%)^1} + \dfrac{2.88}{(1+19.28\%)^2} + \dfrac{3.11}{(1+19.28\%)^3} + \dfrac{3.36}{(1+19.28\%)^4} +$

$\dfrac{3.62}{(1+19.28\%)^5} + \dfrac{7.05}{(1+19.28\%)^6}$

$=11.70$（万元）

4. 对贴现现金流量法的评价

贴现现金流量法以现金流量预测为基础，充分考虑了目标公司未来创造现金流量能力对其价值的影响，在日益崇尚"现金至尊"的现代理财环境中，对企业并购决策具有现实的指导意义。但是，这一方法的运用对决策条件与能力的要求较高，且易受预测人员主观意识（乐观或悲观）的影响。所以，合理预测未来现金流量以及选择贴现率（加权平均资本成本）的困难与不确定性可能影响贴现现金流量法的准确性。

（二）非现金流量贴现模式

尽管现金流量贴现模式是并购中对目标公司进行价值评估的基础模式，但是由于其适用条件较高，程序相对复杂，限制了它在实践中的应用。从并购的实践来看，并购估价初期通常使用非现金流量贴现模式来初步筛选并购目标。在与目标公司签订了初步并购意向书，并且在一定程度上获得了目标公司的协作后，再利用现金流量贴现模式对目标公司的价值进行评价，符合成本效益原则。

通常在并购实践中采用的非现金流量模式有以下两种：

1. 资产价值基础法

资产价值基础法指通过对目标企业的资产进行评估来评估其价值的方法。确定目标企业资产的价值，关键是选择合适的资产评估价值标准。目前国际上通行的资产评估价值标准主要有以下三种：

（1）账面价值。账面价值是指会计核算中账面记载的资产价值。例如，对于股票来说，资产负债所揭示的企业在某时点所拥有的资产总额减去负债总额的差额即为普通股价值。这种估价方法不考虑现时资产市场价格的波动，也不考虑资产的收益状况，因而是一种静态的股价标准。我国企业并购活动中有不少收购方以账面价值作为收购价格的实例。账面价值取数方便，但其缺点是只考虑了各种资产在入账时的价值而脱离现实的市场价值。

（2）市场价值。市场价值与账面价值不同，是指把该资产视为一种商品在市场上公开竞争，在供求关系平衡状态下确定的价值。当公司的各种证券在证券市场上进行交易时，它们的交易价格就是这种证券的市场价值。它高于或低于账面价值。

市场价值法通常将股票市场上与企业经营业绩相似的企业的最近平均实际交易价格作为估算参照物，或以企业资产和其市值之间的关系为基础对企业估值。其中最著名的是托宾（Tobin）的 Q 模型，即一个企业的市值与其资产重置成本的比率。

$$Q = 企业价值/资产重置成本 \tag{4.10}$$

$$
\begin{aligned}
企业价值 &= 资产重置成本 + 增长机会价值 \\
&= Q \times 资产重置成本
\end{aligned}
\tag{4.11}
$$

一个企业的市场价值超过其重置成本，意味着该企业拥有的某些无形资产有保证企业未来增长的机会。超出的价值被认为是利用这些机会的期权价值。但是 Q 值的选择比较困难。即使企业从事相同的业务，其资产结构也会有很大的不同。此外，对企业增长机会的评价并非易事，如在世界不同地区运营的两家石油开发和生产企业就会有不同的增长机会。在一些其他部门，例如房地产，尽管企业单项资产的评估会更容易，但价值机会仍是一个问题。在实践中，被广泛使用的 Q 值的近似值是"市净率"，它等于股票市值与净资产值的比率。例如，假定对一家企业的各项资产的重置成本合计是 3 亿元，其市净率是 2，那么企业价值为 3 亿元 ×2 =6 亿元。

（3）清算价值。清算价值是指在企业出现财务危机而破产或歇业清算时，把企业中的实物资产逐个分离而单独出售的资产价值。清算价值是在企业作为一个整体已经丧失增值能力情况下的资产估价方法。对于股东来说，公司的清算价值是清算资产偿还债务以后的剩余价值。

2. 收益法（市盈率模型）

收益法就是根据目标企业的收益和市盈率确定其价值的方法，也可称为市盈率模型。因为市盈率的含义非常丰富，它可能暗示着企业股票收益的未来水平、投资者投资于企业希望从股票中得到的收益、企业投资的预期回报、企业在其投资上获得的收益超过投资者要求收益的时间长短。

应用收益法（市盈率模型）对目标企业估值的步骤如下：

（1）检查、调整目标企业近期的利润业绩。

收益率法使用的收益指标在性质上是目标企业在被收购以后持续经营可能取得的净利润。对目标企业净利润的分析，应该考虑下列因素，并进行适当调整：①并购企业必须仔细考虑目标企业所使用的会计政策，关注目标企业是否存在滥用会计政策的行为，或者随意调整会计政策使企业利润缺乏必要的可比性。若有必要，需调整目标企业已公布的利润，使其与买方企业的会计政策一致。②剔除非常项目和特殊业务对净利润的影响。③调整由于不合理的关联交易造成的利润增减金额。

（2）选择、计算目标企业估价收益指标。

一般来说，最简单的估价收益指标可采用目标企业最近一年的税后利润，因为其最贴近目标企业的当前状况。但是考虑到企业经营中的波动性，尤其是经营活动具有明显周期性的目标企业，采用其最近三年税后利润的平均值作为估价收益指标将更为恰当。实际上，对目标企业的估价还应当更多地注重其被收购后的收益状况。比如，当并购企业在管理方面具有很强的优势时，假设目标企业被并购后在有效的管理下，也能获得与并购企业同样的资本收益率，那么以据此计算出目标企业被并购后的税后利润作为估价收益指标，可能对企业并购决策更具有指导意义。

（3）选择标准市盈率。

通常可选择的标准市盈率有如下两种：在并购时点目标企业的市盈率、与目标企业具有可比性的企业的市盈率或目标企业所处行业的平均市盈率。选择标准时必须确保其在风险和成长性方面的可比性，该标准应当是目标企业并购后的风险、成长性结构，而不应仅仅是历史数据。同时，实际运用中通常需要依据预期的结构对上述标准加以调整，因为难以完全准确地把握市盈率与风险、成长性之间的关系。

（4）计算目标企业的价值。

利用选定的估价收益指标和标准市盈率，就可以比较方便地计算出目标企业的价值，公式如下：

$$目标企业的价值 = 估价收益指标 \times 标准市盈率 \qquad (4.12)$$

（5）具体运用。

【例4.4】A公司拟横向兼并同行业的B公司，假设双方公司的长期负债利率均为10%，所得税税率均为50%。按照A公司现行会计政策对B公司的财务数据进行调整后，双方的基本情况如下：

表4-6 A、B公司简化资产负债表

2010 年 12 月 31 日 单位：万元

资产	A 公司	B 公司	负债与股东权益	A 公司	B 公司
流动资产	2 000	1 000	流动负债	500	250
			长期负债	500	250
长期资产	1 500	500	股东权益		
			股本	1 500	600
			留存收益	1 000	400
			股东权益合计	2 500	1 000
资产总计	3 500	1 500	负债与股东权益合计	3 500	1 500

表4-7 A、B 公司 2010 年度的经营业绩及其他指标

2010 年 单位：万元

指标	A 公司	B 公司
2010 年度经营业绩：		
息税前利润	600	125
减：利息	50	25
税前利润	550	100
减：所得税	275	50
税后利润	275	50
其他指标：		
资本收益率＝息税前利润÷（长期负债＋股东权益）	18.33%	10%
利润增长率	20%	14%
近三年的平均利润：		
税前	245	88
税后	123	44
市盈率	18	12

　　由于并购双方处于同一行业，从并购企业的角度出发，预期目标企业未来可达到同样的市盈率是合理的，所以 A 公司可以选择其自身的市盈率为标准市盈率。在其基础上，若选用不同的估价收益指标，分别运用公式计算目标企业的价值如下：

　　①选用目标企业最近一年的税后利润作为估价收益指标：

　　B 公司最近一年的税后利润＝50（万元）

　　同类上市公司（A 公司）的市盈率＝18

B 公司的价值 = 50 × 18 = 900（万元）

②选用目标企业近三年税后利润的平均值作为估价收益指标：

B 公司近三年税后利润的平均值 = 44（万元）

同类上市公司（A 公司）的市盈率 = 18

B 公司的价值 = 44 × 18 = 792（万元）

③假设目标企业并购后能够获得与并购企业同样的资本收益率，以计算出的目标企业并购后的税后利润作为估价收益指标：

B 公司的资本额 = 长期负债 + 股东权益 = 250 + 1 000 = 1 250（万元）

并购后 B 公司：资本收益 = 1 250 × 18.33% = 229（万元）

减：利息 = 250 × 10% = 25（万元）

税前利润 = 204（万元）

减：所得税 = 102（万元）

税后利润 = 102（万元）

同类上市公司（A 公司）的市盈率 = 18

B 公司的价值 = 102 × 18 = 1 836（万元）

采用收益法估算目标企业的价值，以投资为出发点，着眼于未来经营收益，并在测算方面形成了一套较为完整有效的科学方法，因而为各种并购价值评估广泛使用，尤其适用于通过证券二级市场进行并购的情况。但在该方法的使用中，不同估价收益指标的选择具有一定的主观性。

以上各种对目标企业的估价方法，并无绝对的优劣之分。并购企业对不同方法的选用应主要根据并购动机而定，在实践中可以将各种方法交叉使用，从多种角度评估目标企业的价值，以降低估价风险。

三、并购交易价格确定

虽然上述模型可以作为一个公司的定价经济模型，为并购交易价格的确定提供一个标准，然而对一个处于复杂环境里的组织是难以用一个如此单纯的标准来加以完全描绘的。在现实世界里，各种与兼并收购有关的复杂因素相互影响，从而使得精确分析十分困难。因此，我们绝对不能迷信数字，数字的准确性是相对的和有条件的。事实上，在企业并购的定价方面，决策人员必须把各种定量和定性、理论和经验的方法与技巧结合起来考虑，才能得出一个准确的判断。定量的基本知识已经介绍过，在此我们介绍定性分析的基本知识。

一般而言，影响企业并购的定性因素有两类：经营因素与财务因素。由于经营因素与特定时期的特定公司有关，因此这里主要介绍财务因素。

（一）完成兼并收购交易的能力

无论目标公司的情况多么有吸引力，价格多么合适，都有一个首要的前提，就是这个交易必须是能够完成的。即使在有关条款和条件得到满足以后，实际上仍有许多情况会使一项交易无法完成。

（二）融资能力

为了收购所需的资金进行融资的能力通常取决于以下两个因素：第一，收购公司的一般信誉和它对借贷者或证券持有人的信任度；第二，金融机构认为计划中的并购交易是一项好的交易。

（三）财务结构

离开了财务结构，单纯谈收购价格就会产生误导。交易是如何得到资金支持的，这个问题将会极大地影响价格。例如，完全以三年期优先债务作为资金来源的全部现金支付方案将会把交易限制在一个较低的价格水平，而股票、零息债券的使用则将会为同样一个交易支付一个更高的价格。

现代并购活动所取得的进步在某种程度上要归功于金融工具的创造性发展，它能把公司的现金流量与债务需求、资产负债风险、借贷方和投资者所要求的不同水平的回报匹配起来。

（四）税收考虑

税收也是并购双方主要关心的问题之一，而买方和卖方对税收的考虑是不同的。买方主要考虑的税收问题包括：收购资产的新税基是什么？在行业或公司方面有无特殊的税收政策补偿？而卖方主要考虑的税收问题包括：税后实际的净现金流量是多少？最大限度减少税收责任的有效方案是什么？

（五）清偿能力

对买方来说，影响清偿能力的因素包括两类：经营上的和交易上的。经营上的清偿能力主要集中在经营企业时，包括流动资本和资本支出在内的短期现金需求是多少这一问题上。很多新的所有者在计算直接收购成本后发现他们缺乏流动资金使企业正常经营。交易上的清偿能力主要集中于把企业变成现金的前景如何这一问题上。

（六）竞争

对于目标企业来说，有时可能并非只存在一个并购方。那么这种存在竞争的状况也会影响到对目标企业的定价。对并购方而言，要考虑的是竞争对手的实力是否很强？他们的最初动机是什么？如果一个竞争对手对目标公司的并购利益与自己公司互补，是否存在合作的可能？在一个公开的竞争过程中，如在招致高成本并出现哄抬价格的风险时，应该怎么办？

（七）控制

并购方需要考虑的控制因素有：是否存在目标公司能够控制的任何特殊情况，如其他公司的股票、市场份额、主要消费者之间的关系、长期供应合同、重要的不动产等；仅购买一个能控制目标公司的股东地位，却不买整个公司，这样做是否有价值；任何一种控制都有价值，因此为控制权支付价格溢价是很正常的。

（八）对目标企业的了解

并购方需要了解的因素有目标企业所处行业、目标企业及关键人员。假如目标公司的现有管理层离开，并购方的管理层有接管目标企业的能力吗？并购的历史表明，因为收购者没有意识到一个不熟悉的行业或组织中的关键问题，结果使得前景良好的交易也可能会因管理不善而失败。

（九）购买欲望

在现代社会中，拥有一家新企业不仅对主要管理人员而且对整个管理层都是一个极好的自我展示的机会。因此，不能低估对更大权力和更高威望的追求对收购方管理者的重要性。

（十）交易时间的选择

从经济周期考虑，现在是否是进行并购的恰当时机？如果现在是在经济周期的顶峰，是否打算支付高于平均水平的费用？如果现在是在经济周期的低谷，目标公司的商业前景如何？如果推迟交易，可能会对目标公司的相关成本产生什么样的影响？

（十一）定价的综合考虑

总体而言，企业并购中对交易价格的确定没有简单公式可套用。从交易各方的利益来考虑，要确定一个交易的"最优价格"需要进行广泛的、创造性的分析。这样的分析必须考虑到各种因素，因此只有通过定量与定性两方面的综合分析才能防止得出简单化或误导性的结论。

四、企业并购收益

在确定了企业的并购成本，即并购交易价格之后，我们需要进而确定并购收益。实际上，企业决定进行并购的动因分析，也就是企业并购的理论基础，已经展示了企业并购可能为并购方带来的种种收益，正是由于并购可能带来的收益，才使并购方有了并购的动因。然而理论基础中的一些收益难以量化，因此实践中常常使用收益分析工具即协同效应分析。

（一）协同效应的定义

策略规划学之父 H. Igor Ansoff 是把协同效应这一名词用于管理学的第一人。他在 20 世纪 60 年代首先提出了协同效应的理念，将其定义为"合并后的企业经营表现超过原分散的企业表现之和"。H. Igor Ansoff 对协同的解释比较强调其经济学含义，亦即取得有形和无形利益的潜在机会，以及这种潜在机会与公司能力之间的紧密联系。我们现在比较常用由美国加州大学伯克利分校 J. Fred Weston 教授提出的并购协同效应的概念。Weston 形象地称协同效应为 $2+2=5$，即合并后企业的整体价值大于原分散的企业的价值之和。不过，这事实上是一个静态的协同效应的表述。

美国并购问题专家马克·赛罗沃在所著的《协同效应的陷阱：公司并购中如何避免功亏一篑》一书中，提出了动态协同效应的概念。马克·赛罗沃指出，进行并购除了支付市场现价以外，还要为未来某个时刻可能产生的收入流量预先支付溢价。由于股东自己去购买目标公司的股份时不必支付溢价，因而这些收入（即协同效应）一定是股东自己去购买股份时所无法得到的东西，协同效应一定代表了超过市场原先预期水平的业绩改进。以各种市场倍数计算的当前股价已经反映了人们对赢利大幅度提高的预期。因此，马克·赛罗沃对协同效应定义为：合并后的公司在业绩方面应当比原来两家公司独立存在时曾经预期或要求达到的水平高。把设法超过原先预期的业绩水平的想法放到每股收益（EPS）的背景中，我们可以把协同效应表述为如下公式：

未来的每股收益＝目前的每股收益＋目前的每股收益×预期增长＋协同效应

$$(4.13)$$

目前的股价已经体现了预期的未来经营的增长和赢利的提高。在公式中加上协同效应，是指要创造出现在不存在、也不在预期之列的价值。所以实现协同效应，业绩要比原先预期或者要求的好，并购后有可能出现业绩改进，但如果这些业绩改进是已经预期到的，那就不是协同效应。只有创造出不在预期之列的价值，才是真正实现了协同效应。

在实证研究中，Bradley 等人（1988）从计算协同效应值出发，在并购对涉及企业的债权人的财富没有影响的假设前提下，把协同效应定义为目标公司和收购公司股东拥有的财富的变化总额，从而为协同效应的计算开辟了一条思路，也即：

$\Delta\prod = \Delta WT + \Delta WA$，其中 $\Delta\prod$＝总的协同效应 $\qquad(4.14)$

ΔWT＝目标公司股东财富变化额 $\qquad(4.15)$

ΔWA＝收购公司股东财富变化额 $\qquad(4.16)$

（二）经营协同效应

并购所产生的协同效应主要表现为经营协同效应和财务协同效应。经营协同效应是指企业通过并购后，由于经济的互补性即规模经济以及范围经济的产生，可以提高其生产经营活动的效率。具体表现为：

1. 成本降低

成本降低是最常见的一种协同价值，而成本降低主要来自规模经济的形成。首先，规模经济由于某些生产成本的不可分性而产生，例如人员、设备、企业的一般管理费用及经营费用等，当其平摊到较大单位的产出时，单位产品的成本得到降低，可以相应提高企业的利润率。规模经济的另一个来源是由于生产规模的扩大，劳动和管理的专业化水平大幅度提高。专业化既引起了由"学习效果"所产生的劳动生产率的提高，又使专用设备与大型设备的采用成为可能，从而有利于产品的标准化、系列化、通用化的实现，降低成本，增强获利能力。由企业横向合并所产生的规模经济将降低企业生产经营的成本，带来协同效应。

2. 收入增长

收入增长是随着公司规模的扩张而自然发生的，例如，在并购之前，两家公司由于生产经营规模的限制都不能接到某种业务，而伴随着并购的发生、规模的扩张，并购后的公司具有了承接该项业务的能力。此外，目标公司的分销渠道也被用来推动并购方产品的销售，从而促进并购企业的销售增长。

（三）财务协同效应

财务协同效应是指并购给企业财务方面带来的效益，这种效益的取得不是由于经营活动效率的提高而引起的，而是由于税法、会计处理准则以及证券交易等内生规定的作用而产生的一种纯现金流量上的效益。企业并购所产生的财务协同效应主要来源于：

1. 降低融资成本

通过企业并购，可以扩大企业的规模，产生共同担保作用。一般情况下，规模大的企业更容易进入资本市场，它们可以大批量地发行股票或债券。由于发行数量多，相对而言，股票或债券的发行成本也随之降低。此外，企业并购后可以降低企业经营收益和现金流量的波动性，从而降低企业的财务风险，使企业以较低的资本成本获得再融资。

2. 充分利用自由现金流量所带来的收益

当一个企业处于成熟阶段时，往往存在超过了所有投资项目资金要求的现金流量，从而形成大量的自由现金流量。通过并购可以实现企业自由现金流量的充分利用。如企业A存在大量的自由现金流量，正寻找投资机会，而另一家企业B有发展前景，但因管理不善等原因致使现金流量不足。如果A公司将B公司并购，则A公司多余的自由现金流量可以注入B公司，帮助B公司发展壮大，达到自由现金流量的有效利用，为A公司创造更多利润。

3. 合理避税产生的税收效应

兼并收购的一个主要动机是税收效应：其一，企业可以利用税法规定的亏损弥补条款达到合理避税的目的。如果一家公司缺乏收入但有多余的税收减免权，而另一家公司销售收入很高但纳税很重，在这种情况下，两家公司的合并将可分享税收收益。其二，被并购公司的资产可以重新入账以反映新的市场价值，从而在今后的年份内，可以按更高折旧额获得更高的税收节余。

五、并购对企业盈余影响的分析

并购活动会对并购双方的财务指标产生明显影响。下面我们以上市公司换股并购为例，说明并购如何影响企业的盈余。

（一）换股比率的影响

在上市公司换股并购过程中，每股市价的交换比率是谈判的重点。公开上市的股票，其价格反映了众多投资者对该企业内在价值的判断。因此，股价可反映该企业的获利能力、股利、企业风险、资本结构、资产价值及其他与评价有关的因素。股票市价的交换比率为：

$$股价交换比率 = \frac{对被并购企业每股作价}{被并购企业每股市价} = \frac{并购企业每股市价 \times 股票交换率}{被并购企业每股市价} \quad (4.17)$$

这一比率若大于1，表示并购对被并购企业有利，企业因被并购而获利；而若该比率小于1，则表示被并购企业因此而遭受损失。

假设甲企业每股股价为40元，乙企业每股股价为20元，甲企业提议以其0.5股交换乙企业1股，则此时股价交换比率即为：

（40×0.5）/20＝1

这表明甲、乙两家企业的股票以市价1:1的比例对换。在不考虑其他因素的情况下，甲、乙企业并未能从并购中取得收益。如果甲、乙两家企业的股票市价交换比例不是1:1，则必有一方受损，另有一方受益。

（二）对每股收益的影响

并购必将对企业财务指标产生潜在影响。每股收益是上市公司财务指标中的一个重要指标。在此我们说明不同的换股比率对每股收益产生潜在影响。由于企业并购投资决策以投资对股票价格的影响为依据，而股票价格的影响又取决于投资对每股收益的影响。所以企业评估并购方案的可行性时，应将其对并购后存续企业每股盈余的影响列入考虑范围。假设 A 企业计划以发行股票方式收购 B 企业，并购时双方相关财务资料见表 4-8。

表 4-8　　　　　　　　　　　　　并购双方相关财务资料

项目	A 企业	B 企业
净利润（万元）	2 000	500
普通股股数（万股）	1 000	400
每股收益（元）	2	1.25
每股市价（元）	32	15
市盈率（倍）	16	12

若 B 企业同意其股票每股作价 16 元，由 A 企业以其股票相交换，则股票交换率为 16/32，即 A 企业每 0.5 股相当于 B 企业的 1 股。A 企业需发行 400 万股×0.5=200 万股股票才能收购 B 企业所有股份。

现假设两企业并购后收益能力不变，则并购后存续 A 企业的盈余总额等于原 A、B 两企业盈余之和，见表 4-9。

表 4-9　　　　　　　　　　　　并购后的 A 企业每股收益

并购后净利润（万元）	2 500
并购后股本总数（万股）	1 200
每股收益（元）	2.083

由此，A 企业实施并购后每股收益将提高 0.083 元，但原 B 企业股东的每股收益却有所降低，因其所持有的 B 企业股票每股相当于并购后 A 企业股票 0.5 股，所以其原持有股票的每股盈余仅相当于 0.5×2.083 元=1.041 5 元，较原来降低了 1.25-1.041 5=0.208 5元。

若 B 企业股票的作价不是 16 元而是 24 元，则交换比率为 24/32，即 0.75 股。A 企业为取得 B 企业全部股票，总计发行股票 400 万股×0.75=300 万股，并购之后盈余情况见表 4-10。

表 4-10　　　　　　　　　　　　并购后的 A 企业每股收益

并购后净利润（万元）	2 500
并购后股本总数（万股）	1 300
每股收益（元）	1.923

在这种情况下，并购后 A 企业的每股收益降低了，而原 B 企业的每股收益为 0.75×1.923 元 $= 1.44$ 元，较并购前有所提高。

由这一思路可以推断出保持 A 企业的每股收益不变的股票交换比率。假定 A、B 两企业合并、收购后收益能力不变，即并购后存续 A 企业的盈余总数等于原 A、B 企业盈余之和，为 2 500 万元，设股票交换率为 R_1，则：

并购前 A 企业的每股收益 $ESP_1 = 2$ 元

并购后 A 企业的每股收益 $ESP_2 = 2\,500 / (1\,000 + 400R_1)$ 元

因并购前后 A 企业的每股收益不变，所以，$EPS_1 = EPS_2$，即：

$2\,500 / (1\,000 + 400\,R_1) = 2$

求得：$R_1 = 0.625$，即 A 企业对 B 企业的每股股票作价为 0.625×32 元 $= 20$ 元。

依此原理，我们还可推算出确保 B 企业每股收益不变的股票交换率，在此从略。

当然，A 企业实施并购方案以后，存续的 A 企业每股收益率保持不变或适量摊薄降低应该是短期现象。从长远分析，并购后收益率将不断提高，每股收益将比合并前高，即产生并购协同效应。若考虑这种协同效应，举例如下：

（承上例）假定 A 企业实施并购后能产生较好的协同效应，估计每年增加净收益 404 万元。如要求存续的 A 企业每股收益提高 10%，达到 2.2 元，可计算 A 企业所能接受的股票交换率：

$$\frac{2\,500 + 404}{1\,000 + 400R_1} = 2.2$$

解得 $R_1 = 0.8$，即 A 企业对 B 企业的每股股票作价为 0.8×32 元 $= 25.6$ 元。

练习与案例

一、复习与思考

1. 试述企业兼并、收购与合并的区别。

2. 试述企业并购的效率理论。

3. 试分析并购中将面临的风险。

4. 试分析并购如何为企业带来收益。

5. A 公司计划收购 B 公司，B 公司是一个高技术企业，具有领先同业的优势。2000 年每股营业收入 20 元，每股净利润 4 元，每股资本支出 3.7 元，每股折旧费 1.7 元，每股营运资本为营业收入的 40%，整个阶段保持不变。2001 年至 2005 年的营业收入增长率维持在 20% 的水平，β 为 1.3。公司营业收入增长率到 2006 年下降到 3%，β 为 1.1。该公司资本支出、折旧与摊销、净利润和营业收入同比例增长，企业的负债率保持 10%。整个阶段国库券利率为 3%，市场组合的预期报酬率为 12.230 8%。要求：计算该企业的股权价值。

6. 假定甲公司拟明年年初收购目标企业乙公司。经测算，收购后有 5 年的自由现金流量。目前乙公司的销售额为 19 000 万元，收购后的销售额分别为 20 000 万元、21 000 万元、22 000 万元、23 000 万元、24 000 万元。销售利润率（含税）为 10%，所得税率为

40%，固定资本增长和营运资本增长占销售额增长的百分率分别为10%和5%，加权资本成本为10%，求目标企业的价值。

7. 一家从事家电生产的A公司董事会正在考虑吸收合并一家同类型公司B，以迅速实现规模扩张。以下是两个公司合并前的年度相关资料：

项目 \ 公司	A公司	B公司
净利润（万元）	16 000	6 000
普通股股数（万股）	8 000	4 000
市盈率（%）	20	15

两公司的股票面值都是每股1元。如果合并成功，估计新的A公司每年的费用将因合并而减少1 000万元，公司所得税税率均为30%。A公司打算以增发新股的办法以1股换4股B公司的股票完成合并。

要求：（1）计算合并成功后新的A公司的每股收益；（2）计算这次合并的股票交换率与股价交换率。

二、案例分析

国美并购永乐

2006年7月24日，国美电器和中国永乐发布公告称，国美以52.68亿港元的"股票+现金"形式并购永乐，由此揭开了"中国家电连锁业第一并购案"的神秘面纱。

一、并购前双方基本情况

国美电器控股有限公司（以下简称"国美"）创立于1987年1月1日，经过多年发展，成为中国家电零售连锁的绝对老大。2004年，国美电器在香港成功上市，2005年，国美加快了行业并购步伐，用8个月的时间收购了哈尔滨黑天鹅电器、深圳易好家商业连锁公司、武汉中商、江苏金太阳4个家电品牌和全部连锁网络。2006年，国美电器以品牌价值301.25亿元跻身"中国最具价值品牌"，位列第20位，成为中国家电连锁企业第一品牌。2006年在商务部公布的2005年中国商业连锁企业30强中，国美电器以498.4亿元销售额连续五年蝉联中国家电连锁企业榜首。但同时，国美面临着全球最大家电连锁商百思买的挑战。百思买于2006年进入中国，斥资1.8亿美元以51%股权控股国内排名第四的江苏五星电器，五星电器在中国8个省份中的136家门店为百思买进入中国市场提供了捷径。

永乐（中国）电器销售有限公司（以下简称"永乐"）创建于1996年，前身为上海永乐家用电器有限公司，2005年10月永乐在香港实现上市。但其2005年销售额仅有150亿元，而国美当年有近500亿元，苏宁有将近400亿元的销售额，永乐历经十年发展，仍难摆脱区域性公司形象。2005年，永乐门店每平方米销售额下降了2.8%，毛利率也下降了0.6%～0.8%。而对永乐来说，最大的压力还是来自于一项"对赌协议"。2005年，永乐上市融资时，摩根斯坦利等公司斥资5 000万美元收购永乐家电20%股权，并与永乐的管理层签署一项"对赌协议"：如果永乐 2007 年（可延至 2008 年或 2009 年）的净利润高于 7.5 亿元，外资股东将向永乐管理层转让 4 697.38 万股永乐股份；如果净利润等于或低于 6.75 亿元，永乐管理层将向外资股东转让 4 697.38 万股永乐股份；如果净利润不高于 6 亿元，永乐管理层向外资股东转让的股份最多将达到 9 394.76 万股（约占总股本的 4.1%）。而且摩根斯坦利对净利润的计算非常苛刻，不能包含非核心业务的任何利润，这意味着永乐两年的净利润增长率至少要达到 60%，才不至于将企业股份拱手让人，这对于永乐来说，是一个"不可能完成的任务"。

二、交易过程

2006 年 7 月 25 日，国美与永乐双方联合发布了《国美、永乐合并背景及公告内容》，经多次博弈后达成的"股权+现金"收购方案：永乐 1 股换 0.324 7 股国美股份加 0.173 6 港元现金补偿。按照此价格，永乐股份相当于以 2.235 4 港元价格被收购，较 7 月 17 日永乐停牌溢价 9%。而国美在换股后，需向永乐再支付 4.09 亿港元现金。这样，国美为收购永乐付出的总代价为 52.68 亿港元。8 月 29 日，永乐、国美以及保荐机构高盛、永乐财务顾问分别在香港联交所发布公告，并分别致函双方股东，确定最后收购期限在 2006 年 10 月 17 日下午 4 时。

2006 年 10 月 18 日凌晨零点整，香港联交所发布了国美收购永乐的联合公告：国美于 2006 年 10 月 17 日下午 4 时整已就 2 245 898 565 股永乐股份接获收购建议有效接纳，约占永乐已发行股本的 95.3%，本次收购为无条件收购，在 2006 年 11 月 1 日下午 4 时整之前仍接纳股份，之后，国美可根据法律强制收购未根据收购建议收购的永乐股份。强制收购完成后，永乐将成为国美的全资子公司，并将根据香港上市规则，撤销永乐在联交所的上市地位。国美收购永乐一事终于尘埃落定。

三、并购后的业绩

2007 年 5 月 10 日，国美在香港发布了 2007 年第一季度财报，这是国美收购永乐之后第一份将永乐各项销售数据在国美业绩中完整体现的财报。该季报显示，2007 年第一季度国美电器销售额由 2006 年的 56.04 亿元激增至 100.88 亿元，同比增长 80%；毛利达 9.18 亿元，同比增长 79.4%；净利润达 1.69 亿元，同比上升 75.1%。排除非经营因素，国美一季度净利润达 3.21 亿元，同比大幅上升 231.8%。增长的最主要动因来自于并购永乐后各项数据的合并，以上海为例，2006 年第一季度上市公司在该地区的业绩为零（上海国美一直未装入上市公司），2007 年在这一地区的销售额达 18 亿元，占整个上市公司销售额的 17%，并取代北京市场成为国美第一大市场。季报披露时，国美电器的股价已为 13.46 港元/股，比并购时增加 100%。

资料来源：王化成. 高级财务管理学（第二版）. 北京：中国人民大学出版社，2007.

【分析与思考】

1. 国美为什么要并购永乐？并购的动因是什么？
2. 国美对永乐的并购，在估值时需注意什么问题，可选取何种方式？
3. 国美完成对永乐的并购后，其利润的增加来源于何处？

第五章 企业重组

第一节 重组的基本概念

一、重组在西方文献中的概念

（一）重组的类型

重组（restructuring）在西方文献中是一个非常广泛的概念，根据威斯通的定义，重组包括以下四种类型：

1. 资产的重组（reorganization of assets）

（1）收购（acquisitions）

（2）出售或剥离（sell-offs or divestitures）

2. 调整所有权关系（creating new ownership relationships）

（1）分立（spin-offs）

（2）拆股（split-ups）

（3）分拆上市（equity carves-outs）

3. 财务重组（reorganizing financial claims）

（1）交换发盘（exchange offer）

（2）双级股票再资本化（dual-class recapitalizations，DCR）

（3）杠杆再资本化（leveraged recapitalizations）

（4）财务重整（financial reorganization）

（5）清算（liquidation）

4. 其他策略（other strategies）

（1）联营企业（joint ventures）

（2）员工持股计划和主限制合伙人（ESOPs and MLPs）

（3）转为非上市公司（going-private transactions，LBOs）

（4）运用国际市场（using international markets）

（5）股份回购计划（share repurchase program）

重组是指企业为了生存和发展而进行的一种能平衡各级股东利益的广泛形式的调整活动（coveys the wide range of types of adjustments）。并购是重组中一种最重要的行为，其他的重组行为，如剥离、交换发盘、双级再资本化、杠杆再资本化、股份回购等，都与并购行为有着紧密的联系。而大部分的重组行为，又与公司控制有着紧密联系，如并购，企业进行并购的目的之一就是要取得另一家公司的控制权。

（二）"其他策略"的相关概念

在此，我们将重组中"其他策略"进行简单介绍，重组的其他三个类型将在后面进行具体介绍。

（1）这是指相关公司之间的小部分业务进行交叉合并的行为，并且通常是在10～15年或更短的期限内。联营企业通常是一个单独的实体，在这个实体中，联营各方以现金或其他方式进行投资。

（2）员工持股计划和主受限合伙人（employee stock ownership plan，ESOP and master limited partnership，MLPs）。

员工持股计划是一种股票奖励计划，这种计划中企业内部员工出资认购本公司部分股权，委托员工持股会作为社团法人托管运作，集中管理；员工持股管理委员会（或理事会）作为社团法人进入董事会参与按股份分享红利。主受限合伙人是一种受限合伙制，是在美国兴起的一种企业组织形式，它是股份公开交易的一种受限合伙制。受限合伙制的收益被分为同等单位，像普通股份额一样进行交易。除了可交易性之外，受限合伙人只承担有限的债务义务。MLP在保持了许多作为公司的优势的同时，有着超越公司的优势，即它消除了对公司赢利的双重征税，即MLP作为一个主体是不被征税的。

（3）转为非上市公司（going-private transactions，LBOs）。

即退市或下市，一家公司通过某种方式使自身从一个公众公司转向由私人控制的公司，其股票不再在证券交易所公开交易。

（4）股份回购计划（share repurchase program）。

上市公司从证券市场上购回本公司一定数额的发行在外的股票的行为。

二、重组在我国的概念

在我国，重组、资产重组、债务重组这些概念经常混用，实践中经常未能区分这些概念。

1. 资产重组

可以归纳为狭义和广义两种理解。狭义的资产重组中的资产是指实物资产，因此，资产重组是指对公司资产进行出售、购买、置换或其他交易，导致公司资产结构、主营业务收入构成或赢利能力发生了重大变化的事项。狭义的资产重组通过改变现有资产形态和数量的比例，调整不同资产的组合结构，以实现资产价值最大化目的。

广义的资产重组中的资产并非实物资产概念，而是经济意义上的资产概念，即指企业过去的交易或者事项形成的，由企业拥有或者控制的，预期会给企业带来经济利益的资源，包括各种财产、债权和其他权利。广义的资产重组是对公司各种财产、债权、股权等广义资产的组合结构进行调整，包括兼并、收购、分立、剥离、资产置换等活动。因此，广义的资产重组概念实际上等同于西方文献中的重组概念。

2. 重组

重组在我国同样有广义和狭义的理解。对重组的狭义理解实际上是将重组局限在公司内部，相当于狭义的资产重组概念。而广义的重组则是与广义的资产重组，也即与西方文献中的重组概念一致。

3. 本书的定义

在本书中，我国采用西方文献中的定义，也即我国对重组的广义理解。由于并购活动的重要性以及广泛性，本书将并购专门作为一章进行讲解，将其他形式的重组活动组织为一章进行讲解。

4. 企业进行重组的原因

企业进行重组的原因包括以下四项：

第一，为了迎合全球竞争的需要。随着全球化浪潮的到来，企业所面临的竞争范围越来越广，竞争压力越来越大，竞争的对手遍布全球，在这种情况下企业需要进行积极调整，以应对竞争，取得更好的发展。

第二，减轻管理层与股东之间因代理问题而引发的利益冲突，自从代理问题被提及以来，如何更好地协调管理层与股东的利益就成为一个企业所必须面对的问题，重组有时就是为了这一目的而进行的。

第三，重组的功能是使资产转向那些更能有效使用它们的拥有者，这样的重组可以帮助经济系统中的资产转移至它们最大价值的用途。

第四，20世纪80年代以来，许多企业重组的原因是扭转20世纪60年代以来的多元化合并浪潮。20世纪60年代以来，在多元化浪潮的席卷之下，许多企业进行了多元化，但之后的发展证明，企业并不适合于多元化经营，多元化经营并未给企业带来高效率和高收益，重组是对之前多元化的一种调整。

第二节 资产剥离

一、概念

剥离（divestiture）是指公司将其某些固定资产、产品生产线、部门或者子公司等出售给其他公司，从而获得现金或有价证券作为回报的行为（如图5-1所示）。从法律的角度来说，剥离事实上是企业的一种买卖行为，剥离方是卖方，受让方是买方。与一般财产的买卖不同，剥离由于其标的金额巨大，对企业乃至行业和社会都可能有重大影响，因此法律对其给予了更多的关注。

剥离是企业收缩战略中最简单、最容易理解的一种方式。一个公司可以选择将其被低估、与公司战略或核心业务无关的资产或业务单元出售，将所获得的现金投资于潜在的回报率高的项目，也可以选择将这些现金通过发放清算性股利或股份回购的方式回报给股东。

需要注意的是剥离不仅仅是一种资产的买卖行为，还可以是股权的买卖行为，我们通常称之为股权转让，即将子公司的一部分股权向公众出售。因此剥离可以分为资产剥离和股权剥离两种形态。

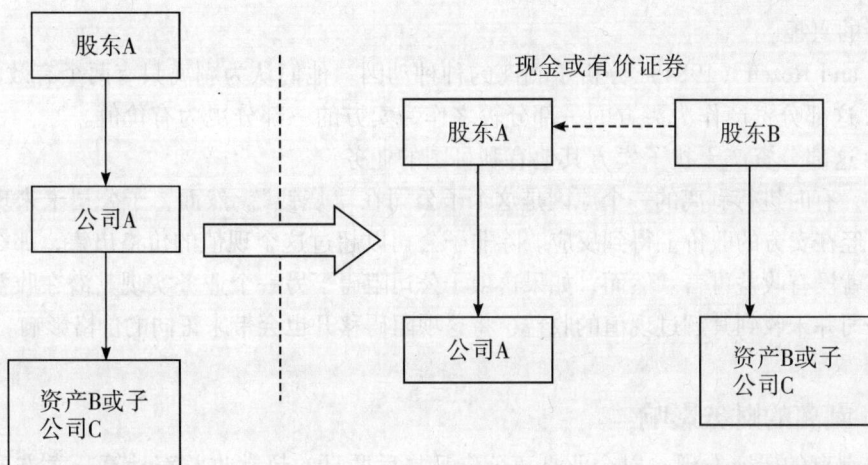

图 5 - 1　剥离

二、剥离的动机

（一）消除多元化的影响

在多元化浪潮中，许多企业将触角伸向自身并不熟悉的行业。许多例子证明多元化是并不成功的。剥离可以用来从自身不熟悉或并不具有实力的领域退出。

（二）改变公司形象

有些公司觉得有必要出售其中一些资产或部门并不是由于它们低效率或缺乏潜力，而是管理层不喜欢那些领域。

（三）改变公司策略

公司根据经济环境的变动改变其战略时，那些不再适应新战略的部门或资产就会被剥离出去，以支持符合新战略的业务的发展。

（四）竞争性理由

根据竞争能力的实际情况，有时把那些经营效率不高、缺乏竞争优势的业务卖给一家更有实力的公司，就可以使这些业务更能具有价值。

（五）大规模增加投资的需要

有时为了保持一项业务就需要进行大规模投资，而这项投资是企业无法或不愿进行的。在这种时候，出售这项业务就是一种选择。

（六）投资的退出

有时剥离代表着过去投资的成功退出，在市场行情较好的时候适时退出，可以获取财务和管理资源以发展其他机会。

（七）为并购融资

许多剥离之后都会紧随着大规模的并购或杠杆收购。剥离所取得的现金或资源可以为更好的收购机会提供支持。

（八）抵御接管

剥离可以作为一种接管防御措施，通过出售吸引收购者的"皇冠上的明珠"，从而降低收购者的兴趣。

Linn and Rozeff（1984）分析了剥离的种种动因。他们认为剥离只有两个有效的原因：

（1）这部分资产作为买方的一部分较之作为卖方的一部分更为有价值。

（2）这部分资产干扰了卖方其他有利可图的业务。

例如，有时进行剥离的一个原因是这个子公司在"烧钱"。然而，子公司未来现金流量的现值已经在卖方的股价上得到反应。除非子公司以超过这个现值的价格出售，那么对这项剥离而言就没有收益可言。然而，如果这项子公司阻碍了另一个业务实现其潜在收益，即使出售子公司并未收到其超过现值的收益，将这项阻碍移开也会带来正向的价格影响。

三、剥离的财务影响

有关剥离的研究发现，以企业剥离公告日之后两日的超常收益率计算，卖方公司股东的超常收益率一般在1%～2%之间，但买方公司股东的超常收益率在统计上却并不显著（Alexander，Benson and Kampmeyer，1984；Jain，1985；Linn and Rozeff，1984）。

Klein（1986）的一项研究更深入地分析了剥离这一行为。Klein分析了在公告日，卖方是否宣布出售价格是否有不同的公告日效应。如果卖方在最初的剥离公告中不公告出售价格，则对卖方的股票价格没有重大影响。若卖方公司公告出售价格，剥离公告对股价的影响取决于售出比例，这一比例用公告的出售价格与公告日前一个月最后一天的股票价格之比来衡量。当售出比例低于10%时，不会对股价产生重大影响；当这一比例达到10%～50%时，卖方的平均超额收益率为2.53%。当这一比例超过50%时，超额收益率达到8.09%。Black and Grundfest（1988）估计在1981—1986年期间，因剥离而为卖方带来的超额价值增加保守估计应该有276亿美元。

Lang，Poulsen and Stulz（1995）以1984—1989年间93家有重大资产出售行为的公司为样本进行了研究。这些公司被划分为分红样本（40家公司）和再投资样本（53家公司），以事件法作为研究方法。研究结果表明，分红样本公司在公告日前一天至公告日当天的累计超额收益率约为2%，再投资样本在同样窗口期的累计超额收益率大约为-0.5%。平均来说，分红样本有较差的前期业绩以及更高的杠杆率。分红样本公司的管理层持股比例大约为17%，而再投资样本公司的这一比例大约为11%。Lang，Poulsen and Stulz总结认为，只有对那些计划将剥离收入进行分红的公司来说，出售资产这一事件所带来的价格反应才为正。再投资公司不会有正的收益，因为市场关注管理层运用这些资金而面临的代理问题，其中之一就是管理层将会把这些资金投入到效果不好的分散经营中去。

剥离带来的1%～2%的超常收益率小于分立带来的3%～5%的超常收益率的事实表明，被剥离的业务在剥离前可能业绩较差。一般公司在披露剥离公告的同时会披露低于预期的业绩公告，这将会抵消剥离公告带来的正向影响。同时，卖方可能不得不迅速处置资产以避免清算危机，也就不可能等待到一个"公平价格"。剥离的较小收益也可能是对其相对较小交易规模的反应。平均而言，剥离在交易规模上要较分立小。

在美国，有关剥离的数据描述了一个在美国公司间存在的持续的、健康的机制。剥离执行着重要的经济功能，使资源从低价值使用者手上转移至高价值使用者手上。无论一家企业向另一家企业出售资产时是否代表着对以前错误的纠正，它们都是市场机制运转的证据。

第三节 所有权关系重组

一、分立

分立（spin-offs），是指一个公司将它的某一个或某些子公司或部门独立出来成立新的公司，并将其资产和负债转移给新建立的公司，然后把新公司的股票按比例分配给母公司的股东，从而在法律上和组织上将子公司独立出去，形成一个与母公司拥有相同股东的新公司。分立又分为纯粹的分立（pure spin-offs）、并股（split-offs）、拆股（split-ups）三种形式。

（一）纯粹的分立

纯粹的分立，往往是股权式的，它是指一项交易中，母公司新设立一个子公司，并将母公司持有的子公司股份作为股利，按照现有股东持有母公司股份的比例分配给现有的股东。如图 5 - 2 所示。

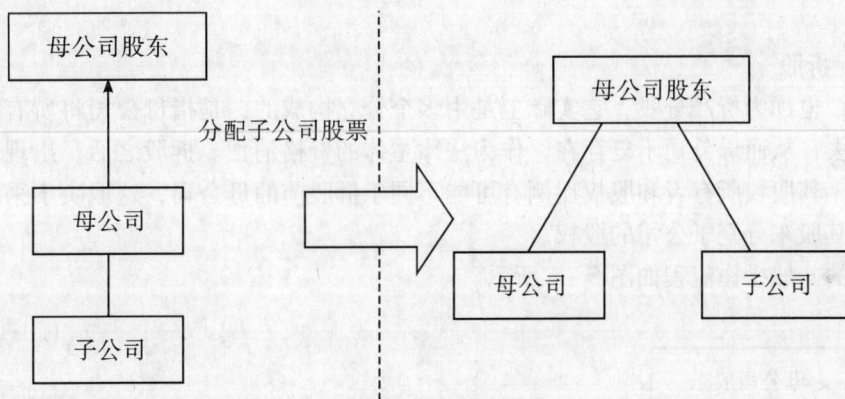

图 5 - 2 纯粹的分立

分立交易完成后，分立出去的子公司拥有与母公司完全相同的股东结构，但是它们与原来的母公司已经不再是母子公司的关系，而是法律地位平等的法律主体，它们分别拥有自己独立的管理团队，独立于母公司自主经营。对母公司的股东而言，分立前后，其所拥有的股权和控制权并没有转移给第三人，从量上来说并没有发生变化，不同之处在于分立前是间接拥有子公司的，而分立之后是直接拥有子公司。

（二）并股

并股，也被称为换股分立，或子股换母股，是指母公司将其在子公司中所拥有的股份分配给其部分股东，以交换这些股东在母公司中所拥有的股份。与纯粹的分立不同，并股形式的分立没有按照比例将子公司的股份分配给母公司的股东，并股之后，原母公司的部分股东可能不再拥有新公司的股份，而新公司的部分股东也可能不再拥有原母公司的股份，股权所有者和比例发生了变化。不过在实践中并股发生并不多见，因为这种形式需要母公司股东愿意放弃在母公司所享有的权益，而转向投资子公司分立出来所成立的新公司。

并股的一般操作流程如图 5 – 3 所示。

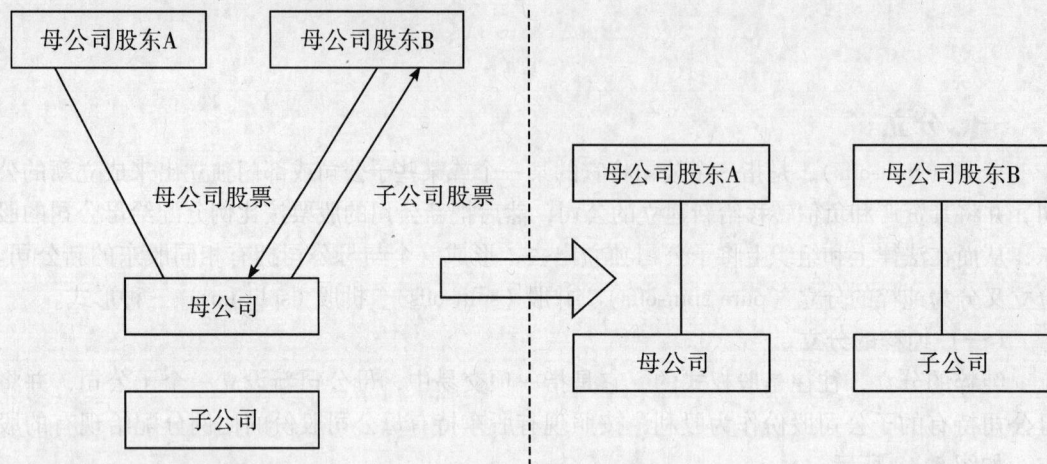

图 5 – 3　并股

（三）拆股

拆股，也称为析产分股，它实际上是由多个分立构成的，是指母公司将所有的子公司都分立出去，从而母公司不复存在，作为法律主体的资格消亡。拆股之后，出现了若干个新的公司，其股权所有者和股权比例有可能不同于拆股前的母公司，这取决于采取什么样的方式向其股东分配子公司的股权。

拆股的一般操作流程如图 5 – 4 所示。

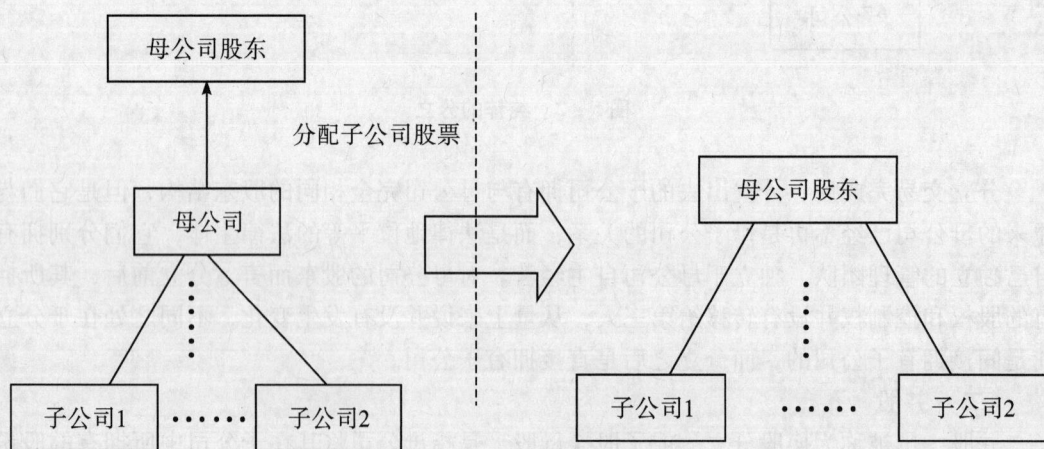

图 5 – 4　拆股

与剥离相比较，分立与剥离最根本的区别就是：剥离会出现交易双方的现金或者有价证券的支付，而分立则通常不会发生现金或者有价证券的支付，仅仅是股权的重新分配。此外，分立的结果是导致子公司从原母公司中独立出来，但原母公司股东仍然保持对它的控制权，只不过由原来的间接控制变成了直接控制；而剥离导致子公司控制权转移到新的股东手里。

二、分拆上市

分拆上市（equity carve-outs）又称股权切离，割股上市，或分立的 IPO，是指母公司将其部分资产独立出来设立一个全资子公司，然后将其全资子公司单独进行首次公开发行（IPO）。如图 5 −5 所示。

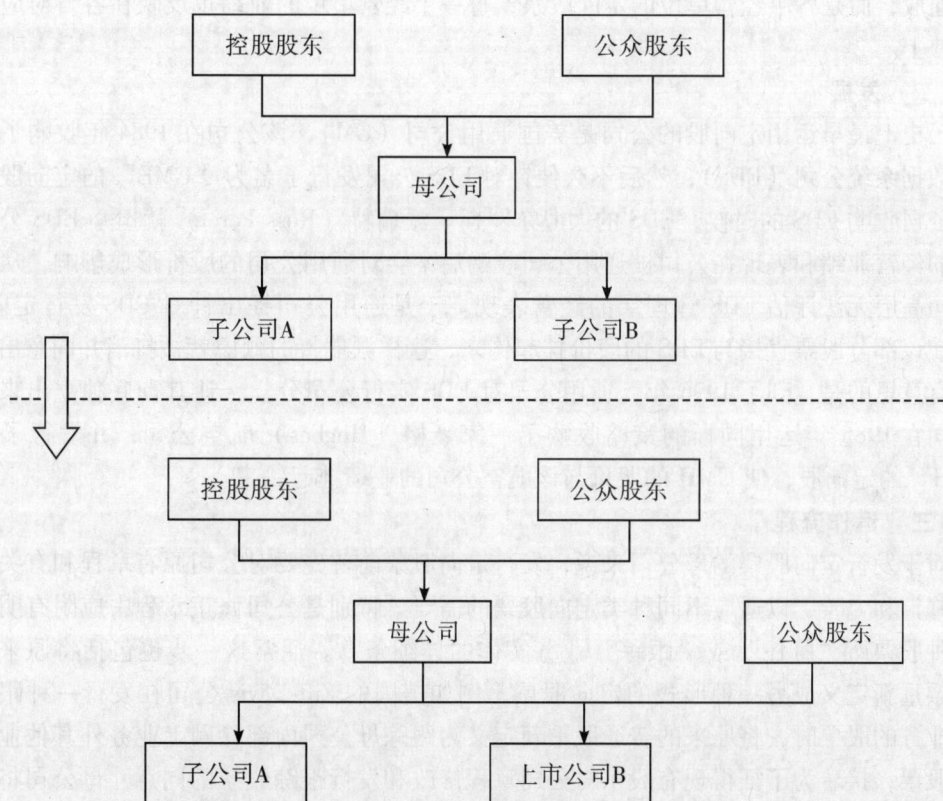

图 5 − 5　分拆上市

分拆上市通常具有下述特点：

（1）母公司为上市公司，分拆出部分资产后成立了公司，并将了公司也推行上市，但母子公司的股票交易市场可以不同。

（2）子公司上市后，母公司的持股比例虽然有所下降，但仍处于控股地位。

从以上特点可见，分拆上市与一般的资产剥离和子公司整体股权剥离的主要区别体现在母公司出让股权的比例上。

在一般的资产剥离和子公司整体股权剥离中，母公司出让了其对子公司的全部权利，而在分拆上市中母公司只出让了部分权益，仍保留控股地位。

三、定向股票

（一）定义

定向股票（Targeted Stock or Tracking Stock）是一种收益与公司内特定经营单位经营业绩相联系的特殊的公司普通股，这里所说的特定经营单位有时也被称为目标经营单位。定向股票安排通常把一个公司的经营分成两个或更多个由公众持股的经营单位，却保持其仍为统一公司的一部分。这样公众持有的就不仅仅是反映该公司所有经营单位整体价值的单一普通股，而是各个经营单位的定向股票，每一个经营单位的业绩也反映在各自对应的定向股票上。

（二）发展

历史上最早运用定向股的公司是美国通用公司（GM），该公司在1984年收购了一家电子数据系统公司（EDS），然后不久便针对EDS公司发行了名为"GME"的定向股。在通用公司收购EDS的时候，EDS的大股东罗斯·派瑞特（Ross Perot）就担心EDS公司管理层的经营业绩和表现在公司被通用公司收购后不会对通用公司的股价形成影响，从而通用公司高层无法评估EDS管理层的经营表现。于是通用公司提出针对EDS发行定向股，可以使该部分股票直接与EDS的股价挂起钩来，这样派瑞特的顾虑就被打消并同意出售股权。有意思的是，到了1996年，通用公司对EDS实行公司分立，让其彻底独立出来。通用公司在1985年运用同样的策略收购了一家豪格（Hughes）航空公司，并发行了名为"GMH"的定向股，使GMH的股价与该航空公司的业绩挂起钩来。

（三）运作流程

对于发行定向股票的母公司来说，发行定向股票前首先要对公司原有章程和有关条款进行修订和完善，以适应不同种类定向股票的需要，特别是公司修正章程中应附有明确规定各种股票所"盯住"或"跟踪"业务实体的详细条款。通常这一步也包括将原来的传统股票重新定义成另一种形式的定向股票，例如美国的Ziff-Davis公司在发行一种跟踪其网上业务的股票时，将原来的普通股重新定义为跟踪母公司内部除网上业务外其他业务经营的股票；接着为了征得现有股东对公司章程修改和发行跟踪股票的同意，母公司将会同一个由银行家和律师组成的咨询团，准备一份陈述报告向股东发布，具体阐述公司发行跟踪股票的动机、方式、对股东的影响等。

一般而言，发行定向股票有两种形式：一种是向公司老股东按比例分配定向股票；另一种则是向社会公开发行。若是采用前面的方式，且老股东接受，那么原有的陈述报告可同时作为招股说明书；若采用后一种方式，公司需要另外准备一份详细的招股说明书，描述各个被跟踪的业务实体的经营情况，以及各种跟踪股票的投票权、股利分配、清算赔偿等。由于美国证券交易委员会（SEC）对发行定向股票的审核考虑面十分广泛，再加上需要老股东表态，发行定向股票的过程相对于一般的IPO要长一些。定向股票发行成功后，就可以独立上市交易。

（四）结构特征

金融产品设计的核心是通过创新思想的运用，向投资者提供不同风险/收益组合的投资工具。从这一角度来看，定向股票采用了将某种业务的所有权和收益权相分离的金融创新思想。

与传统IPO一样，定向股票也是以母公司名义发行的股票，持有人也是母公司的股东。但是作为一种崭新的金融工具，定向股票与传统IPO存在一个明显的区别，即定向股票的现金流完全由所跟踪的业务实体的收入和成本决定，与母公司的整体损益没有直接关系，由此也影响到市场对跟踪股票的定位。在发行或上市交易时，定向股票更多的是被当作一个从事单一业务的公司股票（a pure play）来对待，其市盈率往往参照跟踪业务所在行业的平均市盈率，一般要高于母公司原有股票的市盈率水平。与此同时，母公司仍具有对所跟踪实体的控制权。这种种看似矛盾的特性，恰恰源自于跟踪股票与生俱来的一些结构特征。

（五）定向股票和分拆上市的对比

发行定向股和分拆上市有一些类似，它们都是对母公司下属的某些业务部门进行首次公开发行（IPO）。分拆上市可以使得母公司把其在下属公司中的部分股份出售给社会公众股东并获得现金回报，通常情况下母公司仍然在分拆出的公司中保持一定比例的股份。分拆上市和定向股的区别在于：

（1）在发行定向股中，不存在像分拆上市中的那种母公司—子公司的关系，在发行定向股后，定向股所锁定的资产仍然是母公司的一部分，没有独立的新公司出现。

（2）分拆上市后，出现了代表两个不同公司的股票；发行定向股后，新增加的股票仍然属于母公司的普通股的一种。

（3）分拆上市后，子公司与母公司之间就非常独立，双方更多的是一种投资与被投资的关系；发行定向股后，子公司和母公司之间没有严格分开，子公司仍然要分享母公司的各种资源（如市场推广、研发、销售渠道等）。

从上述分析中可以看到，定向股是一种"假分拆上市"，既具有分拆上市的发行股票的特点，又没有形成新的独立公司。

四、对所有权关系调整行为超额收益的解释

与剥离一样，公司在宣告进行所有权关系调整行为时，也可以获得超额收益。Schipper和Smith（1983）发现在分立公告日母公司有2.48%的显著超额收益率。公告影响的大小与被分立出的子公司相对于母公司的规模大小正相关（分立子公司的规模平均是母公司规模的20%）。Cusatis，Miles和Woolridge（1993）研究了1965—1988年间共146个分立样本，他们衡量了在分立后被分立的子公司和母公司的市场表现。146个被分立子公司在分立后半年、一年、两年和三年每个阶段的调整前收益率都显著为正，三年平均收益为76%，调整后的收益率在两年和三年的期间依然显著为正，但在更短的期间内则并不显著。同样，146个母公司的原始回报在上述四个时期均显著为正，三年期的平均回报为67.2%。调整后的回报在所有期间也为正，但只有在三年期的期间才显著。Schipper和Smith（1986）研究了1965—1983年间81家分拆上市的样本。他们发现分拆上市公司的初

始回报（发行后 10 个交易日）的平均数为 4.9%，中位数为 2.1%。当极值被去掉之后，平均回报为 1.7%。

对于进行所有者关系调整之所以获得超额收益的解释，主要有以下三种：

第一，信息假说。信息假说认为当子公司资产的真实价值被嵌入复杂的业务结构中时，不会得到真实的估值。资本市场偏好单一业务经营证券的假设被用来支持这一假说。就整个证券分析行业而言，上市公司公开披露的部分信息是不会被低估的。但在具体的证券分析时则可能出现这种情况。一个石油行业的证券分析师可能会低估一个石油企业的化工或房地产业务，因为他们并不熟悉这些行业。而分立或分拆上市使得这一信息更加清晰起来，能够吸引更加专业的人士的注意与分析。

第二，管理效率学说。由于公司管理层能力有限，他们不可能在所有业务方面都经营得十分出色。即便是最优秀的企业家在其企业经营范围扩展到一定程度时，也会遇到企业效益开始下降的尴尬局面。因此，企业收缩通常宣称是将不适应企业主营业务发展的部分加以出售，以使企业的经营重点集中于主营业务，从而可以提高企业的管理效率。

第三，债权人的潜在损失学说。这种学说认为分立公司财富的增加来源于公司债权人的隐形损失。公司分立减少了债权的担保，使债权的风险上升，债权的价值则相应地减少了，而股东却因此得到了潜在的好处。因此，在实际经济生活中，许多债务契约都附有资产处置的限制（限制资产出售）。

五、各种方式的区别

（一）各种方式的区别

1. 对现金的影响

剥离、分拆上市、定向股票可以为母公司产生现金收益，而分立则不为母公司产生现金收入。在剥离中，部门或资产出售后全部转化为现金或股票，并由母公司获得。在分拆上市中产生的现金归子公司或母公司所有。至于定向股票，既可以设计成为母公司带来现金收入的，也可以不带来现金收益。

2. 对控制的影响

在各种不同的方法下，母公司对分离出去的部门（或子公司）的控制程度有很大差异。在剥离中，资产一旦剥离（出售），公司就失去了控制权。另一个极端是定向股票，母公司对定向部门（或单位）具有完全的控制权，定向单位的股东没有投票权。分立、分拆上市介于这两个极端之间。在分拆上市中，母公司通常具有控制权，但分拆出去的公司具有独立的董事会和管理层，其股东也有投票权。

3. 对税收的影响

在分立和定向股票中，母公司的股东不纳税。而剥离为母公司创造了资本收益，要纳税。在分拆上市中，如果是子公司发售股票并获得收入，则不纳税；如果是母公司出售子公司的股票，则对首次公开发售与子公司账面价值的差额征税。

（二）选择合适的方法

如何在剥离、分立、分拆上市、定向股票等方法中进行选择，必须首先考虑公司现金需要、公司控制需要、股东潜在的税负等各种因素，然后根据公司的特点和具体情况，选择最合适的方法。

剥离是需要用现金偿还债务或投资于其他事业的公司的首选。但是，只有公司的某个部门或某些资产对其他公司具有更大的价值（由于控制的原因而经营更有效或协同作用）时，剥离才有意义。剥离的价值至少反映了--部分控制或协同的利得，从而会产生现金以满足公司的需要。

分立对手头现金充裕而又不需要额外现金的公司来说，是最合适的方法。但是，这些公司应当有两个以上的部门，这些部门如果独立经营，价值则会更大。换句话说，公司各个部分的价值总和超过公司的总体价值。最后，如果部门的价值大大超过其账面价值，分立方式则更具吸引力，如果剥离，则要纳重税。分立因母公司放弃控制从而使分立出去的部门成为独立公司而创造价值，并且确保股东不对所得赢利纳税。

分拆上市能对需要从分拆上市中获取现金的公司增加最大的价值。如果所需的现金是用来偿还母公司的债务，则应由母公司发行股票、获取收益；如果所需现金是由分拆上市的部门来进行新的投资，则应由子公司发行股票而获取现金。此外，部门独立后价值更大而母公司又必须对其运作进行控制时，股权切离更有意义。

最后，分拆上市有可能是分立或剥离的组成部分，或者是分立或剥离的第一步。当公司想对拟被分立的部门或资产保持完全的控制而又想增加其价值时，适合采用定向股票。由于控制权没有变化，增加的价值就必须来自两个方面：一是向金融市场提供定向单位的额外信息，使分析师能更好地评估定向单位的价值，从而影响可察觉的价值；二是将定向单位经理人员的报酬与定向单位的股价挂钩，可以激励他们努力工作，从而产生和增加价值。

第四节 财务重组

一、公司价值的组成

影响公司价值的因素有很多，公式5.1列示了影响公司价值的种种因素。第一是当公司完全由股权融资构成时的价值。第二是加入税盾的现值。第三个价值增长的来源是负债所带来的其他收益的现值，如为满足债务约束条件而提高的效率等（Jensen，1986；Wruck，1990）。第四个来源与高层管理层更换和其他控制集团如银行、保险公司和养老基金的角色转换有关。第五是并购能够在扩大企业的生产能力和产品市场占有率方面扮演具有建设性的角色。第六是采取积极的发展和促进策略，例如扩张、并购、杠杆重构、处理财务危机等，可促使业绩提升，来源于这些策略、政策、运营、公司结构和流程改变的收益的现值可能是巨大的（Wruck，1990）。最后是财务危机成本的现值将会降低企业价值。如何通过公司进行财务重组提升公司价值，从公式5.1出发，我们来寻找答案。

企业价值＝全部由股权融资时的价值＋税盾现值＋其他杠杆收益现值＋控制权变化收益现值＋并购收益现值＋战略、政策、运营、组织结构变化收益现值－财务危机成本现值

(5.1)

二、杠杆再资本化

（一）定义

杠杆再资本化，即指财务杠杆比例的变动。资本结构与财务杠杆决策经常与兼并和接管有关。一个财务杠杆为零的企业在面对一家寻求获得负债税收收益企业的接管行为中可能是脆弱的。资本结构与财务杠杆决策对收购其他企业，或防御被其他企业收购而言，代表了价值提高的潜力。

（二）杠杆再资本化的作用

下例说明了如何进行杠杆再资本以提升企业价值。

表 5－1   A 公司的最初价值构成

息税前收入（万元）	300
发行在外股票数（万股）	100
管理层持股比例	20%
每股市场价值（元/股）	30
公司市场价值（万元）	3 000
所得税税率	40%

表 5－2 列示了提高杠杆率后公司资产负债表的变化情况。在杠杆再资本化前，公司无负债。表第 3、4 列分别是以负债前公司价值为基数，负债比例为 20% 和 40% 情况下的资产负债情况。

表 5－2   杠杆再资本化后公司资产负债变化情况   单位：万元

	再资本化之前	20% 负债率	40% 负债率
现金	10	10	10
其他流动资产	100	100	100
长期资产	90	90	90
总资产	200	200	200
负债	0	600	1 200
股东权益账面价值	200	－400	－1 000
总权益账面价值	200	200	200

表 5－3 显示了税盾效应对每股股价的影响。税盾现值采取了简化处理的办法，直接通过将税率与公司负债金额相乘得出，但这并不影响所要说明的问题（DeAngelo，1996；Mitchell，1996）。表 5－3 的第 4 行显示出公司市场价值由于税盾的作用而被提升了。

表5-3	税盾效应对每股股价的影响		
	再资本化之前	20%负债率	40%负债率
负债与初始公司价值之比	0%	20%	40%
负债金额（万元）	0	600	1 200
税盾现值（万元）	0	240	480
公司市场价值（万元）	3 000	3 240	3 480

表5-4显示了提高杠杆率的其他影响。我们以表5-3中的企业市场价值为基础。在第2行中，企业市场价值减去负债金额从而得到股东权益的市场价值。第3~5行的计算是同时进行的，因为回购的股份数量与股票价格必须同时决定。例如，在负债率为20%的情况下，以下公式可用来计算新的股票价格P。

$P = 2\,640 / \left[100 - 600/P \right]$

也即：

新股票价格＝股东权益市场价值/（原流通在外股数－回购股数）　　　　(5.2)

解上式，可以得到新股票价格为32.4元，股票价格得以上升。同时也可得知用负债资金回购股数为18.52万股。当我们将其从原流通在外股数中减去时，可得到20%负债率下流通在外股数为81.48万股。

表5-4	提高杠杆率对股票价格的影响		
	再资本化之前	20%负债率	40%负债率
公司市场价值（万元）	3 000	3 240	3 480
股东权益市场价值（万元）	3 000	2 640	2 280
以负债收入回购股票股数（万股）	0	18.52	34.48
发行在外股票股数（万股）	100	81.48	65.52
股票价格（元/股）	30	32.4	34.8
股东权益账面价值（万元）	200	-400	-1 000
负债/股东权益市场价值	0	0.23	0.53
负债的税前成本	8%	9.50%	11.50%
利息支出（万元）	0	57	138
息税前收入（万元）	300	300	300
利息保障倍数	0	5.3	2.2

表5-5揭示了杠杆再资本化对管理者的企业控制权比例的影响。在前面的例子中，我们假设资金被用于购回股份。下表揭示了利用举债资金向假定持有80%发行在外股份的非管理者股东支付红利所产生的影响。管理者未收到现金红利，但可以得到等价的股份红利。

表 5－5 提高杠杆率对管理层控制权的影响

	20% 负债率	40% 负债率
负债金额（万元）	600	1 200
非管理者持有的股份（万股）	80	80
每股红利（万元）	7.5	15
管理者得到的股份份额（万元）	0.25	0.5
管理者原来的股份总量（万股）	20	20
管理者股份追加量（万股）	5	10
新的管理者股份总量（万股）	25	30

所有权比例	重资本化前	重资本化后			
股东	80%	80	76.20%	80	72.70%
经理	20%	25	23.80%	30	27.30%
		105		110	

三、双级股票再资本化

（一）定义

双级股票再资本化中，公司发行 A、B 两种级别的普通股。典型的双级股票再资本化中，发行的 A 级股票每股只有一份投票权，但较 B 级股票有更高的收益索取权。B 级股票每股会有 3.5～10 份投票权，但其收益索取权要较 A 级低。双级股票再资本化的结果是管理层通常会持有 55%～65% 的投票权，但仅对收益持有 25% 的索取权（DeAngelo，1985；Partch，1987）。在大量发行双级普通股的公司，创业者及其后代是公司的控制者（DeAngelo，1985）。在 1/3 的样本公司中，高管中至少有两位存在着血缘或婚姻关系。

（二）进行双级股票再资本化的原因

进行双级股票再资本化的一个正当理由是管理层巩固其控制，从而使长期计划能顺利实施。这避免了短期业绩要求的压力（如每个季度都要交出好的成绩单）。特别是在公司业务十分复杂，而收购者很难评价管理层业绩时这一动机特别适用。

另一个相关的原因是当长期计划得以完成时，管理层所积累的与特定企业相关的能力能够发挥至最好。在长期计划取得结果之前，当外部股东对一项收购要约感兴趣时，管理层就面临着其期望报酬被侵占的风险。另一个可能的原因是那些并不十分称职的管理层为巩固他们的地位而使他们不会在收购中被替换掉而进行双级股票再资本化。

（三）双级股票再资本化的市场反应

在以双级股票再资本化公告后 90 天为窗口期的研究中表明超额收益率超过了 6%（Lease，McConnell and Mikkelson，1984；Partch，1987）。当用 2 天或 3 天这样一个更短的窗口期来计量时，超额收益率约有 1%。当用从公告日到股东大会通过日这样一个窗口期来计量时，股价的市场反应是负的，但并不显著异于零。这意味着采用双级股票再资本化并不会对其股东财富带来负面影响。

四、交换发盘

（一）定义

交换发盘提供给证券持有人以一种证券交换另一种证券的选择权，在实际中多为以公司所发行的债券或优先股交换普通股。交换发盘的有效期一般是一个月，但经常都会延长。为了促使证券持有人进行交换，交换发盘的条款经常包括具有较交换发盘公告前市值更高市值的新证券。

（二）交换发盘的市场反应

表5-6列示了以债券交换普通股将为股东带来巨大的正向回报。回报率为14%，与股票回购中的财富效应相当。以优先股交换普通股的财富效应也超过8%。以债券或收益债券交换优先股所带来的效应相对较小，但也很可观。

表5-7总结了交换发盘所带来的负向回报的结果。为什么一些类型的交换发盘会产生负向回报，而其他一些产生正向回报？有多种理论对此进行解释。正向或负向效应可能取决于交换是否会产生以下一种或多种结果：

（1）杠杆率的上升或下降。

（2）未来现金流量的预期增加或减少。

（3）普通股的预期高估或低估。

（4）管理层持股的增加或减少。

（5）对管理层使用现金的控制是加强还是减弱。

（6）正向或负向的信号效应。

表5-6	有正向回报的交换发盘	
P1	债券交换普通股（Masulis, 1983）	14%
P2	优先股交换普通股（Masulis, 1983; Pinegar and Lease, 1986）	8.20%
P3	债券交换优先股（Masulis, 1983）	2.20%
P4	收益债券交换优先股（McConnell and Schlarbaum, 1981）	2.20%

表5-7	有负向回报的交换发盘	
N1	普通股交换债券（Masulis, 1983）	-9.90%
N2	普通股与债券的私下互换（Finnerty, 1985; Peavy and Scott, 1985）	-0.90%
N3	优先股交换债券（Masulis, 1983）	-7.70%
N4	普通股交换优先股（Masulis, 1983; Pinegar and Lease, 1986）	-2.60%
N5	促使债券转换的赎回（Mikkelson, 1981）	-2.10%

表5-6中有正向回报的交换发盘有如下特征：杠杆率上升；预期未来现金流量增加；普通股价值被低估。在所列示的四种表现形式中有两种导致管理层持股上升，有三种加强了

对管理层支配现金的控制。很难判断杠杆效应是否同时也是信号效应，还是纯粹的税收效应，因为优先股交换普通股的行为不会对公司的税收产生影响。另外，由于优先股分红的80%（1986年前85%）不被视为公司投资者的收入，这种税收收益至少会为发行公司带来某种程度的收益。Copeland 和 Lee（1991）认为信号效应与理论和经验证据最为相符。

Vermaelen（1981）观察到了另一项与提高杠杆率的交换发盘相联系的奇妙之处。它提出在 Masulis 样本中，30.1%提高杠杆率的交换发盘发生在1971年中期至1974年中期，这一时期正处于政府对公司分红进行调控的时期。这显示公司力图规避"每年分红不得高于4%"的规定。当然，Finnerty（1985）提出对互换另一个强有力的外部影响来自于1984年税法的变动。由于多种解释对表5-7中的正向回报均有效，因此很难对每种解释分配权重。

同样，表5-7中带来负向回报的交换发盘有五种不同的表现形式。普通股或优先股交换债券带来大体相当的负向回报。然而，普通股与债券的私下互换带来的回报虽然显著却小得多。一项由 Born 和 McWilliams（1993）进行的研究将托宾 Q 比例作为一个变量。在127个进行债转股的交换发盘中，托宾 Q 比例小于1的公司在公告日有显著的负向回报，这与上述研究一致。然而，Q 比例大于1的公司却没有如此显著的反应。这一发现意味着低托宾 Q 比例公司债转股的交换可能被用来使公司脱离无法偿还债务的压力。

（三）廉价交易

廉价交易（distressed exchange）近年来被广泛运用。在这一交易中，发行高利率"垃圾债券"的公司试图证明它们所遇到的只是由于过度杠杆化而导致的短期问题，公司的其他经营是正常的。交换一般是旧债券全部转换成优先股或普通股，或者是旧债券转换成部分股权和部分新的、延期的债券。

典型的廉价交易中，公司的经营和财务状况由于长期的和周期性的问题而日益恶化。公司试图重组其资产和负债。例如，International Harvester Corporation，一家大型的农业装备、卡车和公交车制造商，在1980—1982年间处于破产边缘。这家公司首先将其对银行的带息债务换为优先股，并将对信贷者和供应商的债务进行展期。接下来，它将其短期银行债（1~3年）转换为了长期"垃圾债券"（10~12年）。最后，它将旧的"垃圾债券"换成了其新命名的实体"Navistar International"的普通股。这些廉价交易策略帮助企业增强了其运营，最后它全额支付了其短期和长期债务。

五、重整与清算

当一个企业资产的清算价值小于其债务账面价值时，我们称这家企业处于财务危机（financial distress）中。当一家企业面临财务危机时，可以采取不同的处理方式。在美国，重整与清算的概念与在我国有所不同，以下分别介绍美国和我国的相关概念。

（一）美国的重整与清算

1. 重整（reorganization process）

图5-6显示了在美国，当一家企业面临财务危机的时候，可以选择的处理方式。

```
                                              ┌─────────────┐
                                         ┌───▶│  债权转股权   │
                                         │    └─────────────┘
                              ┌──────────┐    ┌─────────────────┐
                         ┌───▶│ 企业持续经营 │───▶│ 延期（延迟支付）  │
                         │    └──────────┘    └─────────────────┘
                  ┌──────────┐    │          ┌─────────────┐
             ┌───▶│ 庭外和解  │────┤     └───▶│  削减债务规模  │
             │    └──────────┘    │          └─────────────┘
             │              │    ┌──────────┐  ┌──────────────────┐  ┌─────────────────┐
             │              └───▶│ 企业终止  │─▶│ 遵照普通法进行分配  │─▶│ 将清算资产与可分配 │
             │                   └──────────┘  └──────────────────┘  │ 收入按模拟基础分配 │
  ┌────────┐ │                                                       └─────────────────┘
  │ 财务危机 │─┤         ┌─────────────┐
  └────────┘ │    ┌───▶│ 作为子公司存续  │
             │    │    └─────────────┘
             │ ┌──────────┐
             ├▶│兼并（并入  │
             │ │另一企业） │
             │ └──────────┘
             │    │    ┌──────────────┐
             │    └───▶│ 被吸收进入另一主体│
             │         └──────────────┘
             │                   ┌──────────┐  ┌──────────────┐  ┌──────────────┐
             │              ┌───▶│ 公司续存  │─▶│《破产法》第11章│─▶│ 更为正式的、  │
             │              │    └──────────┘  └──────────────┘  │ 法庭监管下的  │
             │ ┌──────────┐ │                                    │ 补偿或权利的  │
             └▶│ 正式法律  │─┤                                    │ 修正         │
               │ 诉讼     │ │                                    └──────────────┘
               └──────────┘ │                   ┌──────────┐  ┌──────────────┐
                            │              ┌───▶│ 法定分配  │─▶│ 在正式法律程序 │
                            │              │    └──────────┘  │ 下分配清算资产 │
                            │ ┌──────────┐ │                  └──────────────┘
                            └▶│ 公司终止  │─┤
                              └──────────┘ │   ┌──────────────┐  ┌──────────────┐
                                           └──▶│根据《破产法》  │─▶│ 正式破产     │
                                                │第7章进行清算  │  │ 法庭监管     │
                                                └──────────────┘  │ 下的清算     │
                                                                  └──────────────┘
```

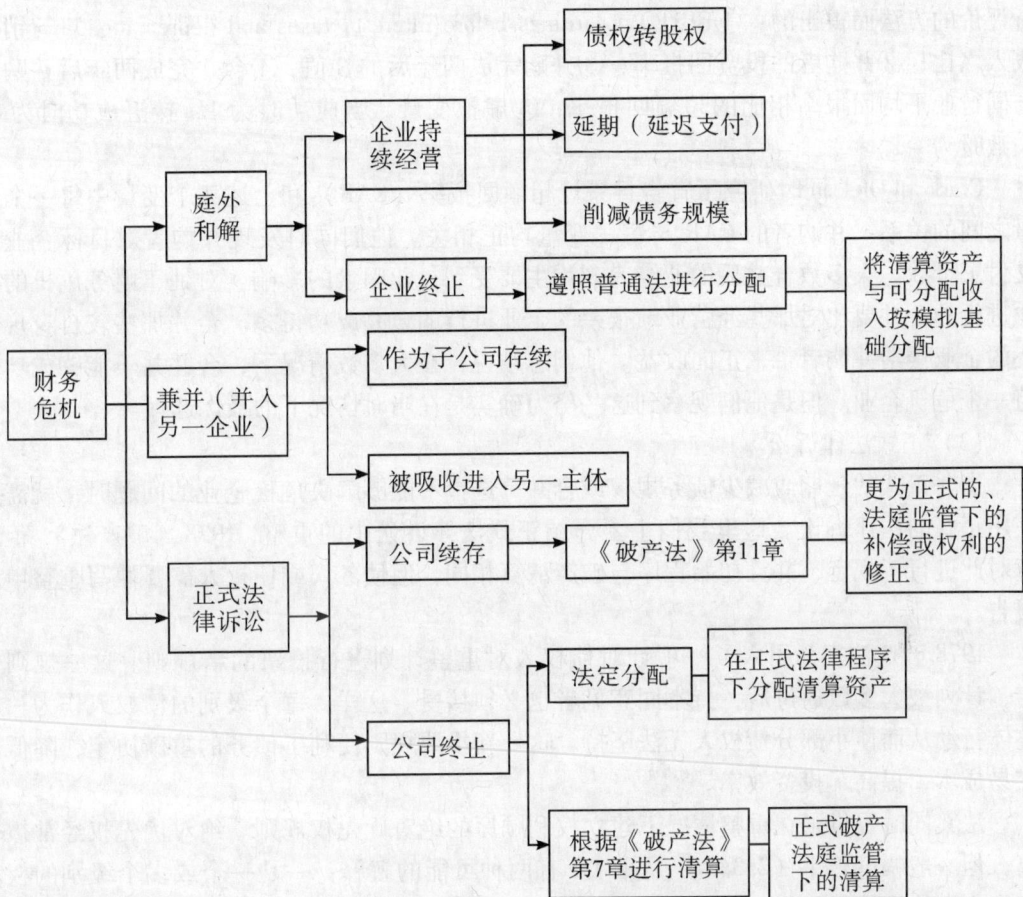

图 5-6 企业面临财务危机时可选择的处理方式

（1）庭外和解。

如果债权人认为，给予债务人一定时间来改进其经营，债权人最终将收回比在其他处理方式下更多的债权，那么此时，债权人将会采取一些庭外和解的方式，一般而言，庭外和解包括以下三种方式：①延期，指债权人推迟其债权到期日。由于没有采取强制性的法律措施，债权人省下了大量的法律费用及避免了清算时可能的价值收缩。由于所有的债权人必须同意将其债权延期，故主要的债权人通常会组成一个委员会。委员会的职能是与公司谈判，形成一个所有有关方都满意的清偿计划。②降低债务规模，是指债权人削减对债务人的债权，以期能够最大限度地收回能够收回的债权。③债权人的债权将被替换为剩余索取权或股权，即实现权利的转换。

（2）兼并。

兼并将被用于拯救困难重重或失败的公司。Clark 和 Ofek（1994）的一项有关 1981—1988 年间对 38 家危机企业进行兼并的研究发现，这种兼并多发生在同行业的企业之间，并且多半为非敌意并购。他们发现，在 38 个样本中，20 个样本失败，9 个样本接近成功，9 个样本十分成功。这些评价是通过使用五个不同的对并购企业与目标企业合并后业绩进行评价的方法而得出的：①EBITD（earnings before interest，taxes and depreciation）与销售收入之比；②并购者的投资回报率；③并购完成两年后的 β 值；④合并完成两年后并购方与同行业平均回报率相比的超额回报率；⑤虚拟变量，当成功时为 1，接近成功时为 0，失败时为 -1。

Clark 和 Ofek 同时研究了宣告日累计超额回报率（CAR）和上述五个变量中每一个变量之间的关系。并购者的 CAR 与每一变量均正相关。他们同时发现并购者对目标企业多支付了价款。大多数合并后的业绩表现均主要受到行业因素的影响。对处于财务危机的企业进行的合并要比对那些经营业绩很差的企业进行的合并成功得多。合并那些较自身规模小的企业会给并购者带来正向收益。他们总结说，在大多数情况下，合并并不能够成功重组一个危机企业。但是他们观察到这一努力确实是在当时情况下的最优选择。

（3）正式法律诉讼。

当非正式的延期或减少债务规模或合并等选择不能够解决危机企业的问题时，就需要使用正式的法律诉讼。这里我们主要介绍正式法律诉讼中的重整，1978《破产法》第 11 章对此进行了规定，并且初始程序与破产清算相同，但债务人或债权人需要填写重整申请报告。

1978 破产法案为引入了一项针对债权人对重整计划进行投票的新规则。这一规则规定，计划被大多数通过后，持不同意见者也必须接受。这样，每个级别的债权人作为一个整体行动从而使小部分债权人无法坚持。这一新投票规则便利了债务的重新协定，降低了交易成本，提高了投资效率。

法案同时提供了在重整情况下建立权利顺序的绝对优先权规则。绝对优先权经常被偏离，但一般幅度很小（2.3% ~ 7.6%）。有两种可能的解释：一是一个或多个级别的权利要求人可能会提供新的或未来的财务支持以作为提升其要求权地位的基础；二是使用预期市场价值作为建立优先权顺序的基础。但市场价值取决于重组以及未来经营得是否成功。预期价值取决于权利要求人之间的谈判。这样，对绝对优先权的偏离可能促进计划更早通过。

通过法律诉讼进行破产重整的基本目的是维持企业的价值。通过与权利要求人重新签约，从而重获公司经营和财务的健康。

2. 清算

虽然清算也是企业在处于财务危机中的一种处理方式，但清算所适用的范围更为广泛。清算有自愿清算与非自愿清算之分。与财务危机或破产相联系的通常都是非自愿清算。一般在递交破产申请之后，如果公司的成功运作已毫无希望，法庭会发布清算指令，此后往往会指定一名中间仲裁人，由他来接管公司和召集债权人会议。仲裁人负责公司财产的清算，并将清算所得资金在债权人中间进行分配。在对无担保债权进行清算偿付前，必须关注优先债权。清算分配的顺序如下：①与清算有关的管理费用，包括仲裁人和律师的费用；②在从提出破产申请到指定仲裁人为止的债务人正常经营期间内提出的债权要求；③破产申请期间 90 天的雇员工资（每人不超过 $2 000）；④破产申请期间 180 天的雇员福利计划支出（每人不超过 $2 000）；⑤顾客以现金购买商品或服务，而债务人并未提供的债权要求（每人不超过 $900）；⑥税收拖欠；⑦及时登记或因债权人没有得知破产消息而未及时登记的无担保债权；⑧债权人得知破产消息而未登记的无担保债权；⑨罚金或惩罚性损失；⑩破产申请提出后产生的债权利息。

（二）我国的相关概念

1. 破产

根据我国《破产法》规定，破产是指在"企业法人不能清偿到期债务，并且资产不足以清偿全部债务或者明显缺乏清偿能力"的时候，所发生的一种法律程序，这种程序可能有和解、重整与清算三种方式。

破产一般表明企业经营失败，通常是投资者不愿看到的，但是破产也可以使企业逃避大量的债务，在有些情形下，破产也不失为一种收缩的战略。例如，当子公司负债累累时，母公司为避免惹火上身，往往选择将该子公司破产清算，这时，破产就成了母子公司之间的一道"防火墙"。

2. 和解

在我国，一般由债务人直接向人民法院申请和解；也可以在人民法院受理破产申请后、宣告债务人破产前，向人民法院申请和解，债务人需要提出和解协议，和解协议如果由债权人会议通过，由人民法院裁定认可，终止和解程序，并予以公告。管理人应当向债务人移交财产和营业事务。如果债权人会议未通过和解协议，或者债权人会议已经通过的和解协议未获得人民法院认可的，人民法院应当裁定终止和解程序，并宣告债务人破产。和解之后，债务人按照和解协议规定的条件清偿债务。

除此之外，在人民法院受理破产申请后，债务人与全体债权人就债权债务的处理自行达成协议的，可以请求人民法院裁定认可，并终结破产程序。按照和解协议减免的债务，自和解协议执行完毕时起，债务人不再承担清偿责任。

3. 重整

重整，是针对可能或已经发生破产但又确有再建希望的企业，在法院主持下，由各方利害关系人协商通过重整计划，或由法院依法强制通过重整计划，进行企业的经营重组、债务清理等活动，以挽救企业、避免破产、获得重生的法律制度。我国《破产法》第二条规定："企业法人不能清偿到期债务，并且资产不足以清偿全部债务或者明显缺乏清偿能力的，依照本法规定清理债务。企业法人有前款规定情形，或者有明显丧失清偿能力可能的，可以依照本法规定进行重整。"第八章第七十条规定："债权人申请对债务人进行破产清算的，在人民法院受理破产申请后、宣告债务人破产前，债务人或者出资额占债务人注册资本十分之一以上的出资人，可以向人民法院申请重整。"

从内容上看重整措施多样化，债务人可以灵活运用重整程序允许的多种措施达到恢复经营能力、清偿债务、重组再生的目的，不仅可采取延期偿还或减免债务的方式，还可采取无偿转让股份，核减或增加公司注册资本，将债权转化为股份，向特定对象定向发行新股或公司债券，转让营业、资产等方法，并设立重整人负责公司的重整活动，设置监督程序保障债权人的利益。重整程序的目的在于维持公司之事业，而不必是公司本身，故必要时还可采取解散原有公司，设立第二公司，或公司分立、合并等方法。

4. 清算

清算是指在企业终止过程中，为保护债权人、所有者等利益相关者的合法利益，依法对企业财产、债务等进行清理、变卖，以终止其经营活动，并依法取消其法人资格的行为。

导致企业清算的原因很多，其中最常见的是破产清算，即在企业不能清偿到期债务的情况下，为保护债权人、所有者等利益相关者的合法利益，在法院的指挥和监督下，依法对企业财产、债务等进行清理、拍卖，对破产财产进行分配，以终止企业经营活动，并依法取消其法人资格的行为。另外，企业合并或分立过程中通常也会对特定企业进行清算，例如吸收合并中对被吸收方进行解散清算。

练习与案例

一、复习与思考

1. 如何理解重组这个概念？
2. 试述剥离、分立、分拆上市与定向股票这几种重组方式的区别。
3. 试分析企业杠杆再资本化的作用与效果。

二、案例分析

深圳万科股份有限公司的资产剥离

深圳万科股份有限公司的前身——深圳现代企业有限公司，是一家专门从事科教仪器和办公自动化设备贸易的公司，1998年改制成为股份制企业，并更名为"深圳万科企业股份有限公司"（以下简称"万科"）。当年12月，万科向社会公众发售新股2800万股，每股1元。1991年1月29日，万科股票正式在深圳证券交易所上市交易。1993年5月28日发行B股。公司现以房地产及物业管理为核心业务，尤其以中高档城市居民住宅开发为主要方向。1998年，万科就在深沪房地产板块排名首位，2003年营业额约63亿元，占我国房地产市场份额的1%。

公司上市初期，采用综合商社的模式，走多元化发展之路，拥有多家附属公司和联营公司，其经营业务遍及进出口贸易、房地产、工业、连锁商业、影视广告等多个领域。1993年，公司管理层在上海召开的务虚会成为万科发展过程中的转折点，会议对自1988年公司公开发行股份以来的情况进行了总结和反思，放弃以综合商社为目标的发展模式，提出了加速资本积累、迅速形成经营规模的发展计划，确立以城市居民住宅为公司的主导业务的方针。同年4月，万科与以渣打亚洲有限公司、君安证券有限公司为主组成的承销团签署了公开发售4500万股B股的承销协议，B股的发行使万科开始面对境外基金经理挑剔的目光，他们对多元化的质疑更加坚定了万科走专业化道路的决心。万科根据国内经济的发展态势和国际投资者的较高要求，以及基于对房地产行业发展的良好预期，调整业务架构，逐步确立以房地产和股权投资为主导业务的方针，为集中资源优势，万科针对非核心业务进行了"瘦身"运动。直至2001年8月，公司将直接和间接持有的深圳市万佳百货股份有限公司的股权一次性转让给中国华润总公司及其持股的附属公司华润国内贸易有限公司，公司退出零售行业为止，万科的专业化战略调整基本完成。

首次公告日	资产剥离事件公告
1998 年 10 月 29 日	本公司于 1998 年 10 月 8 日将所属深圳国际企业服务公司所持股权全部转让给本公司冯佳董事及廊坊华夏房地产有限公司（其中冯佳获得 55% 股权），转让价格 1 500 万元人民币。该转让价格是按照 1998 年 9 月 30 日转让时本公司所享有的权益计 14 752 931.67 元人民币确定的
2000 年 3 月 2 日	董事会于 2000 年 2 月 29 日决定以净资产值 812 560 元人民币转让深圳市万科贸易公司所属深圳市万科索尼技术服务站的全部股权
2000 年 3 月 30 日	1999 年内，本公司以 15 万美元转让万科企业股份有限公司美国公司的全部股权予银都国际集团公司
2001 年 2 月 15 日	本公司将其下属的深圳万科精品制造有限公司的 100% 股权，以接近截至 2000 年 12 月 31 日的账面净资产作价转让给广东旭丰贸易有限公司和香港宇宙兴业有限公司，该股权转让款截至本报告日已全部收回
2001 年 8 月 28 日	拟将本公司直接和间接持有的深圳万佳百货股份有限公司 72% 的股权一次性转让给中国华润总公司及其 100% 持股的附属公司华润国内贸易有限公司，资产账面价值 22 427 万元，转让价格 45 735.84 万元，资产转让收益 21 122 万元

此外，根据年报信息，万科还剥离了其他一些股权或资产，如 1996 年剥离深圳怡宝食品饮料有限公司、北京比特实业股份有限公司及汕头宏业房地产股份有限公司等公司的股权；1997 年万科的全资附属公司——深圳市万科工业有限公司将其拥有的深圳万科供电服务公司和深圳万科工业扬声器制造厂的股权转让；1998 年转让了对香港银都国际置业有限公司的股权等。

资料来源：李善民，王彩萍. 基于价值创造的资产剥离——深圳万科股份有限公司案例研究. 广州财贸管理干部学院学报，2005（4）：1—8.

【分析与思考】

1. 深万科的资产剥离属于何种剥离形式？进行剥离的动机是什么？

2. 基于万科案例，思考企业应在何种情况下进行资产剥离才能为企业带来价值增长？

同仁堂分拆上市

2000 年 10 月 30 日，同仁堂科技在香港创业板挂牌上市，开盘价为 4.0 港元，最高价 5.2 港元，全日收报 4.3 港元，较招股价 3.28 港元上升 1.02 港元，涨幅在 31% 以上。全日共成交 1.25 亿港元。据北京同仁堂科技公司透露，本次在香港上市的 7 280 万股，仅向专业和机构投资者进行了配售发行，和黄、北大方正集团是其主要机构投资者。

北京同仁堂股份有限公司（600085）控股的北京同仁堂科技发展股份有限公司（同仁堂科技）在香港创业板挂牌交易，这是大陆 1 000 多家上市公司中成功完成分拆子公司上市的第一家。

一、同仁堂的有关背景资料

同仁堂始创于 1669 年，"同仁堂"金字招牌享誉中外。随着现代社会的发展，新技术、新工艺广泛应用于制药行业，消费者越来越要求中成药能够实现高效、安全、小剂量，这对传统中药构成了巨大的挑战。同仁堂有世界性的品牌和成为世界级企业的潜力，却不具备世界级企业的规模和现实资质，即使按照中国的标准来看，迄今仍然不过是一家中型企业而已。如果不换一种思路，同仁堂无疑仍将继续维持目前这种缓慢但是稳健的增长势头，不过即使是在国内市场恐怕也难有突破。

二、同仁堂分拆上市的要点

同仁堂科技成立于 2000 年 3 月 22 日，由同仁堂股份有限公司（后称同仁堂）以同仁堂制药二厂、同仁堂中药提炼厂、进出口分公司和研发中心等实物资产出资，与其他发起人共同设立，注册资本 1.1 亿元。同仁堂科技的非现金资产与业务，都是从同仁堂分离出来的。公开发行前，同仁堂持有同仁堂科技 90.9% 的股份；发行后，该比例仍达到 54.7%。

还在 1999 年上半年，同仁堂就已经开始不声不响地酝酿转型，并布下了四枚棋子。它专门从中高层抽调人马，组成了四个工作小组，分别筹划推进海外上市、中药现代化、生物制药和全球中药电子商务等方面的工作。其中，海外上市小组是由副董事长王兆奇亲自出马牵头的，因为头绪比其他三块更为繁杂。

1999 年上半年，北京中证万融投资服务有限公司、中银国际亚洲有限公司、法国里昂证券和 BNP 百富勤等几家财务顾问向同仁堂提出了三种上市方案，最后同仁堂董事会采纳了中证万融提出的"创业板方案"。该方案主张，在 A 股公司之下成立一家科技公司，再将科技公司上创业板。而另外两种方案要么主张由 A 股公司在香港主板市场增发 H 股，要么主张在 A 股公司之上成立一家控股公司，然后将控股公司在香港主板上市。

确定分拆上市后，更让人头痛的事情又来了，那就是如何对同仁堂名下的十几家工厂和机构进行分拆和重组，以既有利于 A 股股东，也能让国际投资者信服。按照最终的方案，A 股公司以生产颗粒、胶囊、片剂为主体的北京同仁堂制药二厂、中药提炼厂、进出口分公司和科研中心等实物资产及部分现金投入同仁堂科技公司，其账面价值为 10 000.07 万元、评估确认值 10 035.4 万元，折股 10 000 万股，占 1.1 亿元总股本的 90.909%。投资银行家赵炳贤解释说，这部分集中了同仁堂的高科技（中药现代化）与国际业务，不涉及其目前赢利最好的基础业务，对 A 股股东利益的影响有限；若能引进国际市场的资源把同仁堂科技做成功，由于上市后 A 股公司仍对 H 股公司处于绝对控股地位，A 股股东将是最大受益者，反之，即使万一不成功，由于购买 H 股的都是境外投资者，A 股股东也不会有什么直接损失。同时，由于 H 股公司预期的成长性较高，产销完全独立而非受控于 A 股公司，也令国际投资者放了心。"分拆上市操作，最难之处在于敲定细节。"赵炳贤说："华尔街有句名言'魔鬼就在细节之中'，许多事情，只有做到细微之处才会真正知道它的可行性究竟有多大。"

企业的业务架构搭好后，如何吸引投资者就成了最大的障碍。如果在发起人中有个人投资者，这就会给国际投资者很大的信心。赵炳贤以现金出资 501.77 万元，持有股份 500 万股，占总股本的 4.545%；殷顺海、田大方、王兆奇、梅群等高管人员分别以现金出资

50.177 万元，持有 50 万股，各占总股本的 0.455%。在 H 股公司中，这也是首家出现外部自然人和公司高管人员持股的企业。"同仁堂引入的是经验丰富的专业投资人士和企业高管人员，充分表现出这些个人对企业未来的信心，有利于社会投资者对企业的认可，有利于股票的发行。"殷顺海说，"同仁堂科技已经着手编制员工的认股期权计划，在法律、法规允许时推出。"

随后，和记黄埔于 10 月 7 日和 11 日与同仁堂分别签订了投资协议和参股协议，斥资 5 000 万元认购其发行股本的近 10%。11 日至 19 日先后在香港、新加坡和英国举行的同仁堂科技路演活动受到了机构投资者们的热烈欢迎，11 日的预演餐会刚结束，正式路演尚未开始，就已经获得了近 4 倍的超额认购，让作为上市保荐人兼主承销商的中银国际喜出望外，定价也从每股 2.4 元上调到 2.8 元，最后又调升到 2.89～3.62 元之间的水平。一些基金经理甚至表示，同仁堂无论定什么价他们都会购买。

资料来源：王化成，佟岩，胡国柳. 财务管理案例点评. 杭州：浙江人民出版社，2003.

【分析与思考】

1. 同仁堂分拆上市的动因是什么？
2. 分析分拆上市可能对企业价值带来的影响。

第六章　公司控制

第一节　公司控制的含义

一、基本定义

（一）基本定义

在西方文献中，公司控制（corporate control）一般与公司控制权相等同。对于公司控制权来说，一般有两种"控制权"概念：一是"公司之间的控制权"中所指的"股东控制权"，它主要反映为不同股东对公司的控制权争夺；二是企业的内部"管理层控制权"，主要指公司管理者内部竞争、董事会的构成和大股东的监督等。

（二）本书的定义

本书重点关注的是公司之间的控制权，即股东控制权，或者说是谋求取得的对目标公司的控制权及由此产生的控制权市场。现代公司制度实行所有权和经营权相分离，公司由股东所投资产形成公司法人财产，由公司管理层直接控制和经营。具体地说，董事会在公司经营管理中处于核心地位，董事会聘请总经理等经理人员负责公司的日常经营管理活动。而股东将资产投资于公司后，股东对公司只享有股权，股东按其所持表决权股份的比例行使资产收益、重大决策和选择管理者等权利。董事和股东之间形成一种代理或委任关系，董事由股东大会选举产生。公司生产经营中的重大财务经营决策由股东大会作出。股东在股东大会决定董事人选或重大财务经营决策时按其所持表决权股份的比例行使表决权。而享有公司优势比例表决权股份的股东就能左右甚至决定股东大会董事人选或重大财务经营决策的表决结果，从而对公司财务经营政策、董事会形成控制，即具有"控制权"。相对于公司管理层对公司的直接控制，这一控制权主要是一种间接控制。

公司控制权是一种权利，一种抽象意义上的概念。为了争夺公司控制权，产生了并购、重组及防御等种种行为，控制权与这些行为之间，可以说是抽象与具体的关系，或者是目标与行动之间的关系。本章所介绍的所有内容，都与公司控制权有关。

二、控制权概念

（一）公司之间的控制权

公司之间的控制权，也即"股东控制权"，它主要反映为不同股东对公司的控制权争夺，也可以被称为是谋求取得的对目标公司的控制权。这一概念源于伯勒和米恩斯的名著

《现代企业与私有财产》，他们把控制权定义为选举董事会多数董事的权利。据此产生的现代企业理论认为，所有权和控制权的分离使股东和管理者之间形成一种委托代理关系。在这一委托代理分析框架中，作为委托人的股东总是希望作为代理人的管理者能够从股东利益最大化出发来管理公司。但由于股东和管理者之间存在信息不对称，而且代理人本人又有道德风险问题，因此，股东必须要通过一定的控制机制对管理者进行监督和约束。

这一控制机制主要包括投票代理权竞争、要约收购或兼并以及直接购入股票（Manne，1965）。因股东控制权争夺形成的市场可称为"间接控制权市场"。

（二）公司之间的控制

在现实中，何谓公司之间的控制？公司之间的控制是一个严肃的法律概念，我国《公司法》和《证券法》有关条文都涉及这一问题，但都没有清晰的定义，《上市公司收购管理办法》在附则中专门对控制权题问题作了明确、具体的界定："有下列情形之一的，为拥有上市公司控制权：1. 投资者为上市公司持股50%以上的控股股东；2. 投资者可以实际支配上市公司股份表决权超过30%；3. 投资者通过实际支配上市公司股份表决权能够决定董事会半数以上成员选任；4. 投资者依其可实际支配的上市公司股份表决权足以对公司股东大会的决议产生重大影响；5. 中国证监会认定的其他情形。"

我国《企业会计准则第2号——长期股权投资》中界定"控制"为："是指有权决定一个企业的财务和经营政策，并能据以从该企业的经营活动中获取利益。"

从上述有关公司之间控制的立法实践可以看出，公司之间的控制不仅是指基于控股所形成的控制，还可以指不基于控股，而是通过其他方式所形成的控制。公司之间的控制会形成母子公司关系或控制公司与从属公司关系，也会形成企业集团或关系企业关系。

（三）控制与控股的区别

控股和控制虽然只一字之差，但它们还是有区别的，不能把这两个概念混淆。根据所达到的目的不同，控股可以分为以获取控制权为目的的控股和不以获取控制权为目的的控股；根据形成的基础不同，控制可以分为基于控股所形成的控制和不基于控股所形成的控制。换言之，投资者在达到控股的情况下可以不去控制该被控股的公司而让该公司独立经营；同样，在没有达到控股的情况下，一个公司也可以通过其他方式来实现对另一个公司的控制。可见，只有在以获取控制权为目的的控股和基于控股所形成的控制的情况下，控股和控制这两个概念才会重合，可以通用。因此，一个公司控制他公司应当是指该公司对他公司形成完全控制或具有实际控制力，如可以决定他公司的决策、经营管理、财务、人事任免等，其结果是使他公司完全为控制公司的利益服务，以致丧失了独立意志，而根据持有股份仅仅是形成控制的其中一种方式，还可以通过其他方式来达到控制他公司的目的。

三、代理投票权竞争

代理投票权竞争（proxy contest），又称委托书收购，是指少数股东、收购方等通过大量征集股东委托书的方式，代理股东出席股东大会并行使优势的表决权，以通过改组董事会等方式达到控制目标公司的目的，其本质在于借助第三方的力量实施对目标公司的低成本控制。

现代公司理论认为，代理权竞争以公司绩效较差为前提，具有正的经济效应。代理投票权竞争的制度基础在于股权分散情况下的"股东消极主义"和由此产生的"搭便车"行为。在股权分散的情况下，单个股东没有主动寻求自己权益保护的激励。在此情况下，一些股东和并购者的征集股票投票权的行为，可以促进公司管理层在履行股东的信托责任方面做到勤勉和忠诚。正如哈佛大学教授路易斯·罗斯所指出的："随着公司证券的广为发行以及随之而来的所有权与管理权分离，股东大会的整个意义完全取决于投票代理权制度。这一制度已经成为决定我们经济体制良好与否的至关重要的力量。"从美国来看，股权的分散化程度很高，为投票代理权机制发挥积极作用提供了土壤。尽管美国法律对投票代理征集行为给予严格限制，1992 年之前美国证监会（SEC）还要对代理权申明、代理权表格等征集文件进行审查，但其实践中显示了极强的生命力，产生了积极的效果，已经成为监管管理层的重要手段。在日本和德国，由于金融机构持有大量的股票，同时由于缺乏有效的公司控制权市场，金融机构扮演着大公司的外部监督的角色。在德国，银行的很多客户将其拥有的股票存放在银行，并允许银行行使代理投票权。据统计，在德国排名100 名的公司中，银行控制了 50% 的投票权。德日企业与银行之间的这种密切关系决定了银行与公司管理层之间是一种长期的合作博弈，尽管法律对投票代理权没有过多的限制，但在这两个国家，鲜有公开征集投票代理权的发生。

虽然美国代理投票权竞争在实践中广泛运用，然而对代理投票权竞争实证研究的结论却不尽相同。Dodd 和 Warner（1983）、DeAngelo（1989）以及 Borstadt 和 Zwirlein（1992）分别采用不同的样本对代理权竞争全过程股东财富变化的研究表明，样本公司股东获得了6% 以上的累积异常收益（cumulative abnormal returns，CAR）。但 Ikenberry 和 Lakonishok（1993）对美国 1968—1987 年间 97 项代理权竞争案例的研究发现，在事件发生后的 5 ~ 24个月样本公司的股东财富出现了 - 17.24% 的缩水，说明异议者的胜利并不会使公司绩效有明显改善。Mulherin 和 Poulsen（1998）在总结前述研究的基础上，考察了 1979—1994年间的 270 个样本，研究表明代理权竞争总体上具有正的财富效应，这种效应大部分来自完成了收购的目标公司。在分类研究中，完成收购且没有更换管理层的样本公司获得最高的 CAR，更换管理层的样本公司获得较高的 CAR，只有未完成收购且没有更换管理层的样本公司获得负的 CAR。

我国的代理投票权制度始于 20 世纪 90 年代，随着公司制度的兴起而被中小股东作为维护自己权益、选举自己的代言人进入公司管理层的重要武器。2001 年山东胜利股份投票代理权的争夺，正式揭开了这一制度在我国上市公司实践的序幕。

第二节　恶意并购与反收购

一、善意并购与恶意并购

（一）善意并购和恶意并购的区别

善意并购，又称友好并购，指目标公司的经营管理者同意并购方提出的并购条件，接受并购。一般先由并购方来确定目标公司，然后设法使双方高层管理者进行接触，商讨并购事宜，通过讨价还价，在双方都可接受的条件下，签订并购协议，最后经双方董事会、股东大会通过。由于双方在自愿、合作、公开的前提下进行，故善意并购的成功率较高。

恶意并购，又称敌意并购，通常是指并购方不顾目标公司意愿而采取非协商购买的手段强行并购目标公司。通常由一家公司以高于交易所股票的价格，向目标公司股东收购股票。同时，被收购公司在得知收购公司收购意愿之后，可能采取一些反收购措施。

（二）善意并购和恶意并购的策略

恶意并购一般先要以现金迅速收购足以取得控制权比例的股票，所以恶意并购者应当事先准备足够的现金。而善意并购者不需要准备大量的现金，通常是通过协商安排转让双方的股票互换来达到此目的，尤其是当目标公司的股东可以得到税收节约的好处时。但是通过股票互换，或者收购人发行证券用以购买目标公司的股票，都应当编制募股说明书，而且可能被迫拖延发行，这对于恶意并购者来说是相当不利的。一般在现金出价过程中，会有很大一部分目标公司的股票为风险套利者所购买。如何利用风险套利者手中所囤积的股票，是决定恶意并购者出价成功与否的关键之所在。

以现金出价会使收购人支付很大的收购成本，尤其是规模较大的收购交易。减少收购成本的办法有两个，一个是双层出价，另一个是通过发行高收益债券来融资。所谓双层出价，是指在第一阶段，收购人先以现金出价来收购使其达到或超过控制权比例部分的股票，接着在第二阶段，利用非现金出价来收购剩余部分的股票。在第二阶段，收购人由于已取得对目标公司的有效控制权，所以无须担心竞争性出价或遭到目标公司管理层的抵抗。此外，通过双层出价，可以使目标公司股东尽早履行承诺，出让其手中持有的股票。

目标公司中可能有部分股东拒绝出售其手中的股票，无论收购者的出价有多高。在这种情况下，收购人可以通过合并形式取得这部分股票。这个方法允许收购人通过收购公司与目标公司合并的方式，来达到挤出少数权益的目的。少数权益股东不能阻止合并，因而不得不接受支付。通常这是恶意并购的最后一个阶段，称作"挤出"合并阶段。

善意并购通常采取协议收购方式，而恶意并购主要采取以下手法：

（1）狗熊式拥抱（bear hug），指恶意收购者投书给目标公司的董事会，允诺高价收购该公司股票，要求董事会以股东利益为重接受报价，董事会出于责任要把信件公布于全体股东，而分散的股东往往受优惠价格的诱惑迫使董事会接受报价。

（2）狙击式公开购买，指先在市场上购买目标公司的股票，持有或控制该公司股票的比例通常为5%（有的国家和地区，如我国规定，这时需要公告该事实，无法隐瞒），接着再视目标公司的反应进行下一步的行动，比如增持股份或增加控制；若收购不成，还可以高价售出股票，从中获利。除了收购目标公司的股票外，收购人还可以收购其中小股东的投票委托书。如果收购人能够获得足够多的投票委托书，使其投票表决权超过目标公司的管理层，那么就可以设法改组目标公司的董事会，最终达到合并的目的。

二、反收购

（一）反收购的界定

随着我国证券市场市场化进程的逐步加快，上市公司的收购案例越来越多，由此引发的反收购活动相应增加，收购与反收购之间的战斗也愈演愈烈。

（1）反收购是基于收购行为而产生的。

因为收购行为的完成将直接导致被收购公司管理层的更替和公司经营策略的变化，进而影响原有股东、管理层以及整个公司的利益，所以被收购公司的管理层自然会采取各种措施，维护其原有的合法权益，并持续掌控对公司的决策权。由此，反收购可以理解为，目标公司的管理层为了维护其原有权益而采取各种措施，以维持其对公司的控制权的一种行为，也就是接管防御。

（2）目标公司面对收购的态度只有两种：同意和不同意。

顾名思义，反收购只发生在目标公司不同意被收购的条件下。许多学者认为反收购只针对敌意收购而言，并把这种无视目标公司的意愿而继续进行的、以取得上市公司控制权为目的的收购称为敌意收购。因此，判断敌意收购的标准在于收购公司是否有取得目标公司控制权的意图以及目标公司是否愿意接受该收购行为。

在实践中，目标公司在收购公司发出通知或者收购要约后，应当将面临的被收购情形通告全体股东，同时目标公司董事会应当在维护公司利益的前提下作出是否接受该收购的建议，并立即召开股东大会决议该项提议是否通过。按照我国《公司法》的有关规定，无论董事会是提出接受收购的建议还是提出反收购的建议，都必须经出席股东大会的股东所持表决权的三分之二以上通过，方可决定采取相应的措施。

（二）西方主要国家反收购立法概述

西方国家普遍采用的反收购措施主要有以下三类：①诉诸法律的保护；②采取管理上的策略，以防止被收购；③采取股票交易策略，以防止被收购。

对反收购行为进行立法规制具有十分重要的意义。西方主要国家的反收购立法规制如下：美国：主要有《证券法》、《公司法》、《反托拉斯法》、《威廉姆斯法》（WA）（1968）以及各州的法律对收购行为予以规制；英国：主要有《公司法》、《接管法典》、《伦敦城市守则》等法律对收购行为加以规制。

（三）我国反收购的实践及立法概述

我国上市公司收购起步较晚，因而比较缺乏经验。在上市公司反收购的实践中，大多采用管理上的策略进行反收购运作，例如，通过在董事会章程中作出限制或者限制股东投票权，以确保其优势地位等。《上市公司收购管理办法》实施以及股权分置改革前，上市公司收购几乎都是采用协议收购的方式进行的，这与国外成熟证券市场中要约收购占据主导地位形成了鲜明的反差。目前我国反收购的主要立法规制有《公司法》、《证券法》、《上市公司收购管理办法》等。

三、反收购防御措施

一般来说，由于要约收购前收购方必定存有收购意图，所以根据时间的不同，反收购方法可以分为收购要约发出之前和发出之后这两个阶段。收购要约发出之前的反收购方法被称为预防性的反收购措施，主要有：反接管修正、"毒丸"计划、降落伞计划、双级股票再资本化、员工持股计划、相互持股等。收购要约发出后的反收购方法被称为主动性的反收购措施，主要有：焦土战术、白衣骑士、"帕克门"战略、股东持股时间条款、董事资格限制条款、股份回购、管理层融资收购。

（一）预防性反收购措施

预防性反收购措施主要指在收购要约发出之前，公司为预防恶意并购的出现而制定的一些措施。

1. 反接管修正

反接管修正（anti-takeover amendments）又称为拒鲨条款（shark repellant），是使用日益频繁的防御机制中的一种。反接管修正的实施是通过适时修正公司章程实现的。

（1）董事会轮选制。

董事会轮选制使公司每年只能改选很小比例的董事（1/4 或 1/3），这样即使收购方已经取得了多数控股权，也很难在短时间内改组公司董事会或委任管理层以实现对公司董事会的控制，从而可以进一步阻止其操纵目标公司的行为。与董事会有关的反接管修正还有两种变化形式：严禁无故撤换董事；固定董事人数以防董事会"拥挤"。

（2）超级多数修正。

超级多数修正要求所有涉及控制权变动的交易都必须获得绝大多数（2/3 甚至 90%）的表决才能通过。这样，若公司管理层和员工持有公司相当数量的股票，那么即使收购方控制了剩余的全部股票，收购也难以完成。纯粹的超级多数修正都会严格限制管理层在接管谈判中的灵活性。

（3）公平价格修正。

该修正是指对超级多数条款再加上这样一条，即如果所有购买的股份都得到了公平价格，就放弃超级多数要求。通常将公平价格定义为某一特定期间要约支付的最高价格，有时还要求必须超过一个确定的关于目标公司会计收入或账面价值的金额。

（4）累积投票条款。

累积投票条款是一种与普通的直接投票制相对应的公司董（监）事选举制度。在累积投票制下，每一有表决权的股份享有与拟选出的董（监）事人数相同的表决权，股东可以自由地在各候选人间分配其表决权，既可分散投于多人，也可集中投于一人，然后根据各候选人得票多少的顺序决定董（监）事人选。

例如，收购公司目前持有目标公司股份的 60%，目标公司二股东持股 20%，三股东持股 8%，四股东持股 7%，其余股东合计持股 5%。由于收购公司持股超过 50%，在直接投票制的简单多数决原则下，他一人即可完全决定董（监）事会的所有人选，从而达到控制目标公司的目的。但在累积投票制下，情形将有所不同：假定该公司董事会由 5 名董事组成，收购公司持有的 6 000 万股享有 30 000 万票表决权，二股东有 10 000 万票表决权，三股东有 4 000 万票表决权，四股东有 3 500 万票表决权，其余股东有 2 500 万票表决权。收购公司可将其表决权分散投于其中意的候选人，A 获 10 001 万票，B 获 10 001 万票，C 获 4 002 万票，D 获 4 001 万票，E 获 1 995 万票；二股东可将其表决权集中投于其中意的候选人 F 获 10 000 万票；三股东可将其表决权集中投于候选人 G 获 4 000 万票；四股东可将其表决权集中投于候选人 H 获 3 500 万票；其余股东可将其表决权集中投于候选人 I 获 2 500 万票。根据得票多少的顺序，候选人 A、B、F、C、D 当选为董事，而收购公司中意的候选人 E 将无法进入董事会。在该例中，如果三股东和四股东联合起来，均将其表决权共计7 500万票集中投于候选人G，则候选人A、B、F、G、C当选为董事，而收购公司中意的候选人D和E都无法进入董事会，从而削弱收购公司对目标公司的控制。

2. 毒丸计划

毒丸计划（poison pill）是美国著名的并购律师马丁·利普顿（Martin Lipton）1982年提出的，正式名称为"股权摊薄反收购措施"。最初的形式很简单，就是目标公司向普通股股东发行优先股，一旦公司被收购，股东持有的优先股就可以转换为一定数额的收购方股票。"毒丸"计划在美国是经过1985年德拉瓦斯切斯利（Delawance Chancery）法院的判决才被合法化的，由于它不需要股东的直接批准就可以实施，故在20世纪80年代后期被广泛采用。发展至今，"毒丸"计划是指目标公司为了阻止被收购而安排的一种只有在特定条件下发生作用的方案，这种方案的实施可以使收购者对其失去兴趣或使并购更难以进行。所谓的"特定条件"是指任何恶意并购或积累目标公司股票超过一定比例而使目标公司处于被收购危险境地的这类情况。

表6-1　　　　　　　　　　　　　　毒丸计划的五种主要类型

类型	说明
优先股计划	在触发点，赋予优先股股东高价赎回优先股或将优先股转为普通股的特权；如果发生兼并，赋予股东以较低价格购买并购者持有的股票的选择
翻反计划	以高于市场价格的执行价买入目标公司股份的计划：①如果合并后存续的公司是收购公司，翻反计划允许以远低于市场价格的价格购入收购公司的股份；②如果合并后存续公司是目标公司，变为翻正
所有权翻正计划	在触发点，翻正的权利允许以低于市场价格的价格购入目标公司的股价，但收购公司的此项权利无效
后期权利计划	在触发点，权利以及目标公司的股份都可以以远高于市场价格的价格被卖出，事实上，它设定了一个最低接管价
表决权计划	向目标公司股东发行具有绝对多数表决权的优先股；在触发点，收购者的优先股失去表决权

（1）优先股计划。

优先股计划（preferred stock plans），又称第一代毒丸计划（first-generation poison pills）。这种毒丸由著名收购律师Martin Lipton提出，最初在1982年被他用于协助E1 Paso Electric抵御来自General American Oil的要约收购，其后又在1983年被他用于Brown Foreman versus Lenox的收购战中。

优先股计划赋予优先股持有者特别权利，在外来者认购了大量的有表决权的股份的情况下，优先股股东可以行使这种特别权利。首先，除大股东外的优先股股东可以要求公司以大股东在过去一年购买公司普通股或优先股所支付的最高价格，以现金形式购回优先股。其次，如果收购者与公司合并，优先股可以转换成收购者的有表决权的证券，其市场总价格不低于第一种情形中的赎回价格。

（2）翻反计划。

翻反计划（flip-over poison pills），又称第二代毒丸计划（second-generation poison pills）。在"翻反"计划出现之前，毒丸计划作为防御策略并不盛行。在 1985 年末，Lipton 对毒丸计划予以完善，推出"翻反"计划，从此这种计划成为最受欢迎的毒丸防御策略。与第一代毒丸计划相比，第二代毒丸计划具有如下优点：第一，由于第二代毒丸计划不涉及发行优先股，因而更易于使用，且更为有效；第二，第二代毒丸计划不会对目标公司的资产负债表产生负面影响。

根据这个计划，股东以远高于现时市场价格的执行价购入公司的普通股或优先股。如果合并发生，这种权利翻反为允许持有者以极大折扣购入合并后存续公司的股份。例如，普通股售价为每股 40 美元的公司给予每一股份一份以 100 美元购入普通股的认股权利，发生合并时，权利"翻反"，因此，如果使用这种权利，仅需花 100 美元就可以购买收购公司价值 200 美元的股份。具体来说，如果合并后存续公司为收购公司，"翻反"允许以远低于市场价格的价格购入收购公司的股份。如果合并后存续公司是目标公司，则除原潜在收购者之外的股东有权以相同折扣购买目标公司股份。后一种情况又被称为"自我交易翻正"。

（3）所有权翻正计划。

所有权翻正计划（flip-in poison pills）允许其持有人在收购者积累的目标公司股份超过某一界限或"触发"点（一般是 25% ~ 50%）时，以很大折扣购买目标公司股份，而收购者的认股权无效。这种计划使收购者蒙受损失，并且其持股比例被稀释。有些公司规定，对于面向所有已发行股份的现金要约收购，可放弃"所有权翻正"计划。

"所有权翻正"计划与"翻反"计划的区别主要有如下三点：第一，前者在收购者取得目标公司少于 100% 的控制权时即可生效，后者则必须在收购者取得目标公司 100% 股权时方才生效；第二，前者允许持有人以折扣价购买目标公司股份，后者则允许持有人以折扣价购买收购者股份；第三，无论收购者是否合并目标公司，前者均可生效，后者则不然。对于旨在取得目标公司控制权的要约收购的防御效果而言，"所有权翻正"计划要强于"翻反"计划。事实上，大约有一半的"翻反"计划包含"翻正"计划。

（4）后期权利计划。

后期权利计划（back-end plans）又称票据购买权利计划（note purchase rights plans）。后期权利计划在 1984 年第一次被使用。根据这种计划，股东得到某种权利股息，如果收购者取得的目标公司的股份超某一限额，收购者以外的股东有权以一份认股权和一份股权换取现金或高级证券，其价值等于发行公司（目标）董事会确定的某种"后期价格"（back-end price）。后期价格高于该股票的市场价格（但是，目标公司董事会必须善意地确定合理价格），因而后期价格就为目标公司确定了一个最低收购价格。后期权利计划的主要目的限制双重要约收购的有效性（事实上，"后期"意指双重要约的后一阶段），低于后期价格的有条件收购要约不会成功，这是由于后期价格较高，权利持有人会选择搭便车而拒不出售其股份。

（5）表决权计划。

表决权计划（voting plans）于 1985 年第一次被使用。实施表决权计划就是宣布优先股具有表决权。在某些时候，如果一方收购了某家公司大量具有表决权的股份，大股东以外的优先股股东就享有超级投票权特权。这样，大股东就很难取得表决控制权。在另一种情况下，长期（3 年或更长）优先股股东比短期股东每股享有更多的投票权。这就使要约者很难迅速取得表决控制权。

3. 金降落伞、银降落伞和锡降落伞

目标公司一旦被收购，其高层管理者就将可能会遇到撤换。金降落伞（gold para-chute）是一种补偿协议，它规定在目标公司被收购的情况下，高层管理人员无论是主动还是被动离开公司，都可以领到一笔巨额的离职补偿费。金降落伞计划中的收益就像一把降落伞让高层管理者从高高的职位上安全下来，故名"降落伞"计划；又因其收益丰厚如金，故名"金降落伞"。"银降落伞"和"锡降落伞"的得名，其理与"金降落伞"的得名出于同辙。

银降落伞（pension parachute）主要是向下面几级的管理人员提供较为逊色的同类保证，或根据工龄长短领取数周至数月的工资。"银降落伞"曾经一度在石油行业十分流行，皮根斯在收购接管美孚石油公司后不得不支付了高达 2 000 万~3 000 万美元的银降费用。

锡降落伞（tin parachute）是指目标公司的员工若在公司被收购后两年内被解雇的话，则可领取员工遣散费。锡降落的单位金额不多，但聚沙成塔，有时能很有效地阻止敌意收购。

从反收购效果的角度来说，"金降落伞"、"银降落伞"和"锡降落伞"策略，能够加大收购成本或增加目标公司现金支出从而阻碍购并。然而，在大多数情况下金保护伞的开支估计还不到全部收购费用的 1%，因此金保护伞条款并不是一种有效的收购防御措施。实施金保护伞条款的主要目的在于缓解高层管理人员与股东的利益冲突，减少来自目标公司管理层的对有利于双方股东的并购的阻力。但这又存在金降落伞的另一个短处，即支付给管理层的巨额补偿反而有可能会诱导管理层低价出售企业。

4. 相互持股

交叉持股或相互持股也是反收购的一个重要策略，也就是关联公司或关系友好公司之间相互持有对方股权。韩国家族企业，时常通过在关系企业中交叉持股的复杂网络来控制子公司。具体做法是，一个公司购买另一个公司 10% 的股份，另一个公司反过来也购买这个公司 10% 的股份，一旦其中一个公司被作为收购的目标，另一个公司就会伸出援助之手，避免关联或者友好公司被收购。同时，寻求机构投资者和中小股东支持也是有用的选择。寻求股东支持通常有两种途径：一是改善公司业绩，提升公司价值，或为公司计划光明的前景，赢得包括机构投资者和中小股东的信赖和支持；二是公开征集其他股东投票代理权，取得股东大会上表决权的优势。

（二）主动性防御

1. 焦土战术

焦土战术（scorched earth policy）是一种两败俱伤的策略。常用做法主要有两种：

（1）出售"冠珠"。

公司可能将引起收购者兴趣的"皇冠上的珍珠"（crown jewels），即那些经营好的子公司或者资产出售，或者将这部分资产抵押，使得收购者的意图无法实现；或者增加大量资产，提高公司负债，最后迫使收购者放弃收购计划。

（2）虚胖战术。

公司购置大量与经营无关或赢利能力差的资产，使公司资产质量下降；或者是做一些长时间才能见效的投资，使公司在短时间内资产收益率大减。通过采用这些手段，使公司从精干变得臃肿，收购之后买方将不堪重负。

焦土战术的主要目的是降低收购者的收购收益或增加收购者风险，从而达到击退恶意收购的目的。

2. 白衣骑士

白衣骑士（white knight）是指目标企业为免受敌意收购而寻找的善意收购者。公司在面临收购危险时，为不使本企业落入敌意收购者手中，可选择与其关系密切的有实力的公司，以更优惠的条件达成善意收购。一般地讲，如果收购者出价较低，目标企业被白衣骑士拯救的希望就大，若收购公司提供了很高的收购价格，则白衣骑士的成本提高，从而目标公司获救的机会也就会相应减少。

白衣骑士的一个变化是管理层杠杆收购（MBO），目标公司的管理层本身就是一个潜在的白衣骑士。大量资金充足的杠杆收购机构和主要的投资银行可以帮助这些管理层评价这种替代性的选择方案。

3. 帕克曼防御

收购收购者即"帕克曼"（Pac-man）战略，也是被收购企业可能采取的一种方式，目标企业购买收购者的普通股，以达到保卫自己的目的。但前提是被收购者与收购者的力量对比并不悬殊。该战略是一场非常残酷的收购战，最后的胜利者往往是那些实力雄厚、融资渠道广泛的公司。如果收购战的双方实力相当，其结果很可能是两败俱伤。没有明确的研究结果表明收购双方股东能从中受益。

4. 绿色邮件

绿色邮件（green mail）策略是指贿赂外部收购者，以现金流换取管理层的稳定。其基本原理为目标公司以一定的溢价回购被外部敌意收购者先期持有的股票，以直接的经济利益赶走外部的收购者；同时，绿色邮件通常包含一个大宗股票持有人在一定期限（通常是十年）内不准持有目标公司股票的约定。

前面所述反收购措施的共同点是被收购公司的管理层与外部敌意收购者始终处于一种对立的状态中，最后要么以外部投资人依靠很强的实力扫除一系列障碍最终入主目标公司董事会，要么目标公司管理层运用各种手段击退敌意收购者。绿色邮件策略通过给予外部攻击者一定的直接经济利益的方法换取并购大战的和平解决和目标公司管理层的稳定。但是由于这种政策直接以牺牲股东利益为代价来换取管理层的稳定，一般受到各国监管当局的严格禁止，基本上属于公司私下里的行为。一旦发现，管理层通常被处以严厉的惩罚。

5. 诉诸法律的保护

根据反垄断、信息披露不充分、犯罪等理由，被收购公司也可以采取法律手段提起诉讼，使收购方提高收购价。

目标公司提起诉讼的理由主要有三条：第一，反垄断。部分收购可能使收购方获得某一行业的垄断或接近垄断地位，目标公司可以此作为诉讼理由。第二，披露不充分。目标公司认定收购方未按有关法律规定向公众及时、充分或准确地披露信息等。第三，犯罪。除非有十分确凿的证据，否则目标公司难以此为由提起诉讼。

法律诉讼有两个目的：第一，它可以拖延收购，从而鼓励其他竞争者参与收购；第二，可以通过法律诉讼迫使收购者提高其收购价格，或迫使目标公司为了避免法律诉讼而放弃收购。数据显示，在美国1962年至1980年间有约1/3的收购案发生了法律诉讼。

（三）目标公司的早期措施

虽然有防御措施，但一旦收购摆到桌面上，随着时间的推移，目标公司的处境可能会越来越不利。收购者将可能完全占有主动权来调查研究收购目标、安排资金、选择市场条件安排最有利于攻击的时机。而目标公司则需要在很短的时间内（如美国SEC对收购要约有效所规定的时间期限是20天）来作出反应。

目标公司赢得更多时间的一个常用方法是利用代理咨询公司的一项新型服务，这种业务通常被称为"鲨鱼监视"（shark watching）。只要付给一定费用，代理公司声称它能较早地发现并确认股票的积聚。因为绝大部分国家的证券监管机构并不要求收购者在购得一定比例的股份（如美国与我国均规定为5%）前表明其身份，所以早期的预警显然会给予目标公司更多时间来寻找抵御收购的方法，或者寻找更能接受的合并伙伴（白衣骑士）等。而且，如果大量购入股票的个人或集团并不是真正意义上的收购者，其主要兴趣只是在于他们的股票是否能以更高价格卖出，早点发现也将会极大地降低绿色邮件为消除这种威胁所付出的费用。

练习与案例

一、复习与思考

1. 公司之间的控制权与公司之间的控制有何区别？
2. 企业可以运用何种反收购策略？如何运用？
3. 什么是毒丸计划？其最核心的要点是什么？
4. 累积投票权制度如何能起到反收购的目的？

二、案例分析

广发证券对中信证券的反收购

2004年9月2日中信证券（600030）发布公告称，9月1日召开董事会，通过了拟收购广发证券股份有限公司（简称广发）部分股权的议案。而此举并未和广发管理层充分沟通，广发证券内部视其为"敌意收购"，公司决意将反收购进行到底，并随即采取了一系列反收购措施，最终达到了抵制收购的目的。10月14日，中信证券公告，由于公司要约收购广发证券的股权未达51%的预期目标，要约收购因此解除。至此，一场收购与反收购的战争在历经一个多月后以广发证券的反收购成功而结束。

广发证券的反收购措施包括：

1. 首先借助的是现有股东结构

根据公开资料，在收购发起前，12家股东合计持有广发证券92.58%的股份，大约还有6家其他股东持有广发7.42%的股份。其中，大股东辽宁成大和第三大股东吉林敖东合计持股 40.56%，与广发关系甚为紧密，其他较大的股东都分布在广东省内，这些因素使得中信欲取得控股地位难度较大。

辽宁成大本身的股权结构相对分散，广发证券工会是公司的第二大股东，持股 16.91%，仅比第一大股东成大集团少 1.6% 的股份。实际上一开始是广发证券和辽宁成大交叉控股，后来广发将所持辽宁成大的股份转让给了广发工会，即核心员工组成的持股机构。从辽宁成大的角度，出让股权形成一次性的投资收益对其股价的影响并不大，控股一家质地优良的证券公司等待其上市和收获，似乎更加符合自身利益，更不用说两家公司之间的交叉控股关系了。

另一方面，截至 2004 年 6 月 30 日，广发证券持有吉林敖东 3.46% 的股份，是吉林敖东最大的流通股股东。在本次反收购中，吉林敖东频频出手，不断增持广发证券的股权。2004 年 9 月 17 日，吉林敖东受让风华高科（000636）所持有 2.16% 广发证券股权，增持广发证券股权至 17.14%，成为其第二大股东。9 月 28 日，吉林敖东再次公告受让珠江投资所持广发证券 10% 股权，至此吉林敖东共持有广发共计 27.14% 的股权，同日，原广发证券第一大股东辽宁成大（600739）公告受让美达股份（000782）所持有的广发证券 1.72% 的股权，至此辽宁成大共计持有广发证券 27.3% 的股权，继续保持第一大股东地位。此时，辽宁成大、吉林敖东与深圳吉富共同持有广发证券 66.67% 的股权，三者构成的利益共同体的绝对控股地位已不可动摇。

2. 员工持股公司

广发另一个反收购行动，就是员工集资成立的深圳吉富。深圳吉富于 2004 年 9 月 7 日正式成立，并立即投入到反收购的战斗中。9 月 10 日，云大科技（600181）发布公告，称将其所持有的广发证券 3.83% 的股权，作价 8 888 万元转让给深圳吉富。9 月 15 日，梅雁股份（600868）发布公告称将所持有的 8.4% 广发证券股权转让给深圳吉富，作价 2.015 亿元，深圳吉富共计持有广发证券 12.23% 股权，成为其第四大股东。

深圳吉富的成立，使广发证券的员工异常团结。9 月 3 日，广发证券 22 名员工"陈情"广东证监局反对中信证券收购，9 月 6 日，广发证券 2 230 名员工表示坚决反对中信证券敌意收购。广发证券的员工在对中信证券收购的事件上所表现出来的态度使得中信证券有些措手不及，中信证券为安抚广发证券的员工情绪，专门发布说明称不会导致广发证券的大调整。

【分析与思考】

1. 广发在对中信的反收购中，运用了何种策略？
2. 企业应如何选择合适的反收购策略来赢得反收购的胜利？

第七章　衍生金融工具

第一节　衍生金融工具的含义与分类

一、衍生金融工具的含义

20世纪70年代是世界经济发展的多事之秋,第二次世界大战后建立起的布雷顿森林体系终于崩溃,两次世界性的石油危机使西方一些发达国家的经济开始步入滞胀的泥潭。在这种情况下,石油等初级产品的价格和金融市场上的利率、汇率以及资产价格发生剧烈波动,市场风险显著增加。为适应市场结构的变化,西方国家政府以及货币当局纷纷采取各种政策推进非管制化进程(deregulating process),以金融制度创新与金融工具创新为主要内容的金融创新浪潮此起彼伏,衍生金融工具不断出现,衍生工具交易在全球范围内迅速发展。

衍生金融工具(derivative instruments),又称为衍生产品(derivative products),目前对它的定义较多,权威的定义有以下几种表述:

(1)我国《企业会计准则第22号——金融工具确认与计量》的第三条指出:衍生工具是指本准则涉及的、具有以下特征的金融工具或其他合同:①其价值随特定利率、金融工具价格、商品价格、汇率、价格指数、费率指数、信用等级、信用指数或其他类似变量的变动而变动,变量为非金融变量的,该变量与合同的任一方不存在特定关系;②不要求初始净投资,或与对市场情况变化有类似反应的其他类型合同相比,要求很少的初始净投资;③在未来某一日期结算。衍生工具包括远期合同、期货合同、互换和期权,以及具有远期合同、期货合同、互换和期权中一种或一种以上特征的工具。

(2)美国财务会计准则委员会(FASB)认为:衍生金融工具是指期货、远期、互换或期权合约,或其他具有类似特征的金融工具。

(3)国际会计准则委员会(IASB)认为:衍生金融工具为具有以下特征的金融工具或其他合同:①其价值随特定利率、证券价格、商品价格、汇率、价格或利率指数、信用等级或信用指数,或类似度量的变动而变动;②不要求初始净投资或相对于对市场条件具有类似反应的其他类型的合约所要求初始净投资较少;③在未来日期结算。

以上概念多为描述性的,以便为衍生产品的确认提供标准。简单地说,衍生金融工具就是由买卖双方达成的一种金融契约或商业合同,其价值由基础资产(underlying assets)的未来价值衍生而来。最初的衍生金融工具是以某种实物商品(主要是农产品、畜产品和矿产品)为基础资产,现在的基础产品除了原来的外,几乎包括所有的金融产品,且后者更占据了衍生金融工具市场交易的主要份额。

衍生金融工具交易是一种高风险、高回报的投资行为或交易方式,因为它具有很强的财务杠杆作用，使得它具有天然的投机性。上述引例，就是因对衍生金融工具过度投机而引发的后果。当然，除了这种投机性之外，衍生金融工具也是风险管理的一种有效工具，能帮助投资者以较低成本达到套期保值的目的。近年来，国际市场的石油价格出现了剧烈波动，油价持续上升。如果企业能合理预期到油价的上涨买入买权，就可能有效降低石油上涨的风险。

需要明确的是，衍生金融工具的交易是一种"零和博弈"（zero-sum game），即一方的损失成为另一方的收益，不会创造新的财富。但衍生金融工具交易的"零和博弈"特征并不意味着这种性质的资本运营是非建设性的，正如股票交易的"零和博弈"特征一样，它们的交易都提高了经济资源的配置效率，为社会经济发展作出了重大贡献。

总之，衍生金融工具是一把双刃剑，运用得当时，它就是进行有效投机交易和保值交易的理想工具，而运用不得当时，它就是一把蕴涵巨大风险的利器，会引发巨额亏损甚至造成灾难性的后果。因此，必须加强对衍生金融工具的学习与管理。

二、衍生金融工具的分类

目前，衍生金融工具的品种繁多，据《财富》杂志，1995 年国际金融市场上已知的衍生金融工具已达 1 200 多种，并且不断有新品种涌现出来。但是，从交易方法与特点来看，衍生金融工具可分为以下四类：

（一）远期

远期（forwards），指交易双方达成的，在将来某一特定日期按照固定价格（如汇率、利率或股票价格等）以预先确定的方式买卖约定数量的金融资产的合约。金融远期主要包括远期外汇合约和远期利率协议。

1. 远期外汇合约

远期外汇合约（forward exchange contract），是指外汇买卖成交日合约成立时，交易双方无须收付对应货币，而是约定在未来某个时间进行结算与交割。远期外汇合约以远期汇率作为交易价格的条件，其结算到期日通常以 1～2 周、1～6 个月的居多。

远期外汇合约的报价可以直接报出整个远期汇率，称为单纯远期汇率；也可以报出掉期率，即升贴水值，升贴水值是以当时的即期汇率为基础的。在直接标价法下，远期汇率等于即期汇率加升水，或即期汇率减贴水；在间接标价法下，远期汇率等于即期汇率减升水，或即期汇率加贴水。一般来说，银行对普通商业客户报价多采用单纯远期汇率，而银行同业之间的报价则以报出掉期率的方式为主。由于以即期汇率与远期汇率的差额（即升水或贴水）来报价比报远期汇率更加直观，二者差额也比较稳定，因此，国际外汇市场报价的惯例是用远期贴水或升水来给出远期报价。

远期外汇汇率是以即期汇率为基础，并根据升贴水值的高低来确定的，而升贴水值的高低又与两种货币的利率差额大小有关。

2. 远期利率协议

远期利率协议（forward rate agreement），是指交易双方根据某一具体金额、币种以及利率期限，预先将未来某一时期的利率固定下来而签订的合约，其目的是为了防止未来利率水平变动的不利影响。

远期利率协议自 1983 年在欧洲货币市场推出后，1984 年间由于货币经纪商的积极推广，现已成为最重要的避免利率波动风险的金融工具之一。远期利率协议达成后，交易双方按照合同约定的利率和期限，在将来某一特定日期（清算日）支付某一存款的利息。需注意的是，在远期利率协议中，虽然交易双方商定了一个本金总额（即名义存款），但它只是计算利息的依据，并不发生账户转移。交易双方支付的只是利息，且以现金结算。

（二）期货

期货（futures），是买卖双方在有组织的交易所内，以公开竞价的方式达成的，在将来某一特定时间交易标准数量特定金融工具的协议，主要包括外汇期货、利率期货和股票指数期货。

1. 外汇期货交易

外汇期货交易是指买卖双方在期货交易所通过买卖期货合约，承诺在未来某一特定日期以协议价格交割某种有标准数量的外汇的交易活动。

2. 利率期货交易

利率期货交易是指买卖双方在固定交易所内，通过公开竞价的方式就将来某一特定日期将某一特定金融证券产品以预先确定的价格进行买卖的交易方式。与外汇期货交易一样，利率期货合约也是标准化的合约，对合约的金融凭证的种类、利率、到期日、合约单位和价格波动限制等均有详细的规定。

利率期货的种类很多，通常按照期限划分为短期利率期货和中长期利率期货两种，每一种类型都有很多可供交易的金融证券工具的期货合约。

（1）短期利率期货。

凡是买卖短期金融证券工具的期货合约都称为短期利率期货，主要的短期利率期货有美国短期国库券期货、欧洲美元定期存单期货、港元利率期货等。

（2）中长期利率期货。

凡是买卖中长期金融证券工具的期货合约都称为中长期期货合约，主要的中长期利率期货有中期政府债券期货和长期政府债券期货、房屋抵押债券期货、市政公债指数期货等。

3. 股票指数期货交易

股票指数期货是以股票市场的股票价格指数为买卖对象的期货，股票指数期货交易就是买卖股票指数期货合约的交易。

（三）期权

期权（options），是合约双方按照约定价格，在约定日期内就是否买卖某种金融工具所达成的合约。该合约的买方具有在期满日或期满日前按照约定价格购买或出售约定数量的某种金融工具，或不履行该合约的权利。换言之，合约的买方可以根据市场行情的变化决定是否履约，而合约的卖方则有义务在买方要求履约时出售或购买。正因为这一原因，期权也叫选择权。为此，期权合约的买方必须事先向卖方支付期权费，才能获得相应的权利。由于下一节将详细讨论期权，此处不再赘述。

（四）互换

互换（swaps），是指两个或两个以上的当事人按照共同商定的条件，在约定的时间内，交换一定支付款项的合约。比如，A公司与B公司签订一个协议，协议规定，A公司在未来5年内每年向B公司支付基于100万美元本金的10%固定利率的利息，而B公司则同意在未来5年内每年向A公司支付基于同样100万美元本金，但利率为一年期LIBOR +

0.3%浮动利率的利息。这样的协议就是一个利率互换协议，A 公司和 B 公司被称为利率互换协议的两个交易方。如果协议不仅在未来交换利息，还要交换不同的货币，如一方向另一方定期提交美元本金及其利息，而另一方则定期提交欧元本金及其利息，这就形成了货币互换协议。货币互换和利率互换是最重要的两种互换协议。

第二节　期权

一、期权的基本概念和种类

期权亦称选择权，是指其持有人有权利在未来一段时间内（或未来某一特定日期），按照买卖双方约定的价格［即协议价格（striking price）或执行价格（exercise price）］购买（或出售）一定数量的某种金融资产的权利的合约。期权购买方为了获得这一权利，必须支付给期权出售方一定的费用，称为期权费（premium）或期权价格（option price）。

为了准确理解期权这一金融工具，首先要领会与期权有关的几个基本概念。

（一）期权买方和期权卖方

任何交易都会有买方和卖方，期权交易也不例外。期权买方（buyer），也称为持有者（holder）或期权多头，在支付了期权费后，就拥有了在合约规定期间行使其购买或出售标的资产的权利，也可以不行使该权利，且不承担任何义务。

相反，期权卖方（seller），或签发者（writer）或期权空头，在收取了期权买方所支付的期权费之后，就承担了在规定时间内根据买方要求履行合约的义务，而没有任何权利。换言之，当期权买方按照合约规定行使其买进或卖出标的资产的权利时，期权卖方必须按照合约的规定卖出或买进该标的资产。

由此可见，在期权交易中，买卖双方的权利与义务是显著不对称的，而期权费正是对这一不对称合约的弥补。期权费一经由买方支付给卖方后，无论买方是否行使权利，期权费均不退还。

（二）看涨期权和看跌期权

按照买卖双方的权利划分，期权可以分为看涨期权（call option）和看跌期权（put option）。凡是赋予期权买方以执行价格买入标的资产权利的合约，就是看涨期权；而赋予期权买方以执行价格出售标的资产的权利的合约，就是看跌期权。显然，预期未来价格上涨，投资者将会买进看涨期权；而预期未来价格下跌，投资者将会买进看跌期权。

（三）到期时间

期权合约的另一个重要因素是期权的到期时间。期权买方只能在合约所规定的时间内行使其权利，超过期限仍未执行合约意味着自愿放弃这一权利。按照期权买方执行期权的时限划分，期权可分为欧式期权和美式期权。欧式期权只能在期权到期日才能执行期权，而美式期权则在期权到期日前的任何时间行使期权。显然，在其他条件相同的情况下，美式期权在到期日前的价值肯定不小于对应欧式期权的价值。

（四）执行价格

执行价格是指期权合约所规定的、期权买方在行使其权利时实际执行的价格（即标的资产的买价或卖价）。标的资产的价格一经确定，期权买方就会根据执行价格和标的资产的实际市场价格的相对高低来决定是否行使权利。

（五）期权费

如前所述，期权是其卖方将一定的权利给予买方而自己要承担相应义务的一种交易，期权买方为了获得这一权利，必须支付给期权卖方一定的费用，即期权费或期权价值。

期权费的存在是与期权交易的单向保险性质相关的。在期权交易中，多头方享有执行与否的主动权，因而只把风险的不利部分转嫁出去而保留了风险的有利部分，是一种单向的保值。市场主体买入期权，就如同向期权卖方购买了一个规避市场价格不利变化的一种保险，因此其支付的期权费与投保人向保险公司支付保险费在本质上是一致的，都是为了单向规避风险而付出的代价。

在期权交易中，期权费视期权种类、期限、标的资产价格的波动程度而定，其计算与确定称为期权定价，是期权交易中最重要和最复杂的问题。对此，将在下一节进行专门的分析。此外，需注意的是，期权费和执行价格是两个完全不同的概念，前者是指期权合约本身的价格，后者是指期权合约中约定的标的资产的交易价格。

（六）期权的特点

通过上述分析可以看出，与其他类型的衍生金融工具相比较，期权具有如下一些明显的特点：

（1）期权交易的对象是一种买进或卖出某种商品或期货合约的权利。

（2）期权买卖双方在享有的权利或承担的义务上存在着明显的不对称性。

（3）期权交易双方在享有的权利和承担的义务方面的不同，导致了期权交易在履约保证方面的独特之处。期权合约赋予买方的是选择权，他必须事先支付一笔期权费作为拥有这种选择权的代价；而合约赋予卖方的是履约的义务，因此他必须交纳保证金。

（4）期权交易中，由于期权的买方有权选择是否履行合约，因此，买方的盈利是无限的而亏损有限（限于期权费）；而对于卖方，市场出现于己不利的情况时，他仍必须按买方提出的履约要求履行合约，因此，卖方的盈利有限而亏损无限。

（5）期权交易的实质是一种选择权交易，因此期权的价格即是为拥有这种权利而必须支付的费用，亦即期权费。

（七）期权的种类

根据不同的划分标准，存在许多不同的期权种类，如表7-1所示。

表7-1 期权的种类

分类标准	期权种类
期权买方的权利	看涨期权和看跌期权
期权买方执行期权的时限	欧式期权和美式期权
内在价值	实值期权、虚值期权和平价期权
期权合约的标的资产	股票期权、货币期权（或称外汇期权）、指数期权、期货期权、利率期权、互换期权和复合期权等
期权卖方履约保证	有担保的期权和无担保的期权
交易场所	场内期权和场外期权

二、期权价值的构成

在一个标准期权合约中，期权价值是唯一变量，也是最难确定的，它通常由两部分组成：内在价值和时间价值。

（一）内在价值

内在价值（intrinsic value），也称履约价值（exercise value），是指期权本身所具有的价值，即期权持有者立即行使该期权合约所赋予的权利时所能获得的收益。

按照有无内在价值，期权呈现三种状态：实值、虚值和平价。具有内在价值的期权称为实值期权（in-the-money）；没有内在价值的期权称为虚值期权（out-of-the-money）；履约价格等于期权基础资产价格的期权称为平价期权（at-the-money）。如以 S 表示标的资产的现时市场价格，以 K 表示期权的执行价格，期权内在价值的状态如表 7-2 所示。

例如，一种股票的市价为每股 50 元，而以这种股票为基础资产的看涨期权的敲定价格为每股 45 元，如果这一看涨期权的交易单位为 100 股，那么，这一看涨期权的内在价值等于 500 元 $[100 \times (50-45) = 500]$，该期权为实值期权。

表 7-2 期权内在价值的状态

类型	$S > K$	$S = K$	$S < K$
看涨期权	实值	平价	虚值
看跌期权	虚值	平价	实值

在不考虑欧式期权到期才能执行而需要贴现的情况下，对看涨期权而言，市场价格高于执行价格的为实值，市场价格低于执行价格的为虚值，市场价格等于执行价格的为平价。对看跌期权而言，市场价格小于执行价格的为实值，市场价格高于执行价格的为虚值，市场价格等于执行价格的为平价。

（二）时间价值

时间价值（time value）是指期权购买者为购买期权而实际付出的期权费超过该期权之内在价值的那部分价值，其实质是在期权合约的有效期内，期权的内在价值的波动给其持有者带来收益的预期价值。

一般来讲，期权剩余有效期越长，其时间价值也就越大，因为，对于买方而言，期权有效期越长，其获利的可能性就越大；而对于卖方来说，期权有效期越长，风险也就越大，因而期权售价也就越高。当期权临近到期日时，在其他条件不变的情况下，其时间价值下降速度加快，并逐渐趋向于零，一旦到达到期日时，期权的时间价值即为零。具体如图 7-1 所示。

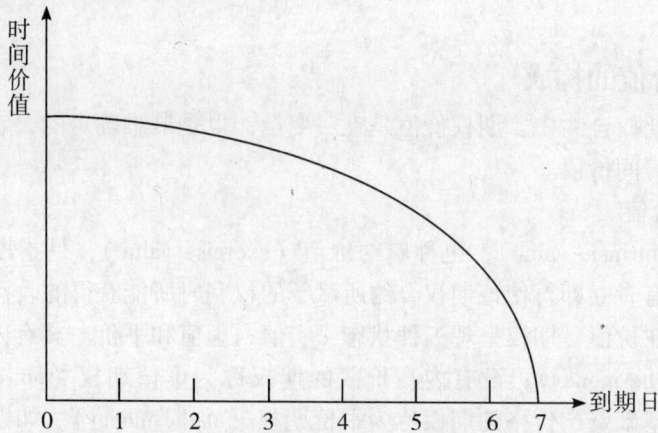

图 7 - 1　期权的时间价值与到期日

通常，期权的时间价值在期权平价时最大，而向实值或虚值转化时时间价值逐步递减。原因在于，时间价值实质上就是投机价值。期权处于平价时，很难确定它会向实值还是虚值转化，转化为实值则买方有利，转化为虚值则卖方有利，因此，在平价时的投机性最强，时间价值也就最大。如果期权处于虚值状态，标的资产的市场价格越偏离执行价格，期权转化为实值的可能性越小，投机价值也就越小，故其时间价值也越小。如果期权处于实值状态，标的资产的市场价格越偏离执行价格，其杠杆作用就越小，即以较少资产控制较多资源的能力减弱，投机价值也越小，时间价值也就越小。极端地，若买方期权的执行价格为 0，此时期权的内在价值等于该期权标的资产的市场价格，该期权不具有杠杆作用，期权买方不如直接在市场购买该标的资产，因此该期权就不具有时间价值。

（三）期权价值、内在价值和时间价值之间的关系

期权费、内在价值和时间价值之间的关系见图 7 - 2。图中粗线部分（两端有转折的直线）分别为买权的内在价值（图 A）与卖权的内在价值（图 B），曲线部分分别为买权价值（图 A）和卖权价值（图 B），两条线之间的垂直距离为时间价值。

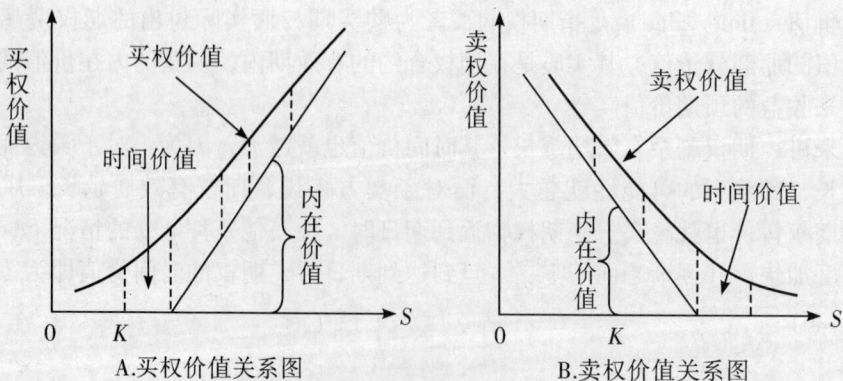

A.买权价值关系图　　　　　B.卖权价值关系图

图 7 - 2　期权价值、内在价值和时间价值之间的关系

三、期权交易

从证券买卖的头寸角度看，买权和卖权各自都可以买进和卖出，因此，期权交易的基本策略就有四种：买入买权（或多头买权）、买入卖权（或多头卖权）、卖出买权（空头买权）和卖出卖权（或空头卖权）。各种策略的交易损益和标的资产价格之间的关系如图7-3所示。

为简化起见，本章中有关符号设定如下：c：买权价值；p：卖权价值；S_t：标的资产在 t 时的市场价格（$t=0，1，\cdots，T$）；K：期权执行价格；T：期权有效日的最后一天；BEP：损益平衡点。

（一）买入买权

买入买权交易策略是指交易者通过买入一个买权合约，获得在某一特定时间内按照约定价格买入一定数量标的资产的权利。根据图7-3A可知，如果到期日标的资产的市场价格大于执行价格，即 $S_t > K$，期权持有人可以得到标的资产升值的收益；当 $S_t = K+c$ 时，期权交易损益平衡，即期权买方从标的资产价格上升中得到的收益等于购买该期权的费用；当 $S_t > K+c$ 时，期权买方可获得标的资产价格上升带来的净收益；当 $S_t < K+c$ 时，期权持有人亏损，但亏损额限于其所支付的期权费。因此，只有在 $S_t > K$ 时期权持有人才会履约，其他情况应放弃行权。可见，买入买权既可以享有标的资产大幅上升的好处，又可以控制标的资产大幅下降的风险，从而可达到"损失有限，收益无限"的目的。

（二）卖出买权

卖出买权交易策略是指期权卖方通过卖出买权合约，获得期权费收入，以便为以后卖出标的资产所可能造成的损失提供部分价值补偿。根据图7-3C可知，当 $S_t < K$ 时，期权卖方将获得全部期权费收入；当 $S_t = K+c$ 时，期权交易损益平衡，即期权卖方从标的资产价格上升中所遭受的损失恰好等于所收到的期权费收入；当 $S_t > K+c$ 时，期权卖方将出现亏损，且亏损额将随着 S_t 的增加而增加。

（三）买入卖权

买入卖权交易策略是指期权买方通过买入一个卖权合约，获得一个在某一特定时间内按照某一约定价格出售一定数量标的资产的权利。根据图7-3B可知，如果到期日标的资产的市场价格小于执行价格，即 $S_t < K$ 时，期权买方将获得标的资产市场价格下跌所带来的收益；当 $S_t = K-p$ 时，期权交易损益平衡，即期权买方从标的资产价格下跌中所取得的收益刚好抵消购买该期权所支付的期权费；当 $S_t > K-p$ 时，期权买方将出现亏损，损失额以所支付的期权费为限。可见，买入卖权既可拥有标的资产价格上升带来的收益，又可避免标的资产价格下降所带来损失的风险。

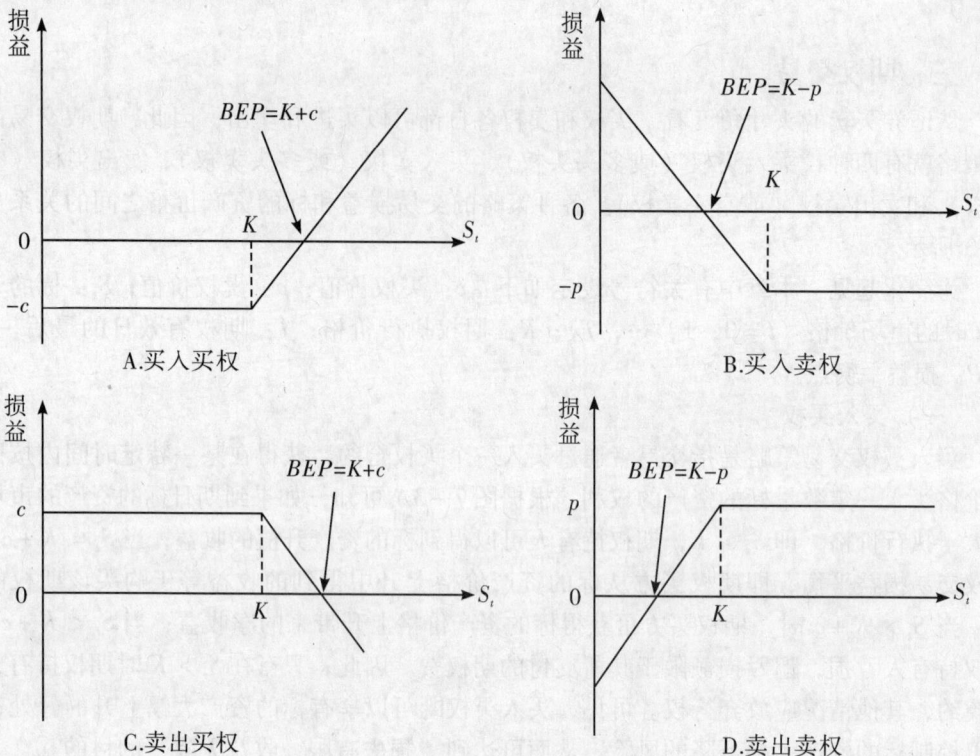

图 7-3 期权交易策略损益图

（四）卖出卖权

卖出卖权交易策略是指期权卖方通过卖出一个卖权合约，获得一笔期权费收入，以便为以后买进标的资产可能引发的损失提供事先的补偿。根据图 7-3D 可知，在到期日前，当 $S_t < K-p$ 时，期权卖方出现亏损，且该亏损额随 S_t 的降低而增大；当 $S_t = K-p$ 时，期权交易损益平衡，即期权卖方从标的资产价格上升中所遭受的损失恰好等于所收到的期权费收入；当 $S_t \geq K$ 时，卖出卖权方将取得全部期权费收入。

通过上述分析可以看出，期权交易双方是一种零和博弈，即期权买卖双方的损益恰好相反，一方的收益即为另一方的损失，形成了一种有趣的"镜像效应"（见图 7-3 中的图 A 和图 C、图 B 和图 D）。

第三节 期权的定价

一、期权价格的影响因素

期权价格既然是由内在价值和时间价值两部分组成，那么凡是影响内在价值和时间价值的因素，就都是影响期权价值的因素。具体来说，主要有以下五个因素：

（一）标的资产的市场价格和期权的执行价格

标的资产的市场价格和期权的执行价格是影响期权价格的最主要因素，因为这两个价格及其相互关系不仅决定期权的内在价值，而且进一步影响着时间价值。

前述分析已经指出，看涨期权在执行时，期权买方的收益等于标的资产当时的市场价格与执行价格之差，因此，标的资产的市场价格越高、执行价格越低，看涨期权的价格就会越高。对看跌期权而言，期权买方行权时的收益等于标的资产的执行价格与其当时的市场价格之差，因此，标的资产的市场价格越低、执行价格越高，看跌期权的价格就会越高。

（二）期权的期限

图7-1显示，期权的时间价值随期限的缩短而逐渐下降，至到期日降至零。对美式期权而言，它可以在期权的有效期的任何时间执行，有效期越长，买入买权的获利机会就会越大，而且有效期长的期权包含了有效期短的期权的所有行权机会，因此，期权的期限越长，其价格也就越高。

对欧式期权而言，由于它只能在期末行权，期限长的期权未必包含期限短的期权的所有行权机会，因此，欧式期权的期限与价格的关系就比美式期权复杂。比如，现有同一公司股票的两份看涨期权，一份期限为3个月，另一份期限为半年。假设在第四个月该公司支付大量的现金股利，而一般情况下大量现金股利的支付会降低公司股票价格，因此，期限3个月的期权价格未必小于期限6个月的期权价格。当然，如果不考虑诸如支付大量现金股利的特殊情况，期限越长，标的资产的风险就越大，空头亏损的风险也会越大，因此，期限越长，期权价格也会越高。

这一结果也可从保险的角度进行解释。一般情况下，投保者保险时间越久，支付保险费也就越多。同样的道理，由于期权的具有单向保险性质，期权期限越长，意味着保险期限越长，因此，期权买方所支付的保险费即期权费也应越高。

（三）标的资产价格的波动率

标的资产价格的波动率对期权价格具有重要影响。波动率对期权价格的影响，是通过对时间价值的影响实现的。标的资产价格的波动率越大，标的资产在期权到期日的市场价格使期权涨到实值期权的可能性越大，而即使出现虚值期权，期权买方的亏损也是有限的。因此，无论是看涨期权还是看跌期权，它们的时间价值乃至期权价格都会随着标的资产价格波动率的增加而增加，随着标的资产价格波动率的减少而减少。

在期权定价时，标的资产价格的波动率是未知的，因此只能通过近似估计的方法得到。估计波动率的方法主要有两种：一种是利用过去的所观测到的标的资产价格波动的历史数据来估计其未来价格的波动率，该波动率称为"历史波动率"。另一种方法是利用期权定价模型，设定波动率为未知数，将期权的价格和其他参数代入定价模型，以倒推出波动率，该波动率称为"隐含波动率"。

（四）无风险利率

影响期权价格的另一个重要因素是无风险利率，尤其是短期无风险利率。投资的目的都是期望获得好的收益，期权交易也是如此。由于期权费是在期权合约成交时以现金形式支付的，因此投资者在期权上的投资是有机会成本的，而这一机会成本又取决于利率的高低。当无风险利率较高时，期权价格的机会成本就会较高，投资者将把资金从期权市场转移到其他市场，从而致使期权价格下降；相反，如果当无风险利率较低时，投资于期权的机会成本就会较低，期权的价格就会上升。

需要注意的是，无风险利率对期权价格的影响是非常复杂的，上述分析的假设前提是其他条件不变。实际中，当无风险利率发生变化时，诸如股票、债券等标的资产的价格本身也会发生变化，且这一变化比无风险利率变化本身对期权价格的影响更为重大。因此，在具体应用中要全面分析，并针对具体情况判断哪种因素的影响更重要，以得到合理的结论。

（五）标的资产的现金收益

标的资产的分红（如股票的现金股利）或获得相应的现金收益，将会降低标的资产的价值。由于这些收益归标的资产的持有人，而期权合约的执行价格并不会进行相应的调整，因此，在期权期限内标的资产获得现金收益将会使看涨期权的价格下降，而使看跌期权的价格上涨。

上面讨论的只是期权价格的一般影响因素，没有将某一特定类型期权价格的影响因素考虑进来。比如，外汇期权显然要受汇率因素的影响，当然也可以把汇率归之为价格类因素。即使如此，我们仍发现影响期权价格的因素众多，各因素对期权价格的影响方向和影响程度均不相同，且各因素之间又存在互动关系。表7-3对这些主要的影响因素进行了简要的总结。

表7-3　　　　　　　　　期权价格的主要影响因素

影响因素	欧式看涨期权	欧式看跌期权	美式看涨期权	美式看跌期权
标的资产市价	+	−	+	−
期权执行价格	−	+	−	+
期权期限	?	?	+	+
标的资产价格波动率	+	+	+	+
无风险利率	?	?	?	?
标的资产的现金收益	−	+	−	+

注：+表示正影响，−表示负影响，? 表示影响方向不一定。

二、Black-Scholes 期权定价模型

自期权交易产生尤其是股票期权交易产生以来，学者们一直致力于期权定价问题的研究。1973年，Fischer Black 和 Myron Scholes 两位教授在《政治经济学》杂志上发表了《期权定价与公司负债》[①] 一文，提出了著名的 Black-Scholes 期权定价模型，在学术界和实务界引起了强烈的反响，Scholes 因此而获得了1997年的诺贝尔经济学奖。在此之后，各种期权定价模型纷纷被提出。[②]

---

① Black, F. and Scholes, M. The pricing of options and corporate liabilities. *Journal of Political Economy*, 1973（81）: pp. 637 – 659.

② 本部分只介绍 Black-Scholes 期权定价模型的基本内容，不涉及该模型的推导。

（一）Black-Scholes **模型的假设条件**

由于 Black-Scholes 模型涉及的数学推导比较复杂，这里不作论述。与任何理论模型一样，Black-Scholes 模型的建立需要一系列假设条件，其主要的假设条件如下：

（1）期权的基础资产是股票，该股票允许自由买进或卖出。

（2）期权是欧式看涨期权，在期权有效期内其基础资产不存在现金股利的支付。

（3）市场不存在交易成本和税收，所有证券均可无限分割。

（4）市场不存在无风险的套利机会。

（5）市场提供了连续交易的机会。

（6）存在着一个固定的、无风险的利率，投资者可以此利率无限制地借入或贷出。

（7）期权的标的股票的价格呈对数正态分析。

以上假设条件可以放松。在 Black-Scholes 模型面世之后，许多研究人员对这些假设条件进行了改进与修正，使 Black-Scholes 模型更加接近实际。

（二）Black-Scholes **期权定价公式**

Black-Scholes 模型的理论基础是市场不存在无风险的套利机会。投资者可以利用股票和期权构造无风险投资组合，该组合的收益必须等于无风险利率。在一个很短的时间内，一个看涨期权的价格和作为其标的资产的股票价格是完全正相关的，而一个看跌期权的价格会与股票价格完全负相关。在这两种情况下，两者的收益和损失就会互相抵消，因此，投资组合在这个短时期末的价值几乎是确定可知的。

对于一个给定的期权，其价值会随着股票价格的波动而波动，即 $c = c(S)$，图 7-4 中的光滑曲线反映了看涨期权与股价之间的关系。假设在某一时点，股价 1 单位的变动会引起欧式看涨期权 0.6 单位的变动，即切线的斜率为 0.6，$\Delta c = 0.6\Delta S$。据此，投资者可以利用 0.6 股股票多头与一个看涨期权空头构造无风险的投资组合。

在 Black-Scholes 模型中，所构造的投资组合头寸只能在很短时间内保持无风险头寸。在整个过程中，如要投资组合始终保持为无风险头寸，必须对其进行频繁的调整以达到重新平衡。如果上述 $\Delta c = 0.6\Delta S$ 变为 $\Delta c = 0.7\Delta S$，则投资组合应调整为 0.7 股股票多头与一个看涨期权空头。在整个由这些短暂时期构成的全过程中，组合头寸在每一短时期的收益都是无风险利率。

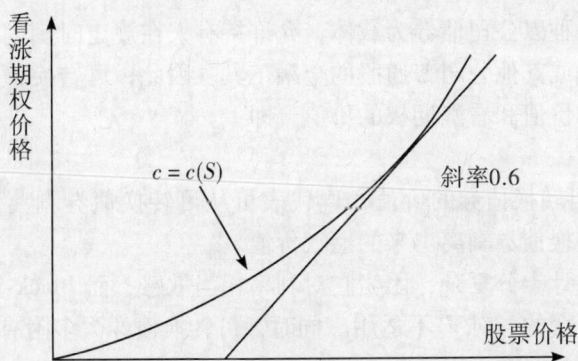

图 7-4　看涨期权价格与股价的关系

根据上述分析，Black 和 Scholes 得出了如下著名的欧式看涨期权定价公式：

$$c = SN(d_1) - Ke^{-rT}N(d_2)$$

其中，

$$d_1 = \frac{\ln(S/K) + (r + \sigma^2/2) T}{\sigma\sqrt{T}}$$

$$d_2 = \frac{\ln(S/K) + (r - \sigma^2/2) T}{\sigma\sqrt{T}} = d_1 - \sigma\sqrt{T}$$

式中，c 代表欧式期权的买权价值；S 为标的资产现行市场价格；K 为执行价格；r 为无风险利率（按连续复利计算），一般可采用与期权同时到期的国库券利率；σ 为标的资产价格波动率；T 为距期权到期日的时间；$N(d)$ 为标准正态分布的累积概率分布函数，即服从正态分布的变量小于 d 的概率。

【例 7.1】某股票现价为 110 元。有关该股票的一欧式看涨期权，执行价格为 105 元，距到期日时间为 9 个月，已知该股票价格的波动性为每年 25%，无风险利率为 8%，该股票期权的正确价格应该为多少？

已知条件为：$S = 110$，$K = 105$，$r = 0.08$，$\sigma = 0.25$，$T = 0.75$（9 个月，3/4 年），代入得：

$$d_1 = \frac{\ln(110/105) + (0.08 + 0.25^2/2) \times 0.75}{0.25\sqrt{0.75}} = 0.6002$$

$$d_2 = d_1 - \sigma\sqrt{T} = 0.6002 - 0.25\sqrt{0.75} = 0.3837$$

查表得：$N(d_1) = 0.7257$，$N(d_2) = 0.6494$

从而，该股票期权的价格为：

$$c = 110 \times 0.7257 - 105 \times e^{-0.08 \times 0.75} \times 0.6494 = 15.611$$

这就是说，欧式看涨期权的价格应为 15.611，否则会出现无风险套利机会。

（三）Black-Scholes 期权定价公式的应用

Black-Scholes 期权定价公式除了可以用来估计期权价格之外，在其他方面也有重要的应用，如可转换债券的定价、认股权证的估价、实物期权等。实物期权将在下一节论述，此处不再赘述。

1. 可转换债券的定价

可转换债券是一种以公司债券为载体，允许持有人在规定时间内按照规定的价格将其债券转换为发行公司或其他公司普通股的金融工具。因此，可转换债券的价值由两部分组成：普通公司债券的价值和看涨期权的价值，即：

$$V_{BC} = V_B + V_C$$

其中，V_{BC} 代表可转换债券的价值，V_B 代表可从可转换债券剥离出来的普通债券的价值，V_C 代表可从可转换债券剥离出来的期权价值。

实际中，V_C 的估计十分复杂，因为它对利率相当敏感，而 Black-Scholes 期权定价公式假定无风险利率是不变的，对 V_C 不适用。同时，可转换债券大多附有可赎回条款，这会使问题更为复杂。对债券持有人而言，它相当于一份普通公司债券、一份多头看涨期权（转换权）和一份空头看涨期权（赎回权）的组合。

2. 认股权证的估价

认股权证是持有人购买公司普通股的一种凭证，它允许持有人按某一特定价格在规定的期限内购买既定数量的公司股票。从本质上看，认股权证是一份看涨期权，但二者仍存在细微的区别，即看涨期权执行时，发行公司不会受到影响，而认股权证的执行将会增加公司发行的股票，因此，认股权证的执行会引发稀释效应，在估值时必须要考虑这一因素。

三、二项式期权定价模型

二项式期权定价模型的名字源于该模型中的主要假设，即股票价格的变动呈现二次分布的模式，也就是说，在单一时间内，股票价格的变动只存在两种可能结果，要么上升一定幅度，要么下降一定幅度，且上升或下降的概率呈二次分布。

（一）单一时期的二项式模型

【例7.2】某股票现价为60元，如三个月后该股价上升至66元或下降到54元。现有一该股票的欧式看涨期权，执行价格为62元，到期日为3个月，则理论上该股票的公平价格为多少？

这是最简化的单一时期二项式模型。该期权在到期日的价值有两种可能：若股价升至66元，则该期权价值为4元（66−62）；若股价降至54元，则该期权价值为0。

为求出该期权价值，可根据无风险套利机会的假设，利用该股票和期权构造无风险投资组合，从而计算出期权的价值。

以 Δ 股该股票多头和一个该期权的空头构造投资组合。若3个月后股价升至66元，则该投资组合的价值为 $66\Delta-4$；若股价3个月后降至54元，则该组合价值为 54Δ。要使此组合为无风险组合，只有两种可能下的投资组合价值相等，即：

$$66\Delta-4=54\Delta$$

从而有：

$$\Delta=1/3$$

这就是说，可以通过买进1/3股该股票多头和卖出一个该股票的看涨期权来构造无风险投资组合，即：若股价涨至66元，该组合的价值为18元（$66\times1/3-4$）；若股价跌至54元，该组合的价值仍为18元（$54\times1/3$）。无风险投资组合的收益率必然等于无风险利率，否则会出现无风险套利机会。假设无风险利率为8%（年利率，连续复利），则上述投资组合的价值为：

$$18\times e^{-0.08\times0.25}=17.644$$

从而有：

$$60\times1/3-c=17.644$$

$$c=2.356（元）$$

因此，在不存在无风险套利机会的条件下，该股票的欧式看涨期权的价格应为2.356元。

（二）两时期二项式定价模型

考虑两个时期 ΔT 内的情况，股价的变动情况如图7−5所示。

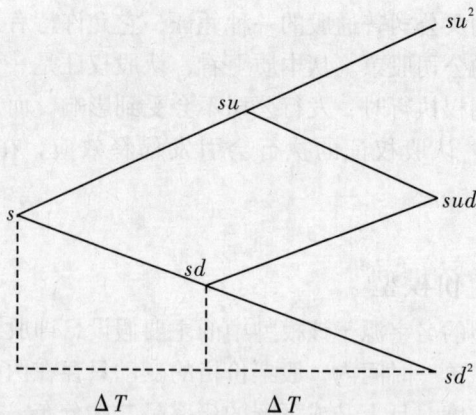

图 7-5 两时期的股价变动情况

在图 7-5 所示的股价变动情况下，考虑初始时刻的一个欧式看涨期权的价值。图 7-6 显示了这个过程中股价与期权价值的变动情况。

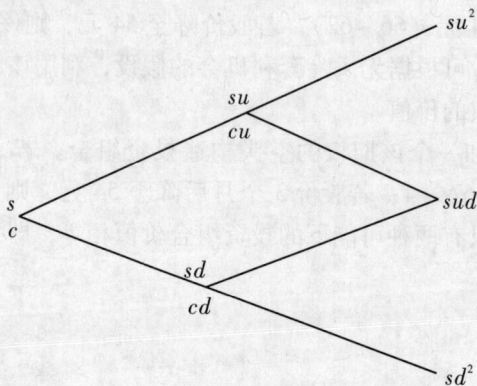

图 7-6 两时期的股价与期权价格变动情况

为了求出 c，仍按照单一时期模型的结论，先计算 c_u 和 c_d，有：

$$c_u = e^{-r\Delta T} \left[qc_{uu} + (1-q) \, c_{ud} \right]$$

$$c_d = e^{-r\Delta T} \left[qc_{ud} + (1-q) \, c_{dd} \right]$$

在第一个时期内，又有：

$$c = e^{-r\Delta T} \left[qc_u + (1-q) \, c_d \right]$$

将上式整理得：

$$c = e^{-2r\Delta T} \left[q^2 c_{uu} + 2q \, (1-q) \, c_{ud} + (1-q)^2 c_{dd} \right]$$

其中，$q = (e^{rT} - d) \, / \, (u - d)$。

上式与风险中性假设一致，其中 q^2、$2q \, (1-q)$ 和 $(1-q)^2$ 分别是期权在到期日价值到达高、中、低三种可能结果的概率。

【例7.3】将例7.2延至两时期的情况。在两个跨度为3个月的时期内，该股价波动如图7-7所示。

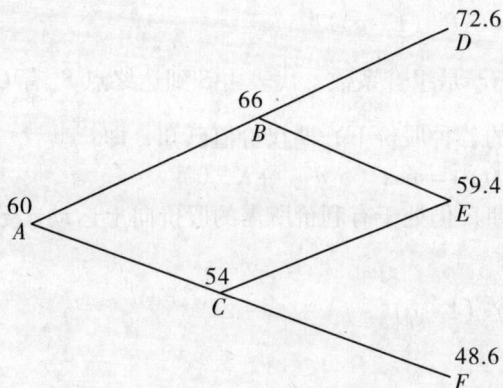

图7-7 例7.3中两时期的股价与期权价格变动情况

为了计算在 A 点时执行价格为62元的欧式看涨期权的价值，首先要计算在到期日三种情况下的期权价值。在 D 点，$c_D = \max\ [\ (72.6-62),\ 0\ ] = 10.6$；在 E 点，$c_E = \max\ [\ (59.4-62),\ 0\ ]$；在 F 点，$c_F = \max\ [\ (48.6-62),\ 0\ ] = 0$。

由于 $q = \dfrac{e^{0.08 \times 0.25} - 0.9}{1.1 - 0.9} = 0.6010$，所以在 B 点的价值为：

$c_B = e^{-0.08 \times 0.25}\ (0.601\ 0 \times 10.6 + 0.399\ 0 \times 0)\ = 6.244$

在 C 点的价值为：$c_C = 0$

因此，在 A 点的价值为：

$c = e^{-0.08 \times 0.25}\ (0.601\ 0 \times 6.244 + 0.399\ 0 \times 0)\ = 3.678$

这就是说，在 A 点该期权的价格应为3.678元，否则会出现无风险套利机会。

（三）多期二项式模型

同样的道理，我们可以将上述两期模型延至多期，即将期权到期日时间分割成多段，每段长度 $\Delta T = T/n$。为了清楚表述该过程中的股价变动情况，如图7-8所示。

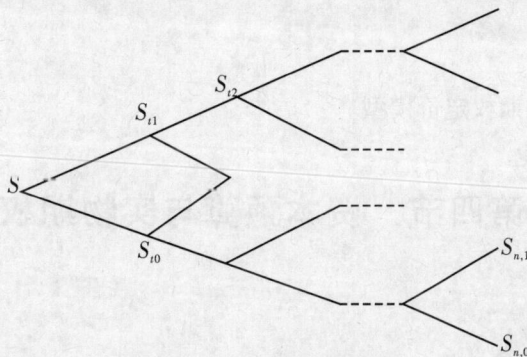

图7-8 多期股价变动情况

在到期日，股价 S_t 等于 S_{nj} 的一个值（$j=1,2,\cdots,n$），j 代表在多个时期内股价向上变动的次数。因为每个时期内股价变动的系数为 u 或 d（$u>1$，$d<1$），从而有：$S_{nj}=S_u^j d^{n-j}$，而股价达到 S_{nj} 的概率为：

$$P_{nj}=P\ (S_r=S_{nj})\ =C_a^j P^j\ (1-q)^{a-1}$$

其中，$q=\dfrac{e^{r\Delta T}-d}{u-d}$，$C_a^j$ 是组合系数，代表由 S 到达终点 S_{nj} 有 C_a^j 种线路。

在到期日可能出现的各种股价下，期权价值已知，即：

$$C_{nj}=\max\ (S_{nj}-K,\ 0)\ =\max\ (S_u^j d^{n-1}-K,\ 0)$$

令 x 为使期权在到期日仍处于有利价所需的股价向上运动次数的最小值，则期权到期时处于有利价的概率为：

$$P\ (S_r>K)\ =\sum_{j=x}^{n}c_n^j q^j\ (1-q)^n-j$$

即有：

$$\begin{cases}c_n^j=0,\ 若\ j=0,\ 1,\ 2,\ \cdots,\ x-1\\ c_n^j=S_{nj}-x,\ 若\ j=x,\ x+1,\ \cdots,\ n\end{cases}$$

已知到期日的期权价值，则第 $n-1$ 时期末的期权价值可据单一时期二项式模型给出，即：

$$c_{n-1,j}=e^{-rT}\ [qc_{n,j+1}+\ (1-q)\ c_{n,j}],\ j=0,\ 1,\ 2,\ \cdots,\ n-1$$

可重复上式计算，直到得出起点时期权的正确价值，同样，可将期权价值写成以无风险利率折现期权在到期日的现值：

$$c=E\ (c_a)\ e^{-m\Delta T}=E\ (c_n)\ e^{-rT}$$

$E\ (c_n)$ 可按下式计算：

$$\begin{aligned}E\ (c_n)\ &=\sum_{j=0}^{n}c_{nj}P_{nj}=\sum_{j=0}^{x-1}c_{nj}P_{nj}+\sum_{j=x}^{n}c_{nj}P_{nj}\\ &=\sum_{j=x}^{n}\ (S_{nj}-K)\ P_{nj}\\ &=\sum_{j=0}^{n}c_n^j\ (1-q)^{n-1}u^j d^{n-j}S-K\sum_{j=0}^{n}c_n^j q^j\ (1-q)^{n-1}\end{aligned}$$

$$c=E\ (c_a)\ e^{-m\Delta T}=E\ (c_n)\ e^{-rt}$$

从而有：

$$c=e^{-rm\Delta T}[\sum_{j=x}^{n}C_n^j\ (1-q)^{n-j}u^j d^{n-1}S-\sum_{j=x}^{n}C_n^j q^j\ (1-q)^{n-j}]$$

其中，$q=\dfrac{e^{rm\Delta T}-d}{u-d}$

这就是多期二项式期权定价模型。

第四节　资本预算与实物期权

一、实物期权的含义

期权原是金融资产风险管理与投资的工具，在资本预算中引入期权的原因主要是因为投资活动中有大量的经济现象与期权的性质相类似。例如，研究与开发（R&D）、购买无形资产、新建一条生产线等初始投资，都是后续投资的第一个环节，为企业的后续发展提供了一个选择的机会。是否进行后续投资，并不取决于初始投资决策，而是要看项目未来的发展变化。如果未来有利可图，则追加投资；如果未来出现不利情况，则终止投资。根据项目未来变化情况重新调整投资计划或项目决策的灵活性，就称为实物期权（real option）。目前，人们越来越关注实物期权在投资决策中的应用。

实物期权最初由斯图尔特·迈尔斯提出，他认为期权分析对公司成长机会的合理估价是重要的，许多公司的实物资产可以看成是一种买入买权。这种期权价值依附于公司利润增长的业务。由于公司在未来的一些投资项目上可能有机会获得超过竞争性费率的收益，公司价值就可能超过当前所属项目的市场价值。迪克西特和平迪克[1]注意到了项目投资的期权性质，他们认为，投资的传统理论没有认识到不可逆性、不确定性及时机选择两两之间的相互作用在数量和质量上的重要意义。一般情况下，企业不会进行项目投资，除非项目的净现值远远大于0；同时，尽管有时持续经营的净现值为负，企业也可能继续该项目。

大多数投资决策在一定程度上具有以下三个方面的特征：

（1）投资支出的不可回收性。

投资支出至少在一定程度上是不可收回的，特别是针对特定项目或行业而言。在项目投资中，前期的人工费用、广告费用等是沉没成本，一经支出就无法收回，虽然这些支出对项目未来收益的实现是必须的。就特定行业如彩电业来说，如果企业投资一条彩电生产线，那么这一投资的成本就是不可逆的。因为除了生产彩电外，别无他用。当然，企业可以变卖给竞争对手。但是，由于诸如地理位置等的限制，这种出售可能无法实现。即使能达成交易，但是，不对称信息的存在，使得企业总是处于不利的谈判地位，从而不能通过销售获利，甚至只能收回部分投资。这就是所谓的"柠檬市场"（阿克洛夫，2002）[2]效应。原因在于，如果这是一项好的投资，企业就不会出售生产线；如果企业想出售生产线，那就意味着该生产线对该企业而言不是一项好的投资，因而该企业的讨价还价地位将会很低。即使该生产线是一项好的投资，由于买方不知道其质量信息，也只愿意出一个市场平均价格。而如果卖方同意以该价格出售，就意味着该生产线的质量低于平均水平，从而使价格进一步下降。由此可见，大多数投资在一定程度上是不可回收的。

（2）投资时机的延迟选择权。

企业投资通常有一个推迟投资的选择权，通过推迟投资来获得更多有关的信息，以降低项目投资的风险。拥有投资机会就意味着拥有了一项有价值的期权。当一家企业作出了不可逆投资支出时，它就执行或者"消灭"了投资期权，放弃了等待以获得可能会影响到支出意愿或时机的新信息的可能。

（3）未来投资收益的不确定性。

不确定性是项目投资未来收益的内在特征，企业只能根据现有信息来预测未来收益可能出现的概率分布，而不能准确预计未来状况。正是这种不确定性孕育了项目投资的期权

① ［美］迪克西特，平迪克. 不确定条件下的投资. 北京：中国人民大学出版社，2002.
② ［美］阿克洛夫. 柠檬市场：质量不确定性与市场机制. 载谢康、邹家培. 阿克洛夫、斯彭斯和斯蒂格利茨论文精选. 北京：商务印书馆，2002.

价值，而且，项目投资未来收益的不确定性越大，这种期权的价值就越大。

考虑到项目的期权价值，项目的投资价值就是：

项目投资价值＝项目的净现值（NPV）＋项目的期权价值

二、实物期权的类型

范霍恩和瓦霍维奇在其《现代企业财务管理》中，将实物期权称为管理期权（managerial option），认为管理期权是指项目管理者进一步作出决策来影响一个项目的预期现金流量、项目寿命或未来是否接受的灵活性，并将其分为三种类型：扩张（或紧缩）的期权、放弃的期权和延迟的期权。我们也采用该分类方法，将实物期权分为扩张（收缩）期权、放弃期权和延期期权。

（一）扩张期权

在投资项目的不确定性分析中，如果未来的投资是否执行要视先期投资是否成功或是否有利可图，则可视为一个扩张期权。例如，某公司正在考虑是否投资一条1 000万元的生产线生产微型汽车，不仅取决于市场调查的结果，还取决于产品开发成功后的市场需求。从期权角度分析，该公司的投资相当于一个卖出卖权或看涨期权，支付的市场调研费和新产品开发费是期权价格，项目投资额是执行价格，新产品所取得的净收益是标的资产的价格。公司是否投资取决于试验结果。如果项目没有投资价值，公司会放弃投资，最大损失额是新产品的试制费和市场调研费（即沉没成本）；反之，公司则行使期权，扩大投资。图7－9描述了该投资项目的期权性质。

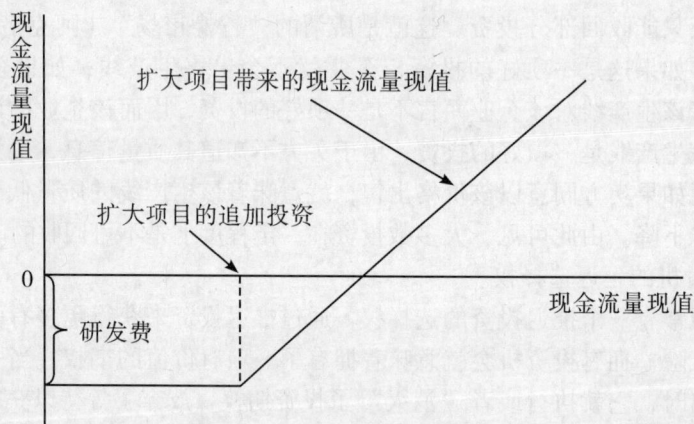

图7－9　扩张期权

一个现在投资的净现值为负的投资项目之所以有价值，就在于其能给投资者未来继续投资提供一种选择机会。比如，某地产公司在离城市较远的地方购买了一大片未开发的荒地，现在开发无利可图。那么，该公司为什么愿意花大价钱来购买这片荒地呢？根本的原因在于，该公司并无义务马上开发这片土地，购入它相当于买入一个看涨期权。如果开发价值不高，或永远没有开发价值，则该期权无价；如果未来将该地纳入城市发展规划，或随着时间的推移该地交通更为便利，则该荒地的价值就会上涨，该公司也会获得丰厚的利润。简单地说，该荒地投资的收益上限是"无限"的，而下限是锁定的，其最大损失额为荒地购买支出。

（二）放弃期权

如果说扩张期权是一种买入买权，旨在扩大上方收益，那么放弃投资的期权就是一种买入卖权，意在规避下方投资风险。比如，公司支付的财产保险费就相当于一种买入卖权，期权执行价格就是保险合同规定的赔付额。如果财产未受损失，就不履行保险合同；如果发生保险合同规定的赔付事项，公司将按照保险合同收取赔款。

通常情况下，公司会一直使用其投资产生的资产，直至其寿命终了。此时，公司资产投资项目的放弃价值一般相当低。但是，公司也可能放弃一些资产或投资，因为放弃该资产或投资的收益要超过继续使用的收益。在以下情况下，公司可放弃投资项目：第一，其放弃价值（即项目资产出售的市场价值）大于项目后续现金流量现值；第二，现在放弃该项目比未来放弃更好。图7－10描述了放弃期权的损益情况。

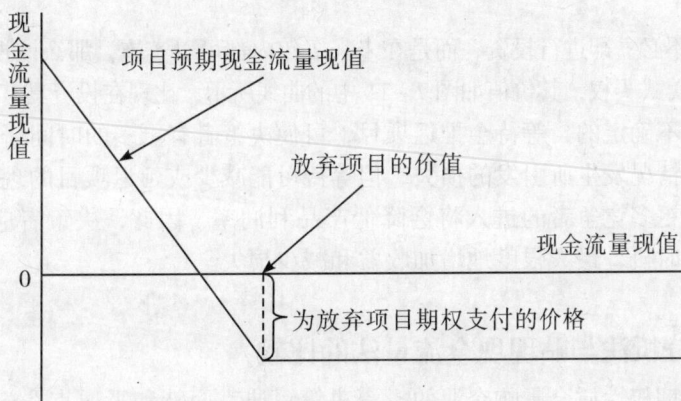

图7－10　放弃期权

在公司投资决策中，应充分考虑项目放弃的期权价值，这将有助于投资决策的科学化，因为放弃价值是项目总价值的组成部分，它会影响决策结果，而且对项目放弃价值的考虑，将有助于公司选择最佳的放弃时机，从而可提高公司总的价值。

（三）延期期权

对某些投资项目，存在一个投资时机问题，即可以立即执行该项目，也可以等待以取得更多的收益。例如，某项新技术可生产某种新产品，立即投产的净现值为负，投资项目应被否定。但如果未来情况发生变化，如原材料价格下降、市场需求变化等，对该产品的投资项目就可能为公司带来较多的收益。

延期期权实际上相当于一个以项目资产为标的的买权，其执行价格为投资额的现值 C_0，标的资产的价格就是项目的现值 PV。如果现在决定是否实施，相当于买权的执行日为现在，则该买权的价值为：

$$c = \max\ (0,\ PV - C_0)\ = \max\ (0,\ NPV)$$

这可以用图 7 – 11① 的形式表示。

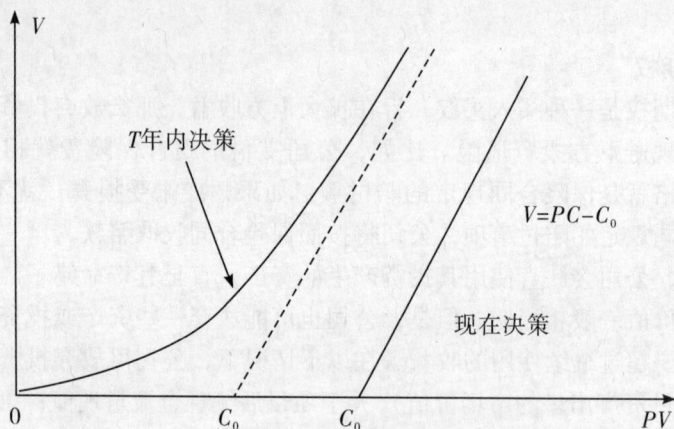

图 7 – 11　可选择投资时间的项目价值

但是，如果不必立即进行投资，而是在未来 T 年内都可以实施，那么该投资项目就相当于执行期为 T 年的美式买权，其价值如图 7 – 11 中的曲线所示，比现在投资具有更大的价值。

由于未来是不确定的，等待会推迟项目，可使决策者有更多的时间研究未来发展变化情况，避免不利情况发生所引发的损失，但等待可能减少或延迟项目的现金流量，也可能丧失先入优势，更多竞争者的进入将会降低产品利润率，因此，决策者应权衡利弊得失，捕捉恰当的投资时机，最大限度地增加收益和减少损失。

三、期权分析法与贴现现金流量法的比较

项目投资的期权性质会影响企业的投资决策。迪克西特和平迪克②分析了期权对单个项目决策的影响。他们认为，通常项目投资最低的预期资本收益率是资本成本的 3 ~ 4 倍。在此基础上，Childs，Ott 和 Triantis（1998）③ 进一步分析了期权价值对多个相关项目的投资决策的影响。他们发现，企业在选择对所有项目进行顺序投资和平行投资时，将依赖于每一战略下与项目相关的期权价值。当项目之间的相关价值较高、投资金额较大、投资期限较短和项目变动性较小时，顺序投资优于平行投资，而且，最优的投资顺序并不常常始于盈利能力最强的项目，而是方差最大的项目。

显然，单纯凭净现值准则来评价一个项目是否可行就有失偏颇，因为 NPV 准则没有考虑项目的期权价值。项目的期权价值越大，用 NPV 准则评价项目的偏差就越大。事实上，如果不考虑项目的期权价值，那么诸如研发等风险很大的项目就可能没人投资。同时，NPV 准则在多个相关项目决策中的适用性也不强，不但忽略了单个项目的期权价值，

---

① 本图参照：齐寅峰. 公司财务学. 北京：中国物价出版社，1997.

② ［美］迪克西特，平迪克. 不确定条件下的投资. 北京：中国人民大学出版社，2002.

③ Childs, Paul D. , Steven H. Ott and Alexander J. Triantis. Capital budgeting for interrelated projects: a real options approach. *Journal of Financial and Quantitative Analysis*, 1998 (33): pp. 305 – 335.

而且没有考虑相关项目之间可能存在的期权价值，从而难以对项目组合的投资顺序作出适当的评价。

由此可见，NPV 准则存在着缺陷。标准的项目投资评价方法即净现值法并没有考虑到项目投资的期权价值，建立在"要么现在实施，要么永不实施"的基础之上，隐含着"没有延迟选择权"的假设。同时，NPV 准则也没有考虑项目投资的扩张（或紧缩）期权以及放弃期权的价值。在投资项目实施后，不管情况如何变化，NPV 准则总是假定企业能"以不变应万变"，不会出现扩张、收缩或放弃投资项目的情况。NPV 准则这些不符合现实情况的假设忽视了项目投资的期权价值，使得按 NPV 准则作出的决策不会总是正确的。

汉密尔顿概括了贴现现金流量法和实物期权分析法之间的区别[①]，具体如表 7-4 所示。

表 7-4 　　　　　　　　　　贴现现金流量法和实物期权分析法的区别

贴现现金流量法	实物期权分析法
1. 不确定性会降低项目投资价值	1. 不确定性可能增加项目投资价值
2. 项目未来信息的价值是有限的	2. 项目未来信息的价值是很高的
3. 仅承认项目有形的利润和成本	3. 承认项目决策的灵活性等其他无形资产
4. 项目决策的形成是固定或一次性的	4. 承认决策形成受未来信息和管理者的自主决策能力的影响

由此可见，在公司投资决策中，实物期权给管理者一种决策弹性，使其可以灵活利用市场上的各种变化，在最大限度地控制风险的同时捕捉到可能的有利投资机会。如果不考虑投资项目的期权价值，就有可能引发错误的决策。

【例 7.4】假设现在是 2007 年，某公司预投资 1 000 万元上马一条生产线生产 A 产品，项目寿命为 5 年，预计 2007—2011 年各年的净现金流分别为 300 万元、350 万元、400 万元、380 万元和 200 万元。公司预计到 2009 年替代 A 产品的 B 产品技术将成熟，届时可投资 2 400 万元上马 B 产品的生产线，目前对 B 产品 2010—2014 各年净现金流量的最保守估计分别为 500 万元、1 000 万元、1 200 万元、900 万元和 450 万元。假设同类项目的风险调整贴现率为 20%。试分析公司是否应进行投资。

按照净现值准则分析，投资 A 产品的净现值为：

$$NPV_A = \sum_{t=1}^{5} NCF_t \times PVIF_{i,t} - C_0$$

$$= 300 \times 0.833 + 350 \times 0.694 + 400 \times 0.579 + 380 \times 0.482 + 200 \times 0.402 - 1\ 000$$

$$= -12.04\ （万元）$$

显然，由于投资 A 产品的净现值小于 0，故不可行。

同理，可以算出投资于 B 产品的净现值：

---

① 转引自：郁洪良. 金融期权与实物期权比较和应用. 上海：上海财经大学出版社，2003. 121.

$$NPV_B = \left(\sum_{t=1}^{5} NCF_t \times PVIF_{i,t} - C_0 \right) \times PVIF_{i,3}$$
$$= 1\ 343.28 - 1\ 389.6$$
$$= -46.32\ （万元）$$

这就意味着对 B 产品投资的项目也不可行。

但是，如果考虑实物期权价值的影响，结果就可能不一样。从期权角度分析，B 产品生产线的投资价值具有较大的不确定性，假设随市场行情的变化，其投资价值波动率（年标准差）大约为 40%，无风险利率为 5%（年率）。这样，公司要作出的投资决策是：是否上马 A 产品生产线。至于是否上马 B 产品生产线要视 3 年后的情况而定。如果现在上马 A 产品生产线，3 年后就有机会上马 B 产品生产线，否则公司将失去上马 B 产品生产线的机会。这一机会可以用期权概念加以解释，它相当于一个期限为 3 年、执行价格为 2 400 万元、标的资产现时价格为 1 343.28 万元买权。根据 Black-Scholes 模型，该投资机会的价值计算如下：

$$c = SN(d_1) - ke^{-rT}N(d_2)$$

其中，$K = 2\ 400$，$S = 1\ 343.28$，$r = 0.05$，$\sigma = 0.40$，$T = 3$，从而有：

$$d_1 = \frac{\ln(1\ 343.28/2\ 400) + (0.05 + 0.40^2/2) \times 3}{0.40\sqrt{3}} = -0.274\ 2$$

$$d_2 = -0.274\ 2 - 0.40 \times \sqrt{3} = -0.967$$

查表得：$N(d_1) = 0.293\ 6$，$N(d_2) = 0.168\ 5$

代入得：

$$c = 1\ 343.28 \times 0.293\ 6 - 2\ 400 \times e^{-0.05 \times 3} \times 0.168\ 5 = 46.32\ （万元）$$

因此，考虑期权价值后 A 产品生产线的投资价值为 34.28 万元（-12.04 + 46.32），公司应该投资 A 产品生产线。

需要说明的是，如何计量实物期权的价值是一大难题，它比金融期权更难以估价，标准的金融期权计价公式应用到项目期权上往往是无效的。对此，实务中往往求助于那些不是那么精确的方法，如决策树法和模拟法。

练习与案例

一、复习思考

1. 从交易方法与特点来看，衍生金融工具可分为哪几大类？
2. 比较看涨期权和看跌期权的异同。
3. 最基本的四种期权交易的盈亏分布是怎么样的？这和传统的交易模式有什么不同？
4. 什么是期权合约的内在价值？什么是期权合约的时间价值？
5. 影响期权价格的主要因素有哪些？
6. 什么是实物期权？实物期权的基本类型有哪些？

二、案例分析

法国兴业银行衍生金融工具交易巨额损失案①

法国兴业银行是法国主要的银行集团之一，创建于 1864 年 5 月，总部设在巴黎。全称为"法国促进工商业发展总公司"，是法国最大的商业银行集团之一。上市企业分别在巴黎、东京、纽约证券市场挂牌，是世界上最大的银行集团之一。其最初为私营银行，1946 年被国有化，1979 年国家控制该行资本的 93.5%，后转为全额控制。1983 年改成现名。1986 年在国内外共设分支机构 2 873 个，在国外的分支机构主要设在英国、比利时、瑞士、奥地利、西班牙、突尼斯、摩洛哥、刚果、日本、伊朗、美国、加拿大等 30 个国家和地区，现有来自 77 个国家和地区的 12 万名员工以及 2 200 万客户。1993 年资产总额为 2 578.38 亿美元，为法国第 4 位，在世界 1 000 家大银行位次中排列第 27 位。该行控股的银行有：阿尔萨斯银行总公司、银行中心公司、工业和银行证券金融公司等 11 家。经营的业务有各种存贷款业务，动产与不动产租赁业务，为国家和公共部门发放债券，以及为法国政府对外筹资、对外贸易融资和参加欧洲债券发行和贷款活动等。以丑闻披露前 23 日的股价计算，兴业银行市值为 369 亿欧元，在欧洲居第 13 位。不过，法国兴业银行最受业界推崇的还属它的金融投资业务，其赢利能力在同行业中属于佼佼者。尤其在风险较高的金融衍生品市场中，兴业银行凭借严格的风险控制管理能力长时间占据业界头把交椅。

2008 年 1 月 24 日，法国兴业银行首席执行官丹尼尔·布东在举行的新闻发布会上说，一名交易员从 2007 年上半年便开始在上级不知情的情况下从事违规交易，交易类型为衍生品市场中最基本的股指期货。布东没有透露交易员的身份，但银行消息人士此后证实他名为热罗姆·盖维耶尔。盖维耶尔 2000 年毕业于法国里昂第二大学，获金融市场运营管理硕士学位。2001 年，盖维耶尔进入巴黎法国兴业银行，最初在后台管理部门工作。他对兴业银行的后台管理极为熟悉，这为他隐瞒自己的巨额仓位提供了方便。此后，他转至 Delta One 产品组工作，这个组的业务包括程序化交易、ETF、掉期、指数和定量交易。根据银行管理层的说法，截至 2007 年年底，盖维耶尔预期市场会下跌，因此一直大手笔做空市场；从今年开始，盖维耶尔突然反手做多，豪赌市场会出现上涨。兴业银行资产管理部门负责人菲利普·科拉称，由于投入大量资金，而且市场额势与预期一致，盖维耶尔管理的账户上在去年年底时还拥有"相当多赢利"。然而，欧洲市场 2008 年初以来的大跌使账户反而出现巨额亏损。不过，由于盖维耶尔使用隐蔽手段，管理层直至 2 月 18 日晚才发现这一重大问题，并立即通报法国中央银行——法兰西银行。

兴业银行在这一系列衍生金融工具的违规交易中共计损失 71.4 亿美元，创造了世界银行业迄今因员工违规操作而蒙受的单笔最大金额损失的纪录，几乎"抹去"了该行在业绩稳定期的全年利润。违规丑闻披露后，兴业银行在巴黎证券交易所的股票被实施临时停牌，中午复牌后暴跌 6% 以上，最终在欧洲股市整体上扬的情况下收于 75.81 欧元，跌幅 4.14%。兴业银行 24 日向法院提交诉状，指控盖维耶尔伪造银行记录、使用伪造账户以

---

① 资料来源：中国证券网（http://www.cs.com.cn/）。

及涉嫌计算机系统欺诈。盖维耶尔可能因此面临监禁或者罚款。

【分析与思考】

法国兴业银行在2007—2008年1月股指期货交易中损失的主要原因是什么？应从中吸取哪些教训？

第八章　套期保值

第一节　套期保值概述

在 20 世纪 70 年代末期之前，一般的财务管理教材基本不会涉及风险管理的内容，大多数企业对此也不感兴趣。但是，此后风险管理已经成为世界各国大企业财务总监的最重要的职责之一。原因在于，20 世纪 70 年代国际金融市场固定汇率的崩溃以及石油危机的爆发使得全球金融市场的不确定性比历史上任何时候都大。面对这种形势，金融管制和金融全球化逐步放松，针对规避金融风险的新的金融工具创新不断涌现。由于这些衍生金融工具通常只需要保证金就可以进行交易，因此被广泛用于金融机构以及部分非金融机构的风险管理中。但是，这种只需要保证金就可以交易的巨大"杠杆"效应，可能会导致因极小概率事件的出现而引发巨大的损失，比如，法国兴业银行、英国巴林银行、德国金融期货公司、美国奥兰治县等因缺乏有效的风险管理体系而导致衍生金融工具交易产生了巨大的经济损失。

这种情况促使大企业聘用专业人才来管理企业风险，套期保值也就成为一种重要的风险管理工具。目前，利用衍生品进行套期保值十分普遍，世界掉期与衍生品协会（ISDA）的一份研究报告就显示，全球 500 强中有 92% 的公司利用衍生金融工具来管理和对冲风险。在使用衍生金融工具的公司中，有 92% 利用衍生金融工具控制利率风险，85% 用于控制汇率风险，25% 用于控制商品价格风险，12% 用于控制股价风险。该项研究显示，衍生金融工具如今已经成为世界领先企业风险控制整体不可或缺的一部分，这些公司中的绝大多数均依靠衍生金融工具来对冲它们日常经营中所出现的各种风险。

一、套期保值的概念

我国《企业会计准则第 24 号——套期保值》指出，套期保值是指企业为规避外汇风险、利率风险、商品价格风险、股票价格风险、信用风险等，指定一项或一项以上套期工具，使套期工具的公允价值或现金流量变动，预期抵消被套期项目全部或部分公允价值或现金流量变动。企业运用商品期货进行套期时，其套期保值策略通常是，买入（卖出）与现货市场数量相当，但交易方向相反的期货合同，以期在未来某一时间通过卖出（买入）期货合同来补偿现货市场价格变动所带来的实际价格风险。最终在近期和远期之间建立一种对冲的机制，将价格风险降到最低。例如，一位读者一次订阅 2 年而不是 1 年的杂志，就是在套期保值以转移杂志价格可能上升所带来的风险。当然，如果该杂志价格下降，这位读者也放弃了潜在的收益。

套期保值之所以能够避免价格风险，其基本原理在于：

第一，期货交易过程中期货价格与现货价格尽管变动幅度不会完全一致，但变动的趋势是基本一致的。当特定商品的现货价格趋于上涨时，其期货价格也趋于上涨，反之亦然。原因在于，尽管期货市场与现货市场是两个各自分开的不同市场，但对于特定的商品来说，其期货价格与现货价格主要的影响因素是相同的。这样，引起现货市场价格涨跌的因素，也同样会影响到期货市场价格同向的涨跌。套期保值者就可以通过在期货市场上做与现货市场相反的交易来达到保值的功能，使价格稳定在一个目标水平上。

第二，现货价格与期货价格不仅变动的趋势相同，而且，到合约期满时，两者将大致相等或合二为一。原因是，期货价格包含有储藏该商品直至交割日为止的一切费用，这样，远期期货价格要比近期期货价格高。当期货合约接近于交割日时，储存费用会逐渐减少乃至完全消失，这时，两个价格的决定因素实际上几乎相同，交割月份的期货价格与现货价格也就趋于一致。

当然，期货市场并不等同于现货市场，它还会受一些其他因素的影响，因而，期货价格的波动时间与波动幅度不一定与现货价格完全一致，加之期货市场上有规定的交易单位，两个市场操作的数量往往不尽相等，这些就意味着套期保值者在冲销盈亏时，有可能获得额外的利润，也可能产生小额亏损。因此，在从事套期保值交易时，要关注可能会影响套期保值效果的因素，使套期保值交易能达到满意的效果，能为企业的生产经营提供有效的服务。

二、基差与套期保值

套期保值可以大体抵消现货市场中价格波动的风险，但不能完全规避价格风险，主要原因是存在"基差"这个因素。基差是指某一时刻、同一地点、同一品种的现货价与期货价的差。套期保值实际上是用基差风险替代了现货市场的价格波动风险，因此从理论上讲，如果投资者在进行套期保值之初与结束套期保值之时基差没有发生变化，就可能实现完全的套期保值。因此，套期保值者在交易过程中应密切关注基差的变化，并选择有利的时机完成交易。套期保值者利用基差的有利变动，不仅可以取得较好的保值效果，而且还可以通过套期保值交易获得额外的盈余。一旦基差出现不利变动，套期保值的效果就会受到影响，蒙受一部分损失。

（一）基差对于买入套期保值者的影响

（1）现货价格和期货价格均上升，但现货价格的上升幅度大于期货价格的上升幅度，基差扩大，从而使得加工商在现货市场上因价格上升买入现货蒙受的损失大于在期货市场上因价格上升卖出期货合约的获利。如果现货市场和期货市场的价格不是上升而是下降，加工商在现货市场获利，在期货市场损失。但是只要基差扩大（期货市场的价格下降幅度大于现货市场的下降幅度），加工商在现货市场上因价格下降买入现货的收益小于在期货市场上因价格下降卖出期货合约的损失。

（2）现货价格和期货价格均上升，但现货价格的上升幅度小于期货价格的上升幅度，基差缩小，从而使得加工商在现货市场上因价格上升买入现货蒙受的损失小于在期货市场上因价格上升卖出期货合约的获利。如果现货市场和期货市场的价格下降，只要基差缩小

（期货市场的价格下降幅度小于现货市场的下降幅度），加工商在现货市场上因价格下降买入现货的收益大于在期货市场上因价格下降卖出期货合约的损失。

显然，对买入套期保值者来说，基差缩小时可获取额外赢利，基差扩大时则不能完全规避风险。

（二）基差对于卖出套期保值者的影响

（1）现货价格和期货价格均下降，但现货价格的下降幅度大于期货价格的下降幅度，基差缩小，从而使得经销商在现货市场上因价格下跌卖出现货蒙受的损失大于在期货市场上因价格下跌买入期货合约的获利。如果现货市场和期货市场的价格上升，经销商在现货市场获利，在期货市场损失。但是只要基差缩小，现货市场的赢利只能弥补期货市场的部分损失，结果仍是净损失。

（2）现货价格和期货价格均下降，但现货价格的下降幅度小于期货价格的下降幅度，基差扩大，从而使得经销商在现货市场上因价格下跌卖出现货蒙受的损失小于在期货市场上因价格下跌买入期货合约的获利。如果现货价格和期货价格不降反升，经销商在现货市场获利，在期货市场损失。但是只要基差扩大，现货市场的赢利不仅能弥补期货市场的全部损失，而且仍有净赢利。

显然，对卖出套期保值者来说，基差扩大时可获取额外赢利，基差缩小时则不能完全规避风险。

三、套期保值的交易原则

在做套期保值交易时，必须遵循一些基本原则，否则，所做的交易就可能起不到套期保值交易应有的效果，达不到规避价格风险的目的。2009年4月，我国国资委要求中央企业必须审慎运用金融衍生品工具，严格坚持套期保值原则，有效监控风险，不得从事任何形式的投机交易。以下将以期货套期保值为例说明套期保值交易需遵循的四个基本原则。

（一）交易方向相反原则

交易方向相反原则是指先根据交易者在现货市场所持头寸的情况，相应地通过买进或卖出期货合约来设定一个相反的头寸，然后选择一个适当的时机，将期货合约予以平仓，以对冲在手合约。通过期货交易和现货交易之间的联动和盈亏互补性冲抵市场价格变动所带来的风险，以达到锁定成本和利润的目的。

只有遵循交易方向相反原则，交易者才能取得在一个市场上亏损的同时在另一个市场上必定会出现赢利的结果，从而才能用一个市场上的赢利去弥补另一个市场上的亏损，达到套期保值的目的。如果违反了交易方向相反原则，所做的期货交易就不能称作套期保值交易，不仅达不到规避价格风险的目的，反而增加了价格风险，其结果是要么同时在两个市场上亏损，要么同时在两个市场上赢利。比如，对现货市场上的买方来说，如果他同时也是期货市场的买方，即采取了正向操作而非反向操作的原则，那么，在价格上涨的情况下，他在两个市场上都会出现赢利，在价格下跌的情况下，他在两个市场上都会出现亏损。

（二）商品种类相同原则

商品种类相同原则是指在做套期保值交易时，所选择的期货商品必须和套期保值者将在现货市场中买进或卖出的现货商品在种类上相同。只有商品种类相同，期货价格和现货价格之间才能可能形成密切的关系，才能在价格走势上保持大致相同的趋势，从而在两个市场上同时或前后采取反向买卖行动才能取得效果。否则，套期保值交易不仅不能达到规避价格风险的目的，反而可能会增加价格波动的风险。

当然，由于期货商品具有特殊性，不是所有的商品都能成为期货商品，这就给套期保值交易带来一些困难。为解决这一困难，在期货交易的实践中，就采取"交叉套期保值交易"。所谓交叉套期保值，就是当套期保值者为其在现货市场上将要买进或卖出的现货商品进行套期保值时，若无相对应的该种商品的期货合约可用，就可选择另一种与该现货商品的种类不同但价格走势互相影响且大致相同的相关商品的期货合约来做套期保值交易。一般地，选择作为替代物的期货商品最好是该现货商品的替代商品，两种商品的相互替代性越强，套期保值交易的效果就会越好。

（三）商品数量相等原则

商品数量相等原则是指在做套期保值交易时，所选用的期货合约上所载的商品的数量必须与交易者将要在现货市场上买进或卖出的商品数量相等。套期保值交易之所以要坚持商品数量相等的原则，是因为只有保持两个市场上买卖商品的数量相等，才能使一个市场上的赢利额与另一个市场上的亏损额相等或最接近，从而保证两个市场盈亏互补的有效性。

当然，由于期货合约是标准化的，每张期货合约所代表的商品数量是固定不变的，而交易者在现货市场上买卖的商品数量是可以变动的，这就使得在做套期保值交易时，有时很难使所买卖的期货商品数量等于现货市场上买卖的现货商品数量，这就给套期保值交易带来一定困难，并在一定程度上影响套期保值交易效果。实务操作中只能尽量保持这一原则。

（四）月份相同或相近原则

月份相同或相近原则是指在做套期保值交易时，所选用的期货合约的交割月份最好与交易者将来在现货市场上实际买进或卖出现货商品的时间相同或相近。在选用期货合约时，之所以要遵循交割月份相同或相近原则，是因为两个市场上出现的亏损额和赢利额受两个市场上价格变动幅度的影响，只有使所选用的期货合约的交割月份和交易者决定在现货市场上实际买进或卖出现货商品的时间相同或相近，才能使期货价格和现货价格之间的联系更加紧密，增强套期保值效果。因为，随着期货合约交割期的到来，期货价格和现货价格会趋向一致。

套期保值交易的四大交易原则是任何套期保值交易都应该同时兼顾的，忽略其中任何一个原则都有可能影响套期保值交易的效果。只有交易方向相反，才能使得一个市场的赢利去弥补另一个市场的亏损成为现实；只有商品种类相同，期货价格和现货价格之间才能形成密切关系，才能在价格走势上保持大致相同的趋势；只有商品数量相等，才能使一个市场上的赢利额与另一个市场上的亏损额相等或最接近；只有月份相同或相近，才能使两个市场的价格波动幅度相接近。例如，在3月1日，某铜加工厂一个月后需用100吨铜作原材料。当前铜现货价每吨17 000元。为锁定成本，回避价格上涨的风险，该厂在当日买进4月份交割的铜期货100吨，价格是每吨17 100元。到4月1日时，现货价格涨到每吨

17 100 元，期货价格涨至 17 200 元。此时该厂卖出已持有的 100 吨期货合约，平仓赢利是 10 000 元，即（17 200 - 17 100）× 100 元。同时，该厂在现货市场买进 100 吨现货作原料，而此时的现货价格每吨已涨 100 元，所以，在现货市场又多付出 10 000 元，盈亏相抵，该厂不亏不赚，避免了价格波动的影响。当然，该铜加工厂为锁定成本，回避价格上涨的风险，也会丧失价格下跌导致成本降低的有利机会。

四、套期保值的意义

（一）引例

国泰航空与南方航空，都是当今一流的航空公司。但近年来两家公司经营业绩却迥然不同（见表 8 - 1 和表 8 - 2，表中数据均源于国泰航空与南方航空的上市公司年度报告）。

表 8 - 1　　　　　　　　　国泰航空与南方航空的基本资料

	机队	航线	行业地位	上市
国泰航空	100 架	35 个国家/地区 102 个航点	2006 年被 Air Transport World 刊物评为全球最佳航空公司	香港联交所
南方航空	259 架	国内国际 600 余条	国内运输飞机最多、航线网络最密集、年客运量最大的航空公司，客运量连续 27 年居全国之首，四度获中国民航航空安全最高奖	上交所 A 股，联交所 H 股

表 8 - 2　　　　　　国泰航空与南方航空 2003—2006 年的主要业绩指标

		2003 年	2004 年	2005 年	2006 年
国泰航空	营业额（亿港元）	295.78	390.65	509.09	607.83
	净利润（亿港元）	22.25	44.17	32.98	40.88
	每股收益（港元）	0.388	1.307	0.974	1.159
	每股股息（港元）	0.17	0.45	0.28	0.84
南方航空	主营收入（亿元）	173.51	241.94	390.52	470.47
	净利润（亿元）	1 448.8	10 300	- 179 400	1.18
	每股收益（元）	0.003	0.024	- 0.41	0.03
	每股股息	连续 8 年未分红（2006 年末每股未分配利润 - 0.213 元）			

为什么两家航空公司的经营业绩会如此不同呢？据南航 2006 年半年报：由于航空油价继续攀升，而且美元贷款利率也在提高，因此本集团经营所面临的成本压力没有得到任何减缓……上半年主营业务收入 210.24 亿元，同比增长 16.5%，但受限于航油等成本的增加，上半年本集团仍净亏损人民币 8.35 亿元。国泰航空 2006 年半年报称：由于飞机燃油价格平均上涨 28.5%，加上耗油量增加 7.3%，导致燃料成本上升……燃料对冲收益港币 5.13 亿元至 7.3 亿元，包括未变现市价估值收益港币 5.9 亿元。

国泰航空通过购买远期航空燃油来对油价上涨的风险进行套期保值，化解了油价上涨的风险，保证了公司经营业绩的稳定。而南方航空应该后悔当时没有进行套期保值，致使自己要承受油价上涨的压力。不过仍有一个问题：南方航空公司在不知道油价剧烈上涨之前，有什么理由去套期保值呢？

（二）套期保值的作用

1. 规避价格风险，保障企业正常运转

套期保值是为了规避价格风险，保持生产和经营的可持续发展，而不是获得最高收益。基于防御性目标从事的套期保值交易，套期保值者得到的理想结果是现货和期货市场的亏损和盈利相抵，将收益稳定在预期水平。在成功的套期保值操作中，期货交易部分也可能产生亏损，但在现货市场会产生额外盈利，盈亏相抵后，实现了企业预期的收益。案例中，国泰航空通过套期保值交易，有效地规避了油价上涨的风险，保障了企业的正常经营和可持续发展。

2. 有利于企业合理规划资金需求

套期保值可以为现金流量有限的企业提供稳定的经营环境。从理论上讲，在资金无限量的情况下，当价格出现不利变动时，企业能够承受巨额亏损；当价格出现有利变动时，它就会获得超额收益。但现实情况下，每个企业都面临着现金流量管理的巨大难题，不是所有企业都能从容应对每次价格风险。从这个角度看，套期保值像一个企业的"价格滤波器"，可以化解短期资金的流动性危机，确保企业在面临价格风险时仍能合理规划资金需求，从而实现稳定经营。

3. 完善企业管理层报酬契约

在所有权和经营权分离的条件下，股东可以通过分散化投资来规避公司特有风险；而对于企业管理层来说，公司特有风险是其必须承受的风险。按照理性经济人假说，如果管理层不会因承担风险而得到额外报酬时，就会规避风险，如选择低风险项目进行投资，或者利用衍生工具规避公司风险。为了把高管层的利益和公司利益适当地结合起来，一个有效的契约需要在避免使管理人员承担过多风险的同时，起到更强的激励作用。按照这种思路，典型的高管层报酬计划可设计为由年薪、提供现金奖励的年度奖励方案和通过多种方式发放公司股票的长期激励等三部分组成，包含了激励、风险和决策视野的微妙平衡（参见 Scott，2000）。

此时，作为避险工具的套期保值，就能促使管理层报酬契约和公司价值有机地结合。当套期保值的成本低于因管理层承担特有风险而支付的报酬时，企业价值就会提高；当套期保值的成本高于因管理层承担特有风险而支付的报酬时，企业价值就会降低。因此，套期保值行为存在代理成本，对于企业价值的影响并不确定。Friend & Hasbrouck（1987）的研究发现，当管理层持有一定的股票时，其与股东的目标将趋于一致，并且会使用表内工具进行风险管理，减轻代理问题。因此，套期保值能促使管理层报酬契约的完善。

第二节　套期保值实务①

一、风险敞口的度量

企业在经营过程中所面临的风险通常称之为敞口（exposure），这些风险包括利率风险、汇率风险、货币风险、商业周期风险、通货膨胀风险、商品价格风险以及行业风险，如何降低上述风险敞口将是企业关注的重要问题。要降低风险敞口，首先要对风险敞口进行度量，只有这样才能确定企业是否降低了风险敞口以及风险敞口的降低幅度。

度量风险敞口的方法很多，当今最为流行的度量方法是在险价值（Value at Risk，VaR）。所谓在险价值，是指在正常市场条件和给定置信水平下，在给定的时间区间内可能发生的最大期望损失。比如，某投资组合头寸在下一年中有不超过1%的时间，其最大投资损失为1 000元，那么管理者就会认为下一年的在险价值为1 000元。

在险价值的决定因素是时间区间以及投资者主观认定的正常市场条件的标准。比如，在上例中，如果把时间区间缩短为1个月，那么下一个月的在险价值将会明显小于下一年的在险价值。同理，预计市场非正常的概率不超过5%的在险价值，将会低于预计市场不正常情况出现概率不超过1%的评估结果。

当使用描述利润与损失的分布图来表示在险价值时，置信水平（1%或5%是典型的决定非正常市场条件的特定极限）以及时间区间的重要性就会显现出来。图8-1反映了预计利润为0的交易在置信水平为5%时的在险价值。时间区间影响分布曲线的形状，时间区间越长，利润的不确定性就越大，正常的分布曲线也越长，导致曲线左侧5%的区域边界左移，从而增加了在险价值。同样，左翼区域边界的极限改变也会改变在险价值，如果5%的边界左移至1%的边界，在险价值也会增加。

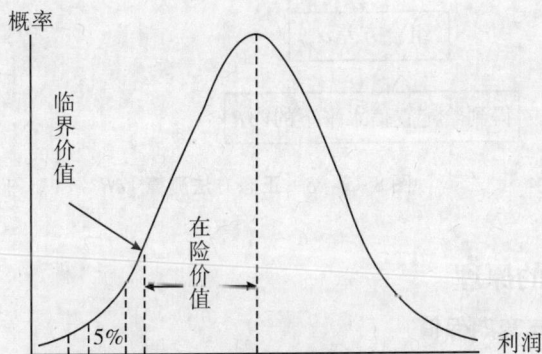

图8-1　在险价值的概率分布

---

① 本节主要讨论套期保值实务的基本类型及其应用原理，未涉及具体的实务操作。

在险价值的度量方法基本上可分为两类：一类以局部估计为基础，如 δ - 正态方法；另一类是完全估计为基础，包括历史模拟法、应力测试法和结构蒙特·卡罗法。在此只介绍 δ - 正态方法。

假设资产组合价值 V_P 是 N 个市场因素 X 的函数，$V_P = f\,(X_1,\,X_2,\,\cdots,\,X_N)$，市场因素的变动将会引起 V_P 的变动，V_P 针对第 i 个市场因素的敏感性为 δ_i，$\delta_i = \partial\,V_p / \partial X_i$，$\delta = \left[\dfrac{\partial V_p}{\partial X_1},\ \dfrac{\partial V_p}{\partial X_2},\ \cdots,\ \dfrac{\partial V_p}{\partial X_N}\right]$。

如果假定市场因素变动与单个资产变动之间呈线性关系，那么组合价值变动与各市场因素变动可以用以下方程式表示：

$$\Delta V_P = \sum_{i=1}^{N}\delta_i\Delta X_i$$

当资产组合中不含期权等衍生金融产品以及市场因素变动很小时，上式通常是成立的。

如果再假定市场因素满足联合正态分布、正态分布线性组合也满足正态分布，那么组合收益也必然服从正态分布，这样该资产组合标准差 δ_p 由下式给出：

$$\sigma_p = \sqrt{\delta' \sum \delta}$$

这样，在一定置信水平下，资产组合 VaR 可由下式给出：

$$VaR = a\sigma_p\sqrt{t}$$

上述过程可用流程图的形式表示，如图 8 - 2 所示。

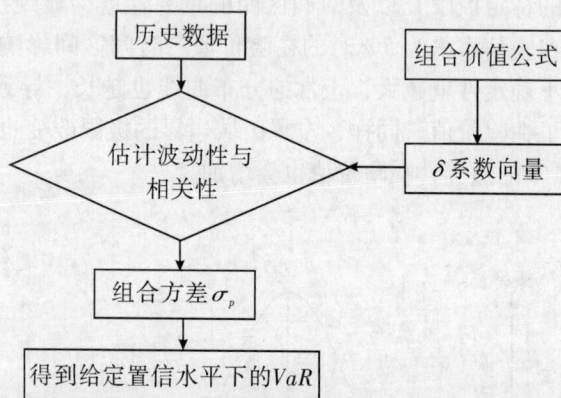

图 8 - 2　δ - 正态方法测算 VaR

二、套期保值的原理

（一）远期合约与套期保值

远期交易在买卖成交时并不发生现金流动，双方只是将交易的各项条件（如交易标的资产的质量、交易数量、交易价格以及交割计算日等）用合约的形式确定下来，而实际交割则在约定的将来某一特定日期进行。远期交易合约是套期保值中最普遍使用的工具。

【例 8.1】假设某公司是原油的需求者，也是燃油的供应者。该公司为减少燃油的价格风险，试图通过一组远期交易合约，使销售价格锁定在适应购买者购买能力的水平上。如果没有这组合约，该公司就只能从原油与燃油的价差中获得利润。如果锁定燃油价格，那么公司的利润就只受原油价格的影响。但是，原油价格的波动往往比燃油和原油之间的价差波动更大。因此，要使油价风险最小，还要锁定原油价格，另外一组原油远期交易合约就成为该公司抵消燃油价格锁定影响的自然平衡机制。

为此，该公司在签订远期销售承诺的同时买入远期合约。首先，该公司签订了未来燃油的销售合约，并锁定了销售价格 K。这样，该公司未来的总收入 G 是不变的。同时，该公司还要在时点 T 以当时的即期价格买入远期交易合约，远期合约在到期日将产生现金流量，消除了石油价格的风险。图 8-3 表明了远期承诺与远期合约之间的关系。图中，AB 线表示两笔交易操作的现金流量，CD 线是远期合约交易产生的现金流量，$G-K$ 就是所有交易产生的现金流量之和。这时，该公司在时点 T 的即期市场上购买原油就无后顾之忧了，因为原油买价的变动风险将由远期合约的收益或亏损进行套期保值。

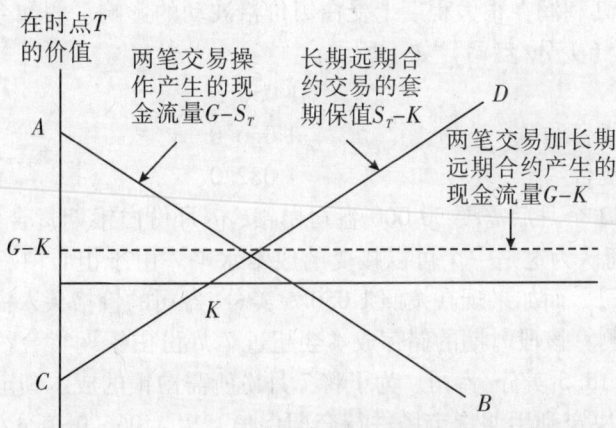

图 8-3　用远期交易合约进行套期保值

我们也可以用更直观的形式对上例进行说明。假设该公司将在 1 年后以固定价格 85 美元/桶购买 125 万桶原油，即产生了 1 年后的支付义务。公司在远期市场应如何对其支付义务进行套期保值，才能使原油价格的风险最小呢？显然，该公司可以通过数量为 125 桶、在 1 年后交割的远期合约来消除风险。如果在时点 0（现在）的远期价格低于 85 美元/桶，公司就能从确定的价格中获利；如果在时点 0（现在）的远期价格高于 85 美元/桶，公司就会亏损。但无论哪种情况，远期交易的获利或亏损都可以在时点 0 确定。

上例介绍的是使用远期合约规避商品价格风险，企业和金融机构还经常使用远期合约来规避外汇风险。外汇远期合约的期限可以是几天，也可以是几年（长期远期合约），但平均期限是 1 年。企业一般会与商业银行买卖货币的远期交易合约，这种远期交易合约通常根据客户的要求定制，因此合约的内容可以规定不同的交易数量、不同到期日以及交易的币种。由于远期外汇合约相当简单，且具体内容可以根据客户要求定制，因此成为公司外汇管理最常使用的套期保值工具。

【例 8.2】假设某公司预期下一年度在欧洲的子公司会发生亏损，预期损失额为 1 亿欧元，因此希望通过套期保值规避货币风险。假设当时欧元对美元的即期汇率为 1.360 欧元/美元，6 个月后的远期外汇汇率为 1.371 欧元/美元，那么该公司应如何套期保值？

假设所有的亏损发生在 6 个月后，这样，在远期合约下，该公司承诺在 6 个月后买入 1 亿欧元，就要按照 1.371 的汇率支付约 0.729 4 亿美元（1/1.371）。这 0.729 4 亿美元就是锁定的不受汇率波动影响的亏损额。如果 6 个月后美元贬值，汇率降至 1.250 欧元/美元，那么 1 亿欧元的亏损额兑换成美元就是 0.8 亿美元（1/1.250），但这一亏损额中有一部分可以被远期外汇合约 0.070 6 亿美元（0.8 - 0.729 4）的收益所抵消。

（二）期货合约与套期保值

1. 多头套期保值

多头套期保值，也称买入套期保值，通常是先在期货市场上买入期货合约建立一个期货多头部位，然后在期货合约到期之前卖出该期货合约进行对冲，目的是锁定相关成本。

【例 8.3】白银是制造胶卷的原材料之一，然而白银的价格通常波动很大。因此，对胶卷制造商来说，其利润在很大程度上受白银价格波动的影响。假如今天是 5 月 1 日，白银现货和期货价格（美分/盎司）如下所示：

白银现货	1 050.5
7 月份白银期货合约	1 066.0
9 月份白银期货合约	1 082.0

某胶卷制造商 2 个月后需要 50 000 盎司白银，7 月份白银期货合约的价格为 1 066.0 美分/盎司，制造商认为这是一个可以接受的成本水平。由于担心白银现货价格上涨到超过 1 066.0 美分/盎司，而如果现在按照 1 050.5 美分/盎司的价格买入白银现货储存起来供 2 个月后使用，经测算该段时期的储存成本会超过 7 月份白银期货合约与当前白银现货价格之间的差额，即 15.5 美分/盎司。为了将 7 月份所需白银的成本锁定在 1 066.0 美分/盎司，该胶卷制造商决定利用期货市场进行套期保值，以 1 066.0 美分/盎司的价格买入 10 份 7 月的白银期货合约，每份合约的规模为 5 000 盎司。

假设 2 个月后，白银价格果真上涨，7 月份现货市场上白银价格涨至 1 069.0 美分/盎司，比原定成本高 3 美分/盎司。由于生产需要，该制造商只得按照该价格在现货市场购进 50 000 盎司白银，共支付 534 500 美元，比原定成本高出 1 500 美元。同时，期货合约也到期，期货价格必须等于现货价格，因此，该制造商可以将手头的 10 份期货合约卖出，从而在期货市场上获利 1 500 美元。现货市场与期货市场的盈亏相抵后，该制造商的净利润为 0。

一般情况下，期货合约到期时，该制造商不会采用实物交割的方式而是通过对冲平仓。主要原因是，通常期货合约的空头方有权选择交割地点和交割时间，多头方往往担心空头方会选择对自己不利的交割地点和交割时间，增加交易费用和管理费用，而对冲平仓则是一种简便、快捷和经济的平仓方式，因此，在很多情况下，多头方都不接受实际交割，而是在当地的现货市场直接购入自己所需的商品。当然，如果采用实物交割方式的来平仓，该制造商的白银的实际成本仍是 1 066.0 美分/盎司。

2. 空头套期保值

空头套期保值也称卖出套期保值，通常是保值者根据现货市场的交易情况，先在期货市场卖出期货合约建立一个期货空头部位，然后在期货合约到期前买入该期货合约对冲平仓，目的是锁定销售价格，进而锁定实际利润。

【例8.4】白银的现货价格与期货价格如上例所示。某白银矿主在5月1日预计2个月后将有50 000盎司的白银待售，7月份的白银期货合约价格为1 066.0美分/盎司，该矿主认为可以接受。为避免2个月后价格下跌的风险，该矿主决定利用期货市场进行套期保值，将白银价格锁定在1 066.0美分/盎司上。因此，该矿主按照1 066.0美分/盎司的价格卖出10份7月份的白银期货合约，每份合约规模为5 000盎司。

假设7月1日白银的价格不降反升，现货市场白银的价格涨至1 069.0美分/盎司，该矿主在现货市场上出售白银的价款为534 500美元，比预期多1 500美元。但是，在期货市场上，由于该矿主以1 066.0美分/盎司的价格卖出了套期保值的期货合约，使其不得不按照1 069.0美分/盎司的价格进行对冲平仓，损失了1 500美元。现货市场与期货市场的盈亏恰好相抵，净利润为0。

此时，有人会说，如果该矿主不进行套期保值，就不会遭受期货市场上的损失，也就可以多出了1 500美元的利润，那该多好！诚然，如果有先见之明，能预知价格的上涨，当然不需要套期保值。但是，如果没有先见之明或预知价格变动的能力，在价格大幅下跌后该怎么办？套期保值的目的并不是盈利，而是规避价格变动的风险。

（三）期权合约与套期保值

由于期权是一种选择权，期权合约买方拥有执行或不执行合约的权利，因此，只有多头期权方才能运用期权合约进行套期保值，而空头期权则不能用于避险。

1. 多头买权套期保值

多头买权套期保值也称买入买权套期保值，是指保值者根据现货市场的交易状况，先在期权市场上买入一份买权合约，然后在期权合约有效期前选择行权或放弃行权，目的是锁定销售价格上限，规避价格上涨的风险。

【例8.5】某炼油厂每年需要原油100万桶。由于原油价格波动幅度较大，为规避原油上涨的风险，该炼油厂购入了一个1年后到期、数量为100万桶、执行价格为80美元/桶的原油买方期权。有关数据见表8-3。

表8-3　　　　　　　　　利用多头买权套期保值

原油现货价格（美元/桶）	78	79	80	81	82
按现货价格计算的支付（万美元）	7 800	7 900	8 000	8 100	8 200
原油买权价值（万美元）	0	0	0	100	200
工厂实际支付（万美元）	7 800	7 900	8 000	8 000	8 000

注：未考虑期权费的影响。

从表8-3可以看出，该炼油厂利用多头买权套期保值，可以有效避免原油价格上涨的风险。在期权合约到期日，若原油的现货价格低于执行价格，该炼油厂可不执行期权合约，按市场价格购入原油，总价款将小于8 000万美元；若原油现货价格高于执行价格，炼油厂将会行权，使总价款稳定在8 000万美元。简而言之，炼油厂通过多头套期保值，使原油总支付不超过 8 000 万美元，规避了原油价格上涨的风险。

这一过程与结果可以用图 8－4 的形式直观表现出来，虚线为买权的内在价值线，实线为公司的实际支付线。

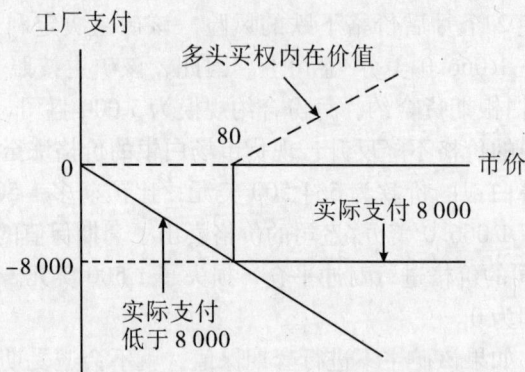

图 8－4　用多头买权进行套期保值

2. 多头卖权套期保值

多头卖权套期保值也称买入卖权套期保值，是指保值者根据现货市场的交易状况，先在期权市场上买入一份卖权合约，然后在期权合约有效期前选择行权或放弃行权，目的是锁定销售价格下限，规避价格下降的风险。

【例 8.6】假设某原油供应商每年生产原油 100 万桶。由于原油价格波动幅度较大，为规避原油下跌的风险，该供应商购入了一个 1 年后到期、数量为 100 万桶、执行价格为 80 美元/桶的原油卖方期权。有关数据见表 8－4。

表 8－4　　　　　　　　　　　　利用多头卖权套期保值

原油现货价格（美元/桶）	78	79	80	81	82
按现货价格计算的收入（万美元）	7 800	7 900	8 000	8 100	8 200
原油买权价值（万美元）	200	100	0	0	0
工厂实际收入（万美元）	8 000	8 000	8 000	8 100	8 200

注：未考虑期权费的影响。

从表 8－4 可以看出，该供应商利用多头卖权套期保值，可以有效避免原油价格下跌的风险。在期权合约到期日，若原油的现货价格高于执行价格，该炼油厂可不执行期权合约，按市场价格销售原油，总收入将超过 8 000 万美元；若原油现货价格低于执行价格，该供应商将会行权，使总收入稳定在 8 000 万美元。简而言之，原油供应商通过多头卖权套期保值，使原油总收入不低于 8 000 万美元，规避了原油价格下跌的风险。

这一过程与结果可以用图 8－5 的形式直观表现出来，虚线为买权的内在价值线，实线为公司的实际收入线。

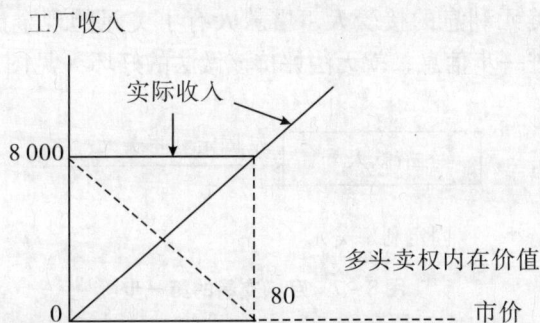

图 8-5 用多头卖权进行套期保值

（四）互换合约与套期保值[①]

互换是两个或两个以上的当事人按照商定条件，在约定时间内，交换一系列现金流的合约，最常见的互换合约是利率互换和货币互换。互换本质上是一种改变风险的工具。在过去的 20 多年中，通过互换交易改变风险的范围已逐步扩大，20 世纪 70 年代末期进行首次互换交易，1981 年进行首次利率互换，股权与商品互换产生于 20 世纪 80 年代中期，信用衍生产品则在 1990 年产生。通过互换交易可以改变很多风险，主要有利率风险、货币风险、商品风险、股权风险、信用风险等。换言之，互换可以用来对多种类型的风险实施套期保值。不过，广泛运用的还是利率互换和货币互换。

根据比较优势理论，只要存在比较优势，双方就可以通过适当的分工和交换使双方共同获利。据此，互换交易的实施必须满足两个条件：第一，双方对对方的资产或负债均有需求；第二，双方在两种资产或负债上存在比较优势。由于互换交易是两个对手之间的合约，因此，互换交易要达成，合约的一方必须找到愿意与之交易的另一方，且只有在双方同意时才能更改或终止互换合约。此外，与期货以及场内交易的期权等合约由交易所提供履约保证不同，互换市场尽管有专门进行做市的互换交易商，但没有人提供保证，因此，互换双方必须关心对方的信用。

1. 互换交易的步骤

第一步：图 8-6 表明一位借款人或投资者通过互换交易第一步抵消的现有头寸地位，这样的图在互换市场上经常使用，有时称之为"垂直图"或"箱形图与箭头"。

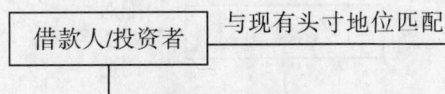

图 8-6 垂直图

在利率互换中，若现有头寸为负债，则互换的第一步是确定与债务利息相配对的利息收入。例如，借款人因借款或发行债券借进固定利率美元需支付利息，在互换中为了匹配

---

① 该问题的详细论述可参见：郑镇龙. 衍生产品. 武汉：武汉大学出版社，2005. 289—337.

这一头寸就必须成为美元利息的接受人，借款人有了美元的现金流入，就改变了公司风险。但是，如果没有进一步信息，就无法评价该做法的好坏（见图8-7）。

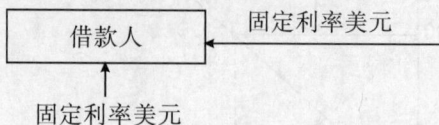

图8-7　互换交易的第一步

第二步：通过互换交易的第一步与现有风险头寸配对后，借款人通过互换交易的第二步创建所需的风险头寸（见图8-8）。

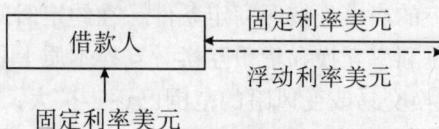

图8-8　互换交易的第二步

利率互换是改变利率风险的工具，从图8-8中可以看出利率互换是改变现金流计息率的一种安排。

2. 使用互换保值的步骤

使用互换涉及三个步骤。第一步是识别现有现金流。互换交易的宗旨是转换风险，因此首先要准确界定业已存在的风险。第二步是匹配现有头寸。只有明了现有头寸地位，才能进行第二步——匹配现有头寸。基本上所有保值者都遵循相同原则，即创造与现有头寸相同但方向相反的风险，这就是在互换交易中所发生的、现有头寸被另一数量相等但方向相反的头寸抵消，因而通过配对或保值消除了现有的风险。互换交易的第三步是创造所需的现金流。保值者要想通过互换交易转移风险，在互换中先抵消后创造就可以达到目的。

第二步与第三步即与现有头寸配对并创造所需的现金流（见图8-9）是互换交易本身。第一步识别现有头寸不属于互换交易，而是保值过程的一部分。

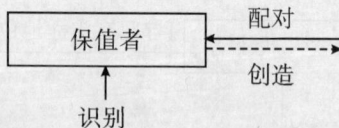

图8-9　使用互换保值涉及的三个步骤

3. 现金流的识别

保值者的目标是创造数量相等而方向相反的现金流，从而通过保值平衡初始风险。为了有效达到目的，有必要清楚了解初始头寸所涉及的变量。保值者对现有风险所掌握的情况越详细，其创造完全保值的机会就越大。

确定进行互换的现金流的确切性十分重要，较好的方法是完整列出金额与日期，以便比较互换交易中的现金流，而且这一过程使交易者对是否配对一目了然。

4. 使用利率互换套期保值

使用利率互换实施套期保值的关键在于，互换中浮动利率一方的现值对利率风险基本上是不敏感的，而固定利率一方的现值则具有与固定利率债券相同的风险。因此，一项收取浮动利息并支付固定利息的互换合约，其利率敏感度实质上与发行固定利率债券等同；而一项收取固定利息并支付浮动利息的互换合约，其利率敏感度则等于买入固定利率债券。从这个角度看，利率互换合约实际上可以把固定利率债券头寸转换为浮动利率债券头寸，反之亦然。如果忽略信用风险，短期债务的续期风险与浮息债务是一样的。因此，利率互换也可以将短期债务转换为长期债务，反之亦然。

如果一家企业资产的现值对利率不敏感，那么使用固定利率的债权融资工具会带来风险敞口，即在利率上升时会增加所有者权益，而在利率下降时减少所有者权益。此时，使用利率互换将固定利率债务转换为浮动利率债务。相反，如果一家企业的资产对利率风险高度敏感，那么采取固定利率债权融资对企业有利。不过，如果企业预期其信用风险程度在未来会有所改善，可能更愿意采用短期债务续期的方式。在这种情况下，企业可以使用互换合约对该策略所产生的利率风险实施套期保值。

从经济学角度分析，双方进行利率互换的主要原因是双方在固定利率和浮动利率市场上具有比较优势。

【例8.7】假设A公司和B公司均想借入5年期100万美元的借款，A想借入6个月的浮动利率借款，B想借入固定利率借款。两家公司的信用等级不同，市场提供的利率也不同，见表8-5。

表8-5　　　　　　　市场提供给A、B两公司的借款利率[①]

	固定利率	浮动利率
A公司	10.00%	6个月期LIBOR+0.30%
B公司	11.20%	6个月期LIBOR+1.00%

从表中可以看出，A的借款利率均低于B，A在两个市场上都有绝对优势。但在固定利率市场上，A比B的相对优势为1.2%，在浮动利率市场上为0.7%。因此，A在固定利率市场上有比较优势，而B在浮动利率市场上有比较优势。这样，双方就可以利用各自的比较优势为对方借款，然后互换，从而可达到共同降低筹资成本的目的，即A以10%的固定利率借入100万美元，B以LIBOR+1.00%的浮动利率借入100万美元。由于本金相同，因此双方不需要交换本金，而只需要交换利息的现金流，即A向B支付浮动利息，B向A支付固定利息。

通过互换，双方总的筹资成本降低了0.5%（即11.20% +6个月期LIBOR+0.30% −

---

① 表8-5中利率均为1年复利1次的年利率。

10.00% - 6个月期 LIBOR - 1.00%），取得了互换利益。互换利益是双方合作的结果，应由双方分享。具体分享比例由双方谈判商定，并据此计算各自向对方支付的现金流。如分享比例为五五分成，则双方实际筹资成本降低 0.25%，即双方实际筹资成本为：A 支付 LIBOR + 0.05% 的浮动利率，B 支付 10.95% 的固定利率，并根据借款成本与实际筹资成本的差异计算各自向对方支付的现金流。

5. 使用货币互换套期保值

在没有违约风险的条件下，货币互换也可以分解成债券的组合，不过不是浮动利率债券和固定利率债券的组合，而是一份外币债券和一份本币债券的组合。货币互换的主要原因是双方在各自国家的金融市场上具有比较优势。

【例8.8】假设英镑对美元的汇率为 1 英镑等于 1.500 0 美元。A 想借入 5 年期的 100 万英镑借款，B 想借入 5 年期的 150 万美元借款。由于 A 的信用等级高于 B，两国金融市场对 A、B 两公司的熟悉程度不同，市场提供的固定利率也不同（见表8-6）。

表8-6　　　　　　　　　市场向 A、B 公司提供的借款利率[①]

	美元	英镑
A 公司	8.0%	11.6%
B 公司	10.0%	12.0%

从表中可以看出，A 在两个市场上均有绝对优势，但大小不同，在美元市场上的相对优势为 2.0%，在英镑市场上的为 0.4%。这就是说，A 在美元市场上有比较优势，B 在英镑市场上有比较优势。因此，双方就可以利用各自的比较优势借款，然后通过互换得到资金，并通过分享互换利益（1.6%）降低筹资成本。

于是，A 以 8.0% 的利率借入 5 年期的 150 万美元借款，B 以 12.0% 的利率借入 5 年期的 100 万英镑。然后，双方先进行本金互换，即 A 向 B 支付 150 万美元，B 向 A 支付 100 万英镑。假设双方商定收益平分，则 A、B 公司的实际筹资成本均下降了 0.8%，即双方实际筹资成本分别为：A 支付 10.8% 的英镑利率，B 支付 9.2% 的美元利率。这样，双方就可以根据借款成本与实际筹资成本的差异计算各自向对方支付的现金流，然后进行利息互换。贷款期满后，双方还要进行借款本金的互换。

由于货币互换涉及本金互换，当汇率变动很大时，双方就面临一定的信用风险。不过，该风险仍比单纯的贷款风险小得多。

练习与案例

一、复习思考

1. 什么是套期保值？套期保值的主要作用是什么？

[①]　表中利率均为 1 年复利 1 次的年利率。

2. 什么是风险敞口？怎样度量风险敞口？

3. 怎样利用远期合约进行套期保值？

4. 怎样利用期货合约进行套期保值？

5. 怎样利用期权合约进行套期保值？

6. 怎样利用互换合约进行套期保值？

二、案例分析

铝制品企业套期保值操作[①]

国内有一家大型的铝制品制造企业，对于该企业来说，原材料铝价格的大幅上涨会导致其生产成本的提高，侵蚀企业的营业利润。在不能通过提高产品售价完全将风险转嫁给下游客户的情况下，企业非常有必要通过期货市场的套期保值功能来规避原材料价格上涨的风险。具体而言，以下两种情况下企业需要实施买入套期保值方案：

第一，预计未来铝价格会大幅上涨，而当前鉴于资金周转或库容不足等问题，不能立即买入现货，而且即便有足够的资金和库容，提前买入现货也会增加资金占用成本和仓储成本。比较稳妥的方法就是通过期货市场实施买入套期保值。

第二，企业已经与下游销售商签订供货合同，售价已定，在未来某一时间交货，但是此时尚未购进原材料，担心日后购进原材料时价格上涨。按照当时的铝价格，企业的销售合同赢利，但是一旦未来铝价格上涨，在产品售价已定的情况下，赢利会减少甚至亏损。在这种情况下，企业需要通过买入套期保值锁定原材料成本，从而锁定销售利润。

假设：2009 年 5 月 1 日，国内铝的现货价格为 13 000 元/吨，当时期货市场上交割期为 8 月份的铝期货合约价格为 12 660 元/吨。该铝制品企业已经与其下游买家签订了销售合同，预计在未来的三个月后有大量的铝采购需求，数量为 1 000 吨。由于担心铝价格在未来会出现上涨的趋势，从而影响到企业的利润，企业欲在期货市场上进行买入保值。于是在期货市场上买入交割期为 8 月份的铝期货合约 200 手（一手 5 吨）。我们忽略不计铝期货的交易保证金和交易费用。

1. 期货价格上涨

情况一：假设期货价格上涨幅度等于铝现货价格上涨幅度

铝	现货市场	期货市场
2009 年 5 月 1 日	13 000 元/吨	买入期货合约 200 手，价格为 12 660 元/吨
2009 年 8 月 1 日	买入现货 1 000 吨，价格为 14 800 元/吨	卖出 200 手合约平仓，价格为 14 460 元/吨
涨幅	1 800 元/吨	1 800 元/吨
盈亏	购买成本增加 180 万元（1 800×1 000）	赢利 180 万元（1 800×200×5）

从盈亏情况来看，铝价的上涨导致了铝制品企业购买成本增加了 180 万元，但是由于

---

① 资料来源：http：//finance. ifeng. com/future/qhzx/20091110/1444837. shtml.

其在期货市场上提前做了买入保值，在期货市场赢利 180 万元，期货市场与现货市场盈亏相抵，综合来看，该企业完成了预定利润。

情况二：期货价格上涨大于现货价格上涨（假设现货价格上涨 1 800 元/吨，期货价格上涨 2 200 元/吨）

铝	现货市场	期货市场
2009 年 5 月 1 日	13 000 元/吨	买入期货合约 200 手，价格为 12 660 元/吨
2009 年 8 月 1 日	买入现货 1 000 吨，价格为 14 800 元/吨	卖出 200 手合约平仓，价格为 14 860 元/吨
涨幅	1 800 元/吨	2 200 元/吨
盈亏	购买成本增加 180 万元（1 800×1 000）	赢利 220 万元（2 200×200×5）

从盈亏情况来看，铝价的上涨导致了铝制品企业购买成本增加 180 万元，但是由于其在期货市场上提前做了买入保值，在期货市场赢利 220 万元，综合来看，期货市场赢利大于现货市场成本增加的部分，企业不仅完成了保值，完成了预定利润，而且还额外赢利 40 万元。

情况三：期货价格上涨小于现货价格上涨（假设现货价格上涨 1 800 元/吨，期货价格上涨 1 500 元/吨）

铝	现货市场	期货市场
2009 年 5 月 1 日	13 000 元/吨	买入期货合约 200 手，价格为 12 660 元/吨
2009 年 8 月 1 日	买入现货 1 000 吨，价格为 14 800 元/吨	卖出 200 手合约平仓，价格为 14 160 元/吨
涨幅	1 800 元/吨	1 500 元/吨
盈亏	购买成本增加 180 万元（1 800×1 000）	赢利 150 万元（1 500×200×5）

从盈亏情况来看，铝价上涨导致铝制品企业购买成本增加 180 万元，但是由于其在期货市场上提前做了买入保值，在期货市场赢利 150 万元。综合来看，虽然企业在现货市场上的购买成本增加，但是期货市场的赢利可以部分弥补采购成本的上涨，大大降低了企业的损失，达到部分保值的效果。

2. 期货价格下跌

假如到了 8 月份铝的价格并未如企业所预计的出现上涨，而出现了下跌，那么企业完成套期保值的具体情况如何呢？

情况一：假设期货价格下跌幅度等于铝现货价格下跌幅度

铝	现货市场	期货市场
2009 年 5 月 1 日	13 000 元/吨	买入期货合约 200 手，价格为 12 660 元/吨
2009 年 8 月 1 日	买入现货 1 000 吨，价格为 12 600 元/吨	卖出 200 手合约平仓，价格为 12 260 元/吨
跌幅	400 元/吨	400 元/吨
盈亏	购买成本减少 40 万元（400×1 000）	亏损 40 万元（400×200×5）

从盈亏情况来看，尽管期货市场上的保值头寸出现亏损，但铝价格下跌使企业购买成本减少了40万元。在铝价下跌的局面下，虽然期货市场发生了亏损，但是现货市场铝价下调，购买成本降低完全可以弥补期货市场上的损失。

情况二：期货价格下跌小于现货价格下跌（假设现货价格下跌400元/吨，期货价格下跌200元/吨）

铝	现货市场	期货市场
2009年5月1日	13 000元/吨	买入期货合约200手，价格为12 660元/吨
2009年8月1日	买入现货1 000吨，价格为12 600元/吨	卖出200手合约平仓，价格为12 460元/吨
跌幅	400元/吨	200元/吨
盈亏	购买成本减少40万元（400×1 000）	亏损20万元（200×200×5）

从盈亏情况来看，尽管期货市场上的保值头寸出现了亏损，但是现货市场上铝价的下跌使企业购买原材料的成本减少了40万元。综合来看，现货市场铝价下调，购买成本降低的收益完全弥补了期货市场的损失，减少了期货市场亏损的影响。

情况三：期货价格下跌大于现货价格下跌（假设现货价格下跌400元/吨，期货价格下跌600元/吨）

铝	现货市场	期货市场
2009年5月1日	13 000元/吨	买入期货合约200手，价格为12 660元/吨
2009年8月1日	买入现货1 000吨，价格为12 600元/吨	卖出200手合约平仓，价格为12 060元/吨
涨幅	400元/吨	600元/吨
盈亏	购买成本减少40万元（400×1 000）	亏损60万元（600×200×5）

从盈亏情况来看，尽管期货市场上的保值头寸出现亏损，但铝价下跌使企业购买成本减少了40万元，综合来看，在铝价下跌的局面下，虽然期货市场发生了亏损，但是现货市场铝价下调，购买成本的降低已弥补了期货市场的大部分损失，企业基本完成了既定的利润目标。

【分析与思考】

利用期货合约交易可以进行套期保值，但在某些情况下是否会给套期保值者带来较大的损失呢？

第九章　企业业绩评价

企业业绩评价是对企业占有及使用经济资源的效率进行评定的过程，是各个相关利益集团重点关注的对象。企业所有者根据对企业经营业绩的评价，决策下一步的发展战略；企业经营者以企业业绩评价结果改进管理措施；其他利益相关者以评价结果为依据，进行相关经营管理决策。本章通过回顾业绩评价方法的历史发展，以业绩评价理论为依据，分析了传统业绩评价指标的优缺点，介绍了新型业绩评价方法，并介绍和分析了我国国有资本金效绩评价方法的特点及局限性。

第一节　企业业绩评价概述

一、业绩评价的概念

业绩，是人们从事某一活动所取得的结果；评价，是人们对某人或事作出价值判断的一种认识过程。业绩评价，简言之，则是对结果进行价值判断的过程。

（一）业绩的概论

为了解释清楚业绩评价的概念，首先需要分析以下几种业绩的概念：

1. 经营业绩与管理业绩

经营业绩是指直接由企业经营活动产生的整体财务状况与经营成果。它以真实公允的会计报表作为主要依据，如对财务状况的判断直接以资产负债表、现金流量表及相关附注为基础，对经营成果的判断则以利润表等损益类报表及其附注为基础。在业绩评价过程中不考虑可控或不可控因素。经营业绩是针对公司状态的静态评价，客观反映事实，不应有主观色彩。

管理业绩主要是指由企业管理活动所带来的业绩水平。管理活动是企业高层管理者从事的活动，有别于经营活动，它具有判断上的主观性，反映高管层努力工作所带来的结果与状态，是管理者主观能动性的表现。由于难以完全区分可控与不可控因素，考核时侧重于可控因素范围内的努力程度及其综合结果，同时由于管理活动所带来的业绩表现具有时滞性，因此管理业绩考核除了考虑现时财务业绩表现外，还需要考虑其他非财务业绩因素。管理业绩在很大程度上属于综合业绩，财务业绩表现只是其重要内容之一。

2. 财务业绩与非财务业绩

财务业绩是从财务数据（定量）的角度来评价经营状况及努力程度。它要求以财务指标体系的方式来评价，如销售增长、投资增长、投资报酬、每股利润或每股现金流、净资产收益状况、利息保障倍数等。

非财务业绩是从经营属性（定性和定量）来评价经营状况及努力程度。这些定性因素影响未来结果，主要有客户关系、员工素质培养与学习、创新等。

从业绩评价角度，财务业绩是一种结果体现，其指标大多属于滞后性指标；非财务业绩大多是一种过程或先导指标，但它影响未来结果。作为全方位的业绩评价系统，不应只单纯针对财务结果，而应当将影响未来结果的经营过程包含在内，并且以战略管理为导向，平衡计分卡（Balanced Score Card，BSC）正是这种逻辑的产物。

3. 过去业绩与未来业绩

过去业绩是一种事实；未来业绩是一种可能。在进行业绩评价时，不仅要关注过去业绩，还要关注未来业绩。为了平衡过去与未来两种属性，必须保持这两者的协调。

4. 所有者业绩与利益相关群体业绩

所有者业绩关注的焦点是具有报表属性的净资产报酬率（ROE）、税后净利润等财务指标，或者具有市场属性的每股市价、经济增加值（EVA）指标，它反映最终给股东所带来的价值增值；而利益相关群体（包括股东、债权人、供应商、员工、政府及社会等）业绩则从更广泛的角度进行反映，关注企业为利益相关群体整体所创造的价值或回报，如总资产报酬率、含折旧费用及摊销利息的利润总额（EBITDA）、利息保障倍数、纳税及捐赠情况等。

（二）企业业绩评价的目的

评价目的是指进行评价的理由，回答为什么要进行评价。评价目的是为了把握评价主体与评价客体之间的价值关系。

企业业绩评价目的根据不同的评价主体和客体大致可分为：

（1）政府管理部门从行政管理和代表社会公众利益的角度对企业进行的社会贡献评价。评价的主要内容是描述企业对社会贡献的各个方面，是为了衡量企业对社会发展的贡献情况。

（2）投资者或潜在投资者从投资决策角度对于企业经营业绩的评价。评价的主要依据是衡量企业经营业绩的指标体系，是为投资决策进行的评价。

（3）债权人从保证债权的角度进行业绩评价。评价的主要方面是企业的偿债能力，目的是有利于债权人进行信用决策。

（4）企业所有者从财产委托人的角度对企业经营者业绩的评价，或者企业经营者对内部各级管理者的业绩评价。评价的主要内容是衡量各级管理者能力的指标，目的是为了对企业管理者进行有效的监督与激励。

（5）供应商、客户和社会公众从保证自身利益的角度进行的业绩评价。评价的内容包括企业的资产规模、债务偿还信用、服务能力等多个方面，主要是为了了解企业的经济效益和经营实力，作出各项决策。

从以上的分析可以看出，确立评价目的在评价活动中具有至关重要的作用，它制约着价值主体、评价视角、评价视阈和评价标准的确立，从而制约着整个评价活动。

（三）业绩评价的概念

不同的业绩评价目的具有不同的业绩评价内容。

对于一个企业而言，业绩评价就是指评价主体根据特定的评价目的，选择特定的评价指标，设置特定的评价标准，并运用特定的评价方法对企业在一定期间内的经营管理活动过程及其结果作出客观、公正和准确的综合判断。这种判断属于一种专业性的技术判断。

业绩评价是通过收集企业经营成果的相关信息，将其和特定的标准进行比较的过程，在现实工作中也称为"考核"、"考评"。业绩评价一方面为业绩计划、业绩沟通提供依据，另一方面也为薪酬计划制定与实施、人事决策与调整等一系列管理行为提供支持。业绩评价是否全面客观，对企业未来发展和管理科学化具有重要影响。

企业业绩评价是对企业占有、使用、管理与匹配经济资源的效果进行的评定。通过对企业经营业绩的评价，不但所有者可以决定企业下一步的发展战略，检查契约的履行情况，而且企业的经营者及其他利益相关者也可以根据企业绩效评价结果进行决策，促进企业改善管理，提高经济效益水平。

二、业绩评价的理论基础

企业业绩评价属于人类从事经济活动中的管理问题，因此其理论基础包括了经济学理论和管理学理论两个方面。

对业绩评价系统设计最具有影响的经济学理论包括委托代理理论、信息经济学理论、制度变迁理论等，对业绩评价最具有影响力的管理学理论包括行为科学理论、权变理论和系统理论。本部分主要介绍以下三个方面对业绩评价的影响。

（一）资本保全论

在市场经济条件下，企业是出资者的企业，是一个资本集合体，所有者是唯一的剩余风险承担者和剩余利益享受者，出资者利益是企业最高利益。企业追求利益最大化直接表现为资本增值最大化。资本保全和资本增值最大化成为企业经营绩效评价的基本前提，从而构成企业经营绩效评价最直接的理论基础。

资本即投资人投入的货币或购买力及其增值部分，是企业净资产或产权的同义词。

资本是能增值的价值，资本保全的法律含义是保护财产所有权不受侵犯，经济含义是维持资本的增值能力。

按照资本保全的经济含义，资本保全应该是在一个报告期内，期末的资本（净资产）大于期初的资本（净资产）。只有这样才算保全了资本及其增值能力。但是要准确地计算资本保全却不容易：第一，由于存在期初和期末的时间差，资本保全要考虑货币的时间价值和物价变动的因素；第二，由于资本有财务资本和实物资本两种概念，资本保全要从保全资本的名义货币、保全资本的实际购买力、保全资本的实际生产能力三个方面考虑。

资本保全和赢利有着密切的关系，利润是在资本保全的基础上确定的，资产的流入必须大于保全资本所需要的金额，才可以视为利润，也才可以作为资本报酬。利润是从收益中扣除费用后确定的，因而利润和成本补偿都与资本保全有密切的关系。

从资本保全和资本保值增值的概念及其运用可知，资本保全和资本增值的实质是实现资本收益最大化，是在资本经营状态下所得和所费关系的具体体现。

（二）委托代理理论

随着现代公司制度的诞生，企业的所有权和经营权开始分离。企业所有者不直接从事企业的经营活动，而是雇用经理人进行管理，股东与经理人的关系就是委托代理关系。

现代公司制企业的委托代理关系有以下特征：

1. 委托代理关系是一种利益关系

委托人一方要事先确定一种报酬机制，激励代理人尽心尽责，努力实现委托人利益最大化目标；代理人据此选择自己的努力方向和行为方式，以求得自身利益（效用）最大化。委托代理关系是否有效的关键是这一制度安排是否实现双方利益的平衡，从而保证代理人目标与委托人目标的一致性。

2. 委托代理关系是一种契约关系

委托人与代理人之间不是一种普通的合作关系，而是通过契约严格规定了双方的权利和责任。但这种契约是一种不完备的契约，这是由企业的不确定性、委托人与代理人之间的信息不对称、有限理性（人们的认识能力是有限的，因而其决策和行为能力也不可能是完全理性的）、委托人和代理人目标的不一致性等所决定的。这种契约的不完备性隐含着代理风险。

在委托代理关系中，由于委托人和代理人具有不同的利益，因而在代理行为中，当代理人追求自身的利益时，代理人就可能造成对委托人利益的损害，这就是所谓的代理人问题。当然，委托人在选聘代理人之前，要考察代理人的专业胜任能力和信誉，执行严格的选聘程序，或者采用试用期的形式增进对代理人的了解，消除信息障碍。但是，即使执行了严格认真的选聘程序，仍然会产生代理人问题。这是因为：

（1）代理人是一个具有独立利益和行为目标的"经纪人"，他的行为目标与委托人的利益目标不可能完全一致。

（2）代理人作为经济人同样存在所谓"机会主义倾向"，在代理过程中可能产生职务怠慢、损害和侵蚀委托人利益的道德风险和逆向选择问题。

（3）市场环境的不确定性和信息掌握的不对称性，使委托人难以准确判断代理人行为的努力程度，以及是否存在机会主义行为。

（三）企业业绩评价是监督、激励和约束的需要

为了保证企业资本的保值增值，解决代理人的道德风险和机会主义问题，企业的资本所有者与经营管理者之间的委托代理关系要通过一定的代理合约明确各自的权利与责任，建立起一种有效的监督、激励与约束机制，促成代理人目标和经营者目标的一致，实现委托人目标的最大化。代理人认为，委托人在解脱自己的经营管理事务的同时，将要支付一定的代理成本。它包括支付代理人的薪酬、委托人监督费用、代理人问题引起的经营损失和职务侵犯等。其中前面两项是委托人必须支付的代理成本，它可以在一定程度上防止和减少因为代理人问题而导致的经营损失和职务侵犯，从而降低代理总成本。问题的关键是委托人为了堤高资本回报水平，将竭力节约代理费用和代理成本。而建立企业业绩评价制度是一项有效的制度安排，不论是实现对代理人的有效监督、约束经营者的行为，还是兑现代理人的薪酬合约、节约监督费用，都需要运用企业业绩评价手段。

因此，在委托代理关系中，委托人与代理人利益目标的不一致和信息不对称，决定了企业效绩评价制度存在的逻辑基础。

三、业绩评价的发展历史

西方企业业绩评价发展史大致可划分为三个时期：成本业绩评价时期（19世纪初至20世纪初）、财务业绩评价时期（约20世纪初至20世纪90年代）、业绩评价综合指标体系的创新时期（20世纪90年代至今），其中业绩评价综合指标体系又可以划分为经济基础业绩评价时期、战略管理业绩评价时期和利益相关者业绩评价时期。以上每一时期的指标体系都是随着企业生产经营的发展变化以及所处社会经济环境和管理要求的变化而不断发展变化的。

（一）成本业绩评价时期（19世纪初至20世纪初）

在19世纪以前，由于当时的企业规模很小，对企业经营业绩进行评价的意义不大，评价可有可无，即使有，也是局限于观察。严格地说，在19世纪前，真正意义上的企业业绩评价并不存在，更不用说业绩评价指标或业绩评价体系。企业业绩评价指标体系的研究是随着19世纪初纺织业、铁路业、钢铁业和商业等企业发展的管理需要而发展起来的。

早期的成本思想是一种很简单的将本求利的思想，成本计算也是一种简单的以赢利为目的的计算。这一阶段的业绩评价指标就是成本，诸如每码成本、每磅成本、每公里成本等。这种业绩评价带有统计的性质。随着资本主义商品经济的产生与发展，简单的以计算赢利为目的的成本思想已逐渐被如何提高生产效率，以便尽可能多地获取利润的思想所取代，于是出现了较为复杂的成本计划和业绩评价方法。1911年美国会计工作者设计了最早的标准成本制度。标准成本和差异分析制度的建立，使人们的成本观念从被动的事后分析转变为积极、主动的事前预算和事中控制，达到了成本管理的目的。成本控制状况即标准成本的执行和差异分析结果成为该时期企业业绩评价的主要指标。

（二）财务业绩评价时期（20世纪初至20世纪90年代）

20世纪初，资本主义经济已进入了稳步发展时期，自由竞争过渡到了垄断竞争，这一时期从事多种经营的综合性企业发展起来了，为企业业绩评价体系的进一步发展提供了机会。财务业绩评价时期经历了以销售利润率为中心的财务业绩评价阶段、以投资报酬率为中心的财务业绩评价阶段和以财务指标为主的业绩评价阶段等。

杜邦公司首先设计出了管理这种新型企业的综合的财务指标体系，其核心为投资报酬率，该指标又可被分解为销售利润率和资产周转率。自此，以投资报酬率为核心的财务指标体系几乎一直占据着企业业绩评价的主导地位。20世纪70年代，麦尔尼斯对30家美国跨国公司1971年的业绩评价进行分析后，发现最常用的业绩评价指标为投资报酬率，评价标准主要是预算比较和历史比较。泊森和莱西格1979年对400家跨国公司的调查表明，常用的业绩评价指标还有销售利润率、每股收益率、现金流量和内部报酬率等。

20世纪80年代以后，企业业绩评价出现了以财务指标为主、非财务指标为辅的趋势。许多公司认识到过分强调短期财务业绩常使企业在竞争中处于不利地位，于是像顾客满意度、产品生产周期等非财务指标受到重视，但经营者的报酬还是依据财务业绩而不是工作质量业绩。

将非财务指标纳入企业业绩评价指标体系，为新时期企业业绩评价体系的创新奠定了基础。

（三）企业业绩评价指标体系创新时期（20 世纪 90 年代至今）

20 世纪 90 年代，人类社会逐步迈入了一个崭新的时代——知识经济时代。企业的经营环境面临巨大的变化。经济全球化、信息革命和市场的瞬息万变导致竞争的加剧，从现实来看，当前国际范围内的竞争主要是经济竞争，经济竞争的核心是技术竞争和人才竞争。知识经济时代的到来，扩展了资本的范围，改变了资本的结构。在企业新的资本结构中，物质资本的地位将相对下降，而知识资本的地位将相对上升。企业的无形资产比重逐步上升，有的高科技企业无形资产的价值已经大大超过有形资产的价值。

财务指标存在一个很大的缺陷——面向过去，即财务指标反映的只是去年或以前年度的绩效，并不能提供创造未来价值的动因。非财务指标则相反，它们往往是面向未来的。比如，开发和研制新产品投入市场，用一定的时间建立市场份额，提高对关键顾客的保有力等。这些指标的改善往往需要管理层付出多年的努力，然而一旦上述指标顺利完成将明显改善公司财务业绩。

为了弥补传统财务性业绩评价的不足，主要产生了以下一些评价指标体系：

1. 经济基础业绩评价

与传统的会计基础业绩评价模式相比，经济基础业绩评价模式更注重于股东价值的创造和股东财富的增加。EVA 是经济基础业绩评价模式的典型代表。EVA 这一指标是由美国纽约斯特恩·斯图尔特咨询公司于 1982 年正式提出的。

EVA 指标衡量的是企业资本收益和资本成本之间的差额。

EVA 指标最大的和最重要的特点就是从股东角度重新定义企业的利润，考虑了企业投入的所有资本（包括权益资本）的成本。这种利润实质上就是属于投资者所有的真实利润，也就是经济学上所说的经济利润。EVA 指标由于在计算上考虑了企业的权益资本成本，并且在利用会计信息时尽量进行调整以消除会计失真，因此能够更加真实地反映一个企业的业绩。

更为重要的是，EVA 指标的设计着眼于企业的长期发展，而不是像净利润一样仅仅是一种短视指标，因此应用该指标能够鼓励经营者进行能给企业带来长远利益的投资决策，如新产品的研究和开发、人力资源的培养等。

此外，应用 EVA 能够建立有效的激励报酬系统，这种系统通过将管理者的报酬与增加股东财富的企业业绩指标 EVA 挂钩，能正确引导管理者的努力方向，促使管理者充分关注企业的资本增值和长期经济效益。

2. 战略管理业绩评价

如果说工业经济时代强调的是财务资本，那么在知识经济时代限制企业发展的关键因素则是知识或者说智力资本。

企业界的管理者基于传统财务业绩指标的固有局限性，感觉到有必要对财富创造的流程进行监控，有必要评价企业在其他非财务领域上的业绩。基于这种背景，实务界和理论界逐渐致力于将财务指标、非财务指标和战略联系起来，对战略业绩评价的研究迅速升温。

1990 年马克奈尔、林奇和克罗斯提出了一个把企业总体战略与财务和非财务信息相互结合起来的业绩金字塔模型。该模型从战略管理角度给出了业绩指标体系之间的因果关系，反映了战略目标和业绩评价指标之间的互动性，揭示了战略目标自上而下逐级反复运动的层级结构。

战略管理业绩评价模式最具有代表性也最具有广泛影响力的是平衡计分卡（BSC）。BSC 的基本思路，就是将影响企业运营的包括企业内部条件和外部环境、表面现象和深层实质、短期成果和长远发展的各种因素划分为几个主要的方面，即财务、客户、内部经营过程和学习与成长等四个方面，并针对这四个主要的方面，设计出相应的评价指标，以便系统、全面、迅速地反映企业的整体运营状况，为企业的平衡管理和战略实现服务。

因此，BSC 是以企业的战略为导向，以管理为核心，以各个方面相互影响、相互渗透为原则，建立起来的一个网络式的业绩评价系统。

3. 利益相关者业绩评价

业绩三棱柱是这一业绩模式的典型代表。它的特点在于强调业绩评价系统的设计应该考虑利益相关者的满意和贡献，而不是战略。英国克兰菲尔德大学管理学院企业业绩管理中心学者安迪·尼利、克里斯·亚当斯和迈克·肯尼尔利等人则认为 BSC 最大的问题就在于仅仅考虑了股东、客户和员工的利益，忽视了其他利益相关者如供应商、定规者、利益集团以及当地社团的重要性。因此，安迪·尼利等人批评 BSC、EVA 等这些框架和方法虽然都创造了价值，但都是局部的或者是点上的解决办法。

要解决这个问题，需要以利益相关者价值概念为基础，为此安迪·尼利等人于 2002年提出了一种新颖的业绩测量和管理框架——业绩三棱柱。业绩三棱柱是一种三维框架模型，它包括相互关联的五个方面，即考虑了五个特殊的重要问题：

利益相关者的满意——谁是企业的主要利益相关者？他们的愿望和要求是什么？

利益相关者的贡献——企业要从利益相关者那里获得什么？

战略——企业应该采用什么战略来满足利益相关者的需求同时也满足企业自身的要求呢？

流程——企业需要什么样的流程才能执行战略？

能力——企业需要什么样的能力来运作这些流程？

这五个方面为我们考察组织的管理业绩提供了一个全面的综合的框架。

业绩三棱柱不仅强调以上五种因素之间的互动关系，强调业绩评价系统的建立要综合权衡这些因素，而不能忽略其中任何一方面，而且以利益相关者的满意度为起点考虑企业目标的内涵，从利益相关者的贡献、战略、流程和能力等角度考虑企业如何满足利益相关者的需求。尤其是最后一点是业绩三棱柱相对于以战略为起点的 BSC 的突破。

近年《财富》500 强上榜公司的资料显示，非财务指标应用正是大势所趋。52% 的公司已经将非财务指标并入经理激励计划，在这些公司中，有31% 积极使用了非财务指标，其余69% 的公司则将非财务指标放在菜单中，供每年董事会制订激励计划时选用。

四、业绩评价的作用

从为管理者进行决策提供信息的角度，业绩评价具有以下三个基本功能：

（一）激励与约束功能

业绩评价具有激励与约束功能，对于评价下属单位经理人员的工作成绩，进行调配、提升、奖励等决策提供有力的支持，具有重要的参考价值。正是在这个意义上，管理者可将业绩评价视为一种最有用的人力资源管理工具。

（二）资源再配置功能

将竞争对手的有关指标作为企业业绩评价的标准，对企业的战略分析及资源的合理配置非常有用。成功的企业应在其所在行业或产品线上具有竞争优势，对于大型企业集团和跨国公司，往往同时经营不同的行业或同一行业内几个不同的产品线，这就要求在其涉及的所有行业都具有一定的竞争优势。这时，将企业所涉及的行业或产品的业绩水平与相同行业的主要竞争对手进行对比，可以使企业认清自己在哪些行业或产品线上具有竞争优势。并根据这些信息，重新对不同行业与产品线进行战略分析及采取相应的战略措施，对原有资源配置进行重新调整，从不具备竞争优势或不可能拥有竞争优势的行业或产品线上撤出，增强其他行业及产品线已有的竞争优势，或重新选择经营方向。

（三）战略管理功能

在当今日益激烈的市场竞争环境中，越来越多的企业开始重视战略管理，通过制定和实施企业战略，使企业以长远眼光看待目前的经营活动，根据外界环境及自身特点，采取独特的竞争策略，形成竞争优势，并取得经营上的成功。业绩评价在战略管理中发挥着重要作用。战略管理可大致分为战略设计与战略实施两大阶段。在战略设计阶段，业绩评价可以发挥项目再评估功能和资源再配置功能，为形成最优战略提供信息；在战略实施阶段，业绩评价可以发挥其人事管理功能，以激励各级人员努力实现战略目标。业绩评价是联系战略管理循环的纽带。

五、企业业绩评价系统

（一）业绩评价系统的构成

企业业绩评价系统作为企业管理系统的一个相对独立的子系统，其构成要素包括评价主体、评价客体、评价目标、评价指标、评价标准、评价方法和评价报告。

1. 业绩评价主体与评价客体

根据不同的业绩评价主体和评价客体，可以将业绩评价分为四个基本层面：

（1）政府管理部门从行政管理和社会公众利益代表的角度对企业进行的社会贡献评价。评价的内容主要包括企业所提供的税金、就业机会，以及对职工的社会福利保障、环境保护等责任义务的履行情况。

（2）潜在投资者从投资决策角度对于企业业绩的评价。投资者在决定其资本的投向时，要对备选投资对象的经营成果、财务状况、未来发展能力进行全面衡量和比较。尽管股权投资和债权投资在选择投资对象时评价的侧重点有所不同，但总的来说这一类评价是以企业价值为分析、比较的对象，评价的目的是为投资决策提供依据，因此也叫企业价值分析。

（3）企业所有者对于企业经营业绩的评价。这一层面的业绩评价是所有者从委托代理的角度对其所投入企业资源的保值增值情况的关注，是对作为代理人的企业经营者在企业价值创造中的贡献的评价，它通常是将企业作为一个整体进行评价。

（4）企业经营者对企业内部各部门管理者的评价。在授权管理的企业组织中，较高层的管理者需要根据授权经营的下属部门的责任和权限来选择适当的业绩评价方式，以形成有效的约束和激励机制。这一层面的业绩评价作为企业内部控制系统的有效组成部分，一直受到企业经营者的关注，长期以来不仅形成了较为完善的责任会计理论和方法，而且仍然在不断地发展。业绩评价系统的目标是整个系统运行的指南和目的所在，它服从和服务于业绩评价主体。

2. 业绩评价目标

不同的企业业绩评价主体具有不同的评价目标。如上所述，政府部门评价企业业绩的目的是重点考察各企业社会责任的履行情况，而企业经营者对各分支机构的评价更多的是作为企业战略管理的一部分，业绩评价系统的目标是为管理者制定最优战略及为实施战略提供有用信息。在战略制定阶段，通过业绩评价反映各部门的优势与弱点，有助于企业最佳战略的制定；在战略实施阶段，业绩评价的反馈信息有助于管理者及时发现问题，采取措施以保证预定战略的顺利实现。因此不同的业绩评价主体决定着不同的评价目标。

3. 业绩评价指标

业绩评价系统的指标是根据评价目标对评价对象的相关方面进行衡量。如政府管理部门的社会贡献评价主要通过社会贡献率、人均利税率、就业增长率等指标来衡量；而作为战略管理工具，业绩评价系统关心的是评价对象与企业战略成败密切相关的方面，即所谓的关键成功因素。而它们则具体表现为评价指标。关键成功因素有财务方面的，如投资报酬率、销售利润率、每股盈余等；也有非财务方面的，如企业产品质量、科技力量、售后服务水平等。所以业绩评价指标也分为财务评价指标和非财务评价指标。如何选择业绩评价指标，使其能够准确反映企业的关键成功因素，是企业业绩评价系统设计中最重要的问题。

4. 业绩评价标准

业绩评价标准是指判断评价对象业绩优劣的基准。业绩评价标准具有规划、控制、考核等功能，评价标准的选择取决于评价的目的。确定企业经济效益评价标准，应当从全局利益出发，力求有充分的科学根据。经济分析采用这样的评价标准，对于发现问题，找出差距，得出正确结论有着十分重要的意义。企业业绩评价系统中常用的标准通常有以下五种：

（1）公司的战略目标与预算标准。

战略目标与预算标准也称计划（目标）标准，是指本企业根据自身经营条件或经营状况制定的预算标准。企业内部分析利用预算指标可以考核评价企业各级、各部门的经营业绩，但是在制定预算指标时，由于人们对客观事物认识过程的限制或者人为因素的影响，有时对可能利用的一些有利因素未能估计和预测，以致失去客观依据。因此，在经济分析时必须检查预算标准的质量，对那些脱离实际的预算标准在分析过程中加以调整。

（2）历史标准。

这是指以企业过去某一时间的实际业绩为标准。根据历史标准可以查明被评价对象的经营业绩比过去是有所改善还是正在恶化。如果现在比过去情况有所改变，则应根据已发生的变化来调整过去的历史标准，以便正确进行比较。采用历史标准具有较强的可比性，不足之处在于它只能说明被评估企业或部门自身的发展变化，在外部环境变化巨大时，仅用历史标准是不能作出全面评价的。

（3）行业标准或竞争对手标准。

这是指某些评价指标按行业的基本水平或竞争对手的指标水平，是业绩评估中广泛采用的标准，有些行业为了能够正确进行比较，按企业规模和经营条件制定出不同类型企业的标准作为评价的依据。尽管企业的情况不完全相同，但借助于这些标准作为比较的基础，对评价企业在同行业中的地位和水平还是有一定参考价值的。

（4）经验标准。

它是依据人们长期、大量的实践经验的检验而形成的。例如，流动比率的经验标准为2:1，速动比率的经验标准是1:1等。西方一些学者认为标准是人们公认的标准，不论哪一个企业或任何时期都是适用的。其实，经验标准只是就一般情况而言，并不是适用于一切领域或任何情况的绝对标准。以流动比率为例，因行业或时期不同而各异，战后日本流动比率就比战前大幅度降低，而且各行业降低幅度也不一样。因此，财务评价在应用经验标准时，必须结合具体情况进行判断。

（5）公司制度和文化标准。

在业绩评价中，经常使用一些非财务指标，这些指标的标准往往表现在公司的规章制度中，还有一些融合于企业文化判断中。

以上五种标准均各有利弊，预算标准是最具适用性的，但是预算的确定客观公正是前提。在业绩评价时可以综合利用各种标准从不同角度对企业经营成果进行考核，以保证对企业经营业绩作出公正合理、准确可信的评价。另外，标准的选用与评价对象密切联系，也直接影响评价的功能。一般说来，当评价对象为管理者时可采用年度预算标准，而评价对象为企业时，最好采用资本预算标准和竞争对手标准。为全面发挥业绩评价系统的功能，企业也可在同一系统中同时使用这三类不同的标准。

5. 业绩评价报告

业绩评价报告是企业业绩评价系统的输出信息，也是业绩评价系统的结论性文件。业绩评价报告的文字与格式应当简洁、清楚、便于理解，应突出关键的问题与原因，提高效率。业绩评价报告是业绩评价人员以业绩评价对象为单位，通过会计信息系统及其他相关信息系统，获取与评价对象有关的信息，经过加工整理后得出业绩评价对象的评价指标数据，再与预先确定的评价标准进行对比，分析差异产生的原因、责任及影响，得出评价对象业绩优劣的结论后形成的。其格式与写法因不同的评价对象与内容而不同，不应有统一的规定。

以上五个要素共同组成完整的业绩评价系统，它们之间相互联系、相互影响。不同的目标决定不同的对象、指标和标准的选择，其报告的形式也不同。

（二）业绩评价系统要素之间的关系

评价目标是业绩评价系统的指南和目的，它决定了评价指标的选择、评价标准设置、评价方法的确立和评价报告的编报。

评价目标从定性和定量两个维度又分解为评价指标和评价标准，评价指标反映评价目标的具体内容，评价标准反映评价目标的具体水平。评价指标和评价标准相互影响。评价指标和评价标准是形成评价方法的基础，其类型的选择会影响评价方法的确立。

评价方法不仅是对评价指标和评价标准的具体运用，而且是对实际业绩是否达到评价目标的判断过程和处理过程。

评价报告是整个业绩评价系统的输出信息，是对业绩评价系统其他要素的最终反映和综合体现。当然，评价报告的深度、广度与可信度要取决于评价指标、评价标准和评价方法的科学性。

（三）企业业绩评价的原则

在综合业绩考评中，无论是在评价体系的建立还是在具体评价指标的设定上，都必须考虑下述原则：

1. 目标一致原则

长期目标和短期目标一致。企业在制定业绩考核过程中，应该考虑短期目标与长期目标的一致性问题，长期目标需要分解为短期目标，各个短期目标的完成有利于实现长期目标。

另外，需要调整管理者目标使其与企业目标一致。经验表明，企业要想在未来取得成功，必须使企业管理者的目标与企业目标保持一致性，保证管理者的利益与企业利益一致。

2. 战略符合性原则

企业管理是一种战略性管理，它必须以长期发展的眼光来看待业绩评价，从而为实现战略目标服务。战略性原则是业绩评价体系建立时必须考虑的另一重要方面。它对业绩评价的要求是：

（1）注重财务指标与非财务指标间的平衡。

一般认为，大多数责任中心如子公司或分部等，都有多重具体目标，其中只有一部分能从财务角度进行表述，如经营利润、投资报酬率等，而其具体目标在本质上则是非财务性的。财务指标易于从会计报告中取得，因而容易被计量并取得"唯一标准"的地位。但事实上，很多非财务性指标在管理中更易被员工与管理者接受，更易被理解和量化，因此低层管理者和员工更容易受到激励而去实现业绩目标，可见非财务指标对企业管理业绩评价是至关重要的。

在通常情况下，只有当财务状况发生相当程度的恶化，较差的非财务业绩（生产率、质量、顾客满意度等）的影响才能从财务指标上反映出来。因此，企业应该强调对引起收入和成本的作业进行管理，而不是等到作业发生之后再对收入和成本本身进行解释，基于这一原因，较高层的财务业绩通常服从其非财务业绩，从而做到财务业绩与非财务业绩的均衡。

（2）注重赢利性指标与流动性指标、结果性指标与过程性指标间的均衡。

也就是说，在用财务标准衡量企业管理业绩时，不能只看到其赢利性，而必须充分了解资产的质量及其流动性。同样的道理，对于指标评价而言，不能只是进行定期的结果指标评价，而必须辅助于过程性指标进行评价，如果只对结果考核而放弃对过程的追踪评价，则很可能使企业冒很大风险，导致失败。

（3）反映长期利益与短期利益、整体利益与局部利益的关系。

长期与短期、整体与局部从来都是一对矛盾，在业绩评价过程中，同样不可避免这一对矛盾。为此需要评价主体从战略的角度来评价管理业绩，在这一层面上，评价是主观的，它反映评价主体的主观意志和战略目的。

3. 可控性原则

由于组织的分权及管理环境的多变，在业绩评价实践中，管理者当且仅当对可控事件与可控成本负责。所谓可控，是指直接受管理者控制的事件与区域，这一区域可以是成本中心，也可能是利润中心，从总部看则是投资中心。对业绩评价区分可控与不可控，是出于对管理者责任范围限定的需要，它是相对的。成本中心的可控对象是成本，管理者只对其成本负责；利益中心的可控对象是利润，管理者只对现有的资产规模的使用效能与实现的赢利负责等。

由于可控与不可控的界限很难区分，因此，在管理组织的设计与业绩评价的依据上，需要对其进行重新定位。

（1）从组织设计上。为了保证组织内的可控界限明确合理，因此需要对可控范围内的管理事项进行完全放权，即做到彻底分权，只有责任明确、权力落实，才能保证责任者的管理业绩可以被衡量，否则管理者会出于保护自身权益而将业绩不佳的原因归咎于权力不到位、高层的干预等，从而难以得到管理业绩是好是坏的结论。

（2）如果是由于外部市场环境变动而导致的不可控因素，则要求在业绩评价上剔除环境变动对业绩产生的影响，而将管理者可控的业绩进行报告与评价。例如，在对销售收入完成情况进行评价时必须考虑销售量（量差）这一因素，并且由于销售收入受销售价格变动影响很大（价差），实际评价时也应剔除价差的影响。

4. 协调性原则

协调性是指在评价管理业绩时要注重评价体系与评价指标间的协调性。常见的现象是子公司的经理层并没有按照母公司意图去实现其战略性目标，如年度赢利目标，但是由于子公司经理层在另一些并不重要的方面成绩突出而受到总部奖励，而且这些次要的工作奖励大大地超出管理业绩奖励，这种情况在理论上被认为是不协调的。不协调性会在很大程度上损害甚至抵消业绩评价的功能，因而是管理所不允许的。因此，它要求评价主体必须站在战略角度，从宏观上对管理业绩进行评判，做到目标的唯一性、考核的唯一性，只有这样才能使管理业绩评价作为目标与激励的桥梁，发挥其应有的功能与作用。

5. 公正与公平原则

业绩评价本身是主观的行为，但主观的行为必须以客观的事实为依据，只有这样才能公正、公平。为了保证主观中的客观，业绩评价应当做到：

（1）强化业绩评价的市场性，因为相对而言只有市场是最公正公平的，因此增加市场本身对业绩的评价不失为一种可行的方法，它要求评价指标设计上加大市场的含量，减少人为的因素。

（2）在市场不能完全作为评价依据时，需要从内部机制设置上保证评价的公正与公平，"要做到选举的公正与公平，关键不在于有多少人参与投票，而在于谁在计票"，不能由担任董事会成员的管理者来参与对自身的评价，而必须选择具有独立身份的外部董事来对管理者进行评价，要让外部董事在业绩评价中充当"计票人"的角色。

第二节 传统业绩评价指标

一、利润及税后利润

利润是企业业绩评价中最常见的评价指标。利润通常被定义为收入与成本之差，但由于企业实务中的"收入"和"成本费用"具有不同的含义，因而产生了多种不同的利润计算方法：

①毛利＝销售收入－销售成本
②部门边际贡献＝销售收入－变动成本（含变动费用）
③部门可控营业利润＝边际贡献－可控固定成本
④部门营业利润＝可控营业利润－不可控固定成本（含总部分配的管理费用）
⑤部门净利润＝营业利润×（1－所得税税率）

由此，利润指标的计算至少有五种方法可供选择。使用不同方法计算所得的利润指标具有不同的评价意义，相应地反映出管理者不同的战略取向。从部门经理的可控性角度考虑，方法①～⑤的扣减额逐渐增加，部门经理的可控性逐渐降低，对其积极性以及激励作用的负面影响逐渐增强。若从对企业总部贡献的角度考虑，则方法①～⑤逐渐增大，分别可满足管理者对不同评价对象的评价要求。其中最能反映各部门在权限和可控范围内有效利用各种资源，不断提高经济效益的能力和业绩的利润指标是可控部门利润。相对而言，部门营业利润和部门净利润指标都隐含了部门无法控制的成本费用，过分强调这些指标在业绩评价中的作用是不合适的。

评价经营业绩采用利润指标的优点是简单易行，取数方便。由于与现行会计报表数据的一致性，计算结果易于各方面理解和使用，所以在现阶段具有较强的适用性。但是随着企业财务目标从会计利润向企业价值的转化，这类评价指标的局限性日益明显：①在权责发生制下，会计账面利润与财务实力（现金流量）并不完全相关，通过调整会计政策虚增会计利润会导致业绩评价的结果出现错位，极易受到利润失真的制约；②会计利润是个短期财务指标，只可能促使经营管理者谋求短期利润增长，无法引导他们关注企业未来的增长、重视技术创新和新产品开发；③会计利润的计算没有考虑企业投资规模、融资成本和机会成本，从财务角度分析，会计利润是不完整的。

净利润这个指标是可以直接从会计报表上取得的，相对来讲，其获取成本最小。但是，该指标的噪音相对来讲也是最大的。由于传统的业绩评价体系以及激励机制都以税后利润作为对经理层奖惩的唯一标准，因此，管理层就会想方设法地操纵会计报表上的这一指标为其所用。在应计制会计制度下，由于会计制度的可选择性以及会计报表编制所具有的弹性，使得这一指标在很大程度上失真。

二、投资报酬率

投资报酬率（ROI）是杜邦公司在评价企业各分部经理的经营业绩时创立的一个重要

指标。在使用投资报酬率这个指标时，一般以业务单位的资本成本或者企业的资本成本作为其达标比率或者最低可接受的收益率，然后将该指标与资本成本进行比较。如果投资报酬率大于资本成本，则认为创造了企业价值（或股东财富）。这一方法最大的问题是，投资报酬率这个指标是应计制收益，而资本成本是投资者所要求的经济收益。因此，两者不具备可比性。在会计中，计算投资报酬率有许多方法，常用的是：

投资报酬率 ＝［净收入＋利息×（1－所得税税率）］／资产的账面值

该公式存在着一定的问题，譬如：第一，投资报酬率指标是一个单期的计量指标，收入是针对某一特定年份计算的，然后除以同年资产的账面平均值。因此，该指标忽略了发生在当期以外的事件。计算多期的平均投资报酬率虽然可以减少这一问题，但并不能最终消除它。第二，投资报酬率的分子、分母都会受到任意的会计安排的影响。用投资报酬率作为评估战略和业绩的指标，除了上述缺点外，还有三点不足：一是单一项目或整个战略的经济收益率仅取决于未来现金流，然而会计上投资报酬率指标的大小不仅取决于未来投资的现金流，而且还取决于过去期间的未折旧投资，因此，如果两个企业有相同的战略和预测，但其中一个企业的起始投资基数大，那么该企业在计划期内就有较低的投资报酬率；二是投资报酬率在评估战略和业绩时忽略了企业延后期（post planning period）的剩余值，而这一数值往往占一个公司市值的很大比重，有时甚至超过50％；三是投资报酬率指标在财务政策发生变化时会发生相反的经济效应。

同时，提高投资报酬率主要有如下两种途径：一是提高单位销售额中包含的毛利润，即销售额不变，经营利润上升；另一途径是提高单位投入资本带来的销售额，即提高总资产周转率。

投资报酬率将经营利润与投入的资本联系起来，从而消除了企业中不同部门的规模差异的影响，对于评价分部的经营业绩比较有效。但该指标的一个致命弱点就是在它的驱动下，各部门经理在决策时会只考虑本部门的利益，而不顾其是否有损于企业整体的利益。当一项投资的投资报酬率大于企业整体投资报酬率却小于分部的投资报酬率时，分部经理就会放弃该项目；而当一项投资的投资报酬率大于分部的投资报酬率却小于企业整体的投资报酬率时，分部经理会接受该项目。上述任何一种情况都会损害企业整体的价值，违背企业价值最大化（或股东财富最大化）的企业理财目标。

三、股权回报率

股权回报率（ROE）也叫净资产收益率、净值报酬率或权益报酬率。其计算公式通常是：

股权回报率 ＝净收入／股东权益的账面值
或
权益净利率 ＝净利润／净资产

净资产收益率反映了企业所有者权益的投资报酬率，具有很强的综合性。这个指标不仅是企业赢利能力指标的核心，同时也是整个杜邦财务指标体系的核心。与投资报酬率不同的是，该指标主要用于整个企业层面的计量，而投资报酬率则更多地用于企业业务单位和部门的计量。股权回报率也有上述投资报酬率的各种缺点。此外，该指标的缺点还在于其对财务杠杆率特别敏感。美国在 20 世纪 90 年代中期以前，很少有企业能取得 20% 的股权回报率，但近年来股权回报率却不断上升。其原因除了是真正地增进了获利能力和加速了资产的周转率外，更重要的还在于增加了财务杠杆率，从而降低了股东权益的比例。财务杠杆率对该指标的影响说明它更不能作为计量企业业绩的可信指标。

另外，无形资产投资增加和知识型企业的大量出现，也对投资报酬率及股权回报率等传统指标产生了很大的冲击。一般来说，无形资产的成本往往很难确定，具体的成本支出可能占的比重很小，而潜在的支出却会很大。另外，无形资产投资和知识经济的投入，往往都是在原有生产过程中加入的，所以很难确定到底哪些收益是由该项新技术的投入所带来的。因此，上述两个指标在计量上就存在着很大的问题。

四、每股收益

每股收益（EPS）是指本年净收益与年末普通股股份总数的比值。以公式表示为：

每股收益＝本年净收益/普通股股数

这个指标是衡量上市公司赢利能力的重要财务指标之一，它反映了普通股的获利水平。在分析时，可以进行公司间的比较，以评价该公司相对的赢利能力；也可以进行同一公司不同时期的比较，以了解该公司赢利能力的变化趋势；还可以进行经营业绩和赢利预测的比较，以掌握该公司的管理能力。

无疑，每股收益也会受会计数据缺点的影响。在计算企业净收益的过程中，在费用、收益等环节都存在利润操纵的可能性，而且这是一个绝对数指标，投资者不能对股价不同的公司进行比较，即使对于同一公司，由于股价经常变动，也不能用于历史比较。同时，由于公司的管理当局一般相信投资者对这一指标的高度重视，因此会导致企业采取操纵赢利的行为，譬如选择收入确认的时间、存货的计价方式、递延费用等。公司管理层还可以采用先过度冲销，然后在下期以蓝字入账的方式来操纵赢利，这种方式在新的首席执行官（CEO）上任后的第一个会计期间表现尤其突出。有研究表明，每股收益增长与市盈率（P/E）（股票价格/每股收益）倍数之间的相关性很小。例如，微软和英特尔这两个相似的公司有类似的每股收益增长，但这两个公司的价值却相差很远，其原因主要是两家公司用于支持其每股收益增长的资本数量不同。因此，该指标仅仅能作为衡量财务绩效的一个传统指标，它并不能完整地反映公司价值（或股东财富）的真实性。

五、资产收益率

资产收益率（ROA）又称资产净利率，是企业净利润与平均资产总额的百分比。平均资产总额为期初资产总额和期末资产总额的均值。以公式表示为：

资产收益率＝净利润/平均资产总额

把企业一定期间的净利与企业的资产相比较，表明了企业资产利用的综合效果。该指标越高，表明资产的利用效率越高，说明企业在增加收入和节约资金使用等方面取得了良好的效果，否则相反。资产收益率是一个综合性指标，企业的资产是由投资人投入或举债形成的，净利润的多少与企业资产的多少、资产的结构、经营管理水平有着密切的关系。为了正确评价企业经济效益的高低、挖掘提高利润水平的潜力，可以用该指标与本企业前期、与计划水平、与本行业平均水平以及本行业内先进企业进行对比，分析形成差异的原因。该指标的噪音也较大，常常会受到产品价格、单位成本、产品质量和销售数量以及资金占用量的影响。

六、市盈率

市盈率（P/E）是指普通股每股市价相对于每股收益的倍数。以公式描述为：

市盈率＝股票市价/每股收益

市盈率是人们普遍关注的指标，有的证券刊物几乎每天都要报道各类股票的市盈率。该比率反映了投资人对每股净利润所愿支付的价格，可以用来估计股票的投资报酬和风险。它是市场对企业的共同期望形成的指标，市盈率越高，表明市场对企业的未来越看好。

但是，使用市盈率指标时必须注意的是，该指标不能用于不同行业间企业的比较，充满扩展机会的新兴行业市盈率普遍较高，而成熟工业的市盈率却普遍较低，但这并不说明后者的股票就没有投资价值。在每股收益很小或亏损时，市价并不会降至零，因此，很高的市盈率往往不能说明任何问题。市盈率的高低受净利润的影响，而净利润受可选择的会计政策的影响，从而使得企业间的比较受到限制。市盈率高低受市价的影响，而市价变动的影响因素很多，包括投机炒作等，因此观察市盈率的长期趋势很重要。

从以上分析我们看到，各个指标均有某些不足之处，如每股收益率、市盈率虽包含绩效因素，但不是纯粹的业绩指标；净资产收益率包含了财务结构（财务风险）因素；资产收益率也不能消除财务结构的影响，甚至可以用基本业务以外的方法加以美化。

以往国务院证券监管机构对有关上市公司配股的前提条件之一是：最近3年内连续赢利公司，净资产收益率3年平均在10%以上（属于能源、原材料、基础设施类的公司可略低于10%，但不低于9%）。这便成了上市公司争取配股资格的生死线，也是近几年来出现一些上市公司利用形式上的"报表重组"等方式进行利润操纵的原因所在。现在，尽管对上市公司配股资格的要求有所放松，但操纵利润粉饰报表的情况却仍屡见不鲜。可见，关键不在于配股条件的松紧，而在于净资产收益率这一指标是不是一个合适的配股条件评价指标。

第三节　经济增加值与平衡计分卡评价指标

一、经济增加值的含义与理论基础

在 20 世纪 80 年代末，Finegan 首先提出了经济增加值（Economic Value Added，EVA）概念，其后美国的另外两位学者 Stern 和 Stewart 将 EVA 注册为商标，成立 Stern & Stewart 财务咨询公司，从事 EVA 的推广、应用与咨询工作。

经济增加值是一个评价企业创造价值的指标，能够评价公司战略及经营绩效，能够评价公司的项目投资与并购，能够设计内部激励机制，是评价内部管理绩效的单一指标。经济增加值指标体系于 20 世纪 90 年代中后期逐渐在美国等企业中获得应用，到目前为止，全球已有 300 多家著名大企业相继采用了经济增加值指标体系来考核公司绩效和对企业的价值管理，如可口可乐、西门子、IBM、Wal-Mart 等，并取得好的绩效。经济增加值已成为美国资本市场和企业富有竞争力的绩效评价指标。近年来，中国内地和香港的一些企业在有关机构的指导下，也采用经济增加值作为公司价值的评价指标或者作为内部激励机制设计的基础，得到了较多的应用。

经济增加值可以被定义为：公司经过调整的净营业利润减去其现有资产经济价值的机会成本后的余额。经济增加值指标衡量的是企业资本收益和资本成本之间的差额。

经济增加值指标最大的和最重要的特点就是从股东角度重新定义企业的利润，考虑了企业投入的所有资本（包括权益资本）的成本。传统指标在计算时只考虑债务资本成本，而忽视了股权资本成本，因此这种计算实际隐含着一个假设，即股东的钱是可以无偿使用的，这显然是错误的。经济增加值从股东的角度来定义企业的利润，股东在将资本投入到企业之后，放弃了投资于其他项目所可能获得的收益，即机会成本，因此从股东角度来说，只有当企业的赢利超过了它的机会成本时，它的财富才真正地增加了，这时得到的利润才是属于投资者所有的真实利润，也就是经济学上所说的经济利润。

经济增加值的基本理念是收益至少要能补偿投资者承担的风险，也就是说，股东必须赚取至少等于资本市场上类似风险投资回报的收益率。实际上，经济增加值理念的始祖是剩余收入（Residual Income）或经济利润（Economic Profit），这并不是新观念，其作为企业业绩评估指标已有 200 余年的历史，但经济增加值给出了剩余收益可计算的模型方法。经济增加值是一种基于会计系统的公司业绩评估体系。经济增加值指标由于在计算上考虑了企业的权益资本成本，并且在利用会计信息时尽量进行调整以消除会计失真，因此能够更加真实地反映一个企业的业绩。

更为重要的是，经济增加值指标的设计着眼于企业的长期发展，而不是像净利润一样仅仅是一种短期指标，因此应用该指标能够鼓励经营者实施能给企业带来长远利益的投资决策，如新产品的研究和开发、人力资源的培养等。

此外，应用经济增加值能够建立有效的激励报酬系统，这种系统通过将管理者的报酬与从增加股东财富的角度衡量企业业绩的经济增加值指标相挂钩，正确引导管理者的努力方向，促使管理者充分关注企业的资本增值和长期经济效益。

表 9-1   1998 年部分世界 500 强企业经济增加值状况

公司名称	销售额		税后利润		经济增加值（百万美元）
	金额（亿美元）	排名	金额（亿美元）	排名	
通用汽车	1 613.2	1	29.56	29	-4 120
国际商用机器	816.7	6	63.30	5	-1 561
可口可乐	188.1	73	35.30	19	2 615
通用电气	1 004.7	5	93.00	2	1 917
微软	144.8	109	44.90	11	2 781
电报电话	536.0	10	64.00	3	-2 892

资料来源：www. sternstewart. com.

表 9-1 列出了《财富》按 1998 年销售额等指标排名的部分 500 强大公司的经济增加值的状况，由于 EVA 结果与传统的销售收入、税后利润、资产规模或股票市值等指标排名大相径庭，从而引起了较大反响。

二、经济增加值的计算

经济增加值的计算是应用经济增加值指标的第一步。公司每年创造的经济增加值等于税后净营业利润与全部资本成本之间的差额。其中资本成本既包括债务资本的成本，也包括股本资本的成本。

（一）经济增加值的计算公式

经济增加值指标可用以下公式进行计算：

EVA ＝ 税后营业利润 − 加权资本成本率 × 投入资本额

　　　＝（投资资本收益率 − 加权资本成本率）× 投入资本额

其中：

税后营业利润 ＝ 息税前利润 ×（1 − 所得税税率）+ 利息 ＝ EBIT ×（1 − T）+ I

投资资本收益率 ＝ ［息税前利润 ×（1 − 所得税税率）+ 利息］÷ 投入资本额

投入资本额 ＝ 股权资本投入额 + 债务资本投入额

加权资本成本率 ＝ 股权资本比例 × 股权资本成本率 + 债务资本比例 ×

　　　　　　　　债务资本成本率 ×（1 − 所得税税率）

（二）计算经济增加值的主要变量

在实务中经济增加值的计算要相对复杂一些，这主要是由两方面因素决定的：

一是在计算税后净营业利润和投入资本总额时，需要对某些会计报表科目的处理方法进行调整，以消除根据会计准则编制的财务报表对企业真实情况的扭曲。

二是资本成本的确定需要参考资本市场的历史数据。由于各国的会计制度和资本市场现状存在差异，经济增加值指标的计算方法也不尽相同。

经济增加值的计算结果取决于三个基本变量：税后净营业利润、资本总额和加权平均资本成本。

1. 税后净营业利润

税后净营业利润等于税后净利润加上利息支出部分（如果税后净利润的计算中已扣除少数股东损益，则应加回），亦即公司的销售收入减去除利息支出以外的全部经营成本和费用（包括所得税费用）后的净值。因此，它实际上是在不涉及资本结构的情况下公司经营所获得的税后利润，即全部资本的税后投资收益，反映了公司资产的赢利能力。

除此之外还需要对部分会计报表科目的处理方法进行调整，以纠正会计报表信息对真实业绩的扭曲。

2. 资本总额

资本总额是指所有投资者投入公司经营的全部资金的账面价值，包括债务资本和股本资本。其中债务资本是指债权人提供的短期和长期贷款，不包括应付账款、应付单据、其他应付款等商业信用负债。股本资本不仅包括普通股，还包括少数股东权益。因此资本总额还可以理解为公司的全部资产减去商业信用负债后的净值。

同样，计算资本总额时也需要对部分会计报表科目的处理方法进行调整，以纠正对公司真实投入资本的扭曲。在实务中既可以采用年初的资本总额，也可以采用年初与年末资本总额的平均值。

3. 加权平均资本成本

加权平均资本成本是指债务资本的单位成本和股本资本的单位成本，根据债务和股本在资本结构中各自所占的权重计算的平均单位成本。

除经济增加值外，实践中经常使用的概念还有单位资本经济增加值和每股经济增加值，这三个指标组成了经济增加值指标体系。

单位资本经济增加值＝经济增加值/资本总额
＝税后净营业利润/资本总额－加权平均资本成本

其中，税后净营业利润/资本总额称为投入资本收益率。

每股经济增加值＝经济增加值/普通股股数

三、经济增加值对传统报表的调整项目

为了弥补财务报表数据的局限性，EVA 的使用者通常要对报表利润进行调整，以期得到更准确可靠的 EVA 数值。Stern 和 Stewart 列出了多达 164 个调整项目，以指导公司准确得出真正的经济收益。

（一）EVA 会计调整的主要目的

（1）消除会计的稳健主义。

（2）消除或减少管理当局进行盈余管理的机会。

（3）会计利润更接近经济利润。

（二）实践中选择调整项目时遵循的原则

（1）重要性原则，即拟调整的项目涉及金额应该较大，如果不调整会严重扭曲公司的真实情况。

（2）可影响性原则，即经理层能够影响被调整项目。

（3）可获得性原则，即进行调整所需的有关数据可以获得。

（4）易理解性原则，即非财务人员能够理解。

（5）现金收支原则，即尽量反映公司现金收支的实际情况，避免管理人员通过会计方法的选取操纵利润。

（三）主要的报表调整项目与方法

1. 研究发展费用和市场开拓费用

在股东和管理层看来，研究发展费用是公司的一项长期投资，有利于公司在未来提高劳动生产率和经营业绩，因此和其他有形资产投资一样应该列入公司的资产项目。同样，市场开拓费用，如大型广告费用会对公司未来的市场份额产生深远影响，从性质上讲也应该属于长期性资产，而长期性资产项目应该根据该资产的受益年限分期摊销。但是，根据稳健性原则规定，公司必须在研究发展费用和市场开拓费用发生的当年列作期间费用一次性予以核销。这种处理方法实际上否认了两种费用对企业未来成长所起的关键作用，而把它与一般的期间费用等同起来。这种处理方法的一个重要缺点是可能诱使管理层减少对这两项费用的投入，且在效益不好的年份和管理人员即将退休的前几年尤为明显。

计算经济增加值时所作的调整就是将研究发展费用和市场开拓费用资本化。即将当期发生的研究发展费用和市场开拓费用作为企业的一项长期投资加入到资产中，同时根据复式记账法的原则，资本总额也增加相同数量。然后根据具体情况在几年之中进行摊销，摊销值列入当期费用抵减利润。摊销期一般在三四年至七八年之间，根据公司的性质和投入的预期效果而定。

2. 商誉

当公司收购另一公司并采用购买法进行会计核算时，购买价格超过被收购公司净资产总额的部分就形成商誉。计算经济增加值时的调整方法是不对商誉进行摊销。具体而言，由于财务报表中已经对商誉进行摊销，在调整时就将以往的累计摊销金额加入到资本总额中，同时把本期摊销额加回到税后净营业利润的计算中。这样利润就不受商誉摊销的影响，鼓励经理层进行有利于企业发展的兼并活动。

3. 递延税项

当公司采用纳税影响会计法进行所得税会计处理时，由于税前会计利润和应纳税所得额之间的时间性差额而影响的所得税金额要作为递延税项单独核算。递延税项的最大来源是折旧。例如，许多公司在计算会计利润时采用直线折旧法，而在计算应纳税所得时则采用加速折旧法，从而导致折旧费用的确认出现时间性差异。正常情况下，其结果是应纳税所得小于会计报表体现的所得，形成递延税项负债，公司的纳税义务向后推延，这对公司是明显有利的。计算经济增加值时对递延税项的调整是将递延税项的贷方余额加入到资本总额中，如果是借方余额则从资本总额中扣除。同时，当期递延税项的变化加回到税后净营业利润中，也就是说，如果本年递延税项贷方余额增加，就将增加值加到本年的税后净营业利润中，反之则从税后净营业利润中减去。

4. 各种准备

各种准备包括坏账准备、存款跌价准备金、固定资产跌价准备、长期股权投资的跌价或减值准备等。计提各种准备，其目的也是出于稳健性原则，使公司的不良资产得以适时披露，以避免公众过高估计公司利润而进行不当投资。但对于公司的管理者而言，这些准备金并不是公司当期资产的实际减少，准备金余额的变化也不是当期费用的现金支出。提取准备金的做法一方面低估了公司实际投入经营的资本总额，另一方面低估了公司的现金利润，因此不利于反映公司的真实现金赢利能力；同时，公司管理人员还有可能利用这些准备金账户操纵账面利润。因此，计算经济增加值时应将准备金账户的余额加入资本总额之中，同时将准备金余额的当期变化加入税后净营业利润。

四、经济增加值与传统指标的比较及应用

与传统的企业价值评价指标相比，经济增加值具有以下优点：

1. 真实反映企业经营业绩

传统指标在计算时只考虑债务资本成本，而忽视了股权资本成本。经济增加值从股东的角度来定义企业的利润，股东在将资本投入到企业之后，实际上放弃了投资于其他项目所可能获得的收益，即机会成本。因此，经济增加值是经营利润与全部资本的资本成本的差额，经济增加值的增减与股东财富的变化是一致的。

用经济增加值来衡量企业经营业绩时，会发现许多名义上赢利的公司实际上正在破坏股东财富，因为其赢利不足以抵偿股权资本成本。考虑资本成本是经济增加值最具特点和最重要的方面。只有考虑了权益资本成本的经营业绩指标，才能反映企业的真实赢利能力。那些赢利少于权益机会成本的企业，其股东财富实际是在减少。只有企业的收益超过企业所有资本的成本，才能说明经营者为企业增加了价值，为股东创造了财富。如果企业的收益低于企业所有资本的成本，则说明企业实质发生了亏损，企业股东的财富受到侵蚀。

2. 尽量剔除会计失真的影响

经济增加值通过按照 GAAP 计算的会计数据的一系列调整，消除传统会计的稳健性原则所导致的会计数据不合理现象，使调整后的数据更接近现金流，更能反映企业的真实业绩（如对企业研究与开发费用、商誉的调整）；经济增加值通过调整，减少了管理者平滑利润、管理盈余的机会（如对坏账准备、存货准备的调整）；经济增加值通过对研究开发费用、商誉等的调整，消除了管理者对这类投资的顾虑；经济增加值通过将资产的账面价值调整为经济价值，明确了管理者对企业实际投入的资本所负有的保值增值责任。因此，调整后的经济增加值更真实、客观地反映了企业真正的经营业绩。

传统的评价指标如会计收益、剩余收益由于是在公认会计准则下计算出来的，因此都存在一定程度的会计失真，从而歪曲了企业的真实经营业绩。而对于 EVA 来说，尽管传统的财务报表依然是进行计算的主要信息来源，但是它要求在计算之前对会计信息来源进行必要的调整，以尽量消除公认会计准则所造成的扭曲性影响，从而能够更加真实、更加

完整地评价企业的经营业绩。

3. 经济增加值的定义式可以清楚地揭示价值产生的源泉

经济增加值的定义式也可以用另一种形式表达，即：

$$EVA = TC \times (ROA - K_w)$$

其中：TC 是总投入资本；ROA 是总资产报酬率；K_w 是平均资本成本。

此公式清楚地揭示了 EVA 产生价值驱动力的源泉。从公式中可以看出，管理人员为了提高 EVA 可能采取的措施有：①提高总资产报酬率（ROA），其中主要的途径是加速资产的周转，以既定的资金占有实现尽可能多的报酬；②降低资本成本（K_w），通过更有效的筹资方案来减少资本成本；③当总资产报酬率（ROA）大于资本成本（K_w）时，尽可能地多投入资金，而当资金回报率小于资本成本时，尽可能地减少资金的占用。

很明显，这三种做法都有利于企业价值（或股东财富）的增长，和企业的目标相一致。由此可见，用 EVA 衡量管理人员的经营业绩时，会促使管理人员采取有利于企业价值最大化（或股东财富最大化）的行动。

4. 可以避免赢利操纵

经济增加值指标本身具有的特性，可以在一定程度上避免操纵盈余进而影响红利支付的行为发生。当管理者通过平滑利润改变了利润在各个会计期间的分配时，这些利润的现值必然会发生变化，如果采用利润指标衡量业绩并据以发放红利时，红利的现值也会发生变化，管理者可以获得时间价值利益，因而管理者就会有动机去从事操纵利润行为。而如果管理者通过操纵利润来提高当期的 EVA 时，未来期间的总投入资本就会增加，资本成本费用也会随之增加，从而提前确认经济增加值所带来的货币时间价值利益将被在未来期间抵减 EVA 的资本成本费用予以消除，经济增加值的现值不会发生变化，而根据经济增加值发放的红利的现值也不会发生变化，管理层的操纵利润行为不会获得任何利益，这就使得管理者没有动机去从事操纵利润行为。

但是，如果操纵利润行为对 EVA 的影响未能反映在未来支付的红利中时，经济增加值的该特性将无从发挥作用。例如，当管理者未来收到的红利为零，或者管理者在由于目前增加的 EVA 所导致的未来 EVA 的减少并影响红利支付前离职，这时价值不变性将遭到破坏，管理者可以从操纵盈余行为中获利。此时，管理者仍有动机加速收入确认，而光凭 EVA 指标本身显然无法解决该问题，只有通过结合报酬计划才能有效地避免管理者的操纵盈余行为。

5. 可以将企业价值（或股东财富）与企业决策联系在一起

经济增加值指标有助于管理者将财务的两个基本原则融入经营决策中。第一，企业的主要财务目标是企业价值最大化（或股东财富最大化）；第二，企业的价值依赖于投资者预期的未来利润能否超过资本成本。根据经济增加值的定义可知，企业经济增加值业绩持续地增长意味着公司市场价值的不断增加和股东财富的持续增长。所以，应用经济增加值有助于企业进行符合股东利益的决策，如企业可以利用经济增加值指标决定在其各个不同的业务部门分配资本。通常，一个多元化经营的公司需要在不同的业务部门分配资本。利用经济增加值可以为资本配置提供正确的评价标准，而使用会计利润和投资报酬等指标可能导致资本配置失衡，前者导致过度资本化，后者导致资本化不足。

6. 注重企业的可持续发展

经济增加值不鼓励以牺牲长期业绩的代价来夸大短期效果，也就是不鼓励诸如削减研究和开发费用的行为，而是着眼于企业的长远发展，鼓励企业的经营者进行能给企业带来长远利益的投资决策，如新产品的研究和开发、人力资源的培养等，可以杜绝企业经营者短期行为的发生。因此，应用经济增加值不但符合企业的长期发展利益，而且也符合知识经济时代的要求。因为在知识经济时代，以知识为基础的无形资产将成为决定企业未来现金流量与市场价值的主要动力，劳动不再是以成本的形式从企业收入中扣除，资产不再是企业剩余的唯一分配要素，智力资本将与权益资本和债权资本一样参与企业的剩余分配，甚至前者将处于更重要的地位。

7. 可以避免企业使用多种业绩衡量指标造成相互冲突的混乱状态

采用经济增加值作为业绩衡量指标结束了企业使用多种指标相互冲突的混乱状态。大多数企业在不同的业务流程中往往使用各种不一致的衡量指标，如在评估个别产品或生产线时，毛利率是主要标准；在评价各部门的业绩时，则可能会根据总资产回报或预算规定的利润水平；财务部门通常采用净现值分析资本投资，在评估并购业务时则又常常把对收入增长的预期贡献作为衡量指标。经济增加值结束了这种混乱状况，仅用一种财务衡量指标就连接了所有决策过程，并将公司各种经营活动归结为一个目的，即如何增加经济增加值。而且，经济增加值为各部门的员工提供了相互进行沟通的共同语言，使企业内部的信息交流更加有效。整个经济增加值系统的目的就是以价值驱动力和资本成本为中心，确定赖以发放激励薪酬的基础，并达成公司内部以及与投资者的良好沟通。

8. 具有独特的激励机制

经济增加值理论系统的核心是企业经营成果与薪酬挂钩，它赋予管理者与股东一样的关于企业成功与失败的心态。由于像回报股东那样去回报管理人，根据"经济增加值"制定的奖励计划使管理人具有同股东一样的思维与动力。经济增加值奖励计划的思维是：按照经济增加值的一个固定比例来计算管理人的货币奖金，即把经济增加值的一部分回报给管理人，而且奖金不封顶。如此办法固定不变，企业员工也能按经济增加值的比例获得一部分奖励。如此，奖励计划把股东、管理者和员工三者利益在同一目标下很好地结合起来，使职工能够分享他们创造的财富，培养良好的团队精神和主人翁意识，因此是比期权更好的激励方法。期权同"经济增加值"激励都具有长期激励作用，都能克服短期行为。

五、平衡计分卡评价指标

（一）平衡计分卡的基本原理

平衡计分卡（Balance Score Card，BSC）是20世纪90年代初期由罗伯特·卡普兰与其合作伙伴戴维·诺顿创建的一套旨在扩展管理者关注点的新管理方法。它的产生基于当时两大背景：一是人们对传统财务评价指标的不满和批评日渐增多，要求增加能够反映企业未来赢利潜力的战略性指标；二是人们对战略关注点已从战略规划逐步转向了战略实施，因为很多企业都存在着计划书中的战略与正在实施的战略相去甚远的问题，因此如何通过与战略密切相关的指标将组织战略意图导入组织的不同层级，以保障战略被正确领会与实施，成为当时众多企业的迫切需求。

与其他包括非财务指标的战略评价系统相比，平衡计分卡的独特之处在于：

第一，它在一个评价系统中通过因果关系链整合了财务指标和非财务指标，因而既包括结果指标也包括驱动指标，使其自身成为一个前向反馈的管理控制系统；

第二，平衡计分卡突出强调评价指标的战略相关性，要求部门和个人业绩指标要与组织的整体战略密切关联，从而超越了一般业绩评价系统而成为一个综合的战略实施系统；

第三，平衡计分卡通过非财务指标的三个维度准确反映出了近十多年来企业技术及竞争优势变化的实质，即无形资产（如客户关系、创新能力、业务流程、员工素质、信息系统等）已成为企业竞争优势的主要来源。

正是上述鲜明的特点，平衡计分卡的概念一经提出就受到了理论界、企业界及咨询业的广泛认同和接受。一个设计优良的平衡计分卡能够满足企业组织的使命、战略和内外部环境的需要。卡普兰和诺顿的平衡计分卡在帮助企业改进和强化管理部门的计划和控制能力方面取得了实际效果，许多企业已开始采用平衡计分卡作为其业绩评价指标，如苹果电脑、石水公司、新西兰电信公司等。

（二）平衡计分卡指标的组成

BSC 的基本思路，如图 9-1 所示，就是将影响企业运营的包括企业内部条件和外部环境、表面现象和深层实质、短期成果和长远发展的各种因素划分为几个主要的方面，即财务、客户、内部经营过程和创新与学习等四个方面，并针对这四个主要的方面，设计出相应的评价指标，以便系统、全面、迅速地反映企业的整体运营状况，为企业的管理和战略服务。

1. 财务方面

一套平衡计分卡系统应该反映企业战略的全貌，从企业长远的财务目标开始，然后将它同一系列行动相联系，这些行动包括财务决策、客户管理、内部经营管理和职工的创新与学习能力的培养，以最终实现长期经营目标。由于财务性业绩指标直接和公司的长期目标相衔接，同时能够综合反映公司的业绩，所以财务指标在平衡计分卡中不仅占据一席之地，是一个单独的衡量方面，而且是其他几个衡量方面的出发点和落脚点。

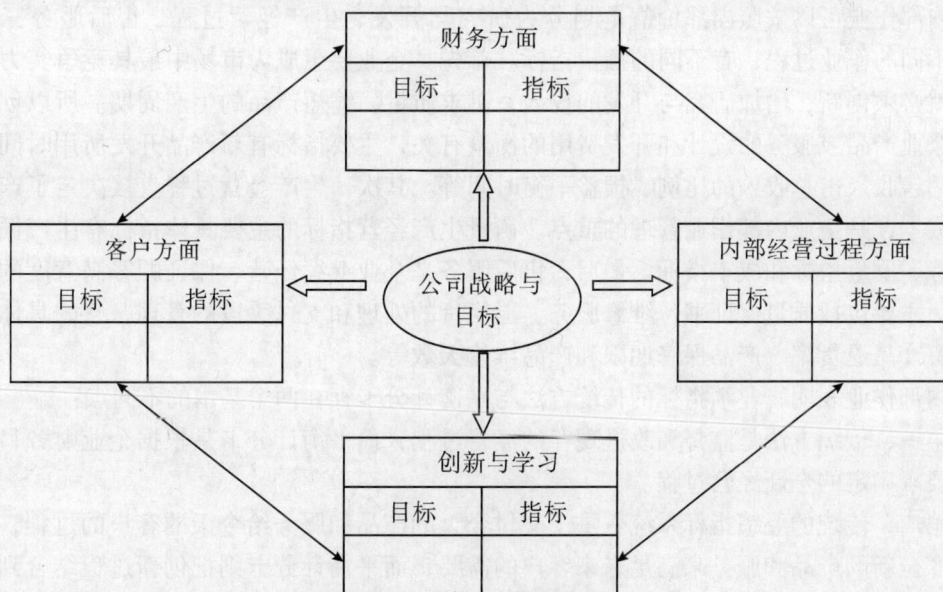

图 9-1 平衡计分卡的基本格局

同时，处于生命周期不同阶段的企业，其财务衡量的重点也有所不同。在成长阶段，企业要进行数额巨大的投资，因此，其现金流量可以是负数，投资回报率也很低，财务衡量应着重于销售额总体增长百分比和特定顾客群体、特定地区的销售额增长率；处于维持阶段的企业应着重衡量获利能力，比如营业收入和毛利、投资回报率、经济增加值；在收获阶段的财务衡量指标主要是现金流量，企业必须力争实现现金流量最大化，并减少营运资金占用。

2. 客户方面

客户是企业之本，是现代企业的利润来源，客户感受理应成为企业的关注焦点。一般来说，客户对企业产品或劳务的关注主要在时间、质量、性能、价格和服务等方面，所以企业应该在反应速度、产品质量、生产成本、服务效率等方面增强管理。由此，在客户管理方面，平衡计分卡评价的核心衡量指标包括市场份额、老客户回头率、新客户获得率、客户满意度和从客户处所获得的利润率。这些指标存在着内在的因果关系：①客户满意度决定新客户获得率和老客户回头率；②新客户获得率和老客户回头率将决定市场份额的大小；③市场份额、老客户回头率、新客户获得率、客户满意度四个指标共同决定了从客户处获得的利润率；④客户满意度又源于企业对客户需求的反应时间。

这些指标设计中最根本的指标是关于客户满意度的衡量。对于顾客而言，主要关心的是产品或服务的高质量、低成本和及时供给等因素，反映到客户管理结果上有顾客满意度、市场份额等指标。

3. 内部作业

内部作业指的是企业从输入各种原材料和顾客需求，到企业创造出对顾客有价值的产品（或服务）过程中的一系列活动，它决定客户对产品的满意程度，是企业改善其经营业绩的重点。

内部作业可以按照内部价值链划分为研究与开发、生产经营过程、售后服务三个过程。不同的作业过程，有不同的衡量指标。首先，企业要想成为市场中最具竞争实力的企业，就必须创新，增加研究与开发的投入，讲求质量，缩短产品的生产周期。所以创新指标与企业产品或服务的设计和开发费用的衡量有关，主要指标有新产品开发所用时间、新产品销售收入占总收入的比例、损益平衡时间等。其次，生产经营过程直接决定了产品质量与成本，是企业内部作业管理的重点。衡量生产经营指标的主要具体指标有生产循环时间指标、质量指标和成本指标。最后，售后服务是企业继续经营、保证顾客满意度的重要举措，主要包括质量保证书、维修服务、退换货的处理和支付手段的管理，它的具体衡量指标有产品退货率、产品保修期限和产品维修天数等。

内部作业表明，业绩指标的传统方法与平衡计分卡存在两个基本的不同点：

第一，传统方法是监督和改进现存的经营过程，而平衡计分卡是根据企业财务目标和客户要求确定的全新经营过程。

第二，传统的业绩指标系统着重于交付今天的产品和服务给今天的客户的过程，未考虑生产全新的产品和服务来满足未来客户的需要，而平衡计分卡则把创新过程结合到了内部经营过程上，在内部经营过程方面结合了长波型的创新循环和短波型的经营循环的目标和指标进行评价。

4. 创新与学习

企业管理观念的转变使人力资源在企业中的作用越来越受到重视。过去企业管理的观念是：公司应使工人出色地完成具体工作，公司的管理人员规定工人的工作任务，并制定出相应的标准和监督体制，确保工人能按计划完成任务，工人的任务是干活，而不是思考。然而在最近几十年中，这种管理哲学发生了重大变化。人们认识到，公司若想超越现有的业绩，取得学习和成长的收获，获得未来持续的成功，那么仅仅墨守公司上层制定的标准经营程序是不够的，还必须尊重、重视和尽可能采纳第一线员工对改善经营程序和业绩的建议和想法，因为他们离企业内部的工序和企业的客户最近。

所以，员工的创新与学习能力，是衡量现代公司管理效率的重要方面，是实现公司业绩、提高顾客满意度、增强内部作业管理三个方面的基础和动力。正如福特汽车的一个修理厂厂长所言：职工的任务是思考问题，确保质量，而不是看着零部件生产出来。在此，职工被看成问题的解决者，而不是可变成本。此外，要促进企业的学习和成长，还必须加强对员工的培训，改善企业内部的信息传导机制，激发员工的积极性，提高员工的满意度。

在创新与学习方面，平衡计分卡评价的最关键因素是人才、信息系统和组织程序三个方面。具体指标有培训支出、员工满意度、员工保留率、员工建议采纳次数、信息传递和反馈所需时间等。

（三）平衡计分卡的特点与意义

运用平衡计分卡管理企业，必须首先把握平衡计分卡不同于其他业绩管理方法的独特之处，即其核心管理理念。

平衡计分卡最初是以一种新的实现了财务与非财务指标平衡的综合业绩评价系统而出现的，因此对于平衡计分卡的"平衡"，很容易被简单地理解为就是财务指标与非财务指标的平衡，另外从平衡计分卡所提供的四个评价角度来看，其"平衡"也会被直观地理解为企业主要利益相关者（如股东、顾客、员工等）目标的平衡。一些企业运用的关键业绩指标计分卡（KPI Score Card）和利益相关者计分卡（Stakeholder Score Card）就是上述简单认识的反映，所谓关键业绩指标计分卡就是仅仅将原本就包含了非财务指标的 KPI 按照平衡计分卡的四个维度重新划分，而利益相关者计分卡则是从企业主要利益相关者角度，如股东、顾客、员工，来分别设计业绩指标而得到的。从表面上看，这些计分卡的指标体系与平衡计分卡大同小异，但实际上其设计前提、设计理念与指标之间的逻辑关系都与平衡计分卡大不相同，可以说，这些计分卡已失去了平衡计分卡的实质。

平衡计分卡的核心理念应该是因果关系的平衡，其财务与非财务指标以及利益相关者目标的平衡，是因果关系平衡的结果和表现形式。平衡计分卡的指标体系不是从几个不同角度分别设计各自的指标然后汇合而成，相反，它们是按照鲜明的因果关系链条顺次出现的。因果关系链条的起点是财务角度，也是出资者的角度。企业首先关注的是，出资者的期望是什么？如何用财务指标来衡量？接下来从顾客角度设定能够保证实现出资者目标的指标和目标，然后选择能够实现出资者和顾客目标的内部流程及作业的关键业绩指标和目标，最后是选择能够管理、实施先进流程与作业，进而实现出资者和顾客期望的员工的业绩指标和目标。平衡计分卡所包含的这种层层递进的因果关系也就是企业战略与战术的关系、目标与手段的关系。平衡计分卡正是因为这一独特的设计思想而具有明确的战略、目标导入和执行的功能，因此设计平衡计分卡的一个极为重要内容就是找出各项组织活动之间明确的因果关系，并对其进行管理。

作为综合业绩评价系统，平衡计分卡的特点和意义主要体现在以下四个方面：

首先，它将目标与战略具体化，加强了内部沟通。平衡计分卡的设计要首先分析企业目标和基本战略对于经营活动各方面的基本要求，并由此确定各方面工作的重点，有利于保证目标与战略在具体经营活动中的体现。另外，由于从业绩评价体系构建的方法上加强了内部沟通，也就使各个层次的具体职员能更好地理解企业的目标和战略，有助于促进内部决策目标的一致性。

其次，以顾客为尊，重视获取和保持竞争优势。如前所述，顾客是企业的重要资产，显然如何确认、增加和保持这项"资产"的价值，对于竞争优势的获取和保持都是非常重要的。平衡计分卡将顾客的服务满意程度作为单独的一个方面来加以考核，并通过内部过程、学习与创新来保证和促进这一业绩，不仅从观念上促进了企业内部各个层次对于顾客"价值"的重视，而且提供了贯彻企业竞争战略的具体方式。

再次，重视非财务业绩计量，促进了结果考核和过程控制的结合。传统的业绩评价大多是财务业绩评价，即根据财务结果来评价工作业绩，这种评价利用了财务指标所具有的综合性、可比性，以及财务结果对于股东的意义，因而在业绩评价中有重要地位。但财务指标只是对于结果的评价，难以实现对过程的控制。平衡计分卡在业绩评价体系中综合运用财务指标和非财务指标，有效地促进了结果考核和过程控制的结合，使业绩评价更具业绩改进意义。

事实上，越来越多的企业开始重视非财务指标在业绩评价中的应用。除了以上提及的非财务指标外，还有产品退货率、顾客投诉次数、废品率、存货周转率、各项存货平均持有时间、准时交货率、一定时期新产品推出数量等。具体考核指标要根据特定行业及所考核环节的生产经营特征来选择，与同行业的竞争对手进行比较，使竞争优势的分析进一步具体化。

最后，利用多方面考核所具有的综合性，促进了短期利益和长期利益的均衡，特别强调激励机制。企业战略目标往往具有长期性，而财务业绩评价，特别是采用单一指标进行业绩评价时，往往容易使具体的经营管理人员更多地关注短期利益，不重视甚至损害长期利益。平衡计分卡利用非财务指标与财务指标的结合，以及几个方面综合考核所具有的相互制衡作用，促进了短期利益和长期利益的均衡。

传统的业绩评价系统通常强调企业希望管理者和员工做什么，然后利用评价结果证实其是否采取了这些行动，整个系统强调对行为的控制。而平衡计分卡强调的主要内容是目标，鼓励管理者和员工创造性地达到目标，即该业绩评价系统强调的是激励。这样一方面可以简化指标体系的设置，只以成功经营企业需关注的关键问题为设计依据，抓住企业发展的核心，减轻企业管理者过重的信息负担；另一方面还能发挥管理人员和企业员工的能动性，有效激励其提高企业业绩的积极性。

（四）对平衡计分卡的评价和使用前提

1. 平衡计分卡的优越性

（1）它以企业的经营战略和长期目标为基础，根据自身的战略目标和经营需要设计各项具体指标，因此具有充分的战略导向性，并能把战略开发和财务控制二者紧密联系在一起，充当了企业的经营业绩桥梁。同时，企业还可以用平衡计分卡对外界环境进行持续检查，保证自身的快速适应性。

（2）平衡计分卡赋予企业以整体意识，囊括了几乎能够影响企业业绩的所有重要指标，从而预防了管理人员可能出现的牺牲某些方面以实现另一些方面的短期和次优化行为。它不仅仅是一种测评体系，也是有助于企业取得突破性竞争业绩的全面管理体系。

（3）在沟通反馈方面，平衡计分卡可以作为企业各种努力的聚焦点，向管理人员、员工、客户和投资者作出明确通报，更容易在个人目标、部门目标和企业战略之间实现一致。

（4）由于平衡计分卡在企业内部建立了战略学习与知识网络系统，那些距离客户最近的员工就有机会在客户服务和流程改进方面取得突破性的进展，同时公司上下也能在平衡计分卡的制定、计量、评价及奖励过程中，达到相互交流和学习的目的，形成有关公司战略目标的共识。

2. 平衡计分卡的局限性

当然，由于本身发展的不成熟和企业现有管理支持的局限，平衡计分卡在使用过程中还存在若干难题：

（1）它必须以完善的信息系统为基础，如果无法实现，就会出现业绩信息不及时、管理时效性差、上下级指标无法对接等问题。

（2）设计平衡计分卡、确认业绩影响因素、在财务指标和非财务指标之间建立联系等都需要耗费大量时间，并增加员工的工作量，如果沟通不力，就会给企业带来沉重压力，甚至会把企业变革扼杀在摇篮中。

（3）一些非财务指标难以量化，如在学习和成长方面，业绩指标体系常常前后矛盾，缺乏明确的分界线，应用难度较大。事实上，学习、成长与创新都是很宽泛的概念，涉及企业生产经营的方方面面，单独界定一个方面似乎比较困难。

（4）指标体系的非财务层面未直接体现出以财务业绩为落脚点的逻辑关系。平衡计分卡四个层面的评价指标，最终均应指向财务业绩指标，因为财务目标是企业所追求的最终目标。无论是客户层面的业绩，内部生产经营过程层面的业绩，还是学习与增长层面的业绩，最终都是为追求财务业绩。尽管四个层面之间由一条因果关系链联系起来了，但都没有在具体的指标项目上体现出来。

（5）在财务指标体系的改进和完善方面，平衡计分卡并未有太多的实质性突破，采用的财务业绩指标依旧是传统的财务业绩评价指标，未能很好地体现知识经济时代企业战略经营业绩评价对财务指标设置的要求。

3. 运用平衡计分卡的前提

通过理论探索与实践检验，要运用平衡计分卡，一般应具备以下四个前提条件：

（1）组织的战略目标能够层层分解，并能够与组织内部的部门、工作组、个人的目标达成一致，其中个人利益能够服从组织的整体利益，这是平衡计分卡应用的一个重要前提。

（2）平衡计分卡所揭示的四个方面指标——包括财务、客户、内部经营过程、学习与成长之间存在明确的因果驱动关系。但是这种严密的因果关系链在一个战略业务单位内部针对不同类别的职位系列却不易找到，或者说针对不同职位类别的个人，平衡计分卡所涵盖的四个方面指标并不是必需的。

（3）组织内部与实施平衡计分卡相配套的其他制度是健全的，包括财务核算体系的运作、内部信息平台的建设、岗位权责划分、业务流程管理以及与绩效考核相配套的人力资源管理的其他环节等。

（4）需要组织内部每个岗位的员工都能够胜任各自的工作，在此基础上研究一个战略业务单位的组织绩效才有意义。

第四节　我国国有企业业绩评价体系

一、我国国有企业评价体系的基本思路

1999 年，财政部、国家经贸委、人事部和国家计委等四部委颁布实施《国有资本金效绩评价规则》，制定该规则的目的是"完善国有资本金监管制度，科学解析和真实反映企业资产运营效果和财务效益状况"。国有资本金效绩评价是指运用科学、规范的评价方法，对国有企业一定经营期间的财务效益、资产运营、偿债能力、发展能力等状况，进行定量及定性对比分析，作出真实、客观、公正的综合评价。2002 年 2 月，根据《国有资本金效绩评价规则》，财政部、国家经贸委等部门联合发布《企业效绩评价操作细则（修订)》，进一步规范了企业经营效绩的评价行为和评价方法。

企业效绩评价，主要是以政府为主体的评价行为，由政府有关部门组织，并委托社会中介机构实施，评价的对象是国有及国家控股企业。其他主体在对其投资对象进行评价时，也可以参照该办法进行。

根据《国民经济行业分类与代码》和《企业规模划分标准》等国家标准，按照行业重要程度和样本数量，企业效绩评价计量指标评价标准值划分为四个层次约 150 个行业，在各行业标准值下又划分为大型、中型、小型三种规模，分别进行评价。企业效绩评价指标体系横向分为四个部分，纵向分为三个层次，形成立体结构。四个部分分别反映企业的财务效益状况、资产营运状况、偿债能力状况和发展能力状况，通过 8 项基本指标、16 项修正指标和 8 项评议指标三个层次对企业效绩进行层层深入的分析。

二、效绩评价指标体系

指标体系由基本指标、修正指标、评议指标三个层次构成。基本指标反映效绩评价内容的基本情况，可以形成企业效绩评价的初步结论。修正指标是依据企业有关实际情况对

基本指标评价结果进行逐一修正，以此形成企业效绩评价的基本定量分析结论。评议指标是对影响企业经营效绩的非定量因素进行判断，以此形成企业效绩评价的定性分析结论。

本指标体系以定量分析为基础，以定性分析为辅助，实行定量分析与定性分析相互校正，以此形成企业效绩评价的综合结论，如表9-2所示。

表9-2　　　　　　　　　　企业效绩评价指标体系

定量指标（权重80%）			定性指标（权重20%）
指标类别（100分）	基本指标（100分）	修正指标（100分）	评议指标（100分）
财务效益状况（38）	净资产收益率（25） 总资产报酬率（13）	资本保值增值率（12） 主营业务利润率（8） 盈余现金保障倍数（8） 成本费用利润率（10）	经营者基本素质（18） 产品市场占有能力（16） （服务满意度） 基础管理水平（12）
资产运营状况（18）	总资产周转率（9） 流动资产周转率（9）	存货周转率（5） 应收账款周转率（5） 不良资产比率（8）	发展创新能力（14） 经营发展战略（12） 在岗员工素质（10） 技术装备更新水平（10）
偿债能力状况（20）	资产负债率（12） 已获利息倍数（8）	现金流动负债比率（10） 速动比率（10）	（服务硬环境） 综合社会贡献（8）
发展能力状况（24）	销售增长率（12） 资本积累率（12）	三年资本平均增长率（9） 三年销售评价增长率（8） 技术投入比率（7）	

三、企业效绩评价结果的基本计算方法

基本计算方法为功效系数法，辅以综合分析判断法，即按照统一制定的多层次指标体系，以企业经营期间的各项指标实际水平，对照全国统一测算和颁布的效绩评价标准值，分步得出效绩评价的初步结论、基本结论和综合结论。

功效系数法是指根据多目标规划原理，将所要考核的各项指标分别对照不同分类和分档的对应标准值，通过功效函数转化为可以度量计分的方法。

综合分析判断法是指综合考虑影响企业经济效益和经营者效绩的各种潜在的或非计量的因素，参照评议参考标准，对评议指标进行印象比较，分析判断的方法。

根据评价指标体系的三层次结构，企业效绩评价的计分方法分为基本指标计分方法、修正指标计分方法、评议指标计分方法和定量与定性结合计分方法。

（一）基本指标计分方法

基本指标计分方法是指运用企业效绩评价基本指标，将指标实际值对照相应评价标准值，计算各项指标实际得分。计算公式为：

基本指标总得分 = ∑单项基本指标得分

单项基本指标得分 = 本档基础分 + 调整分

本档基础分 = 指标权数 × 本档标准系数

$$调整分 = \frac{实际值 - 本档基础}{上档标准值 - 本档标准值} × (上档基础分 - 本档基础分)$$

上档基础分 = 指标权数 × 上档标准系数

（二）修正指标计分方法

基本指标有较强的概括性，但是不够全面。为了更全面地评价企业效绩，另外设置了4类12项修正指标，根据修正指标的高低计算修正系数，用得出的修正系数去修正基本指标得分。计算修正系数的"修正指标的标准值区段等级表"由财政部定期发布。

1. 分类综合修正系数的计算

对基本指标得分的修正，是按照指标类别得分进行的，需要计算"分类的综合修正系数"。分类的综合修正系数，由"单项指标的修正系数"加权平均求得。分类的综合修正系数计算公式如下：

某指标单项修正系数 = 1.0 + {本档标准系数 + [（指标实际值 – 本档标准值） / （上档标准值 – 本档标准值）] × 0.2 – 该类基本指标得分/该类权数}

某指标加权修正系数 = （修正指标权数/该部分权数）× 该指标单项修正系数

分类综合修正系数 = ∑ 该类各指标加权修正系数

2. 修正后得分的计算

各类修正后得分 = 该类基本指标分数 × 该类综合修正系数

修正后总分 = ∑（分类综合修正系数 × 分类基本指标得分）

（三）定性指标计分方法

定性指标（评议指标）计分方法是根据评价工作需要，运用评议指标对影响企业经营效绩的相关非计量因素进行深入分析，作出企业经营状况的定性分析判断。单项评议指标有8个，分别赋予一定的权数，分为五个等级，每个等级规定有相应的参数，由不少于5名的评议人员依据评价参考标准判定指标达到的等级，然后计算评议指标得分。

1. 单项评议指标得分计算

单项评议指标分数 = ∑（单项评议指标权数 × 各评议员给定等级参数）÷ 评议员人数

2. 评议指标总分的计算

评议指标总分 = ∑ 单项评议指标分数

（四）定量与定性结合计分方法

定量与定性结合计分方法是将定量指标评价分数和定性指标评议分数按照规定的权重拟合形成综合评价结果，即根据评议指标得分对定量评价结论进行校正，计算出综合评价得分，其计算公式为：

$$定量与定性结合评价得分 = 定量指标分数 \times 80\% + 定性指标分数 \times 20\%$$

四、国有资本金效绩评价方法的主要特点

（一）以投资报酬率为核心指标，重点评价企业资本营运效益

评价指标设计以分析企业的投入产出为基础，净资产收益率等各种效益指标的权重在整个体系中占55%左右。同时，还从企业的财务效益状况、资产营运水平、债务偿还能力和未来发展潜力等多方面进行对比分析，可以有效地推动国有资本整体效益的提高。

（二）采用多层次指标分析方法

指标体系由基本指标、修正指标和评议指标三个层次的指标组成。其中，对企业实行初步评价时，采用基本指标；对企业实行基本评价时，则在初步评价的基础上，再采用修正指标对初步结论加以校正；对企业实行综合评价时，则要在基本评价的基础上，再采用评议指标对基本结论作进一步补充校正。三层次指标实现了多因素互补和逐级递进修正。运用这套指标体系，能够较好地解决以往评价指标单一、分析简单的缺陷，全面地考察影响企业经营和发展的各种因素，包括计量和非计量的因素，使评价结果更加客观、真实、全面。

（三）建立了一套统一的客观评价标准

这套体系抛弃了过去对企业的计划目标管理模式和上年基数比较模式，以国有企业实际财务资料为基础，通过统一测算和制定，每年颁布统一的评价标准。通过将企业的各项指标与这一客观标准对比，得出企业在这个行业中的位置。评价标准中除全国统一的行业标准水平外，还分为大、中、小型不同规模和国民经济不同行业的标准，可以进行任意的组合对比，非常方便。如企业的不同发展阶段有着不同的规律，而且各企业的基础不一样，如果企业想知道在行业中的水平，可以用行业标准进行对比；如果国家想知道对不同行业企业的投入产出状况，可以用全国标准进行对比。

（四）定性分析与定量分析相结合

这套指标体系是以定量分析为主，量化指标分析大约占80分，定性专家评议指标分析大约占20分。定量指标与定性指标相互校对，基本指标与修正指标相互弥补，使这种考核指标比较科学、规范，尤其是实现了对企业经营结果比较综合和比较准确的判断。

（五）整个评价工作基本实现计算机处理

现代经济管理已进入信息时代，包括企业会计核算、财务管理，都通过计算机、网络操作，评价工作也全部采用计算机对企业财务数据进行统一处理，保证工作方便、快捷，适应各个基层企业开展评价工作的需要。

（六）评价方法结合我国国情

我国国有企业历史沿革较长，许多国有企业在市场经济环境中，既要面临激烈的市场

竞争，不断降低成本、提高效益，又要承担大量的社会性支出和历史遗留问题。这套体系在执行过程中，在按照规定的指标、标准评价企业效绩的同时，充分考虑企业承担的社会负担和历史遗留问题，如企业承担的义务教育、消化的历史遗留问题等。在评价中予以充分考核，以实现评价的客观公正，剔除评价过程中的一些重大不可比因素，力争使评价结果能够反映企业的真实经营效绩。

五、国有资本金效绩评价体系的基本功能

（一）适应政府对企业管理的需要，有利于促进政府和企业关系转化

通过这套评价指标体系，企业直接与客观标准比较，国家不再给企业下达工作计划，企业通过实际完成情况与全国各个行业的各项标准进行比较，对这种比较结果，不需要财政部门和国家其他政府部门批复，能够适应国家对企业的间接管理，有利于建立新型的政企关系。

（二）有利于解决好政企分开后的管理方法问题

政府考核、评价、奖励企业，是对企业经营者奖励的重要依据，有利于建立公平、公正的分配制度，对激励制度也是非常重要的。因为这种评价是非常客观的，企业在优秀位置上，经营者和企业职工应该收入多；企业在很差位置上，经营者和企业职工就应该少拿收入。

（三）能够正确评价经营者的效绩

这套指标不仅以企业投资报酬率为核心，还考察影响企业今后发展的多种因素，比如企业留下多少损失挂账、多少不良资产，通过这些客观判断，能够看到一个企业眼前发展与长远发展的结合情况，也能够使企业财务管理与人事管理工作结合起来。过去对厂长经理的考核很少依据财务效绩，更多的是从人事上对经营者进行考察。这套评价体系把财务管理与人事管理结合起来，有利于在我国逐步建立企业家队伍，对企业家的考核逐步过渡到以财务管理即经营效绩为主。

（四）有利于企业进行自我诊断

对企业管理水平的诊断，是国外咨询业的一项重要业务，国外会计师事务所的诊断收入约占其总收入的50%～60%。对企业经营水平的诊断在我国还没有真正开始。通过这套体系进行评判，可以很清楚地看出企业在同行业中的位置，比较容易判断企业的差距在哪里。一是评价企业现在的水平如何，二是找到企业问题的症结，以采取有效措施，改进企业经营。

（五）非常适用于企业集团进行内部控制管理

我国国有企业正逐步向企业集团过渡，企业集团对子公司管理一直控制得很严格，国家及各个企业也一直在进行探索，一管就死，一放就乱，这种管理弊端比较大。据统计，近年来许多国有企业对外投资失败率非常高，有的甚至损失率高达70%以上。这里面既有经济环境问题，也有管理水平问题，但还有一个非常重要的问题，就是企业集团总部对投资项目和子公司如何考核和评价，使这些损失情况与收入分配、经营者选择有机结合起来。近几年有关部门通过对部分集团公司进行试点，利用效绩评价体系对投资项目和子公司进行考核。尽管各种投资项目和子公司规模不同，子公司所处的行业不同，但运用同规模、同行业的评价标准值分析对比，非常容易让集团总部了解投资于各个行业、不同地区和不同规模的投资项目和子公司经营效益的实际水平，以及在行业中所处的地位，对强化集团内部控制非常有效。

（六）为不同行业、不同规模企业建立统一的"度量衡"

国有企业的行业、门类非常齐全，每个企业的情况都非常复杂，有不同的特点。要建立一套比较客观、公正的标准，对企业经营水平和经营能力进行科学和规范的评判，让每个企业在大家都能认同的标准下看到自己所处的位置，以及与先进企业的差异。

（七）促使企业把眼前利益和长远利益结合起来

市场激烈竞争的事实告诫我们，一个企业今后的生存发展，比眼前利益更为重要。国有企业领导人的任期比较短，企业领导在自己的任期里都想出好成绩，很有可能就会牺牲企业的长远利益，这也是现阶段国有企业发展中存在的一个非常突出的问题。制定新的企业评价体系，就是要引导企业把眼前利益与长远利益结合起来。

（八）将评价与国有企业的改革工作有机结合起来

搞好一个国有企业最重要的无非有三个方面：第一，企业的人事管理，怎样才能选好企业的领导人和领导班子；第二，分配制度，怎样建立一种对企业有激励作用的分配制度；第三，好的产品，怎么能够使产品符合市场需求，在市场中站得住脚。而好的领导班子、好的分配制度、好的产品的实现都需要一套科学、规范的企业评价标准。这既是现阶段国有企业改革的主要目标，也是新的评价体系服务的主要对象。

六、国有资本金效绩评价体系的局限性

（一）混淆了会计主体利润和会计主体所有者利润的概念

会计主体是会计的一项基本假设，它规定了会计核算的空间范围及界限。如果以一个独立核算的企业作为会计主体，该企业会计信息系统所处理与提供的信息必须是与该企业相关的。会计主体假设不仅要求严格区分本会计主体与其他会计主体之间的利益界限，而且要求区分作为会计主体的企业与其所有者之间的利益界限。会计利润是作为会计主体的企业进行会计核算的结果，它揭示的是会计主体在现有资产上为其所有者提供的实际收益。从股东的角度来说，他用于投资的资本可能来自银行、其他债权人或者是个人资本积累，资本来源渠道可以不同，但投资机会是相等的，他们承担了由于对现有项目投资而放弃的在其他风险相当项目上的投资所期望获得收益的机会成本。会计利润没有确认和计量这种机会成本，效绩评价体系中采用的会计利润为基础的派生指标，如净资产收益率、总资产报酬率等，并不是从股东的角度反映。因此，以会计利润为基础的收益指标作为激励的依据，难以实现股东利益和管理者利益的一致。

（二）评价体系仍以会计利润评价经营效绩，基本还是财务性效绩评价

过于偏重财务评价，使评价体系难以全面、真实地反映企业效绩。1999 年颁布的企业效绩评价体系中的 8 个基本指标和 16 个修正指标都是财务指标，只有 8 个评价指标是非财务指标。2002 年修订的企业效绩评价体系中的 8 个基本指标和 12 个修止指标都是财务指标，只有 8 个评价指标是非财务指标。过多地采用财务指标有以下弊端：

（1）财务指标较多地受到会计政策选择的影响，导致对企业效绩的评价难以完全真实地反映客观实际。

在现有的以会计准则为企业会计政策规范主体的模式下，对某一经济事项的会计处理往往有多种备选的会计处理方法，为企业进行会计政策选择留下了较大的空间。企业选择

不同的会计政策产生不同的会计数据，从而会使以会计数据为计算依据的同一财务指标产生不同的结果。对同一事物的同一方面有多个不同结果都不违反会计准则，到底哪一个更为真实地反映客观实际，自然使人质疑。

一些企业往往通过运用各种财务措施，来改善财务报表的有关项目，从而达到提高企业效绩的目的。

（2）往往使企业盲目追求高财务指标，更加注重眼前利益而忽视长远利益，容易使企业经营产生短期行为。

财务效绩是经营活动的结果，财务上的成功是基础工作做好后在逻辑上的自然结果。因此，企业通过改善基础性的经营活动自然会得到理想的财务数据，而可能忽视科技创新、市场开拓和推广及员工培训等活动，为了短期效益而使企业长期效益受损，这对企业未来发展必然产生严重影响。

（三）虽然实现了财务指标与非财务指标的结合，但两者的内在联系没有得到体现，且已设置的非财务指标不够完善

（1）在评价体系中，非财务指标都是评价指标，没有给出计量方法，主观随意性较强。

1999年颁布的企业效绩评价体系中，企业领导班子基本素质、产品市场占有能力（服务满意度）、基础管理水平、在岗员工素质状况、技术装备更新水平（服务硬环境）、行业或区域影响力、企业经营发展策略、长期发展能力预测8项非财务指标没有一个是可计量的，只能通过定性分析得出结果。2002年修订的企业效绩评价体系中，经营者基本素质、产品市场占有能力（服务满意度）、基础管理水平、发展创新能力、经营发展战略、在岗员工素质、技术装备更新水平（服务硬环境）、综合社会贡献8项指标同样无法通过定性分析得出结果。定性分析依赖于人们对经济现象的熟知程度和经验，需要相当丰富的理论知识和实践经验，并非所有人都能做到，因而仅由定性分析获得的非财务指标结果往往主观随意性大，难以保证评价标准、评价过程和评价结果的客观性。

（2）已设立的非财务指标还不够全面。

评价体系以净资产收益率为主导指标，重点反映企业的财务效益情况。同时，设定了评议指标反映企业经营管理、制度建设、经营机制方面的情况，它们是创造财务效益的基础，这种思路无疑是合理的。1999年的评价体系中财务指标的权重占了80%，留给反映结果形成过程的非财务指标空间太少，8项评议指标难以描述财务结果的形成过程。财务指标和非财务指标之间的因果关系没有充分体现出来。评价体系的作用过多地停留在衡量企业已采取行动所产生的资本金效绩上，难以评价企业为获得未来效绩而取得的进展。2002年修订版的企业效绩评价操作细则在企业经营发展策略和长期发展能力预测等企业战略发展方面的非财务指标上有所改进，但是非财务指标的权重并未有变化。

练习与案例

一、复习与思考

1. 简述业绩评价指标的发展历史。

2. 一个完整的业绩评价体系应包括哪些因素？它们之间有怎样的关联？

3. 简述传统业绩评价指标的局限性。

4. 经济增加值（EVA）的主要计算步骤是什么？

5. 平衡计分卡业绩评价模式的主要特点是什么？

二、案例分析

案例一：美国环球金融服务公司平衡计分卡应用的失败案例①

美国环球金融服务公司（The US Global Financial Services）是北美金融领域的佼佼者。在20世纪90年代以前，公司的业绩评价都是以财务为导向的，公司一直致力于利润最大化的财务目标。90年代初，经历了财务业绩的大幅下滑后，环球金融服务公司的高层主管开始重新规划公司的发展战略。1993年，公司把部门经理的考核激励从单一的利润指标调整为多重指标的业绩激励计划（Performance Incentive Plan, PIP），引入更多关注客户满意度和公司成长性等方面的非财务指标，通过既定公式分配指标权重并计算奖金。1995年的第二个季度，公司又进一步实施了基于平衡计分卡的激励系统。

新的激励系统中包括了六大类的财务和非财务指标，其中的一些非财务指标反映了高层主管对经理业绩的主观评价，成为新的激励系统区别于原有激励系统的显著特征。以公司的北美银行分部（The North American Banking Division）为例，设定了财务、战略、客户、控制、人力资源、标准六大类指标。其中，对于前三类指标，每项指标都设有"标准分"（也就是一个目标值，考察是没有实现既定目标、实现了既定目标还是出色实现了既定目标）；对于后三类指标，则不设定标准分，而是给出总分上限。每个经理的总分由区域主管根据六大类指标的得分情况综合给出。

虽然环球金融服务公司宣称基于平衡计分卡思想构建了考核体系，却没有达到"形神兼备"的境界。

第一，虽然公司以业绩激励计划（PIP）对部门经理进行考核，但是在执行过程中，部门经理却发现，奖金在很大程度上取决于一些"计分卡指标以外的因素"，降低了平衡计分卡的权威性和严肃性，降低了薪酬和业绩的相关性。

第二，存在评价标准不确定问题，部门经理抱怨考核指标的评价标准每个季度都会变化，奖金的确定对他们来说是一个"黑箱"，偏袒和不确定性成为抱怨的焦点，导致大家对平衡计分卡失去信心。

第三，计分卡是"不平衡"的，迫于提升股价的压力，利润仍然是计分卡的重心所在，并且一些短期财务指标成为确定奖金的关键因素。

第四，引入主观评价指标非但没有达到预期的效果，而且"扰乱"了原有的考核体系，使"激励系统"变成了一个"补偿系统"，使"奖金"更像"补偿金"，并且，主观指标执行不严肃，为偏袒大开方便之门。

最后，由于设计和执行中的偏差，连公司高层主管和人力资源经理也在质疑衡量一个企业管理先进程度的"标记"究竟是什么。

---

① 资料来源：平衡计分卡知识网（http://www.rbsc.com.cn）.

结局可想而知，1998 年末，环球金融服务公司最终放弃了平衡计分卡考核，重新回到了以营业收入为基础的佣金风格的考核方式。

事实上，环球金融服务公司的案例只是众多失败案例之一，根据卡普兰的估计，在美国宣称使用平衡计分卡的公司中，至少有 50% 没有发挥这个工具的战略执行和战略调整功能，而只是把平衡计分卡作为"点名册"，或者给员工发放补偿金作参考依据。

【分析与思考】

1. 平衡计分卡评价系统发挥作用的前提有哪些？
2. 环球金融服务公司最终放弃平衡计分卡评价系统的原因及主要教训是什么？

案例二：某大型通信公司在 IT 部门成功实施平衡计分卡①

某大型通信公司的信息部负责管理公司的信息系统。长期以来，该信息部门一直向公司内所有业务单位提供所需的一切信息和技术服务。尽管信息部的内部客户满意度极差，但在总公司不准外包的保护伞下，信息部仍然获得了快速成长和较高的利用率。由于多年的垄断经营，导致信息部不思进取，其所运用的技术大多已过时，而且形象恶劣，对客户而言已经没有任何吸引力了。

但现在激烈的外部竞争迫使公司下放自主权，让其下属业务单位自负盈亏，并授权各业务单位可以自主挑选其供应商。为了追求更高的利润，各业务单位要求其信息系统供应商能够提供更好的服务和更高的技术能力。因此，本公司的信息部门要么提供具有竞争力的服务，要么只能被公司下属的业务单位淘汰出局。

面对危机，信息部门的新领导迅速作出反应。经过周密的思考与商议后，他们决定借助于平衡计分卡这个新型的管理工具，希望通过平衡计分卡能迅速地达到以下目的：以转变观念，强调客户为中心。

信息部门的领导清楚地意识到，由于在总公司不准外包的保护伞下，本部门多年来一直是垄断经营，根本不注重内部和外部客户的真实需求，因此开发平衡计分卡的关键是客户层面。所以，信息部门启动平衡计分卡的第一步工作是派人到各业务单位进行客户拜访。结果显示，公司的业务单位可以分成两个不同的市场群体，各自有着完全不同的需求。其中一个客户群体，希望得到高度可靠和成本最低的基本信息服务，如处理客户账单和薪酬管理系统；另外一个客户群体，希望信息技术能够给他们带来市场竞争优势，这类业务单位希望得到创新技术，并且希望与信息系统供应商建立长期的合作关系。

信息部门的平衡计分卡项目小组分别为这两类客户设计了特定的指标。平衡计分卡项目小组为第一类客户开发了标准服务价格与市场价格的比较指标，强调为客户提供具有价格竞争优势服务。他们为第二类客户开发了反映这一类客户需求的客户满意度指标，同时也衡量新客户的数目，以强调通过开发新技术和服务来吸引新客户的重要性。这两类不同的指标明确了信息部必须在哪些方面表现卓越，这些都是保留现有内部客户的基础。

通过不到一年的时间，信息部门成功转型为一个以客户为中心的部门，其中平衡计分

---

① 资料来源：平衡计分卡知识网（http：//www.rbsc.com.cn）。

卡发挥了重要的作用。首先，通过开发平衡计分卡，信息部门明晰了两类主要的客户群及每个客户群的价值定位，并为不同的客户群制定和实施了不同的战略；其次，平衡计分卡被传达给所有的员工，并且已融入信息部门的日常管理之中，因此信息部能够持续改进，以更好地满足每位客户的需要。

这个案例非常值得许多公司借鉴。在当今以客户为中心的经营环境里，采用职能导向的管理模式会导致管理人员画地为牢、坐井观天，必须完全抛弃。企业要突破"绩效管理瓶颈"，首先就必须在管理思维和管理理念上进行转变，按照客户导向的思维来设计和推行实施绩效管理系统。而平衡计分卡作为一个能够帮助企业很好地由职能导向转型为客户导向的新型管理工具，势必得到更广泛的运用。

【分析与思考】

1. 该公司运用平衡计分卡评价体系成功的关键是什么？
2. 是否所有企业都可以运用平衡计分卡评价体系？为什么？

第十章　企业激励机制

第一节　企业激励机制概述

一、建立企业激励机制的原因

激励一词是外来语，译自英文单词 motivation，它含有激发动机、鼓励行为、形成动力之意，也包括约束和归化之意。也就是组织通过设计适当的外部奖酬形式和工作环境，以一定的行为规范和惩罚性措施，借助信息沟通来激发、引导、保持和归化组织成员的行为。

随着企业的发展，规模不断扩大，使得个人很难独自拥有一个大企业的所有股权，公司的所有权被分为若干份，成为股份制企业；同时由于企业规模的扩大，企业的所有者不一定能够管理好企业的经营，由此出现了职业经理人，帮助企业的所有者行使企业的经营权，导致企业所有权与经营权出现了分离。

企业所有权与经营权相分离，所有者聘请谁来行使企业的经营权呢？唯一的标准是使得企业所有者的利益最大化，能使所有者利益最大化的经营者是所有者唯一愿意聘请的人选。但是经营者有经营企业的才能，不一定甘于无偿地为企业所有者进行经营管理工作，因此需要有一个机制，使得经营者在最大化企业所有者利益的同时，也可以达到自身利益最大化，这就是建立企业激励机制的原因。

激励机制就是在组织系统中，激励主体与激励客体之间通过激励因素相互作用的方式。其中，激励因素是个人在组织中的行为目标，是个人行为的动力源泉，它提供了个人在组织中的角色行为过程的价值取向和决策偏好。有效的激励因素可以使个人目标和组织目标紧密地结合在一起，使个人价值取向和组织价值取向一致起来。就企业而言，所谓激励机制实质上是一种对被管理者多元需求的满足机制，目的是使被管理者的私人目标与管理者的目标相一致，使被管理者主动接受管理目标，在最大限度地满足个人需要的同时，最大化实现管理者的目标。

二、企业激励机制的组成

怎样的激励机制能够保证企业的经营者在企业经营管理决策的过程中最大化自身及所有者的利益呢？理论及实践经验表明，将企业经营者的经营报酬与企业业绩相联系的激励机制，最容易使得企业的经营管理者最大化企业所有者的利益。

企业激励机制的组成，一般可以分为以下两部分。

一是企业的业绩评价体系，即如何正确衡量、评价企业经营管理者的业绩。如前面第九章所述，正是为了对企业的经营管理者进行激励，企业评价体系不断发展、改进。

二是将企业经营管理者的报酬与经营业绩挂钩的报酬制度。即将企业经营管理者的收入直接与企业的绩效相联系，好的绩效可以获得高的报酬，反之，差的绩效只能取得低的报酬。如何将报酬与绩效相联系？在实践中，由于不同的部门、不同的职位有不同的工作业绩，对企业最终的绩效影响也不尽相同，所以通常在企业实际激励制度设计中，绩效对报酬影响的系数，绩效与报酬的相关关系并不是一成不变的，而是丰富多样的。可以是线性关系，如计件工资、底薪加提成等报酬制度；可以是非线性关系，如费用工资包干等报酬制度。

三、建立企业激励机制的作用

激励机制一旦形成，它就会内在地作用于组织系统本身，使组织机能处于一定的状态，并进一步影响着组织的生存和发展。激励机制对组织的作用具有两种性质，即助长性和致弱性，也就是说，激励机制对组织具有助长作用和致弱作用。

1. 激励机制的助长作用

激励机制的助长作用是指一定的激励机制对员工的某种符合组织期望的行为具有反复强化、不断增强的作用，在这样的激励机制作用下，组织不断发展壮大，不断成长，称这样的激励机制为良好的激励机制。当然，在良好的激励机制之中，肯定有负强化和惩罚措施，对员工的不符合组织期望的行为起约束作用。激励机制对员工行为的助长作用给管理者的启示是：管理者应能找准员工的真正需要，并将满足员工需要的措施与组织目标的实现有效地结合起来。

2. 激励机制的致弱作用

激励机制的致弱作用表现在：由于激励机制中存在去激励因素，组织对员工所期望的行为并没有表现出来。尽管激励机制设计者的初衷是希望通过激励机制的运行，能有效地调动员工的积极性，实现组织的目标，但是，无论是激励机制本身不健全，还是激励机制不具有可行性，都会对一部分员工的工作积极性起抑制作用和削弱作用，这就是激励机制的致弱作用。在一个组织当中，当对员工工作积极性起致弱作用的因素长期起主导作用时，组织的发展就会受到限制，直到走向衰败。因此，对于存在致弱作用的激励机制，必须将其中的去激励因素根除，代之以有效的激励因素。

四、激励机制的运行模式

激励机制的运行模式，即激励机制运行的过程就是激励主体与激励客体之间互动的过程，也就是激励工作的过程。图 10-1 是一个基于双向信息交流的全过程的激励运行模式。这种激励机制运行模式，是从员工进入工作状态之前开始的，贯穿于实现组织目标的全过程，故又称之为全过程激励模式。

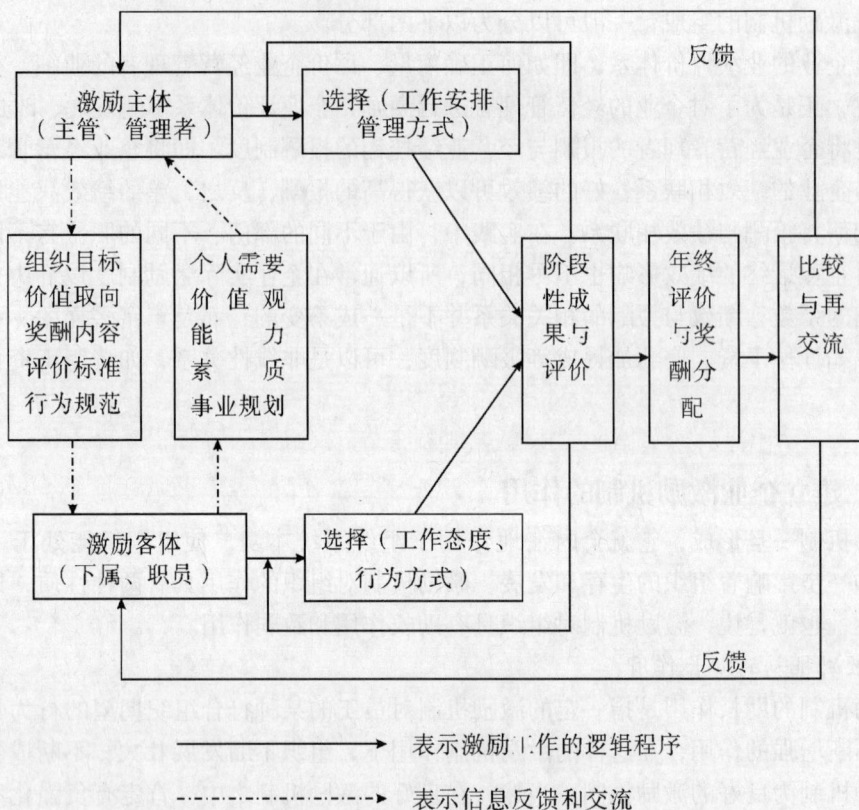

图 10-1　全过程激励运行模式

这一激励模式应用于管理实践中可分为五个步骤，其工作内容分别如下：

第一，双向交流。这一步的任务使管理人员了解员工的个人需要、事业规划、能力和素质等，同时向员工阐明组织的目标、组织所倡导的价值观、组织的奖酬内容、绩效考核标准和行为规范等。而员工个人则要把自己的能力和特长、个人的各方面要求和打算恰如其分地表达出来，同时员工要把组织对自己的各方面要求了解清楚。

第二，各自选择行为。通过前一步的双向交流，管理人员将根据员工个人的特长、能力、素质和工作意向给他们安排适当的岗位，提出适当的努力目标和考核办法，采取适当的管理方式并付诸行动，而员工则采取适当的工作态度、适当的行为方式和努力程度开始工作。

第三，阶段性评价。阶段性评价是对员工已经取得的阶段性成果和工作进展及时进行评判，以便管理者和员工双方再作适应性调整。这种阶段性评价要选择适当的评价周期，可根据员工的具体工作任务确定为一周、一个月、一个季度或半年等。

第四，年终评价与奖酬分配。这一步的工作是在年终进行的，员工要配合管理人员对自己的工作成绩进行评价并据此获得组织的奖酬资源。同时，管理者要善于听取员工自己对工作的评价。

第五，比较与再交流。在这一步，员工将对自己从工作过程和任务完成后所获得的奖酬与其他可比的人进行比较，以及与自己的过去相比较，看一看自己从工作中所得到的奖酬是否满意，是否公平。通过比较，若员工觉得满意，将继续留在原组织工作；如不满意，可再与管理人员进行建设性磋商，以达成一致意见。若双方不能达成一致的意见，双方的契约关系将中断。

全过程激励模式突出了信息交流的作用，划分了激励工作的逻辑步骤，可操作性强。

激励机制运行中的信息交流是一个组织成员向另一成员传递决策条件的过程。组织中的任何一个成员，作为一个决策者，他一方面从其他人那里得到自己决策所需的信息，另一方面又向其他人传送自己方面的信息。在激励机制运行中，信息交流是贯穿于全过程的，并且是双向的，即既有从激励主体传向激励客体的信息，又有激励客体传向激励主体的信息，双方交替扮演信息的发送者和接收者，甚至发生激励主体与激励客体位置的转换。

组织目标或子目标的实现，往往需要数周、数月，甚至数年的时间。在此期间，需要领导人、管理者和员工不断的推动，以维持高昂的士气。在推动目标实现的过程中，来自管理者对员工工作的评价最为重要，但这在激励工作中往往得不到管理者的重视。对员工工作的评价，包括对工作进度的评价、对工作质量的评价以及对工作进度及最终目标的关系的评价等。贯穿在工作评价中的奖惩信息，往往直接影响到员工工作的士气和积极性。

第二节　经理报酬制度

一、委托代理问题与经理报酬

（一）委托代理关系

随着现代公司制度的诞生，企业的所有权和经营权开始分离。拥有企业的所有者不直接从事企业的经营活动，而是雇用经理人进行企业管理活动，股东与经理人的关系就是委托代理关系。

最早提出委托代理概念的罗斯（Rose）是这样解释的：如果双方中代理人一方代表委托人一方的利益行使某些决策权，则代理关系就随之产生。詹森（Jensen）和麦克林（Mekling）则定义为："一个人或一些人（委托人）委托其他人（代理人）根据委托人利益从事某些活动，并相应地授予代理人某些决策权的契约关系。"罗斯强调委托代理关系是代理行为；詹森等则强调委托代理关系是一种契约关系，它揭示了现代公司制企业的委托代理关系。

现代公司制企业的委托代理关系有以下特征：

1. 委托代理关系是一种利益关系

委托人一方要事先确定一种报酬机制，激励代理人尽心尽责，努力实现委托人利益最大化目标；代理人据此选择自己的努力方向和行为方式，以求得自身利益（效用）最大化。委托代理关系是否有效的关键是这一制度安排是否实现双方利益的平衡，从而保证代理人目标与委托人目标的一致性。

2. 委托代理关系是一种契约关系

委托人与代理人之间不是一种普通的合作关系，而是通过契约严格规定了双方的权利和责任。但这种契约是一种不完备的契约。这是由企业的不确定性、委托人与代理人之间的信息不对称、有限理性（人们的认识能力是有限的，因而其决策和行为能力也不可能是完全理性的）、委托人和代理人目标的不一致性等所决定的。这种契约的不完备性隐含着代理风险。

（二）代理人问题

在委托代理关系中，由于委托人和代理人具有不同的利益，因而在代理行为中，当代理人追求自身的利益时，代理人就可能造成对委托人利益的损害，这就是所谓的代理人问题。当然，委托人在选聘代理人之前，要考察代理人的专业胜任能力和信誉，执行严格的选聘程序，或者采用试用期的形式增进对代理人的了解，消除信息障碍。但是，即使执行了严格认真的选聘程序，仍然会产生代理人问题，这是因为：

（1）代理人是一个具有独立利益和行为目标的"经纪人"，他的行为目标与委托人的利益目标不可能完全一致。

（2）代理人作为经济人同样存在所谓"机会主义倾向"，在代理过程中可能产生职务怠慢、损害和侵蚀委托人利益的道德风险和逆向选择问题。

（3）市场环境的不确定性和信息掌握的不对称性，使委托人难以准确判断代理人行为的努力程度，是否存在机会主义行为。

（三）信息不对称问题

在委托代理关系中，委托人和代理人所获得的信息量是不对等的，这种现象被称为"信息不对称"。道德危机和逆向选择随之产生。

道德危机是指委托人虽然能通过会计系统提供的产出计量单位来推测代理人的努力程度，但这些计量单位却不能准确反映代理人所作的努力。代理人会按照不同于合同制度规定的方式办事，产生偷懒和舞弊的倾向，这种现象被称为道德危机。

逆向选择是指委托人不能直接监督代理人的努力或不能通过某些产出的计量单位来准确推断代理人的努力，可能作出与事实相反的选择，这种现象就叫做"逆向选择"。

（四）企业业绩评价与经理报酬

为了解决代理人的道德风险和机会主义问题，企业的资本所有者与经营管理者之间的委托代理关系要通过一定的代理合约明确各自的权利与责任，建立起一种有效的监督、激励与约束机制，促成代理人目标和经营者目标的一致，实现委托人目标的最大化。代理人认为，委托人在解脱自己的经营管理事务的同时，将要支付一定的代理成本。它包括支付代理人的薪酬、委托人监督费用、代理人问题引起的经营损失和职务侵犯等。其中前面两项是委托人必须支付的代理成本，它可以在一定程度上防止和减少因为代理人问题而导致的经营损失和职务侵犯，从而降低代理总成本。问题的关键是委托人为了提高资本回报水平，将竭力节约代理费用和代理成本。而建立企业业绩评价制度是一项有效的制度安排，不论是实现对代理人的有效监督、约束经营者的行为，还是兑现代理人的薪酬合约、节约监督费用，都需要运用企业业绩评价手段。

因此，在委托代理关系中，委托人与代理人利益目标的不一致和委托人与代理人的信息不对称，决定了企业效绩评价制度存在的逻辑基础。

二、经理报酬制度及内容

我国理论界对于报酬主要有两种界定。一种是广义的，认为报酬是一个组织对自己的员工为组织所付出劳动的一种回报或答谢，这种回报包括精神的和物质的两个方面；一种是狭义的，认为报酬是指员工通过在一个组织里付出劳动而获得的物质利益。通常认为，报酬是指作为个人劳动回报而得到的各种类型的酬劳。完整的报酬制度包含两个部分的内容：一是直接经济补偿，包括个人获得的工资、薪水、奖金及佣金形式的全部报酬；二是间接经济补偿，即福利，指直接经济补偿之外的所有其他各种经济回报。报酬是企业对其员工为企业所作的贡献，包括他们实现的绩效、付出的努力、时间、学时、技能、经验与创造所付给的相应的回报，这实质上是一种公平的交换或交易。

对于企业来说，付给员工的报酬既是费用又是资产。报酬反映在劳动力成本上，它是一种费用。对于员工来说，报酬作为一个企业组织对员工为企业所付出的劳动的一种直接回报，是一个员工工作与责任的象征。报酬的多少标志着一个员工的才能、积极性和贡献的大小，象征着员工的地位和荣誉。报酬是激励员工的重要手段，合理而具有吸引力的报酬制度能有效地激发员工的积极性，促进员工去完成企业目标，提高企业效益。

从某种意义上讲，公司的业绩表现是经营者管理行为的结果，而经营者管理行为主要体现为其工作的努力程度和经营决策中的价值取向，如决策中的保守或冒险态度，以及投资的短期与长期导向等。因此，确定报酬制度的实质目的是通过报酬计划方案影响经营者的管理行为，并在报酬计划中融入下面两种功能：一是激励机制，即公司业绩越好，经营者的报酬越高和获得的利益越大，由此激发经营者的积极性；二是约束机制，即促使经营者本人对公司作长期投入，避免短期行为（包括由于任期和接近退休年龄而带来的问题），避免保守行为（如因固定收入稳定而不愿冒险的问题），以及减少因报酬方案本身带来的问题等。因此，经营者报酬计划的设计要解决三个方面的问题：第一，报酬计划内容的设计；第二，报酬计划应体现的激励约束机制（这是设计报酬计划的目的）；第三，公司业绩与经营者业绩的评价。

在企业实践中，企业员工尤其是经营者的报酬是由多个部分组成的，包括基本工资（它是根据员工、经营者和企业过去的业绩表现确定的）、年度奖金（主要与当年的公司业绩，如利润有关）、任期收入（或称为远期收入，与公司未来几年乃至十几年的业绩表现和股价有关）。因此，报酬计划要确定的是：计算员工、经营者报酬时所依据的公司过去业绩和将来业绩的比重，所依据的过去业绩的时间段和将来行为结果的时间段，以及报酬的不同部分的具体内容。

1. 工资

企业的工资是指支付企业职工的基本劳动报酬，员工每年的工资一般是一个固定数目。无论是一般工人，还是高级经理的工资有可能根据工作年限、竞争条件、生活费用和工作表现进行适当的调整。我国的工资形式在贯彻按劳分配的原则下存在着多种不同的形式，适用于不同的条件和范围。目前在工资分配中经常使用四种工资形式：计时工资、计件工资、浮动工资和定额工资。

2. 奖励

我国的奖励形式有奖金、佣金、计件等形式。它们可与职工个人绩效挂钩，也可与群体（班组、科、处室）乃至整个企业效益相结合。奖励的依据是贡献率，具有明确的针对性和短期刺激性，是对职工近期绩效的回报，故浮动多变。确定奖金的方法一般如下：首先是根据企业生产或工作的需要确定奖励项目；其次是对确定的奖励项目规定奖励条件，对厂部、车间、班组和员工个人分别规定奖励条件；再次是根据奖励条件规定的奖励指标来确定恰当的奖励形式，如综合奖还是单项奖、个人奖励还是集体奖励；最后是按照与奖励指标有直接联系的员工人数确定奖励范围，然后在奖金总额的范围内，根据各项奖励项目的重要性、难易程度以及奖励人数合理确定奖金标准。

3. 福利与津贴

从本质上看，福利是一种补充性报酬，但往往不以货币形式直接支付，而多以实物或服务的形式直接支付，如带薪休假、子女教育津贴、廉价住房、由企业购买的各种保险、由企业提供的免费或打折服务（午餐、医疗、班车）等。从支付对象上看，福利可分为全员性福利和只提供给某一特殊群体享受的特种福利和特困补助。全员福利是所有职工都能享受的待遇，其分配基础显然公平。特种福利是针对企业中的特殊人才设计的，如高层管理人员，或具有专门技能的高级专业人员等，这种福利的基础是贡献。特困补助是为有特殊困难的职工提供的，如工伤残疾、重病等，这种福利的基础是救济。应该说福利和津贴与员工、经理的工作成绩没有直接联系，不能提供有效的激励作用。

4. 股票期权激励方式

股票期权给予管理者一种在未来特定日期以特定价格购买公司股票的权利。股票期权能激励管理者在制定决策时考虑长期影响，管理者报酬的高低，依赖于股票的市场报酬和长期股票价格，因此，管理者作为股票持有人，其追求的结果也必然有利于股东，除了能提高股东福利外，还能确保管理者为了提高公司的长期业绩而反对短期风险决策行为。这种方式将管理者利益同股东的福利连在一起。但是，股票期权也具有股票报酬激励方式的缺点。尽管如此，许多激励专家仍认为股票期权是一种有效的激励工具。该部分将在本章第三节详细介绍。

第三节　股票期权

股权激励是指以股票作为手段对经营者进行激励的一种制度，其以股权为激励制度的基础，主要有两种方式，即限制性股票所有权和股票期权。企业通过在一定条件下、以特定的方式（股票）使经营者拥有一定数量的企业股权，从而进行激励。股权激励能够将企业的短期利益和长远利益有效结合起来，使经营者站在所有者的立场思考问题，达到企业所有者和经营者收益共同发展的双赢目的。简言之，股权激励，是指企业经营者和职工通过持有企业股权的形式，来分享企业剩余索取权的一种激励行为。股权激励的形式主要有股票期权和员工持股计划，本节主要介绍股票期权，第四节介绍员工持股计划。

一、股票期权的定义

所谓股票期权（Stock Options），简称期权，是公司经股东大会同意，授予一定对象可以在一定时间内，以一定价格购买一定数量公司股票的选择权利，是一种基于经营结果的奖励形式，其目的是最大限度地调动管理者和员工的积极性。由于在实际运作中，股票期权一般是针对高层管理人员和技术骨干，因此常被称做"高级管理人员股票期权"（Executive Stock Options，ESO）。它规定持有者可以在特定时期内行权，即在特定时期以事先确定的行权价（授予期权时股票的公平市值）购买本公司的股票。在行权以前，股票期权持有者没有收益；在行权时，如果股票价格已上升，股票期权持有者将获得市场价和行权价价差带来的可观的现金收益；在行权时，如果股票价格已下跌，股票期权将失去价值，持有者将放弃行权，也没有实际损失。股票期权是报酬制度的一种创新，高级管理人员只有在增加股东财富的前提下才可同时获得收益，它比现金方式的奖励有更大的激励作用，并把管理人员未来收益与企业发展和股市紧密结合起来，最终达到股东和高级管理人员共赢的局面。

二、股票期权的类型与功能

（一）股票期权的类型

在欧美国家，股票期权的实施形式是多种多样的，主要有两种类型：

激励性股票期权（Incentive Stock Option）。激励性股票期权是为了向管理人员提供激励，其形式不仅有着多样性，而且支付和行权方式也因企业不同而不同。但它一般具有税收优惠的特点，即个人收益中部分可作为资本利得纳税，同时可以从公司所得税税基中扣除。

非法定的股票期权（Nonqualified Stock Option）。这类股票期权与法定股票期权的区别在于：不受美国国内税法的约束，公司可以自行规定方案；个人收益作为普通收入缴纳个人所得税；不能从公司所得税税基中扣除。

（二）股票期权的功能

股票期权的激励意义有以下四点：

第一，能够在较大程度上规避传统薪酬分配形式的不足。传统的薪酬分配形式，如工资、奖金等，虽在一定程度上起到了刺激和调动经营者积极性的作用，但是致使经营者行为的短期化和消费行为的铺张浪费等弊端越来越明显。股票期权则能够在很大程度上消除上述弊端，因为购买股票期权就是购买企业的未来，企业在较长时期内业绩的好坏间接影响到经营者收入，促使经营者更关心企业的长期发展。

第二，股票期权弱化了企业内部委托代理矛盾，减低代理成本。投资者注重的是企业的长期利益，管理者受雇于所有者或投资者，他更关心的是在职期间的短期经营业绩。因此，如何将两者的利益挂钩，使管理者关注企业长期价值的创造，这是企业制度创新中非常重要的问题。实施股票期权，将管理者相当多的薪酬以期权的形式体现，就能实现上述的结合，使得公司的高层管理人员不仅关注公司长期价值的创造，更要关注其股票在市场上的表现，更好地满足股东的利益要求。

第三，对公司业绩有巨大推动作用。作为一种新型的激励方式，股票期权不同于工资、奖金及其他福利，股票期权所带来的收益不是公司支付的，而直接来自二级市场，因而不会增加公司成本或降低利润，有利于保持企业的竞争力。对美国38家大型公司期权实行的情况分析表明，所有公司业绩都能大幅提高，资本回报率3年平均增长率由2%上升到6%，每股收益3年平均增长率由9%上升至140%，人均创造利润3年平均增长率由6%上升到10%。

第四，有利于更好地吸引核心雇员并发挥其创造力。核心员工对公司未来的发展至关重要。股票期权一定程度上是对智力资本参与分配的一种肯定。一般来讲，期权计划仅限于那些对公司未来成功非常重要的成员。每个部门都有相应的核心成员。授予核心员工期权，能够提供较好的内部竞争氛围，激励员工努力工作。同时，由于期权强调未来，公司能够留住绩效高、能力强的核心员工，是争夺和保留优秀人才并预防竞争对手挖走核心员工、提升企业业绩和整合人力资源的有效手段。

三、股票期权的基本要素的设计

实施一项股票期权计划过程中，关键内容是确定下列基本要素：受益人、股票来源、行权价格。

（一）受益人

受益人是指股票授予的对象，一般是指公司的高级管理人员。美国实行股票期权的企业中，有22%只针对顶尖管理层，42%只针对中上管理层，19%只针对中等管理层，7%只针对核心层（董事长和CEO），而且外部董事和持有10%以上表决权资本的经营者不参加股票期权计划。现在股票期权也有不少扩大到少数有特殊贡献的其他员工。

（二）股票来源

国外股票期权的股票来源主要有三种途径：①使用库藏股；②由公司定向增发新股；③公司从二级市场回购股票或由原股东把其股权出让。

（三）股票期权的授予额度

授予额度是指期权受益人根据契约可以购买股份的多少。根据企业规模的大小，一般占总股本的1%~10%。期权计划所涉及的证券总数上限是不超过当时有关类别证券的10%，而且任何一名参与人所获得的认股权不超过该认股权所涉及证券总数的25%。

（四）期权的决策与管理机构

股票期权由报酬委员会负责决策、管理、解释、修改或终止，报酬委员会直接归董事会领导，独立行使职能，不受企业经营者的影响。某些特殊事项须经股东大会批准。股票期权的执行由公司委托券商进行交易和结算。

（五）期权的赠予条件

期权奖励须与预先制定的股东总回报或每股赢利挂钩。一般有两个标准：绝对标准，即每股赢利增长或5年内股东回报率上升水平；相对标准，地位相当的同业股份市值平均上升水平。

赠与时机一般为受聘、升职、每年一次的业绩评定。股票期权不能转让。

（六）认股期权的行权价

行权价（Exercise Price）是指期权受益人购买股份的价格。期权授予价格一般采用以下四种方式确定：以公司与管理者签订股票期权合同当天的前一个月股票平均市价为准；以前5天交易日平均市价的80%为准；以授予日最高市场价格与最低市场价格的平均价为准；以授予日前一个交易日的收盘价为准。

在美国，关于行权价格的规定有：①不得低于股票期权赠予日的公平市场价格，公平市场价格可以是股票期权赠予日最高市场价和最低市场价的平均价，也可以是股票期权赠予日前一个交易日的收盘价；②如果某经营者持有该公司10%以上表决权资本，而股东大会同意其参加股票期权计划，他的行权价格必须高于或等于股票期权赠予日公平市场价格；③非法定股票期权的行权价可以低至公平市场价格的50%；④已授出股票期权的公司资本化发行、供股、分拆、合并时将调整行权价；⑤当股市持续下跌并低于行权价格时，股票期权失去价值，为了继续发挥股票期权的激励作用，公司可能重新确定行权价格，这一做法目前还不普遍。

（七）行权速率

通常情况下，股票期权不能在赠与后立即执行，需要在授予期结束之后才能行权。期权的实施期限内，股票期权行权速率可以采用匀速和加速两种方式：

1. 匀速方式

在授予期的几个年度内，员工可以按每年的平均数行使期权。假设行权期为5年，期权确认书签订第一年可实施其中的20%，以后每过一年也只可实施20%，即期权确认书签订5年后，期权方可全部执行。

2. 加速方式

在授予期的几个年度内，随着年数的增加期权行使的份额也随之增加。假设行权期为5年，第一年只能安排其中的10%股份行权，第二年为15%，第三年为25%，第四年为40%，第五年为余数10%。

（八）期权有效期

美国和中国香港的认股期权最长的有效期不得超过10年。若公司控制权发生变化，已发放的认股期权将立即提前全部行使。期权除了正常的行使结束外，还会遇到非正常结束的问题，比如员工未行使完毕即辞职、退休、死亡等。由于期权的行使与公司的职位是紧密挂钩的，而且期权不具有流通性，所以当出现这些情况时，期权怎么实现，同样是很现实的问题。期权运作规范做法是：

1. 自愿离职

如果员工自愿离职，则从该员工离职后的一定时间段内，他仍然可以对持有的股票期权中可行权部分行权。基本上所有公司规定的期限都在一个月至一年之间，3个月的期限较为常见。

2. 退休

此时薪酬委员会有权给予受益人的权利是：该受益人持有的所有股票期权的授予时间表和有效期限不变，享受与离职前一样的权利。但如果股票期权在期限结束后3个月内没有执行，则成为非法定股票期权，不享受税收优惠。

3. 丧失行为能力

如果员工在事故中永久性地完全丧失行为能力，因而中止了与公司的雇佣关系，则在持有的股票期权正常过期以前，该员工或其配偶可以自由选择时间对可行权部分行权。但是，如果其在离职后 12 个月内没有行权，则股票期权转为非法定股票期权。

4. 死亡

如果员工在任期内死亡，股票期权可以作为遗产转至继承人手中。但有的公司规定在股票期权正常过期之前，继承人可以自由选择行权时间；也有公司规定，超过 12 个月，股票期权自动作废。

5. 并购

当公司被并购时，股票期权计划中的授予时间表可能会自动加速，使所有的股票期权都可以立即行权；或者也可能由母公司接管股票期权计划或将股票期权计划转为基本等值的现金激励计划。

（九）行权时机

1. 行权原因

股票期权即将到期、认为公司股价已到最高点并且预计近期不会继续上升、急需现金、减少税负、将要离职等。

2. 行权时间

经营者因拥有比公众持股者更多的信息，因而行权或出售股票的时机限制在"窗口"期内，即年报或中报公布收入和利润等指标后的第几个工作日开始的规定期限内。

四、股票期权的局限性

（一）容易导致经营者片面追求股价上升而产生短期行为

股票期权只把经营者的利益同股价的上涨相联系，很可能刺激经营者不顾一切代价追求股价的短期上涨，即使与企业长期发展目标相左，经营者也在所不惜，而这种对企业不良影响的成本往往由股东来承担。

（二）经营者的期权收益与企业业绩单一化联系

企业的股价上涨将给经营者带来股票期权的获利机会，但不区分这种上涨是源于经营者的努力还是源于市场或行业的整体发展，这种做法可能产生不公平结果。期权制度以完备的股票市场为外部条件，股票市场存在大量噪音，股票价格受多种因素的影响，其中只有一少部分与企业经营者的行为有关。

理论上讲，股票市值是对该企业未来收益的贴现，而投资者往往不具有对一个企业的经营管理、产品市场及该行业未来预期的完全信息，即使是在一个完善的股票市场中，投资者的预期也容易受市场噪音的干扰，如政府出台的有关规定、财政金融政策的变化等，从而影响企业股票市值。对于信息不完全的投资者来说，股市的噪音会加大对公司前景判断的不确定性。这种情况对于制度尚不完善的我国股票市场来说更为严重。企业股票的市值不仅与该企业的绝对经营业绩相关，同时它还取决于股票投资者的心理预期。如果受到市场噪音的影响和信号扭曲，投资者的心理预期与企业经营业绩"背道而驰"，那么企业经营者并不能因为其相对业绩而在股票市场上获得收益。由于我国资本市场不完善，股市投机性较强，股价远不能反映公司真实业绩，如果股票期权计划安排不当，这种股价受无法控制的外界情况影响而扭曲经理努力程度的情况就会发生。同时对未来股票期权的变现也会产生影响。当存在市场噪音时，所有者如何将激励计划中的噪音部分剔除，以保证股票期权的激励作用，仍是个非常重要的问题。

（三）激化了各利益层次之间的矛盾

经营者和普通员工收入越来越悬殊，股票期权加大了管理企业的难度，因而激化了期权制度实施中所造成的各利益层次的矛盾。股票期权一般只与大公司顶尖位置上经理人员的报酬有关。对大多数下属部门的经理人员来说，他们的价值并不能通过股票市场表现出来，这一问题在大多数企业中是比较明显的。同时，如果在一个企业内部普遍实施股票期权，即股权是分散的，则可能削弱其激励作用而带来其他负面影响，如由于道德风险而导致过度"在职消费"的存在。在公众参股的公司中，经理可以欺骗股东以致使他们相信股票期权是一种"廉价"的报酬方式，似乎发行股票就像印钞票一样没有成本，而分散的股东常常对这种需要付出巨大成本的激励制度处于"盲视"状态。

第四节 员工持股计划

一、员工持股计划含义

员工持股计划（Employee Stock Ownership Plans，ESOP），属于一种特殊的报酬计划，是指为了吸引、保留和激励公司员工，通过让员工持有股票，使员工享有剩余索取权的利益分享机制和拥有经营决策权的参与机制。员工持股计划本质上是一种福利计划，适用于公司所有雇员，由公司根据工资级别或工作年限等因素分配本公司股票。

实践表明，员工持股制度是一种有效的企业激励机制。在这种机制下，员工既是劳动者、人力资本的所有者，又是资产所有者。它的运作方式是：由企业内部员工出资认购本公司部分股权，委托员工持股会作为社团法人托管运作，集中管理；员工持股管理委员会（或理事会）作为社团法人进入董事会参与分享红利的股权形式。

在美国500强中90%的企业实行员工持股；美国上市企业中有90%实行员工持股计划。据国外实证调查，把员工持股企业和非员工持股企业进行比较，结果发现，已持股企业比非员工持股企业劳动生产率高三分之一，利润高50%，员工收入高25%~60%。

员工持股计划由凯尔萨在1958年提出，他建立了两个基本理论基础：第一，人人都拥有与生俱来的不可剥夺的享有自己劳动成果的权利；第二，人人都拥有与生俱来的不可剥夺的民主自决的权利。其讨论的问题很简单，既然劳动者和资本所有者共同创造财富，那么劳动者就有资格分享这些财富。但是现实却不是这样，现实中劳动者只能养家糊口，而共同创造的财富被资本所有者占有了。凯尔萨在《资本主义宣言》一书中的副标题是"怎样使美国8 000万工人成为富翁"，该书要解决的就是怎样使劳动者致富的问题。在此基础上，他又提出一个办法，使劳动者成为资本工人，这样劳动者具有双重身份，既是打工者，又和资本所有者共同分享企业的成功，这就是员工持股计划最基本的概念。

在知识经济时代，知识不仅是企业的资源，更是一种资本，并已经取代传统的物质资本而成为企业最重要的资本。如美国福特汽车公司在1996—1997年间节约耗费3亿多美元，其中2.4亿美元可直接归功于其采用的一套知识管理技术——"最优经验答复系统"，而这一系统是由内部网络Web开发者和两位经营专家在10天内开发出来的。这就是知识资本价值的体现。因此，如何有效运筹企业知识资本，促进企业知识资本价值的增值与实现，对企业的生存与发展具有重要意义。

知识资本是相对于传统资本的一个新概念，它不仅包含了通常意义上的人力资本，而且还包括形成企业无形资产的那部分资本，以及组织的信息、文化所创造的全部收益的总和。知识资本与传统的物质资本共同构成企业的总资本。

企业知识资本在实质上应是整合于企业组织结构、企业文化、员工素质及企业产品营销过程之中的无形资产，在构成上体现为四部分：知识产权资本、人力资本、市场资本、组织资本。

二、员工持股计划的种类

从国外的通常做法看，一般可分为非杠杆型的员工持股计划与杠杆型的员工持股计划。

（一）非杠杆型的员工持股计划

非杠杆型的员工持股计划是指由公司每年向该计划贡献一定数额的公司股票或用于购买股票的现金。这个数额一般为参与者工资总额的25%，当这种类型的计划与现金购买退休金计划相结合时，贡献的数额比例可达到工资总额的25%。

其基本的运作原理是与养老基金计划这样的员工福利计划相似的。在整个计划中将涉及三方关系：企业、员工、ESOP信托基金。即企业捐赠给信托基金，然后由信托基金购买企业股票，当完成ESOP中员工持股份额认购后，再由信托管理机构将股票分配给员工。因此，ESOP信托基金的最终受益为企业的员工。当然在此过程中，企业捐赠的是工资的一部分，同时是享受政府税收优惠的，因此对于企业来说这是一项低成本的福利计划。

这种类型计划的要点是：

（1）由公司每年向该计划提供股票或用于购买股票的现金，职工不需作任何支出。

（2）由员工持股信托基金会持有员工的股票，并定期向员工通报股票数额及其价值。

（3）当员工退休或因故离开公司时，将根据一定年限的要求相应取得股票或现金。

（二）杠杆型的员工持股计划

杠杆型的员工持股计划主要是利用信贷杠杆来实现的。对于杠杆化的ESOP来说，主要是引进了金融机构提供的贷款，然后由企业提供担保，并且由每年企业捐赠给持股信托的资金用于还款，直到还清贷款再将股票分配给参加计划的员工。这对于解决员工认购资金不足，以及企业获得资金运作便利是十分有利的。

这类计划的组成部分为职工持股计划基金会、公司、公司股东和贷款银行四个方面。

（1）首先，成立一个职工持股计划信托基金。

（2）然后，由公司担保，由该基金出面，以实行职工持股计划为名向银行贷款购买公司股东手中的部分股票，购入的股票由信托基金掌管，并利用因此分得的公司利润及由公司其他福利计划（如职工养老金计划等）中转来的资金归还银行贷款的利息和本金。

（3）随着贷款的归还，按事先确定的比例将股票逐步转入职工账户，贷款全部还清后，股票即全部归职工所有。

这种类型计划的要点是：

（1）银行贷款给公司，再由公司借款给员工持股信托基金会，或者由公司做担保，由银行直接贷款给员工持股信托基金会。

（2）信托基金会用借款从公司或现有的股票持有者手中购买股票。

（3）公司每年向信托基金会提供一定的免税的贡献份额。

（4）信托基金会每年从公司取得利润和其他资金，归还公司或银行的贷款。

（5）当员工退休或离开公司时，按照一定条件取得股票或现金。

三、员工持股计划的规范操作流程

对于一个欲实施员工持股计划的企业来说，遵循哪些步骤来进行计划，每一步骤需要解决哪些关键问题是必须了解的。因为 ESOP 在不同的环境中的实施会有不同的规定和不同的做法，因此寻求一个一成不变的公式是不现实的，但是观察多年来西方国家实施ESOP 的过程，总结一些通用的原则却是十分有意义的。下面为企业实施一项 ESOP 所应该注意的几个步骤：

（1）进行实施员工持股计划的可行性研究，涉及政策的允许程度、对企业预期激励效果的评价、财务计划、股东的意愿统一等。

（2）对企业进行全面的价值评估。员工持股计划涉及所有权的变化，因此合理的公正的价值评估对于计划的员工和企业来说都是十分必要的。企业价值高估，显然员工不会愿意购买；而企业价值低估，则损害企业所有者的利益，在我国主要表现为国有资产的流失。

（3）聘请专业咨询顾问机构参与计划的制订。我国企业由于长期缺乏完善的市场机制下经营的全面能力，因此缺乏对于一些除产品经营外的经营能力。特别是对于这样一项需要综合技术、涉及多个部门和复杂关系界定的工程，聘请富有专业经验和有知识人才优势的咨询顾问机构的参与是必要的。

（4）进行精确的价值评估。对于一个公众公司来说，可行性研究中使用的数据一般来说都是比较准确的，因此实施 ESOP 的价值有比较正确的估计，但是对于私人公司来说，在实施 ESOP 前进行准确的价值评估则是十分关键的。价值低估了，所有者不愿意；价值高估了，显然员工不会有购买力。因此如何寻求一个合理的定价是需要认真考虑的。

（5）确定员工持股的份额和分配比例。在我国，由于国有企业的特殊属性，企业的员工在为企业工作过程中所累积的劳动成果未得以实现，因此应确定员工在为企业贡献所应得的报酬股份。另外，员工持股的比例也要跟计划的动机相一致，既能够起到激励员工的目的，又不会损害企业原所有者的利益。

（6）明确职工持股的管理机构。在我国，因为各个企业基本上都有较为健全的工会组织，因而对于一些大型的企业来说，借鉴国外的经验，由外部的信托机构、基金管理机构来管理员工持股信托也是可行的。

（7）解决实施计划的资金筹集问题。在国外，实施 ESOP 资金主要的来源渠道是金融机构的贷款，而在我国现在的情况下，仍然以员工自有资金为主，企业提供部分低息借款。对于金融机构目前在 ESOP 中的介入似乎还没有，但是不管从哪个方面讲，这样做都是有可行性的，并且对于解决银行贷款出路问题，启动投资和消费有一定的促进作用。

（8）制定详细的计划实施程序。实施 ESOP 详细的计划程序主要体现在员工持股的章程上面。章程应对计划的原则、参加者的资格、管理机构、财务政策、分配办法、员工责任、股份的回购等作出明确的规定。

（9）制作审批材料，进行审批程序。计划要得以实施，通常要通过集团公司、体改办、国资管理部门等部门的审批。但是在实施操作中也存在灵活的做法。

四、员工持股计划的应用

在实际中，ESOP 被广泛用于各种各样的公司重组活动中，包括代替或辅助对私人公司的购买、资产剥离、挽救濒于倒闭的公司以及反接管防御。美国西北航空公司便是因濒于倒闭而实施 ESOP，并起死回生的。有些公司甚至将 ESOP 作为公司融资的一种手段。从企业所有者角度看，采用 ESOP 的用途主要可归纳为：

（1）实行资本积累，是公司筹资的一种手段。

（2）为非公众持股公司的股票提供了一个内部交易的市场。

（3）上市的一种替代方案。

（4）防止恶意收购。

（5）公司平稳放弃与让渡经营不理想的子公司。

（6）实现公司所有权向雇员的转移。

（7）为员工的退休提供保障，替代养老金。

（8）提供激励机制，补偿雇员工资的减少，激发雇员的积极性，促进生产的提高。

五、员工持股计划的局限性与可能的风险

在美国，学者对于 ESOP 的功效进行过较为详细的研究。但是从已发表的研究报告显示，ESOP 并没有使公司的经营有显著的提高。并且，一些法律上的案例也指出，由经理人员及其财务人员组建和管理 ESOP 可能会造成利益冲突，也就是经理人员可能将 ESOP 作为增加自己控制权的工具，并且会为了自身利益而进行交易，损害 ESOP 及其所代表工人的利益。因此在前面关于组建 ESOP 原因的调查结果中，也是员工福利成为第一位的理由。

前面分析中也指出，只有当 ESOP 和员工参与管理决策制度结合起来使用，才可以达到改善经营、提高效率的目的。因为 ESOP 虽然使得员工持有公司的股票，成为股东，但是由于 ESOP 员工持股的相对分散，以及通常情况下整个员工持股会持有的公司股票份额在25％以下，对于企业所有权的控制程度有限。因此，职工的所有者激励机制就难以发挥出来，ESOP 也就只是作为多种员工福利计划中的一种。

另外，也有学者对于政府给予 ESOP 税收优惠以作为刺激的做法持不同观点。他们认为，可能通过市场力量来决定什么时候合适将所有权交给员工，不需要纳税优惠可能会导致资源的错误分配，造成如下风险：纳税优惠可以使垂死的企业继续挣扎很长一段时间，结果阻碍了更强有力的竞争者，造成该产业内的不平衡和经济效益下降。从长期来看，后果可能会更为严重。员工资本的低效率分散化引致过度谨慎，进而减少对新科技及其他增长机会的宝贵的投资。

因此，对于期望 ESOP 能够立即带来经营效率改善的企业来说，单单靠实施一项 ESOP 是不足的，是有潜在风险的。当然，ESOP 通过将企业的所有权授予员工，将企业的效益同员工个人的利益紧密结合起来，使得员工不仅具有劳动报酬，还可以获得资本收入，这对于员工是具有一定的激励作用的。而近年在西方兴起的股票期权计划，作为主要对高级管理层的一种激励方式，其对改善企业经营效率的作用是显著的。因此在 ESOP 中若可考虑与股票期权计划同时实施，定可以取得更好的效果。

练习与案例

一、复习与思考

1. 委托代理问题是怎样影响经理报酬制度的？存在什么样的关系？
2. 简述股票期权制度的优点与局限性。
3. 简述员工持股计划的操作流程。

二、案例分析

联想薪酬福利制度①

联想的薪酬福利制度经历了四个发展阶段：第一阶段是 1984—1988 年的低工资、低福利阶段，公司刚成立，条件很艰苦，资金也很困难，只能维持原有的工资水平，基本没有什么福利。第二阶段是 1988—1992 年的低工资、中福利阶段，公司得到逐步发展，有条件提高员工的待遇，但是当时社会大环境不便于给高工资，而且个人调节税的起点很低，联想就保持工资变动不大，增加福利，采用了季度性劳保、年度职工置装、食堂补贴和年节发实物性奖励等福利措施。第三阶段是 1993—1998 年的中工资、低福利阶段，随着整个社会工资的上调，联想在 1993 年也进行了一次大规模的调整，不再按事业单位的工资标准，而是将工资往上提，同时减少福利部分。联想只是把实物发放和置装费等放入工资，比起同行业，待遇水平偏低。第四阶段是 1998 年底至今的高工资、中福利阶段，改等级工资制为岗位工资制，以为企业作的贡献为评定基础，进行了大规模的改革。联想的工资水平高于一般国有企业，达到上等水平，开始为职工办理养老保险、住院基金和医疗保险等。

联想统一薪酬的价值标准体系分为三方面：一是贯彻事业部管理体制和扁平化管理思想；二是借鉴先进的经验对人力资源系统规划，为联想的人力资源管理规范化和科学化打

① 摘自《高效人力资源管理案例——MBA 提升捷径》。

基础；三是体现企业文化的"以人为本"思想和"公正、公平、公开"原则，把个人的价值实现与企业的价值实现结合起来。在统一薪酬上还有三个原则：一是形成统一、合理的结构，工资、奖金、福利、股份等要素的比例要合理；二是确定统一的定薪方法，采取CRG（Corporate Resources Group）的岗位评估方法和总额控制，CRG是CRG公司（国际人力资源顾问公司）评估岗位的基本工具；三是确定统一的调薪原则。

联想已将员工薪酬福利体系合理化，对各个部门和相关问题都进行了明确规定，并且根据行业情况和企业情况进行了调整，使薪酬体系既公平又有激励作用。薪酬福利是员工所获得的所有报酬，其中包括工资、年终奖金、员工持股、社会福利和公司福利，联想都有相关政策：

工资——依据CRG国际职位评估方法，确定岗位工资。岗位的职责大小、劳动强度、劳动难度、贡献大小等，都是支付工资的标准。并根据国家标准对不同地区的工资进行调整。

年终奖金——总部职能部门的年终奖金与全集团的业绩挂钩；子公司的年终奖金与子公司的业绩挂钩；个人的年终奖金与个人的业绩挂钩。发放的目的，就是肯定一年的工作，并给予物质上的奖励，起到激励下年继续努力的作用。

员工持股——遵循全员持股的原则，只要是在公司工作过一段时间的普通员工都可以分配到认股权利，具体分配的数量根据岗位的价值决定。

福利——统一薪酬后，员工享受越来越多的福利。企业按国家规定给员工社会统筹养老保险、医疗保险、失业保险等法定福利，还为员工建立住房公积金等。福利政策要遵循"福利社会化"原则，逐步减少公司福利。为提高员工工作效率和工作积极性的带薪休假和工作餐等福利将继续保留。

薪酬福利的进一步完善，是人力资源管理的规范化内容之一。通过合理的薪酬福利结构、公平的标准，让员工的收入明确，更好地激励员工工作。

【分析与思考】

1. 确定基本薪酬水平有哪些步骤？联想的薪酬福利制度经历了四个发展阶段，请分别评述这四个阶段的雇员报酬水平存在哪些合理性或不合理性。

2. 联想是我国最早的IT企业，却只成立了二十多年。联想的薪酬福利体系仍在探索之中，你认为这个案例罗列的薪酬福利政策中有哪些非常适合IT企业？除此之外，你认为还有哪些薪酬福利政策适用于IT企业，并说明原因。

第十一章 外汇风险管理

第一节 外汇风险的衡量

要有效地管理外汇风险，必须了解外汇风险的类别、受险部分的具体项目及各项目的受险程度。外汇风险通常分为三类，即交易风险、经济风险和折算风险。不同类型的风险有不同的具体衡量方法。

一、交易风险

交易风险（Transaction Risk）是指以外币计价的各类交易活动自发生到结算过程中，因汇率变动而引起损失的可能性。企业的各种外币现金流入在转换成本币时要受汇率的影响，外币现金流出也一样。企业未来的现金流量受汇率波动影响的程度，就是交易风险。交易风险的具体情况有：

（一）商品或劳务进出口交易中以外币计价由成交日到结算日汇率变动带来的外汇风险

以中国企业为例，如果出口以美元计价结算，则当人民币贬值时，收回的美元货款折合成人民币的数额就会增加；当人民币升值时，收回美元货款折合成人民币的数额就会减少。设某企业分期收款销售100万美元产品一批，其汇率、收款数额和时间以及外汇风险情况如表11–1所示。

表 11 – 1　　　　　　　　　　　某企业交易风险损失

交易时间	交易数额	汇率	货款折合人民币	受险部分
成交时（6月1日）	外币计价出口货款100万美元	US ＄ 100 = RMB ￥880	880万元	100万美元
分次结汇时（7月1日）	第一次收款50万美元	US ＄ 100 = RMB ￥875	437.5万元	50万美元
（8月1日）	第二次收款50万美元	US ＄ 100 = RMB ￥878	439.0万元	
合计			876.50万元（437.5＋439.0）	
风险损失				3.5万元

227

进口交易的外汇风险，原理与出口相同，只是方向相反。如进口以美元计价结算，则人民币贬值时，付出的人民币会增加；人民币升值时，付出的人民币会减少。

（二）以外币计价的债权债务带来的外汇风险

这种情况与以外币计价的进出口赊卖相类似。赊买实际上等于取得一笔短期借款（产生债务），赊卖实际上等于提供一笔短期贷款（产生债权）。

但是，以外币计价的债权债务若为长期的债权债务，在长期内汇率波动幅度可能较大，因而会带来较大的外汇风险。

（三）外汇买卖风险

企业买入外汇，持有一段时间后将其卖出，由于买入到卖出这一期间汇率发生变动，从而产生使企业发生损失的风险。如某中外合资企业买进10万美元，半年后又卖出，有关事项列示如下：

买入时：汇率：US $ 100 = RMB ¥860

用86万人民币买入10万美元

人民币年利率10%

人民币存款利息4.3万（¥86万×10%×0.5）

合计90.3万元

卖出时：汇率：US $ 100 = RMB ¥875

卖出10万美元得87.5万人民币

美元存款年利率6%

美元存款利息0.3万美元（¥10万×6%×0.5）

卖出0.3万美元得2.625万人民币

合计10.3万美元，得人民币90.125万元

风险损失0.175万元（90.3万 – 90.125万）

（四）远期外汇交易风险

远期外汇交易风险指在远期外汇交易中，由于合约的远期汇率与合约到期日的即期汇率不一致，而使交易的一方按远期汇率换得（或付出）的货币数额多于或少于按即期汇率换得（或付出）的货币数额而发生的风险。如某企业6月10日与银行签订用人民币购买美元的远期外汇交易合约，期限半年，远期汇率为US $ 100 = RMB ¥860，金额为10万美元。12月10日合约到期时，即期汇率为US $ 100 = RMB ¥850。如果该企业不签订远期外汇交易合同，按即期汇率用85万人民币而不是86万人民币就可以买10万美元，风险损失为1万元人民币。

（五）公司对海外分支机构的投资、利润汇回和资本撤回的风险

公司对海外分支机构的投资，一部分要兑换成当地货币，以满足当地经营的需要。在经营结束后，又要兑换成母国货币汇回，在这一期间汇率的变动，会使公司面临外汇风险。如某中国公司投入人民币170万作为美国分公司的流动资本，投入时汇率为US $ 100 = RMB ¥850，兑换成20万美元。五年后撤回资本，汇率变为US $ 100 = RMB ¥845，则只能换回169万人民币，造成损失为1万元人民币。

在海外分支机构产生的以当地货币形态而存在的利润，从利润产生到兑换成母国货币

汇回为止，也存在外汇风险。

单从一项交易的角度来衡量交易风险是较容易的，但实际工作中，企业财务管理者是站在整个企业的角度考虑全部交易风险的净影响结果，因此必须考虑一些较复杂的因素。

企业交易计价使用的外币可能并不唯一。一种外币的交易风险取决于两个因素：货币暴露净头寸的大小和汇率波动的幅度。这里货币暴露头寸指一段期间内承受汇率波动风险的现金流入或现金流出。由于现金流入与流出可以相互抵消，所以真正承受外汇风险的是现金净流量，即货币暴露净头寸。例如，一家中国企业3月1日出口了一批以美元计价的价值10万美元的商品，约定6月1日付款；同时这家企业又借入20万美元，3个月后偿还。两笔交易相抵后从3月1日到6月1日，企业的美元暴露净头寸就只有10万美元的现金流出。在这里要注意，只有时间上匹配的现金流量才能相抵，即如果这家企业是在6月1日借入20万美元，则现金流量就不能互抵。以跨国公司来说，应集中管理外汇风险，这样许多子公司、分公司的现金流量可以互抵，从而避免重复支付管理费用，以达到总体的股东权益最大化。

在举例说明单项交易风险时，我们曾用到未来的即期汇率。实际上，企业很难准确预测未来的汇率，但企业至少可以根据一些历史数据来评估一种外币可能的波动幅度。标准差就是一种可用来衡量每种外币波幅的统计指标。以美国企业为例，表11-2列示了几种主要货币对美元汇率的标准差。

从表11-2中可以看出，相对于美元的汇率，一些货币比另一些货币的波动剧烈得多，例如1970—1983年德国马克的标准差约是加元的4倍，因此对相同净头寸的货币暴露，德国马克要比加元承受更大的风险。

表11-2　　　　　　　　　　汇率波动标准差

货币＼时段	1970—1983	1970—1972	1973—1975	1976—1979	1980—1983
英镑	2.47	1.31	1.96	2.31	3.42
加元	0.99	0.73	0.69	1.27	0.99
法国法郎	3.09	1.05	3.88	2.67	3.54
德国马克	3.97	0.75	7.54	1.72	2.90
日元	2.63	1.13	2.61	2.95	3.11

由于国际企业现金流量是以多种外币计价的，财务管理者进行外汇风险管理时还要考虑一个重要因素——货币之间的相关性。货币相关性可以用取值范围从-1到1的相关系数来衡量，表示一种货币随另一种货币的变化而变化的程度。正数表示同向变动，负数表示反向变动。表11-3给出了几种主要货币的相关性。

从表11-3可以看出一组货币可能有极高的正相关性，如法国法郎和日元、德国马克和日元等，也可能几乎不相关或负相关，如加元和法国法郎。如果企业的现金流出和现金流入分别以一组高度正相关的货币计价,则比以一组不相关或负相关的货币计价要承受较小的风险。

表 11 - 3 　　　　　　　　　　　　　几种主要货币的相关性

	1970—1972	1973—1975	1976—1979	1980—1983
英镑——加元	0.14	0.33	-0.13	0.30
法国法郎	0.28	0.60	0.28	0.05
德国马克	0.31	0.22	0.30	0.28
日元	0.37	0.67	0.20	0.24
加元——法国法郎	0.08	-0.07	-0.20	-0.03
德国马克	-0.09	0.14	-0.23	0.49
日元	-0.02	0.14	-0.33	0.38
法国法郎——德国马克	0.41	0.18	0.62	0.45
日元	0.43	0.58	0.82	0.30
德国马克——日元	0.60	0.26	0.43	0.62

二、经济风险的衡量

经济风险(Economic Risk)是指由于汇率的变动而引起的公司预期的现金流量净现值发生变化而造成损失的可能性。汇率变动对现金流量的影响是通过销售量的变动、销售价格的变动和成本的变动等所引起的。因为汇率变动对现金流量的影响是多方面的,企业尤其是跨国公司,要准确衡量所承受的经济风险是十分困难的。

一种常用的衡量方法是根据一项预测汇率水平分别预计损益表项目的现金流量水平,然后改变预测的汇率,预计损益表项目相应的值。通过分析损益表中税前利润随不同的预测汇率变化而变化的值,企业就可以衡量汇率变动对企业税前利润和现金流量的影响。

如一家美国企业在加拿大生产部分产品,在美国销售产品用美元计价,而在加拿大销售产品用加元计价。企业明年的预计损益表见表 11 - 4。假设企业要衡量其税前利润如何受到三种可能的汇率的影响。如果在国内的销售不受汇率影响的话,情况就会跟企业预计损益表一样。但实际上,当美元贬值时,销售量会增加,因为加拿大的竞争者的产品在美国市场上会因价格上升而销量下降。我们假设对于三种可能汇率的国内销售额如下:

可能的汇率 C $	预计国内销售 (百万)
$ 0.75	$ 300
$ 0.80	$ 304
$ 0.85	$ 307

表 11 - 4	预计损益表（百万）	
	美元业务	加元业务
销售额	$ 304	C$ 4
销售成本	$ 50	C$ 200
销售毛利	$ 254	- C$ 196
经营费用		
固定费用	$ 30	—
变动费用	$ 30. 72	—
合　计	$ 60. 72	—
息税前利润	$ 193. 28	- C$ 196
利息费用	$ 3	C$ 10
税前利润	$ 190. 28	- C$ 206

我们可以根据上述情况衡量汇率变动的影响，见表 11 - 5。

表 11 - 5		评估可能的汇率变动对税前净利润的影响（百万）		
汇率		$ 0. 75	$ 0. 80	$ 0. 85
销售额	美元	$ 300	$ 304	$ 307
	加元	C$ 4 = $ 3	C$ 4 = $ 3.2	C$ 4 = $ 3.4
	合计	$ 303	$ 307. 2	$ 310. 4
销售成本	美元	$ 50	$ 50	$ 50
	加元	C$ 200 = $ 150	C$ 200 = $ 160	C$ 200 = $ 170
	合计	$ 200	$ 210	$ 220
销售毛利		$ 103	$ 97. 2	$ 90. 4
经营费用				
美元　固定费用		$ 30	$ 30	$ 30
美元　变动费用		$ 30. 3	$ 30. 72	$ 31. 04
（销售量的百分之十）				
合计		$ 60. 3	$ 60. 72	$ 61. 04
息税前利润		$ 42. 7	$ 36. 48	$ 29. 36
利息费用	美元	$ 3	$ 3	$ 3
	加元	C$ 100 = $ 7.5	C$ 10 = $ 8	C$ 10 = $ 8.5
	合计	$ 10. 5	$ 11	$ 11. 5
税前利润		$ 32. 2	$ 25. 48	$ 17. 86

三、折算风险的衡量

折算风险（Translation Risk）指企业的合并会计报表受汇率波动影响的风险（与交易风险、经济风险不同，折算风险是一种存量风险）。当跨国公司的子公司的资产和负债不以历史汇率折算时，合并资产负债表就会受这一期间汇率波动的影响。合并损益表也一样。但是为编制合并报表目的进行折算不会对企业现金流量产生影响。影响折算风险的因素有：

（1）外国分支机构业务所占的比重。

跨国公司的国外分支机构业务在公司总的业务中比重越大，折算风险越高。比如一家在全球广泛直接投资的公司和一家很少直接投资主要通过出口的公司相比，前者的折算风险将大于后者，尽管后者的交易风险可能较高。

（2）外国分支机构所在国。

外国分支机构的财务报表一般使用当地货币。当地货币价值的变动剧烈程度决定着折算风险的大小。如对一家美国企业来说，在加拿大设公司会比在德国设公司的折算风险小，因为美元对加拿大元的汇率波幅要小于对德国马克的汇率波幅。

（3）使用的折算方法。

国际上常用的方法主要有流动/非流动法、货币/非货币法、时态法和当前汇率法。

按照流动/非流动法，子公司的所有流动资产和流动负债都按照当前汇率折算，其他资产、负债和所有者权益则按历史汇率折算。这种方法遵循的依据是只有在国外发生的短期项目或流动性项目才会有风险，而长期项目或非流动性项目则被看作是按母公司的货币固定下来，如果外国子公司的营运资金为正数，母公司账上就会出现外汇折算损失；反之，则会有外汇折算收益。用这种方法衡量的结果，外国子公司的折算风险暴露部分就是其营运资金。在这种方法下，存货作为流动资产是按当前汇率折算的，视为存货同货币资金一样会因当地货币贬值而出现外汇折算损失，不甚合理。

货币/非货币法是将货币资产负债和非货币资产负债进行不同的折算。对货币资产负债以当前汇率折算，对非货币资产负债采用历史汇率折算。所有者权益也按历史汇率折算。如果所有物质资产均以历史成本表示，则此法较正确，但如果物质资产已按当前汇率重新估价，则此法不能显示其真实情况。美国财务会计准则第 8 号要求采用这种方法，并将折算作为当期损益在损益表中列示。

当期汇率法是将外国子公司的所有资产和负债统统按当期汇率折算，因此，所有国外的资产和负债都面临折算风险，真正的风险暴露是国外子公司的净资产。1981 年颁布的美国财务会计准则第 52 号废弃了货币/非货币法，采用了当前汇率法，并将折算损益作为所有者权益的一项内容在资产负债表中反映而不在损益表中列示。有些人认为，由于当前汇率法对所有资产负债都按当前汇率折算，而不是一些项目采用当前汇率，另一些项目采用历史汇率，从而消除了对母公司合并报表的一些歪曲，从这个意义上讲，使用当前汇率法降低了折算风险。

时态法跟货币/非货币法十分近似，唯一的不同在于存货的处理。如果存货以当前市价表示，则按当前汇率折算；如果以历史成本表示，则以历史汇率折算，此时与货币/非货币法一致。

第二节 外汇风险管理的策略与程序

一、外汇风险管理策略

客观条件不同的企业根据自身的考虑，可以选择不同的外汇风险管理策略。企业选择外汇风险管理策略应考虑的因素有受险的项目及各个项目受险的程度、风险管理的费用、企业承受风险的能力、对风险的偏好即预测汇率变动的能力等。

企业进行风险管理要考虑成本效益原则。企业的受险项目及各个项目的受险程度决定企业承担的风险的大小。如果企业进行风险管理的费用将大于风险损失，显然是不经济的。管理外汇风险的费用主要有预测汇率变化趋势的费用、财务决策时考虑避免外汇风险的管理费用和通过金融市场进行套期保值的交易费用。

外汇风险管理策略可以分为以下三类：

（一）保守策略

财务管理者厌恶风险，或者认为企业承担风险的能力很弱时，倾向于选择保险的项目，要么对所有存在外汇风险的项目通过金融市场进行套期保值。在第一种情况下，企业可能会因为拒绝这些项目丧失最优筹资结构、较好的投资机会，限制了企业的发展，因而遭受难以估算的损失。在第二种情况下，企业可以不支付汇率预测的费用，但是利用金融市场进行套期保值需支付的交易费用相对于财务决策时考虑避免风险的管理费用来说要大得多，因此在有些时候，可能造成企业支付的交易费用超过了可能遭受的损失。

采取这种管理战略的企业或者在涉外业务中只使用本币结算，或者在合同签订日就将未来应收应付的外汇按合同约定汇率折算成本币，避免了未来兑换的汇率风险。

企业持这种态度的原因通常有：

（1）企业对风险的承担能力很有限，微小的风险都可能给企业造成极大的经营或财务困难，因此稳健经营是企业追求的首要目标，避免一切可能的外汇风险。

（2）企业的流动资金不足，支出计划由于客观机制缺乏灵活性，难以承担汇率波动对生产和经营计划的冲击。

（3）经营者不善于分析汇率变动的走势，所以对汇率风险予以回避。

完全回避外汇风险的管理会造成一些消极的影响。首先，在对外贸易中采用本币计价将使交易另一方处于风险暴露状态，如果对方也是风险厌恶者，则可能会丧失一些贸易机会；其次，完全回避外汇风险的管理可能产生较高的交易成本，得不偿失。所以大多数跨国公司认为这种保守策略是不可取的。

（二）冒险策略

在企业受险项目不多、受险程度不大或可能遭受的损失相对于企业承受能力来说不重要时，财务管理者倾向于选择冒险策略。采用冒险策略的财务管理者乐于冒险，不采用任何外汇风险管理措施。因为他们认为，对风险进行管理的费用很可能超出可能遭受的损失，而且即使遭受了损失，将损失当期费用化，也不会影响到企业的正常经营。在这种情况下，如果汇率变动对其有利，它就获取风险报酬。汇率变动而造成的任何损失则被认为是企业经营的正常成本，承担风险损失。

这一策略的理论基础是购买力平价和利率平价学说，汇率的波动是暂时的，且其升降的机会相等，因而对实体经济影响不大。从长期来看，风险报酬和风险损失可以互相抵消，企业也因此节约了一笔风险管理的费用。实际上，购买力平价和利率平价不能完全发挥作用，汇率变动对企业的资产有着实质性的影响。大的跨国公司如果充分进行多地区多元化经营，风险可以充分分散，因而可以采用这种方法。实际中，只有很少的企业选择冒险策略。

（三）中间策略

中间策略是大多数企业采用的通行的外汇风险管理策略。企业遵循成本效益原则，预测汇率变动的趋势、时间和幅度，估计承受的外汇风险，选择适当的管理方式。部分外汇风险在财务决策时就可尽量避免，此时支出的管理费用较少；部分外汇风险需根据汇率预测的结果，在金融市场选择适当的保值手段加以避免，此时要支付较多的交易费用。采用中间策略同样要遵循成本效益原则，控制支出的管理费用要小于风险损失。

按其风险管理的目的，可将采取这类策略的管理者分为两类。一类是以平衡外汇风险头寸为目标的套期保值者；一类是以谋取汇率利差为目的的投机获利者。投机获利者认为，汇率的变动具有规律性，只要企业掌握这种规律性，就可以抓住获利机会，减少不利损失。具有较强汇率风险预测能力和较强风险承受能力的企业可以采用中间策略。

最佳外汇风险管理策略不仅要考虑企业的综合财务计划过程，而且还应该考虑企业的筹资、融资、流动资金管理、资本预算、税收政策、股息汇出与转移价格以及其他短期和长期财务政策。企业还应该对各部门在外汇风险管理中可能出现的问题进行预测并制定较为明确的程序加以规范。

二、外汇风险管理的程序

外汇风险管理是一项十分复杂的工作，必须按科学的程序进行。这一程序包括如下几个方面：

（一）确定恰当的计划期和成本与风险管理目标

确定计划期的目的是为预测汇率变动、估计受险金额规定一个时间范围。一般而言，计划期应在一年以内，并要按季度来划分，如果汇率变动幅度较大，要适当缩短计划期。企业进行外汇风险管理必然要付出成本，按照收益大于成本的原则，企业还应确定出恰当的成本与风险管理目标。如果交易涉及的外汇金额很大，或者该交易对企业事关重大，企业主要的目标就是控制风险，而降低成本的目标相对不重要；如果交易涉及的外汇金额较小，对公司的影响也不大，就可以不予重点管理，以降低成本。

（二）预测汇率变化情况

外汇风险产生的根本原因是汇率的变动，所以，预测汇率的变动情况是外汇风险管理工作中十分重要的步骤。汇率变动的预测包括相互联系的三个方面，即变动的方向、变动的时间和变动的幅度。汇率变化情况的预测是一项非常复杂的工作，通常情况下，国际收支、国内物价变动、财政状况和经济增长率是影响汇率变动的主要影响因素，但国家政治局势、人们预期收入的变化等也将对汇率变动产生影响，需要在考虑各种因素的基础上进行综合分析，才能得出合理的预测结果。这些因素是：

1. 国际收支的变化

国际收支的经常项目和资本项目的变动均会影响汇率的变动。在影响汇率变动的长期因素中，国际收支的经常项目是最重要的因素。当一国进口增加或产生逆差时，对外币将产生额外的需求，在外汇市场上会引起本币下跌；反之，当一国经常项目出现顺差时，就会引起本币汇率上升。国际收支中资本项目的变动对汇率变动的影响主要是短期性的。

2. 国际货币储备的变化和举债能力

为了防止货币贬值，长期存在国际收支逆差的国家可能通过国际外汇储备或向国外举债的办法予以缓解。若国际收支逆差状况仍无好转迹象，随着国际货币储备的减少和举债能力的降低，该国货币贬值的可能性就逐渐增大。

3. 通货膨胀程度

在纸币流通制度下，两国货币之间的比率，是根据各自货币所代表的价值量的对比关系决定的。在一国发生通货膨胀的情况下，该国货币所代表的价值量就会减少，其实际购买力也会下降，于是汇率也会下降。因为通货膨胀对汇率的影响是间接的，所以要经过一段时间才能显露出来，但其持续时间却比较长，可能要连续好几年。

4. 经济增长率

在其他情况不变的情况下，一国实际经济增长率相对于他国增长较快，从而其国民收入提高也较快，会使该国增加对外国商品和劳务的需求，导致外汇供不应求，本币汇率下跌。

5. 金融与财政政策

国家实行扩张性货币政策还是实行紧缩性货币政策，实行汲水性财政政策还是补偿性财政政策，会对汇率产生重要影响。国家货币供应量的增长超过国民生产总值的实际增长率，就会出现通货膨胀，从而影响汇率。长期较大的财政赤字也易诱发通货膨胀。

6. 非正式汇率的情况

官方汇率与非官方汇率之间的差距如果越来越大，就表明该货币实际上已经贬值，政府将官定汇率调整为现实汇率的压力将会增加。

7. 利率

一国的利率高于其他国家，会吸引外国资本内流，本国货币汇率上升；反之，一国的利率低于其他国家，会产生资本外逃现象导致本币贬值。

8. 其他影响汇率的因素

包括国家的贸易平衡情况、期汇行情、相关货币的状态、心理预期、政治因素影响，等等。

国际上常见的汇率预测方法通常可以分成四类，即技术分析法、因素分析法、市场分析法和混合分析法。

（三）计算外汇风险的受险额并编制资金流量预算

计算外汇风险受险额的目的是为了从数量上确定企业面临多大的外汇风险。现以交易风险为例加以说明。交易风险的受险额等于结算期限相同的外币债权与外币债务之间的差额。为了正确计算企业所有的交易风险的受险额，应按不同的币种、不同的结算期来分别计算。在计算过程中，若外币债权大于外币债务，其差额为正受险额；反之则称之为负受险额。

企业在分析其受险情况和进行外汇风险管理活动时，应同时权衡三种不同的外汇风险类型。因为旨在减少一种类型的外汇风险的行为也可能增加另一种类型的外汇风险。例如在力图降低折算风险时可能又增加了交易风险或经济风险。

企业通常有一些不能取消或不能改变的资金流量，例如营运资本和偿还债务。为了防止由于外汇风险管理而使企业的正常经营活动受到影响，企业不仅应确定正常经营所必需的资金流量，还必须编制资金流量预算。

（四）确定对外汇风险额是否采取行动

按照预定的成本和风险管理目标，企业确定是否对外汇风险受险额采取行动：

1. 不采取行动

一般而言，在以下几种情况下，企业可不采取任何行动：①受险额是正值，而该种外币预计会升值，汇率变动后，企业将获得收益；②受险额是负值，而该种外币预计会贬值，汇率变动后，企业会获得收益；③受险额为零，不管汇率如何变动，也不存在外汇风险。

2. 采取行动

在如下三种情况下，一般都要采用适当的方式避险：①受险额是正值，而该种外币预计会贬值；②受险额是负值，而该种外币预计会升值；③受险额可能是正值也可能是负值，外币是升值还是贬值还很难估计。

（五）选择适当的避险方法

20世纪70年代初以来，汇率和利率变动频繁，外汇风险增大，为了有效地规避外汇风险，各种避险方法应运而生。国际企业的财务人员要认真分析各种避险方法的优缺点，选择最适当的避险方法。

第三节　外汇风险管理方法

一、交易风险的管理

交易风险是外汇风险管理的重点。越来越多的迹象显示，相对于经济风险和折算风险，企业更关注交易风险，这也表现在交易风险管理方法日趋多样和完善上。

（一）在进行交易决策时采取避险方法

在交易决策时，财务管理人员就应考虑交易风险的防范，此时可以采用的方法有：

1. 选择有利的计价货币

选择有利的计价货币，即对未来的现金流入项目选择硬货币，对未来的现金流出项目选择软货币。但上述仅是理论上的说法，实际上选择什么计价货币是个较复杂的问题。首先货币的"软"和"硬"只是相对的，不是一成不变的。货币的"软"和"硬"是基于企业对汇率的预测上，有很大的不确定性。另外，货币的选择并不由一方的意愿来决定，而是需要双方协商同意，并且往往与贸易条件或利率高低紧密相关。所以，财务管理者需权衡利弊，作出适当决策。在国际经济交易中，最常使用的方法还有：

（1）选择可以自由兑换的货币，这样一来，既便于资金调拨运用，同时也有助于转移货币的汇价风险，可以根据汇率变化情况，随时在外汇市场上兑换。

（2）用本币计价结算，这样，清偿时不会发生本币与外币之间的兑换。

2. 适当调整商品价格

有时企业不得不在计价货币上作出适当让步，接受不利的计价货币。为弥补风险，可采取调整价格法，主要有加价保值法。加价保值方法主要用于出口交易中，当出口商接受软币计价时，可将部分汇价损失摊入出口商品价格中，以转嫁汇价风险。压价保值法主要用于进口交易中，当进口商接受硬币计价时，要求将部分汇价损失从进口商品价格中剔除，以转嫁汇价风险。在进行国际借贷时，可适当调整利息率，原理也一样。

3. 在合同中订立汇率风险分摊条款或货币保值条款

当交易双方为使用何种计价货币发生争执时，多数情况下会在合同中加列一些条款以共同承担风险。汇率风险分摊指如计价货币汇率发生变动，即以汇率变动幅度的一半，重新调整价格，由双方分摊汇率变动带来的损失或利益。货币保值是指选择某种与合同货币不一致的、价值稳定的货币，将合同金额用所选货币来表示，在结算或清偿时，按所选货币表示的金额用合同货币来完成收付。使用货币保值实际上是用一种价值稳定的货币计价，这样交易双方都不吃亏，可以用作保值货币的有黄金、欧洲货币单位和特别提款权等一揽子货币。

4. 提前或延期结汇

国际企业可采用适当的方法来调整外汇的受险额，以达到避免外汇风险的目的。国际企业的总公司与国外的分公司之间以及国外的各分公司之间通常有很多的资金往来。例如，在材料采购、产品销售、管理服务、资金筹措等方面都会产生资金调度问题，这便可以通过提前或延缓支付的方式来调整外汇受险额。提前或延缓支付的基本原则是，当预计某种外币即将贬值时，应加速收款而延缓付款；当预计某种外币即将升值时，应推迟收款而加速付款。例如，人们预测日元将会升值，预计将会有日元收入的出口商应尽可能延迟收汇，以待日元真的升值后能以日元兑换更多的其他货币；而预计将会有日元支出的进口商应尽可能加速付款，以减少可能发生的汇率损失。

（二）在金融市场上利用金融工具进行避险

上述风险管理方法使用起来较简单，亦无须支付较高的交易费用，因而应用得较普遍。但是它们都存在明显的局限性。因为上述方法的基本原理是将风险转嫁给交易对方，而一项交易能成立首先要求风险和利益的均衡。所以，实际上不可能无限制地使用上述方法来管理交易风险。

除了在交易决策时进行风险管理外，企业可利用金融市场，使用有关套期保值工具以达到防范风险的目的。管理短期交易风险可使用的方法有：

（1）利用期货交易防范风险。

财务管理人员可以利用期货交易来套期保值，即在期货市场上做一笔与现货市场上方向相反、金额和时期相同的交易。

例如，1月1日美国某公司在欧洲货币市场上借入100 000法郎，兑换成美元使用，半年后归还。公司管理人员担心半年后法郎升值，于是同时在期货市场卖出7月1日到期的100 000法郎的合约，交易情况见表11-6。

表11-6　　　　　　　　　　　　美国某公司交易情况

现货市场	期货市场
1月1日某公司借入100 000法郎 　汇率：US＄0.401 5/FF1 　卖出100 000法郎 　得40 150美元 7月1日某公司归还100 000法郎 　汇率：US＄0.403 0/FF1 　买入　100 000法郎 　支付　40 300美元	1月1日某公司卖出1份7月法郎期货合同 　共100 000法郎 　汇率：US＄0.403 5/FF1 　应收40 350美元 最终结果：赢利50美元（不考虑交易费用）

上例中，法郎升值很快，套期保值的结果使公司在现货市场的损失150美元由期货市场的赢利作了补偿；如果出现相反情况，法郎贬值，则现货市场的赢利将抵补期货市场的损失。可见，利用期货市场进行套期保值是一种对等的交易手段，是以放弃未来可能的利润为代价而避免未来可能遭受的损失，从而确保现货交易的确定性。选择保守策略进行风险管理可能对所有交易都用期货保值，这不仅使公司负担大量的期货交易费用，还可能丧失汇率有利变动产生的利润。如果采用中间策略进行风险管理，只对预测汇率将有不利变动的交易进行期货套期保值，可能将会使公司的风险管理更有效率。

（2）利用远期外汇交易的外汇银行签订一份合同，约定将来某一时间按合同规定的远期汇率买卖外汇。

利用远期外汇交易，不仅能保证国际企业进行进出口业务时避免外汇损失，而且对证券投资、国外存款、直接投资等以外币表示的资产，以及向国外资本市场借入资金等以外币表示的负债都有保值避险的作用。

例如，中国某企业3月1日向一美国公司购买设备，用美元计价，货款100万美元，半年后付款。3月1日即期汇率US＄1＝RMB￥8.73，远期汇率（9月1日）US＄1＝RMB￥8.75。企业预计美元将升值，于是3月1日与银行签订远期外汇交易合同，约定9月1日支付人民币875万元换取100万美元，以支付到期货款。

到了9月1日，如果即期汇率为US＄1＝RMB￥8.78，说明如不进行远期外汇买卖，就必须支付人民币878万元，远期外汇交易使企业少付了3万元人民币。但是，如果9月1日的即期汇率为US＄1＝RMB￥8.74，说明如不进行远期外汇买卖，只需支付人民币874万元，进行远期外汇交易反而使企业多付了1万元人民币。可见，企业能否避免损失和获得收益，关键在于汇率的预测。

（3）利用外汇期权交易。

期权是一种全新的外汇避险形式。它买入的是购买或卖出某项货币的权利，但又不承担相应的义务。外汇期权是一种很好的避险形式，它有如下几项优点：

①对期权合同的购买方来说，外汇期权类似于保险。因为期权合同购入的是权利而又不必承担义务。如果期权交易无利可图，则可放弃这种权利。

②对期权合同的购买方来说，使用外币期权可以使保值成本成为确定因素。不管汇率发生多大变动，期权持有者的保值成本都不会超过期权的购买价格即"期权费"。

假设 3 月 1 日某美国企业预计 6 月 1 日将有一笔价值 660 000 港币的现金收入，3 月 1 日的汇率为 HK ＄1 = US ＄0.125 0。财务管理人员认为港币有可能升值，但又担心港币会贬值，于是以每港币 0.02 美元的价格购买，3 个月后以 HK ＄ = US ＄0.125 0 的汇率出售 660 000 港币的期权。如果 6 月 1 日港币升值，该企业即放弃行使期权，在金融市场将港币兑换成美元；如果港币贬值，企业即行使期权。运用期权套期保值是否比不使用更有利，取决于汇率变化的幅度，只要汇率变动幅度大于期权费，则运用期权较为有利。期权费往往比较高，期权合同的购买者在享受权利的同时也付出了成本。实际上，由于形势不利，许多购买者最终都放弃了行使期权的权利。

以上介绍的是短期风险管理手段。在一个较长时期，如果汇率持续上升或下降，重复运用短期风险管理手段管理长期风险，也会给企业带来一定损失。随着国际贸易和国际投资的发展和大量长期合同的出现，产生了许多为长期合同进行风险管理的方法。

1. 长期远期外汇合同

直到不久前，长期远期外汇交易才流行开来。许多大的国际银行定期对几种主要货币报价，期限可达五年。这种交易方式对那些签订了长期以固定价格出口协议的公司特别有吸引力。但是这种交易方式的运用范围比较小，只有信用极高的顾客才能同银行签订这种远期合同，因为银行必须确信它的顾客能够履行他的长期义务。

2. 货币互换交易

货币互换系指两家公司拥有相反的优势货币和货币要求，相互交换货币的交易。货币互换有多种形式。设一家美国企业在英国投资，预计五年中有大量的英镑收入，同时一家英国咨询公司为美国银行提供长期服务，也会在五年内收到大量美元。这两家公司可以安排一项货币互换交易，在五年内按协定价格以美元换英镑。这样，美国公司可以锁定五年内英镑收入兑成美元的数量，英国公司也可以锁定其美元收入兑成英镑的数量。因为货币互换能使交易双方都避免外汇风险，其协议汇率可能对双方来说都比利用长期远期外汇交易有利。

3. 平行贷款

平行贷款也是一种互换交易。比如一家美国跨国公司想为其设在英国的子公司提供长期融资，同时一家英国跨国公司也想为其设在美国的子公司长期融资，这样两家公司可以签订协议分别为对方的子公司提供长期贷款。平行贷款的借贷均使用居住国货币，从而对利用平行借贷的双方来说均避免了外汇风险。

（三）在国际货币或资本市场上通过借款与投资避险

1. 在国际货币市场上借款与投资

如果企业预期其短期外汇应收账款可能贬值，可以采用这种方法：具体操作是先借入与外汇应收款等值的外币，还款期与应收款的收款期相同，然后将借入的外币按当时的即期汇率兑换为本币，从事各种投资（企业内和企业外均可），最后用收回的账款偿还外币借款。这种方法类似于资产负债平衡法，资产的亏损为负债的赢利所弥补。

2. 在国际资本市场上借款与投资

与货币市场上借款与投资相似，在中长期的国际支付中，也可以采用借款与投资的方法规避外汇风险。例如出口信贷中的卖方信贷，就是向银行借得外币资金，换成本币，加速资金的融通，银行借款在应收款收到时陆续偿还。

二、经济风险的管理

经济风险是一项十分复杂的风险，而经济风险的控制是一门重要的管理艺术。经济风险的管理决策多数超越了财务经理的职权，因为它涉及企业的生产、销售、财务等各个领域。经济风险的重要管理思想就是走多元化路线，不仅有财务多元化，更重要的是经营多元化。通过多元化经营，使有关各方面产生的不利影响能相互抵消，是控制经济风险的最有效方法。

（一）财务多元化

对跨国公司来说，财务多元化十分重要。财务多元化包括筹资多元化和投资多元化。企业从多个国家的金融市场筹集资金，用多种货币计算，如果有的外币贬值，有的外币升值，就可以使外汇风险相互抵消。同样，企业可以在多个国家投资，创造多种外币收入，也可以避免外汇风险。

1. 筹资上的多元化

企业筹资时，要尽量从多种资本市场上筹集资金，用多种货币计算还本付息金额，如果有的外币贬值，有的升值，就可以使外汇风险相互抵消。

2. 投资上的多元化

在投资时，尽可能向多个国家投资，创造多种外币收入，这样可以避免单一投资带来的风险。

（二）经营多元化

经营多元化既指在不同业务领域经营，又指在不同国家分散经营。分散经营既能自然地抵消一部分经济风险，同时也便于管理人员对公司产品经营情况及时加以比较，迅速作出调整策略，如增加有利产品或有利地区分支机构的生产销售，适当减少某些不利产品或不利地区分支机构的生产销售。

1. 生产上的多元化

在生产安排上，产品的品种、规格、质量尽可能做到多样化，使之能更好地适应不同国家、不同类型、不同层次的消费者的需求。

2. 销售上的多元化

在销售上，力争使所生产的产品能尽快打入不同国家的市场，并力求采用多种外币进行结算。

3. 采购上的多元化

在原材料、零配件的采购方面，尽可能做到从多个国家和地区进行采购，并力争使用多种货币结算。

因为多元化经营能抵消、避免部分经济风险，所以跨产业经营并在国外拥有广泛机构网络的大公司承受的经济风险，比产品单调或机构网络较少的小公司承受的经济风险要小。

三、折算风险的管理

防范折算风险的主要方法有资产负债表套期保值、远期外汇合同和货币市场借款与投资。

（一）资产负债表套期保值

资产负债表套期保值，也称为资产负债平衡法，要求公司合并会计报表中受险外币资产和外币负债的数额相等，使汇率变动的影响同时出现在资产、负债两个方面，数额相等而方向相反，使它们能自动地相互抵消。从理论上讲，如果公司的每种外币均能达到这一要求，那么净折算风险就会等于零。这种方法通常用于减少折算风险，也用于减少交易风险和经济风险。

平衡资产与负债的数额一般应做到以下三点：

（1）弄清资产负债表上各账户、科目各种外汇的规模，明确综合折算风险的大小。

（2）确定调整方向。如果以某种外币表示的受险资产大于受险负债，则应减少受险资产或增加受险负债；否则，应增加受险资产或减少受险负债。

（3）明确调整方向和规模后，进一步明确对哪些科目、账户进行调整，进行分析和权衡，使调整后的综合成本最小。

资产与负债的受险部分，取决于公司采用的折算方法。如果公司采用货币与非货币法，便须把某种货币的债务总额增加到与该种货币的资产相等。但若公司采用当前汇率法，则不可能使资产与债务完全相等。所以这种管理方法有一定局限性。而且在实践中，企业可能因为东道国的限制，无法在当地借债或用当地货币换取其他货币，从而无法应用此种方法。

（二）远期外汇合同

如果企业预计持有的外汇在未来的某个时期会贬值，就可以与银行签订卖出风险货币的远期合同，如果风险货币在该时期果然贬值，企业就可以在即期外汇市场上以更为便宜的价格购买该货币并转付给银行，规避外汇贬值的风险。

由于远期外汇合同含有很大的预测成分，有时折算风险能够完全抵消，有时不能完全抵消，有时可能小有赢利，所以这种方法具有一定的投机性。

（三）货币市场借款与投资

货币市场借款与投资与前面所述相似，只不过此处的保值对象是折算风险头寸。类似于远期外汇合同，这种方法也有一定的投机性。

近年来，越来越多的公司偏向重视交易风险管理，较为忽视折算交易管理。因为有些人认为分支机构收益在出现货币贬值时，很多情况下无须实际兑成母国货币，而是被保留在当地，有合适机会时，用作再投资。因此，较弱的当地货币不会影响其分支机构的经营。

练习与案例

一、思考题

1. 引起交易风险的具体情况有哪些？
2. 企业采取保守策略的原因有哪些？
3. 简述外汇风险管理的程序。
4. 影响汇率变化的因素有哪些？
5. 企业在进行交易决策时采取的避险方法有哪些？
6. 企业在金融市场上利用金融工具进行避险的方法有哪些？
7. 利用期权交易的优点有哪些？
8. 如何平衡资产与负债的数额？

二、计算分析

某跨国公司于 2000 年 3 月 1 日买进 20 万美元，汇率为 US＄100＝RMB￥870；2000 年人民币存款利率为 9%，美元存款利率为 7%，半年后，该公司卖出美元，此时汇率为 US＄100＝RMB￥875。求该公司 2000 年 9 月 1 日发生的交易风险收益或损失。

三、案例分析

南美洲的 Cuzco Carpets 公司

Cuzco Carpets 公司是美国 Cuzco Carpets 公司在秘鲁的分公司。该公司利用美洲驼毛生产高质量的地毯并出售给美国母公司。秘鲁新索尔与美元的比价是 NS 3.200 0/＄。在这个历史汇率下分公司取得了固定资产和存货并发行了股本。母、子公司未合并的资产负债表如下：

	Carolina Fabrics	Cuzco Carpets
资产		
现金	＄2 880 000	NS 32 000 000
应收账款	5 600 000	40 000 000
存货	7 320 000	48 000 000
厂房与设备净值	24 000 000	60 000 000
对 Cuzco Carpets 的投资	14 200 000	—
合计：	＄54 000 000	NS 180 000 000
负债与权益		
应付账款	＄10 000 000	NS36 000 000
应付工资	6 000 000	34 560 000
长期债券	18 000 000	64 000 000
股本	14 000 000	3 840 000
留存收益	6 000 000	41 000 000
合计：	＄54 000 000	NS 179 400 000

Carolina Fabrics 欠 Cuzco Carpets 公司 NS28 000 000，是进口货物欠款。该笔资金包含在 Carolina Fabrics 公司的应付账款中：NS28 000 000 ÷ NS3. 2000/ $ = $ 8 750 000.

【分析与思考】

1. Carolina Fabrics 公司是否具有交易风险？如果新索尔从 NS3. 2/ $ 贬值到 NS4. 0/ $ ，后果如何？

2. Carolina Fabrics 公司是否具有折算风险？如果新索尔从 NS3. 2/ $ 贬值到 NS4. 0/ $ ，后果如何？

第十二章　国际融资管理

融资是指企业根据其生产经营、对外投资及调整资本结构的需要，通过一定的融资渠道、利用恰当的融资方式，经济有效地为企业筹集所需的资金。因此，融资业务开展得好坏直接关系到企业正常的生产经营活动，其在整个财务管理工作中的重要性是不言自明的。本章将着重介绍国际企业融资的渠道、方式以及国际融资的决策问题。

第一节　国际融资管理概述

一、国际融资渠道

（一）公司集团内部的资金来源

公司内部的资金是重要的融资来源之一。国际企业由于经营规模大、业务多，常常形成国际性的资金融通体系。一些世界著名的跨国公司都有几十个子公司，有的甚至可达到上百个分支机构。这样，国际企业内部的各经营实体在日常经营活动中都可能产生或获得大量的资金，从而构成了内部资金的广泛来源。这些来源主要包括：一是母公司或子公司本身的未分配利润和各种准备与公积金（reserve）；二是公司集团内部互相提供的资金。

（二）母公司本土国的资金来源

国际企业的母公司可以利用它与本土国经济发展的密切联系，从母公司本土国的金融机构、有关政府组织或社会民间组织中获取资金融通的来源。

（三）子公司东道国的资金来源

国际企业也可以从子公司的东道国来筹集资金。一般来说，多数子公司都在当地借款，在很多国家，金融机构对当地企业贷款的方式同样适用于外资企业。通过在子公司东道国当地借款来融通资金，既可以弥补投资不足的缺口，又是预防和减少公司投资风险的有力措施。

（四）国际资金来源

除集团内部、总公司本土国、子公司东道国以外，国际企业从任何第三国或第三方筹集的资金，都称之为国际资金。国际资金主要包括如下三方面：

（1）向第三国银行借款或在第三国资本市场上出售证券所获资金。

向第三国银行借款，往往仅限于跨国公司的子公司。获得资金的形式是当从第三国购买商品时，设法获取出口信贷。大多数发达国家都设有这种专门为出口产品提供融资服务的机构。向第三国资本市场筹集资金，主要采取出售债券的办法，但采用这种方法的企业，需承担外汇风险。目前世界最大的国际性债券市场是美国纽约美元市场、日本东京日元市场、德国马克市场及瑞士法郎市场。

（2）在国际金融市场上出售证券。

国际资本市场主要是跨国银行。跨国企业向国际资本市场借款是通过跨国银行发行债券来完成的。这些债券有固定利率的，也有浮动利率的。在债券市场中，亚洲债券市场正日益显示其重要性。

（3）从国际金融机构获取贷款。

国际金融机构是跨国企业资金来源的另一种形式，它由 124 个国家政府组成，是世界银行组织的一员。其宗旨是向其成员国、经济落后国家或地区重点建设项目进行投资，提供无须政府担保的贷款，以促进国际和私人资本流向发展中国家，其贷款期限一般为7~15 年，利率略高于世界银行贷款。

二、国际融资方式

（一）发行国际股票

国际股票是指一国企业在国际金融市场上发行的股票。比如，日本的股份有限公司在美国纽约证券市场上发行的股票，便属于国际性股票。随着世界经济的国际化，股票的发行也已超过了国界的限制，出现了国际化趋势，许多大企业特别是大型跨国公司都到国际金融市场上去发行股票。

国际企业在国际金融市场上发行股票与一般的企业相比，具有以下有利条件：国际企业规模大、信誉好，有利于股票发行；国际企业业务分布在多国，对国际金融市场情况比较了解；国际企业可以通过在国外的分支机构在当地发行股票，能节约发行费用。

企业利用发行股票筹集资金，能迅速筹集外汇资金，提高企业信誉，有利于企业以更快的速度向国际化发展。但到国外去发行股票，必须遵守国际惯例，遵守有关国家的金融法规，因此，发行程序比较复杂，发行费用也比较高。

（二）发行国际债券

一国政府、金融机构、工商企业为筹措资金而在国外市场发行的以外国货币为面值的债券，即为国际债券。国际债券可分为外国债券和欧洲债券两类。外国债券是指国际借款人在某一外国债券市场上发行的，以发行所在国的货币为面值的债券。例如，我国企业在日本发行的日元债券、英国企业在美国发行的美元债券都属于外国债券。欧洲债券是指国际借款人在其本国以外的债券市场上发行的不是以发行所在国的货币为面值的债券。例如，英国企业在日本市场上发行美元债券，就属于欧洲债券。欧洲债券的特点是：始发人为一个国家，发行在另一个国家，而债券面值是用第三国的货币单位来计量的。

（三）利用国际银行贷款

国际银行贷款是一国借款人向外国银行借入资金的信贷行为。国际银行信贷按其借款期限可分为短期借款和中长期借款两类。短期借款的借款期限一般不超过一年。国际企业借入短期资金，一般是为了满足流动资产需求。中长期信贷期限一般在一年以上，十年以内。中长期借款金额大，时间长，银行风险较大。因而，借贷双方要签订贷款协议，对贷款的有关事项加以详细规定。另外，借入中长期贷款一般要提供担保财产。国际银行信贷按其贷款方式有独家银行信贷和银团信贷两种。独家银行信贷又称双边中期贷款，它是一国贷款银行向另一国的银行、政府及企业提供的贷款。贷款期限一般为 3～5 年，贷款金额最多为 1 亿美元。银团贷款又称辛迪加贷款，它是由一家贷款银行牵头，由该国或其他国的国家贷款银行参加，联合起来组成贷款银行集团，按同一条件共同对另一国的政府、银行及企业提供长期巨额贷款。银团贷款期限一般为 5～10 年，贷款金额为 1 亿～5 亿美元，有的甚至高达 10 亿美元。目前，国际的中长期巨额贷款一般都采用银团贷款方式，以便分散风险、共享利润。

（四）利用国际贸易信贷

国际贸易信贷是指由供应商、金融机构或其他官方机构为国际贸易提供资金的一种信用行为。当前，国际上巨额的对外贸易合同的签订，大型成套设备的出口，几乎没有不与国际贸易信贷结合在一起的，因此，国际贸易信贷是国际企业筹集资金的一种重要方式。

（五）利用国际租赁

国际租赁是指一国从事经济活动的某单位，以支付租金为条件，在一定时间内向外国某单位租借物品使用的经济行为。国际租赁是一种新兴的融资方式。通过国际租赁，国际企业可以直接获得国外资产，较快地形成生产力。

三、国际融资原则

对于跨国企业来说，国际融资是一项重要而又复杂的工作。为了有效地筹集企业所需资金，国际融资必须遵循一些基本的原则，主要包括以下几个方面：

（一）合理确定资金需要量

企业的资金需要量往往是不断波动的，企业财务人员要认真分析科研、生产、经营情况，采用一定的方法，预测资金的需要数量，这样，既能避免因资金筹集不及时影响生产经营的正常进行，又可防止资金筹集过多，造成资金闲置，资金成本过高。

（二）适时取得所需资金

同等数量的资金，在不同时间点上具有不同的价值，企业财务人员在筹集资金时必须熟知资金时间价值的原理和计算方法，以便根据资金需求的具体情况，合理安排资金的筹集时间，适时获取所需资金。这样既能避免过早筹集资金形成资金投放前的闲置，又能防止取得资金来源的滞后，错过资金投放的最佳时间。

（三）认真选择资金来源

资金的来源渠道和资金市场为企业提供了融通资金的源泉和场所，它反映资金的分布状况和供求关系，决定着融资的难易程度。而且，不同来源的资金对企业的收益和成本有不同的重要影响，因此，企业应认真研究资金渠道和资金市场，合理选择资金来源。

（四）确定最佳资本结构

在确定融资数量、融资时间，资金来源的基础上，企业在融资时还必须认真研究各种融资方式。企业筹集资金必然要付出一定的代价，不同融资方式条件下的资金成本有高有低，为此，需要对各种融资方式进行分析、对比，选择经济、可行的融资方式。与融资方式相联系的问题是资本结构问题，企业应确定合理的资本结构，以便降低成本，减少风险。

第二节 国际融资方式

一、国际范围内发行股票融资

(一) 国际股票市场融资概述

国际股票市场分为股票的发行市场和流通市场，也称为一级市场和二级市场。发行市场是指新发行的股票通过投资银行从发行公司向投资者转让的市场。与此相对应的流通市场则是指投资者在发行市场上购买的股票，进一步在投资者及证券公司之间不断交易的市场。

国际股票发行市场上的发行者大多是工业化国家的大公司和金融机构。这个市场没有固定的场所，股票的认购和分销不是在有组织的交易所内进行，而是首先由投资银行等金融机构承销发行人的股票，通过广泛的通信网络和承购辛迪加或销售集团，将其分销给世界各地的投资者，新股票的发行方式分为直接发行和间接发行两种。直接发行是由筹集资金的企业自行发行，只要求投资银行或其他金融机构给予适当的协助。这种方式一般发行数额不大，适合规模较小的企业采用。间接发行是指通过投资银行等证券承销商公开发行。承销方式又有包销和代销两种。包销是由承销集团全部承担股票的销售，如销售不完，其未售出的股票由承销商买下。代销是承销商仅代发行公司销售股票，承销商有自购义务。

股票的流通市场是买卖、转让已发行股票的市场，由证券交易所、经纪人、证券商和证券管理机构组成。二级市场的股票交易一般分为场内交易和场外交易两种形式。场内交易是在交易所内按照一定的时间、一定的规则买卖特定种类的上市证券。在交易所的股票必须经过交易所列名上市以后，经纪人才能在交易所内从事买卖；场外交易是证券交易所对外进行的交易，它没有正式的组织，由买卖双方以议价方式进行。场外交易既为证券买卖双方提供了互相交易的便利，又为多数未能在交易所上市的证券提供了活动场所。

目前，世界上主要的股票交易场所多集中在发达国家和地区，主要有：

(1) 纽约证券市场。

美国是当今世界股票交易最发达的国家，其中规模最大、地位最重要的证券市场是纽约交易市场。纽约是主要的国际金融中心之一，有两大股票交易所：纽约股票交易所和美国股票交易所。其中，纽约股票交易所是目前世界上最大的股票交易所，从20世纪70年代交易所开始使用电子系统后，上市证券的最新价格、交易额、预约数量等股市行情都随时显示出来，其信息网终端与世界各大交易所的信息交换也从未间断。

(2) 东京证券市场。

日本目前拥有九大交易所，其中东京交易所证券交易的数量和金额已达到日本全国交易总额的20%以上，其发展大有与纽约证券交易所一决高低之势。东京证券交易所创办于1878年，距今已有100多年的历史。20世纪70年代以来，日本股票市场在国际化发展，特别是1970年东京证券交易所投资购买外国股票后，外国在日本发行日元债券筹集资金的活动非常活跃，发行数量成倍增长。

（3）伦敦证券市场。

英国是世界上较早开始证券交易的国家，至今已有200多年的历史。在英国证券交易机构中，伦敦交易所不仅是英国，也是欧洲最大的证券交易所。其特点是：上市企业数目多，债券买卖在交易中所占比例高，尤其国债居多。实际上是英国的国债集散地。

（4）香港证券市场。

香港证券市场是目前主要的国际金融和投资市场之一。随着世界经济中心由大西洋向太平洋的转移，国际资本流通速度的加快，20世纪70年代后香港股市得到极大发展。1980年7月，香港股票交易所、远东证券交易所、金银证券交易所和九龙证券交易所合并组成"香港联合交易所"，从此香港股市走向国际化舞台。其特点是：游资数额大，使得香港股市投机性严重，波动猛烈，而且主要以银行和房地产股票为主，纯地产股票总市值占25%，这是其相对的地理优势所造成的。

另外，还有一种代表原股票在国外市场流通，以克服不同证券管理制度差异的证券，称为国际存股证。它是由受托金融机构在取得了股份公司股票的基础上发行的一种替代性证券。这种证券可以在一国市场上发行，也可以同时在几个国家的市场上发行。存股证的概念始于20世纪20年代的欧洲。欧洲的投资者想购买美国公司的股票，以自己的名义注册登记，然后以此为依据发行和出售一种无记名的凭证，该凭证可以在欧洲自由转让。后来美国的银行也开始采用这种方式来帮助本国的投资者持有外国股票。美国的银行购买了欧洲的无记名股权，置于自书的保管下，然后依据存放的股票发行存股证，说明银行已持有了相应的外国股票。

虽然存股证是由受托金融机构发行的证券，但它的存在要依赖于原证券的存在。一方面是受托金融机构掌握着公司的原股票；另一方面是以自己的名义发行存股证。所以每一种存股证的问题必须与留置的股票问题相符。存股证一般以市场所在国来命名，如在美国发行的存股证就称为美国存股证（ARD），在欧洲发行的存股证称为欧洲存股证（ERD）。除有特别安排之外，存股证与所寄存的原股票具有相同的权益。

（二）普通股股票融资

1. 普通股的基本特征

（1）风险性。

股票一经购买，就不能退还本金。股票购买者能否获得预期的利益，完全取决于公司的经营状况。利大多分、利少少分、无利不分、亏损承担责任。

（2）流动性。

尽管股票持有人不能退股，但可以随时脱手转让，或者作为抵押品，正是股票的流动性，促使了社会资金的有效配置和高效利用。

（3）决策性。

普通股票的持有者有权参加股东大会，选举董事长，参与股份公司的经营管理决策。决策权力的大小取决于股票持有的多少。

（4）交易价格和票面价值的不一致性。

股票作为交易对象，与商品一样，有自己的市场价格。而该市场价格除了受制于企业的经营状况之外，还受本国和国外经济、政治、社会、心理等多方面的影响，这使得股票价格与股票票面价值不一致。正是这种不一致，给股份公司施加了强大的压力，迫使其提高经济效益，同时也产生了社会公众的资本选择行为。

2. 普通股的优点

（1）可以分散企业风险。发行普通股，企业股东增加，资产亏损的风险和经营风险可以由更多的股东分担。

（2）可以获得大量资金。企业一般在急需扩大再生产规模而资金短缺时，会考虑发行普通股股票。

（3）可以调动更多的社会公众参与企业生产经营活动的积极性。

（4）普通股不需要支付固定的股息。

（5）当企业亏损时，普通股必须首先补偿亏损，所以发行普通股可以提高企业的信誉，增加从银行取得贷款的能力。

（三）优先股股票融资

1. 优先股的基本特征

优先股是企业为筹集资金而发行的一种混合型证券，兼有股票和债券的双重属性，在公司盈利和剩余财产的分配上享有优先权的股票。优先股具有以下特点：

（1）优先股的股息率是事先约定而且固定的，不随着企业经营状况的变动而波动，并且公司对优先股的付息在普通股付息之前。

（2）当公司由于破产不得不清算时，虽然优先股的索取权在债券持有者之后，却位于普通股持有人之前。

（3）优先股持有人不能参与公司的经营管理，没有普通股持有人那样的投票权。而且由于其股息是固定的，所以当公司经营景气时，不能像普通股那样获得高额赢利。

（4）同普通股一样，优先股一般也列为权益资本，股息也用税后净利发放，得不到免税优惠。

（5）优先股发行费用率和资本成本一般较普通股更低。这主要是因为优先股一般销售快而且不参与或有限制地参与企业剩余利润的分配。

2. 优先股的回收方式

优先股的回收方式有三种：一是溢价方式。公司在赎回优先股时，应按事先规定的价格进行，发行公司常在优先股面值上再加一笔"溢价"；二是公司在发行优先股时，从所得的资金中提出一部分款项创立"偿债基金"，并专用于定期地赎回已发放的部分优先股；三是转换方式，即优先股可以按规定转换成普通股。

二、在国际范围内发行债券融资

（一）国际债券市场

债券的期限一般在一年以上，属于中长期融资工具，其中1～5年期限的，一般称为中期债券；5年以上期限的称为长期债券。当然这种区分实际上并不严格，而且在世界上不同的债券市场上，划分也不完全一样。

债券的发行者，或中长期资金的需求者，有中央政府、地方政府、银行和非银行金融机构、工商企业，还有国际金融机构等。它们利用资本市场发行债券是为了获得中期或长期的生产发展资金，而不像是利用货币市场那样为了获得短期流动资金。债券的购买者或资金的供给方，主要是人寿保险公司、年金基金、信托公司、各种投资公司和其他储蓄机构。此外，有些国家政府机构和个人，也可以通过选择债券方式进行长期投资获得收益。

债券的新发行市场又称初级市场。在大多数国家，债券的发行都没有固定的场所，而是通过证券投资机构或大商业银行和信托公司等金融机构进行的。这些机构承购新发行的债券，然后投向二级市场转售给一般投资者，这种承购和分销债券的业务，也称为投资银行业务。如果是政府发行债券，一般是由政府的财政代理，如中央银行或财政部负责安排，包括事先向申请包销的金融机构宣布要发行债券的期限、总金额、利率等条件以及销售方法等问题互相磋商，达成初步协议之后，再由投资银行机构安排发行工作。发行的方式可以是公开发行，称为"公募"；也可以是私下发行，称为"私募"。

通常所说的债券市场一般不是指债券初级市场，而主要是指二级市场，即已发行的债券在不同投资者之间转售交易的市场。一般情况下，债券的转售交易也要通过证券投资机构或商业银行等中介机构。经营证券交易的投资机构可以随时向想要出售债券的资金需求者及想要购买债券的投资者提供有关债券的买卖行情，以供其选择。

在国际债券市场上，有欧洲债券和外国债券之分。某些主要的西方国家的外国债券市场规模很大，筹资者很多，因而有了国际上的通称，如外国人在美国发行的美元债券称为"扬基债券"，在日本发行的日元债券称为"武士债券"，在英国发行英镑债券是"狼犬债券"等。表12-1反映的是20世纪80年代国际金融市场的中长期信贷发展情况，从中可以看出国际债券市场，特别是欧洲债券市场发展很快，在1983年首次超过了银团贷款的数额，这是国际金融市场融资手段证券化趋势的具体表现。

表 12-1　　　　　　　　　　国际金融市场的借贷总额　　　　　　　　　单位：10亿美元

时间（年）	欧洲债券	外国债券	辛迪加贷款	欧洲商业票据	总额
1980	2.57	11.3	82.9	-	119.9
1981	29.2	19.5	100.7	1.0	150.4
1982	51.7	22.6	88.2	2.4	164.9
1983	49.4	24.4	37.1	3.3	114.2
1984	87.2	21.5	30.1	18.6	157.4
1985	137.2	27.3	19.0	50.7	234.2
1986	185.1	36.5	29.9	75.1	326.6
1987	141.6	34.0	88.8	76.3	340.7
1988	184.4	43.1	111.8	84.2	423.5
1989	223.7	39.0	151.7	71.8	486.2
1990	212.1	50.6	165.0	70.5	498.2

资料来源：（英格兰银行季报）（Bank of England Quarteriy Bulletin），1991年11月，第524页。

（二）国际债券市场上的交易工具

债券的典型或传统形式是面值固定，并附有固定的利息率和还本付息日期。发行时可以采取平价，也可以采取溢价或折价出售。近几十年来，国际债券市场创新发展非常迅速，除了传统形式的债券以外，又出现了许多新型的债券工具。

1. 可转换债券

可转换债券是公司债券的一种，可以在指定的日期，以约定的价格转换成债券发行公司的普通股票或其他可转让流通的金融工具，如浮动利率票据，或转换债券货币面值等。

2. 选择债券

这种债券在欧洲债券市场很流行，债券的持有人有权按自己的意愿，在指定的时期内，以事先约定的汇率将债券的面值货币转换成其他货币，但是仍按照原货币的利率收取利息。这种债券大大降低了债券持有人的汇率风险。有的选择权有双重或多重的选择，除了选择转换面值货币，还可以选择同时兑成其他货币并转换成普通股票。此外，还可能选择转换成普通固定利率债券，或使债券到期后自动延期的权利。

3. 浮动利率票据

在票据的有效期限内，利息率随市场利率波动而变动，通常是三个月或半年，按伦敦银行同业拆放利率（London inter-bank offered rate，LIBOR）或其他基准利率进行调整。由于利率适时调整，所以使投资者免受利率波动带来的损失，在利率动荡的时期特别有吸引力。自1970年问世以来，发行量年增长率在20%以上，大大超过了辛迪加银团贷款的年均增长率。在国际债券市场上浮动利率票据发行的面值货币主要是美元。在20世纪80年代中期以前，美元面值的要占90%以上，近年来英镑和日元等货币的浮动利率票据发行增长比较迅速，但美元面值浮动利率票据仍占80%以上。

自20世纪80年代以来，浮动利率票据的发行也进行了大量革新，比如有的浮动利率票据附有当市场利率水平下降到某一特定水平时，浮动利率即自动变成固定利率的条款；也有的浮动利率票据可以由持有人随时转换成固定利率债券，直到期满。这类浮动利率票据也称为等利率下降锁定债券，包括以下两种：

（1）零息债券。

这是欧洲债券市场20世纪80年代的创新，这种债券没有票面利率，自然也不分期偿付利息，而是到期一次还本，出售时以折价方式，类似国库券的发行。但它是长期债券，由于出售时要打很大的折扣，到期有很大的增值，所以对投资者有较大的吸引力。另外这种债券的收益不是来自利息，而是债券的增值，并且是到期后实现，故可能给不把资本增值作为收入纳税的国家的投资者带来低税或逃税的机会。

（2）附有金融资产认购权的债券。

这种债券的利率稍低，筹资者可以借此降低筹资成本，而投资者则可以持有认购权，保留将来继续投资的权利。认购权也可以与债券分记，在市场上单独分离，单独出售，其价格依市场利率水平，或股票价格行情而定。比如市场利率水平提高债券到认购权中的既定利率水平以上，则认购权一文不值；反之，市场利率水平降得越多，债券认购权的价值就越大。

三、欧洲货币市场融资

欧洲货币市场包括欧洲货币短期借贷、欧洲货币中长期借贷市场和欧洲债券市场。

（一）欧洲短期借贷市场

欧洲货币短期借贷市场是期限在一年以内的经营欧洲货币业务的市场，其特点是：

（1）期限短。

存款期限大多不超过 1 年，1 天、7 天、30 天、90 天期的最为普遍。这种交易大多数为商业银行、私人存款和放款。因为期限短，它有利于短期资金的调剂和融通。大银行和大公司一般都利用这个市场来调整它们的短期资金头寸。

（2）额度大。

这个市场属于批发交易市场，通常最小的交易起点为 25 万美元或 50 万美元。一般以100 万美元为交易单位，金额高的交易则可达 1 000 万美元，甚至 1 亿美元。由于借贷起点高，市场的参与者多为大银行和大企业，个人或银行关系生疏的客户很难进入市场。

（3）借贷条件灵活。

借款期限、金额、币种、交易地点等方面都由交易双方协商确定。客户可根据需要灵活选择。

（4）存贷利差小。

欧洲货币短期借贷市场对任何期限的存款都支付利息。该市场存款利率略高于国内金融市场利率，而贷款利率一般低于国内市场利率。存贷利差小，一般为 0.25% ~ 0.50%。

（5）手续简便。

短期借贷通常发生在交往有素的银行与企业或银行与银行之间，彼此了解，双方均明悉各种条件的内涵与法律责任，不需要签订书面贷款协议，也无须提供担保。一般通过电话、电传联系成交，极为快捷。

市场规模代表整个欧洲货币市场容量。欧洲货币市场 80% 以上的资产和负债不超过 1年，因此欧洲货币市场的规模，实际上是指欧洲货币短期借贷市场的规模。

（二）欧洲货币中长期借贷

根据惯例，1 ~ 5 年期限的贷款为中长期贷款，5 年以上为长期贷款。但现在人们已倾向于不作区分，把 1 年以上的贷款统称为中长期贷款。

欧洲货币中长期贷款的特点：

（1）期限长。期限一般为 1 ~ 10 年，最长可达 10 年以上。

（2）额度大。贷款额多为 1 亿美元以上，多者可达 2 亿美元甚至更多。

（3）银团贷款居多。一般由十余家，甚至数十家银行联合起来提供贷款。这在满足巨额信贷需求的同时，也分散了银行经营的风险。

（4）利率浮动。由于贷款期限长，不确定性大，欧洲货币中长期借贷市场的利率普遍采用浮动利率。在贷款期限内，根据伦敦金融市场的利率变化，每 3 个月或 6 个月调整一次。

（5）需要签订贷款协议。由于贷款时间长、额度长、风险大，因此这种交易的每笔贷款都必须签订合同，确定主要贷款条件，并由借方政府出面担保。

（三）欧洲债券市场

欧洲债券市场是目前最大的国际债券市场，1961 年 2 月 1 日欧洲债券市场正式形成，并于 20 世纪 70 年代后期得到迅速发展。欧洲债券市场发展的主要原因是由于美国限制资本外流，而欧洲美元市场的发展助长了欧洲购买债券的能力。同时，欧洲债券的发行不受管制，债券利息收入也不必课税等，这些因素促使欧洲债券市场的迅速发展。据统计，1986 年欧洲债券的发行高达 1 956 亿美元，占全部国际债券的比例为 84.2%。

欧洲债券种类繁多，主要有：固定利率债券、浮动利率债券、可转换债券、双币债券等。

欧洲债券市场的特点：

（1）不在债券面值货币国发行。欧洲债券是一种境外债券，不在面值货币国家发行。例如，A 国的机构在 B 国和 C 国的债券市场以 D 国的货币为面值发行。

（2）市场容量大，承销地广泛。据统计，欧洲债券市场 1989 年上半年发行额为 1023 亿美元，全年发行额超过 2 000 亿美元，这个数量是任何一个外国债券市场所无法比拟的。欧洲债券承销地较广，如欧洲、亚洲及中东等地的国际债券市场。

（3）发行手续简便。债券发行不受各国金融法律约束，也不需任何国家官方当局批准，自由灵活。

（4）费用成本低，对发行人而言，发行欧洲债券不缴注册费、发行费，因此发行费用低，只有债券面额的 2.5%；对投资者而言，债券持有人不需缴纳利息税。此外，它的不记名发行方式可使投资者逃避国内所得税。这种债券既可使筹资者以较低的利息成本筹集资金，又对投资者极具吸引力。

（5）安全性好，欧洲债券的发行者主要是国际金融组织、政府、跨国公司和大企业集团。这些机构一般资产巨大、实力雄厚、资信优良，故对投资者来说比较安全。

（6）选择性强。发行者可根据投资需要、利率和汇率的变化，自由选择发行市场、债券面值和筹资货币。投资者也可以根据需要灵活选择债券种类。

（7）流动性好。欧洲债券市场是一个极富活力的二级市场，持券人可方便地转让债券取得现金。

四、国际贸易融资

对外贸易是绝大多数跨国企业主要的经营活动之一，因此，国际贸易问题是国际财务管理的一个重要问题。国际贸易融资方式主要有：

（一）银行对出口商的短期融资

银行对出口商的短期融资可以从货物发运前和发动后两个不同阶段划分，前者包括打包放款和预支信用证（Letter of Credit，L/C），后者包括出口押汇、远期汇票贴现和包理账款等。

1. 货物发运前的融资，主要有打包放款和预支 L/C 两种形式

（1）打包放款是出口地银行以出口商提供的正本 L/C 作为抵押，向出口方提供了短期贷款。该出口地银行必须是今后的议付行，如果外来证是"限制议付"的 L/C，则非指定议付行不能提供打包放款。打包放款的利率一般以 LIBOR 为基础，通常低于流动资金贷款利率，但比押汇利率稍高，放款的金额一般以 L/C 金额的 80% 为限，计息期从放款日起到货物运出后交单议付日止（此时扣还打包放款的本息）。

（2）预支 L/C 又称打包 L/C，它根据开证申请人的要求在 L/C 中加注了一条特别条款，即开证行授权议付行或保兑行向收益人凭光票（不附单据的汇票）预付部分或全部贷款。它允许出口方在发送货物之前同议付行或保兑行预支一部分贷款，待交单议付时扣还

原预支额及相应的利息。它与打包放款的区别在于以下两点：①预支 L/C 是 L/C 本身规定的付款方法，而打包放款除了用来证的正本为抵押外，还要另行逐笔向银行填写申请书办理贷款手续；②预支 L/C 的风险则由贷出行（即议付行）承担。

2. 货物发运后的融资主要有出口押汇、运期汇票贴现和包现账款三种形式

（1）出口押汇有两种，上述 L/C 的议付是出口押汇的一种，此外还有托收出口押汇。托收出口押汇是托收银行根据出口商的要求，买入出口商向进口商开出的跟单汇票，按照票面金额扣减从付款日到计收票款日的利息及银行手续费后，将净款付给出口商。此后，托收银行作为跟单汇票的持票人，将汇票及单据寄至代收行向进口商提示。票款收妥后，归还托收行的垫款。需要指出的是，押汇只是议付行或托收行的扣息垫付，押汇银行对此持有追索权。也就是说，出口商取得押汇款相当于取得一笔抵押贷款，它不意味着出口商的押汇责任消失。因此，出口商应注意是否会发生拒付情况，并采取相应的自卫对策。

（2）远期汇票贴现即是在远期 L/C 下的远期汇票，经银行承兑后向出口方所在地银行贴现，以取得所需的资金。当然，贴现时要扣除一定的贴现息，其大小反映了货币的时间价值。

（3）包现账款是指账款包理行以无追索权的方式买受出口方对进口方的应收账款。包理行是一种准金融机构，专门从事收账业务。世界上最大的包理行是"国际包理商集团"，其下属的包理商在二十多个国家承做包理业务。在某种场合，包理商往往通过出口商所在国的银行作为中介代理人，签订一个主协议。遇有出口商要做包理业务时，只要同中介银行接触签订具体协议即可，由中介银行与包理行之间进行具体业务工作。包理行要收取利息及手续费，后者的大小与每笔发票额的大小、销货条件、收账期、进口商资信等因素有关，其实质包括了坏账的风险补偿、信用评估的服务费及收账费，一般为销售账款的 1%～2%。

包理费用是由出口方负担的，那么采用包理方式对其有什么好处呢？我们可以从以下三方面来分析：第一，如果企业外销规模小或市场分散，自己维持一个专门的收账机构是很不经济的；第二，根据风险组合理论，客户越多，相应的总风险就越小，因此包理行始终处于较出口商有利的地位；第三，由于国际市场上的竞争日趋激烈，对于某些具有买方市场特征的商品，进口方往往不愿意开立 L/C，而只能用付款交单（Document Against Payment，D/P）、承兑交单（Document against Acceptance，D/A）甚至赊销的方式。此时采用包理仍然是有利的。

（二）银行对进口商的短期融资
银行对进口商的短期融资方式主要有进口押汇、信托收据借贷和银行担保提货等。

1. 进口押汇
进口押汇即银行对进口商 L/C 项下的垫款。如前所述，进口商在申请开证时只需付一小部分的保证金，而单证到达开证行时，开证行必须支付全部金额。此时如果进口商无钱赎单，就意味着占用了开证行的资金，形成了银行垫款。由于此时银行掌握着货单或已将货物提回存入银行仓库，这笔垫款是以货物的物权作为抵押的，进口押汇因此得名。

2. 信托收据借贷
信托收据是指由进口商出具的，承认货物所有权属于开证行，由开证行信托进口商代为销售，待销出去后将所得贷款交还开证行的货物价款收据。

信托收据借贷发生在上述信用证项下的进口押汇场合。此时，进口商已开始承担贷款的利息，但由于货物作为抵押品掌握在开证行手中，进口商仍不能提出使用。为此，开证银行可能允许进口商出具信托收据，必要时还需提供其他担保，提前借出全套单据，然后提货作相应的使用，等到货物销售完毕，由进口方付款赎回信托收据。信托收据的期限一般有30天、60天和90天三种。

3. 银行担保提货

银行担保提货是指在L/C结算方式下，当单证未到而货物先到时，进口方向银行申请双方会签后向船务公司提货。事实上，此时银行处于保证人地位，进口商则要向银行保证等单证寄到时，不以单证不符的理由而拒付。

五、国际信贷融资

（一）现汇贷款

现汇贷款也称自由外汇贷款，是银行对企业、单位直接贷放外汇的贷款。这种贷款是银行根据借款单位进口物资所需的外汇，确定贷款额度，用现汇对外支付贷款，借款单位最后用外汇归还贷款。现汇贷款的资金是从国际金融市场借入的，利率受资金供求状况的影响。因此，现汇贷款的利率实行浮动利率，高于国内人民币贷款利率，而且利率需要不定期调整。现汇贷款的期限一般为一至三年。

（二）买方信贷

买方信贷是出口信贷的一种形式，指出口国政府或银行向卖方的企业或银行提供贷款，用于支付贷款。其目的是鼓励本国商品技术和劳务出口，是得到出口国政府支持的。目前，中国银行办理的买方信贷有两种：进口买方信贷和出口买方信贷。

进口买方信贷是由出口方委托出口国银行向进口国银行提供贷款额度，再由进口国银行向进口商提供的信贷。比如，在我国中国银行办理的过程是：国内企业单位确定项目后，向中国银行申请买方信贷，中国银行认同后与出口方国家的银行签订总的贷款协议，由出口方国家的银行向中国银行提供一项总的贷款额度。国内使用单位向中国银行申请贷款，银行按信贷协议规定，向出口方国家的银行办理具体使用买方信贷的手续。同时，我国进口单位与国外出口商签订商务合同，在商务合同的支付条款中规定，所需贷款由出口方国家银行提供的买方信贷中支付。贷款到期时，中国银行对外偿付贷款本息，并收回使用单位的贷款。还有一种可不签订总的信贷协议，而是在签订商务合同时，由出口国银行和中国银行签订相应的信贷协议，明确进口商品的贷款由中国银行从出口国银行提供的贷款支付，贷款到期中国银行偿还。

出口买方信贷是由本国的出口单位申请本国银行向国外的进口商，或者指定的银行发放的贷款。其目的是鼓励国外进口商向本国进口方购买商品技术和劳务。

（三）福费廷

福费廷是指出口地银行或金融机构出口商的远期承兑汇票进行无追索权的贴现，使出口商得以提前支取现款的一种出口信贷融资方式，一般用于延期付款的大型设备。

福费廷是一种票据贴现，但又不同于一般的贴现：①一般的票据贴现，如票据到期遭到拒付，银行对出票人可行使追索权；福费廷业务的贴现，不能对出票人行使追索权，票据遭拒付与出口商无关。②一般票据贴现往往要具备三个人的背书，但无须银行担保；福费廷的票据，需有第一流的银行作担保。③办理一般票据贴现手续较简单，贴现费用一般按市场利率收取；福费廷业务的费用负担较高，要加收管理费，承担费用。

（四）政府混合贷款

政府混合贷款是政府贷款和出口信贷相结合的一种贷款。政府贷款是一国政府向另一国政府提供的援助性贷款，一般有规定的用途，期限长而利率低。出口信贷是一国政府对贷款银行或信贷机构进行利息补贴并提供保险的信贷手段，主要用于提高本国出口商的竞争能力。政府混合贷款是在出口信贷基础上形成的贷款形式，往往可以提供全部商务合同额的贷款额度，其综合利率比出口信贷利率偏低。

我国为鼓励对外经济往来，还设置了配套人民币贷款。配套人民币贷款是从属于外汇贷款的配套性贷款，用于解决使用外汇贷款的企业购置国内配套设备所需人民币资金的不足。由于此项贷款是从属于外汇贷款的，因此，只有申请外汇贷款的项目才能申请人民币配套贷款；未经批准的外汇贷款，不能使用此项贷款。配套人民币资金，可先由借款单位自筹，银行只解决其不足部分，其额度不能超过外汇贷款的额度，期限一般不超过 3 年。

配套人民币贷款主要用于国内购置外汇贷款的配套设备和自制设备的加工费用，国内保险费、安装费以及少量的扩建、改建配套工程费用，其目的是促进外汇贷款项目尽早投产，实现经济效益。

六、国际补偿贸易融资

（一）补偿贸易的含义及种类

补偿贸易是指在信贷基础上进口设备，然后以回销产品或劳务所得价款，分期偿还进口设备的价款利息。

在当前我国开展的补偿贸易中，按照用来偿付的标的不同，大体上可分为三类：

（1）直接产品补偿。

即双方在协议中约定，由设备供应方向设备进口方承诺购买一定数量或金额的由该设备直接生产出来的产品。这是补偿贸易最基本的做法。但是这种做法有一定的局限性，它要求生产出来的直接产品及其质量必须是对方所需要的，或者在国际市场是可销的，否则不易为对方所接受。

（2）其他产品补偿。

当所交易的设备本身不生产物质产品，或设备所生产的直接产品非对方所需或在国际市场上不好销时，可由双方根据需要进行协商，用回购其他产品来代替。

（3）劳务补偿。

这种做法常见于同来料加工或来件装配相结合的中小型补偿贸易中。按照这种做法，双方根据协议，往往由对方代我方购进所需的技术、设备，贷款由对方垫付。我方按对方要求加工生产后，从应收的公缴费中分期扣还所欠款项。

在实践中，上述三种做法还可以结合使用，即进行综合补偿。有时，根据实际情况的需要，还可以部分用直接产品或其他产品或劳务补偿，部分用现汇支付等。

（二）补偿贸易的特征和作用

1. 补偿贸易的特征

（1）信贷是进行补偿贸易必不可缺的前提条件。在实际业务中，信贷可以表现为多种形式，但大量出现的是商品信贷，即设备的赊销。

（2）设备供应方必须同时承诺回购设备进口方的产品或劳务。这是构成补偿贸易的必备条件。

应当明确的是，在信贷基础上进行设备的进口并不一定构成补偿贸易。例如，在延期付款方式下，进口所需的大部分贷款是在双方约定的期限内分期摊付本金及利息，但是在这种方式下，贷款的偿还与产品的销售本身没有直接的联系，所以，尽管交易也是在信贷基础上进行的，但并不构成补偿贸易。可见，补偿贸易，不仅要求设备供应方提供信贷，同时还要承诺回购对方的产品或劳务，以使对方用所得货款偿还贷款。这两个条件必须同时具备，缺一不可。

2. 补偿贸易的作用

（1）对设备进口方的作用。

首先，补偿贸易是一种较好的利用外资的形式。我国目前之所以要开展补偿贸易，其目的之一也就是想通过这种方式来利用国外资本，以弥补我国建设资金的不足。

其次，通过补偿贸易，可以引进先进的技术和设备，发展和提高本国的生产能力，加快企业的技术改造，使产品不断更新及多样化，增强出口产品的竞争力。

最后，通过对方回购，还可在扩大出口的同时，得到一个较稳定的销售市场和销售渠道。

（2）对设备供应方的作用。

对于设备供应方来说，进行补偿贸易有利于进口方克服支付能力不足和扩大出口。在当前市场竞争日益激烈的条件下，通过承诺回购义务加强自己的竞争地位，争取贸易伙伴。另外，在回购中取得较稳定的原材料来源，或从转售产品中获得利润等方面，也能起到积极的作用。

第三节　国际融资的资本结构决策

一、计算资本成本的目的

企业评估资本成本的主要目的有两个：

（1）计算已筹资金的实付成本，评估融资政策，总结经验教训，探索补救方法及最佳资本结构。

企业所处的环境是复杂多变的，各种经济因素的变化，都可能会使原先设定的最优方案不再适用。因此，企业需要根据实际所处的情况和经营环境，评价融资政策，据以确定适应当前环境的资本结构。

（2）为了在新项目投资时确定最低要求收益率。

投资决策的重要前提是投资产生的收益率至少与投资的资本成本相等，正因如此，投资决策的重要内容之一就是确定未来的资本成本，以保证不会因为项目的财务风险过高而危及整个公司。所以，某个项目所需资金的资本成本就是对项目的最低要求收益率。

二、资本成本的测算

（一）普通股融资成本

普通股融资成本主要有两种估价方法：股利资本化模型和资本资产估价模型。

1. 股利资本化模型

股利资本化模型假定，普通股投资者购买公司的股票，可以认为相当于购买了一系列的未来股利，股东们根据对公司总体风险的预测来确定对所买股票的要求收益率，并将预计的将来收入按这一要求收益率折算为现值，现值之和应正好等于股票的当前价格。如果公司每股股利可以预期，且将按一个固定的增长率（g）增长的话，则有：

$$P_0 = \sum_{i=1}^{\infty} \frac{D_1\ (1+g)}{(1+K_e)^i}$$

由此可推知：$K_e = \dfrac{D_1}{P_0} + g$

式中：P_0 为股票的初始价格；

D_1 为初期股利；

g 为每股股息的预期增长率。

通常假定 g 是固定不变的，而且每股赢利和每股市价的预期增长率亦等于 g。当 g 等于 0 时，则：

$$K_e = \frac{D_1}{P_0}$$

这里需要注意的是：股票的发行价是 P_0；但公司发行股票还需向发行代理机构支付发行费用。若令 f 代表发行费用率（包括筹资过程中发生的代理费等筹资成本），则 $P_0\ (1-f)$ 意指公司发行每股新股所筹到的净现金流量。

于是，对公司而言，发行普通股进行融资的成本应为：

$$K_e = \frac{D_1}{P_0\ (1-f)} + g$$

事实上，上述模型是建立在公司未来股利可以预期的基础上的，但是，未来的股利是很难预测的。如果公司根本不发放股利，则上述模型也就不能运用。在这种情况下，就可以考虑采用资本资产估价模型来估算股票的资本成本。

2. 资本资产估价模型

该模型的估价方法可用下式表示：

$$K_e = K_f + \beta \ (K_m - K_f)$$

式中：K_e为普通股东要求的收益率，即普通股成本；

　　　K_f为无风险债券利率（如政府公债利率）；

　　　β为股票发行公司的系统风险系数；

　　　K_m为股票市场投资组合的平均要求收益率。

例如，百通公司的系统风险系数为0.9，当前政府长期公债利率为6%，而市场投资组合平均收益率$K_m = 8\%$。则百通公司普通股成本为：

$$K_e = 6\% + 0.9 \times \ (8\% - 6\%) \ = 7.8\%$$

股利资本化模型和资本资产估价模型的主要区别在于：前者强调公司的总体风险，而后者则仅仅考虑公司的系统风险。

资本资产估价模型的应用前提是：投资者们拥有如此广泛且合理的投资组合，以至于不需要考虑公司面临的非系统风险。

（二）留存赢利的融资成本

许多管理人员错误地认为，公司使用留存赢利没有成本。实际上，如果股东们认为，把税后赢利留在公司里进行再投资所能创造的收益率不如股东个人在别处所能得到的投资收益率，他们就会决定把所有的税后赢利全作为股息发掉。因此，公司的税后赢利成为留存赢利的前提是：这部分赢利在再投资时，所创造的收益率应不低于普通股股东的要求收益率。换言之，普通股股东的要求收益率即是留存赢利的成本。

因此，原则上适用于普通股成本的估算方法同样适用于留存赢利的成本估算。而且，与发行普通股相比，留存赢利不需要支付发行费，因此，对公司而言，它的成本要低于发行普通股的融资成本。

股东们对留存赢利的要求收益率将可能比对购买公司新股（或现有股票）时所要求的收益率低一些，其原因主要是：

1. 股东们的纳税地位

倘若企业不能获取等于或大于资本成本的收益，企业也许应考虑把所有赢利作为股利发放给股东，以便股东们能再投资于企业外部收益率更高的机会。但是，股东们要为所得股利缴纳个人所得税，从而减少了其实际所得。因此，股东们对留存赢利所要求的收益率将会低于购买新股时所要求的收益率。故股东们对留存赢利的要求收益率可用如下公式计算：

对留存赢利的要求收益率 = 购买普通股时的要求收益率 × （1 - 股东个人所得税税率）

2. 交易成本

股东们将所得股利进行投资时，将不得不支付交易费用。而留存赢利则是自动地追加投资，股东不需支付任何交易费用。因此股东们对留存赢利的要求收益率的计算公式还应作如下调整：

对留存盈利的要求收益率 = 购买普通股时的要求收益率 × （1 - 股东个人所得税税

率）×（1－交易成本率）

对国际企业而言，还需考虑各国对国际企业国外收入的税收政策。如美国政府对美国国际企业子公司在国外的留存赢利，只有在汇回母国时才予征税。这样，国际企业就可以通过把赢利留存在国外子公司而使纳税时间往后推移，其结果将使国际企业股权资本成本得以下降。

（三）优先股融资成本

优先股是一种特殊的股票，其特性介于普通股和债务资本之间。

优先股的成本取决于优先股股东的要求收益率。大多数优先股都是没有到期日的，股东的要求收益率可用如下公式计算：

优先股股东的要求收益率：

$$K_p = \frac{D_p}{P_o}$$

式中：D_p 为预期每股股息（通常以券面股息率计算）。

考虑到公司在发行优先股时还需要支付发行费，因此对公司而言，优先股的融资成本为：

$$K_p = \frac{D_p}{P_0 (1-f)}$$

企业无法以合理的资金成本来发行普通股或债券时，可考虑发行兼具权益与负债特性的优先股来筹集长期资本，作为过渡性措施。例如，美国克莱斯勒汽车公司曾在极为困难的情况下，成功地以发行优先股和认股权证的方式筹措了巨资。

（四）债券的融资成本

1. 费用

债券的费用计算同债券平均使用年限有关。要准确估算各项费用，必须先计算债券的平均使用年限，其计算公式如下：

$$平均使用年限 = \frac{\sum 每年实际使用金额}{债券发行额}$$

筹资费用一般包括认购公司手续费、受托银行手续费、登记注册手续费，以及债券发行的宣传印刷费、律师费和其他杂费。前三项费用一般都按发行额的一定比例，根据规定或协议收取。

$$筹资费用 = 认购公司手续费 + 各种费用（如印刷费、律师费、杂费）$$

2. 利息

利息是根据债券的票面利率计算的，利率一般是根据发行国或发行市场的利率，并根据发行人的信用等级状况确定的。

利息 = 发行额 × 利率 × 债券平均使用年限

(五) 综合资本成本

国际企业可以多渠道、多方式地筹集经营所需要的资金。采用各种方式筹资的成本是不同的，为了进行筹资决策与投资决策，企业就必须计算全部资本来源的综合资本成本。综合资本成本是以各种资本在总资本中所占的比重为权数，对各种资本成本加权平均计算而得，故又称加权平均资本成本。其计算公式为：

$$K_w = \sum w_i K_i$$

式中：K_w 为加权平均资本成本率；

W_i 为第 i 种资本占总资本的比重；

K_i 为第 i 种资本的成本。

例：某国际企业现有资本总额 1 200 万元。其中长期负债 400 万元，其资本成本 $K_b = 10\%$；优先股 200 万元，其资本成本为 $K_p = 12\%$；普通股 600 万元，其资本为 $K_e = 16\%$。则该企业的加权平均资本成本如下：

$$K_W = \frac{400}{1\,200} \times 10\% + \frac{200}{1\,200} \times 12\% + \frac{600}{1\,200} \times 16\%$$

$$\approx 3.3\% + 2\% + 8\%$$

$$= 13.3\%$$

在本例中，各种资本的数额是按账面价值计算的。实际上，由于股票、债券的市场价值与账面价值之间并不总是一致的，因此，如果以市场价值为基础计算加权平均资本成本，结果便不一样。

三、影响国际企业资本成本的主要因素

国际企业资本成本主要受如下几个因素的影响：

(一) 资金可获性

在国内资本市场上，一个公司的融资能力受制于该国资本市场上资金的供求状况。公司在一定的金额限度内，可以以现有的资本成本筹措新的资金。但超过了某个限额之后，市场供求关系的变化将导致公司融资成本上升。

如果在某个资本市场上，一个公司发行的新证券既不会使其原有证券的市场价格出现明显下降，也不会影响对其证券的价格需求弹性，则通常称该资本市场的流动性很高。通过在流动性高的市场筹资，国际企业可以增强自身的融资能力，以保证在大量融资时仍能保持较低的边际资本成本。资金可获性对国际企业资本成本的影响可用图 12-1 作较形象的说明：

图中纵轴代表公司的边际资本成本和边际资本收益率。

DDI 曲线代表的是国际企业在不同预算水平上的边际资本收益率，国际企业将其所面

临的投资机会按项目的内含收益率在纵轴上由大而小作顺序排列，在横轴上按所需投资额进行累计，就可得到 *DDI* 曲线。假定公司在扩大融资时仍保持其原有的资本结构，那么，其财务风险并不会改变。如果公司只能在国内资本市场上筹集资金，则 *SSd* 表示在不同预算水平上（横轴数据）的边际（国内）资本成本（纵轴数据）。由图 12-1 可知，该公司的最佳预算水平为 $ 5 000 000。在这一水平上，边际（国内）资本成本和边际资本收益率恰好相等，均为 15%。

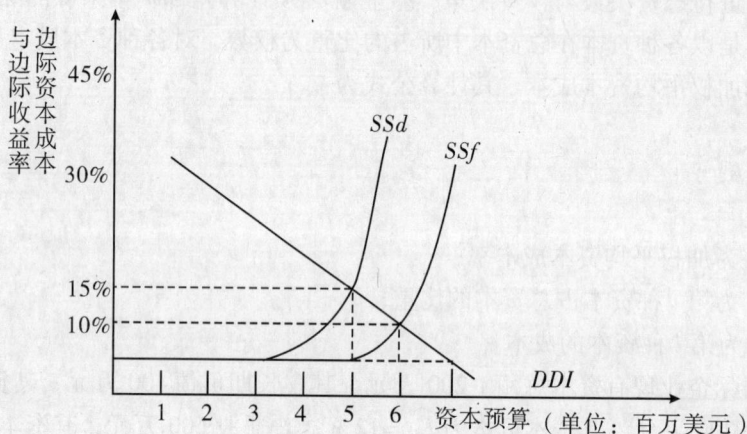

图 12-1　资本可获性与资本成本

如果该国际企业能到国外资本市场上进行融资，*SSd* 曲线将可能外延至 *SSf* 曲线，公司在同等预算水平上的边际资本成本将会下降。如图 12-1 所示，该公司在考虑了国外融资成本之后，其最佳资本预算水平将上升到 $ 6 000 000。尽管融资量增加了 $ 1 000 000，但其边际资本成本却反而下降至 10%。

（二）资本市场的区隔

资本市场的区隔程度对国际企业的融资成本影响很大。如果某个资本市场上的证券价格与另一市场上的风险和收益都相近的证券的价格相差较远，则说明两个市场的区隔程度较高。

因为如果两个证券市场的一体化程度较高，风险与收益相近的证券的价格应该是相近的。造成资本市场区隔的原因主要有政府的限制、市场本身不完善及投资者偏好有差异等。

（三）外汇风险和政治风险的影响

当国际企业到国际资本市场上筹措外汇资金时，外汇风险与政治风险也就接踵而来。不同的币种和不同的资金来源国所产生的风险是不同的。国际企业在确定资本成本时应当考虑到这些风险因素。

（四）母国和东道国的税收政策

母国和东道国的税收政策对国际企业的融资成本常会产生较大影响。国际企业在进行跨国融资时，必须考虑有关税收政策，如预提税政策、避免重复征税制度及对国外子公司赢利的征税政策等。

（五）国际企业的经营活动

国际企业的经营活动，如经营的产品、投资地点、购货来源及销售市场等，对国际企业接近和进入国际资本市场的能力以及经营性现金流的币种与金额，都有很大影响，从而会直接或间接地影响其最佳资本结构的构成。

（六）投资者倾向

在有的资本市场上，投资者们倾向于购买本国公司发行的证券，因为他们觉得对外国公司了解不够；而在另外一些资本市场，投资者却倾向于购买国际企业的证券，以作为进行间接跨国投资的载体，从而使自己的投资组合得以扩大，投资风险得以降低。因此投资者的倾向也是影响资本成本的重要因素之一。

（七）上市揭示要求

国际资本市场及各国国内资本市场对证券上市的揭示要求趋向于越来越多，越来越标准化。这一方面增加了公司的上市费用，但同时又可以使投资者的要求收益率下降，因为信息揭示的增多使投资者所感受到的风险下降了。著名学者 Frederick D. S. Choi 在作了大量实证研究后认为：越来越多的公司在融资时倾向于进行较充分的揭示，有利于降低公司的融资成本。

四、国际企业的资本结构

（一）资本结构理论概述

一个公司是否有最佳资本结构？公司的资本结构对公司的价值有无影响？理论界对此曾争论不休。在这里，资本一般是指长期资金来源，包括长期债务和股东权益，因为此公司的资本成本主要取决于长期资本结构。理论上，公司的市场价值等于其资本构成要素的市场价值之和，即公司市场价值等于债务市场价值加股东权益市场价值。

经过多年的研究，理论界目前已达成了大致的共识：在考虑公司所得税的情况下，公司适量进行债务利息的支出可以抵免部分税收。但考虑到债务融资将导致破产成本和代理成本的上升，公司价值的提高幅度将低于税收抵免的现值。而且，当债务比例达到一定程度时，如果投资者（包括股东和债权人）认为公司所面临的风险超过了自己所得的风险溢酬，他们就会提高自己的要求收益率，从而导致公司融资总成本的上升。这可用图 12-2 来说明。

图 12-2 中，K_e 是指股权资本成本，K_d 为税后债务资本成本，K_a 代表加权平均资本成本。随着负债比率的增加，K_e 和 K_d 都将缓慢上升，但直到负债比率达到 50% 之前，加权平均资本成本是随负债比率的增加而减少的。当负债比率超过 50% 之后，股东和债权人可能意识到自己正面临非同寻常的风险，因此会较大幅度地提高必要收益率，从而使公司的加权平均资本成本迅速上升。

在图 12-2 中，该公司的最佳资本结构（如果仅从使资本成本最低这个角度出发）就是债务和股本各占 50%。但在实践中，并没有确定的模式可用来计算最佳资本结构。因为，资本成本在很大程度上受投资者对公司面临风险的评估及资本市场上资金供求关系的影响，而一个公司不可能在同一时刻具有两种资本结构，因此，也就不可能在同一时刻比较两种不同的资本结构所导致的资本成本。财务经理只能在实践中不断地进行摸索，总结以往投资者对本公司各种资本结构水平的反应，并结合资本市场的供求状况、行业标准及公司的经营性质等要素，最终确定最佳资本结构。

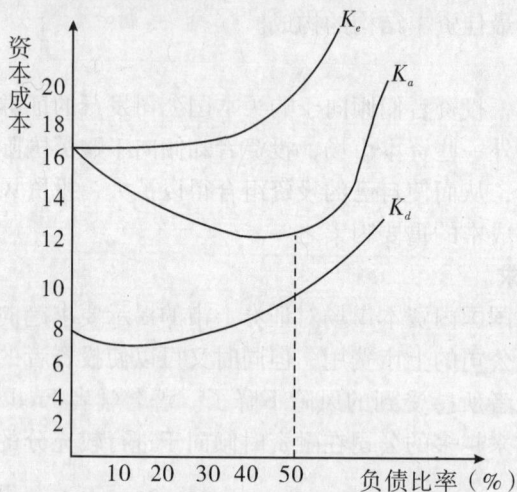

图12-2　资本成本和资本结构

公司在确定最佳资本结构时，除了计算直接的融资成本之外，还需考虑其他的影响要素。实证研究结果表明，影响国际企业资本结构的其他主要因素还包括以下几类：

1. 行业差异

大量研究表明，不同行业的资本结构可能差得较远。美国学者 Kester 在 1984 年的研究表明，美国造纸业的负债/股本比率大约为 1.36，而制药行业的负债/股本比率却是 0.079，公司在确定资本结构时，一定要考虑本行业的一般性资本结构。

2. 信息效应

当公司发行新的证券时，资本市场将会根据公司的这一举动推测其当前处境、未来前景及公司管理层可能采取的行动。比如，大部分投资者认为：公司发行新股将会使股票价格下降；资产负债率的提高会带来普通股收益的上升，而资产负债率的下降则将导致每股收益的减少等。资本结构的变化所导致的结果，部分是由于直接影响（如较高的税收抵免），部分是因为信息效应。因此，当公司决定改变自己的资本结构时，务必注意其对资本市场可能产生的信息效应。

3. 债权人和债券信誉评级的要求

当公司希望发行固定成本的证券时（如债券和优先股），通常会受到债权人及债券信誉评级机构对公司资本结构的要求的影响。例如，Standard & Poor's 在评价公司信誉级别时有许多标准，其中就包括税前利息抵付倍数和财务杠杆（见表12-2）。

表 12 - 2

级别	税前利息抵付倍数	财务杠杆水平
AAA	大于 4.5 倍	小于 41%
AA	3.5 ~ 5 倍	39% ~ 46%
A	2.5 ~ 4 倍	44% ~ 52%
BBB	1.5 ~ 3 倍	50% ~ 58%
BB	小于 2 倍	大于 56%

资料来源：Standard & Poor's，《信誉周报》1998 年 2 月 18 日。

4. 管理者对风险的态度

不同的管理者对风险持不同的态度，因此也会影响到企业资本结构的选择。过于冒险和过于保守的做法，可能会使自己的资本结构远离最佳结构，从而导致不该有的损失或过高的资本成本。

5. 避免控制权的削弱

有些公司宁愿多发债券或优先股，不愿发行普通股。其主要原因之一就是担心老股东的控制权遭到削弱。

（二）国际企业总体资本结构

国际企业最佳资本结构当然也需要遵循上述原则：使资本成本和风险最低及后续融资能力最大化。在实践中，国际企业需要协调其所有附属公司的资本结构。只有通盘考虑全球附属公司的资本结构，国际企业才能使其总体资本结构最优化。但另一方面，国际企业总体资本结构的确立，又有助于确定附属公司的资本结构。

国际企业的资金供应者，关注的是与国际企业世界范围的资本结构相联系的违约或破产风险。任何一个附属公司的破产或其他类型的财务困难都会在一定程度上损害国际企业的资信地位。因此，国际企业在全球融资过程中必须经常监测和调整公司的总体资本结构。

（三）附属公司资本结构

国际企业的附属公司究竟应有什么样的资本结构？应与公司总体资本结构保持一致还是应当各有各的资本结构？

大多数国际企业都不强求附属公司的资本结构保持一致，而是要求附属公司的资本结构在与公司总体资本结构大体相近的基础上，因地制宜，合理利用当地融资优势。其最终目标仍是使国际企业的资本总成本和风险最小化。

一般认为，除资本成本因素之外，影响附属公司资本结构的其他因素还包括：

1. 东道国货币的汇率风险

如果东道国的货币面临贬值风险，国际企业也许就该多从东道国资本市场上筹措资本，这样可以减少外汇的交易风险和经济风险。

2. 东道国政府的要求

某些东道国政府对国际企业的附属公司的资本结构作了许多限制性规定，如规定母公司在子公司中的股权不得低于总资本的 50% 等。

3. 是否存在低息优惠贷款

有些东道国为了吸引国际企业进行追加投资，专门向某些国际企业提供低息优惠贷款。这就相当于给国际企业的海外投资提供了补贴，有利于降低投资项目或者子公司的资本成本，从而在总体上降低国际企业的资本成本。

4. 没收或征用风险

当国际企业的附属公司资产被没收或征用的风险较大时，附属公司的资本结构中的负债比率就应适当扩大，尤其应尽量利用东道国的债务市场，并尽可能避免由母公司提供担保。

5. 当地行业标准

在某些国家，当地公司资本结构中的负债比率可能会比另一些国家中同类公司的负债比率高出许多。但一般说来，同一个国家中同行业公司的资本结构都比较接近。过分地偏离同行业的标准，容易使子公司处于被兼并的境地。

（四）国际企业资本结构的特殊问题

1. 子公司资本结构的风险状况

子公司的账面资本结构事实上很难充分体现其财务风险状况，因为子公司的财务风险实际上取决于国际企业合并报表所反映的整体资本结构。例如，美国一国际企业的母公司决定利用其从美国银行借来的 1 000 000 美元，以股本的方式满足其在澳大利亚的子公司的资金需要（假定该子公司已有股本 500 000 美元），则该子公司的债务股本比率等于零。但若美国母公司在综合考虑之后，决定让子公司在当地金融市场上自行筹措该笔资金，则子公司的债务股本比率为 2:1。尽管这两种融资安排导致了截然不同的子公司债务股本比率，然而在公司合并报表上的债务股本比率却几乎毫无差异，公司总体的风险状况并未因子公司资本结构的差异而有所变化。

正是由于子公司的资本结构具有这种特点，故其资本结构的确定原则也就与公司总体资本结构的确定原则有所不同，应根据具体情况而定，不可拘于一格。如果过分地要求子公司的资本结构与总公司的目标资本结构保持一致，就可能使子公司的资本结构在当地金融市场上失去竞争力，或使得子公司无法充分利用低成本资金来源，从而坐失良机。各国由于制度和习俗等方面的原因，其公司的债务股本比率存在一定的差异。同样，不切实际地要求子公司资本结构与当地公司的资本结构保持一致也具有很大的弊端。

2. 母公司的担保与债务合并

国际企业在确定公司全球范围的总体最佳资本结构时，还会面临如下问题：是否需要将母公司未担保的和未合并的国外子公司债务纳入总体资本结构？换言之，未经母公司担保的和未合并的子公司债务是否会影响国际企业的总体风险状况和融资能力？

理论上，母公司对提供担保与未提供担保的两种负债所承担的法律义务是不一样的。在法律义务上，只有母公司担保的子公司债务才会影响母公司总体的风险状况和融资能力，而未担保的子公司债务只能影响该子公司本身。但事实上，由于绝大多数国际企业都严重依赖于各类金融机构，以致离开这些金融机构就难以运转，一旦允许子公司赖账，就可能严重损害公司总体的商誉，从而恶化与金融机构的关系。所以，为免因小失大，大多数国际企业对未担保的子公司债务也是愿负偿还义务的。美国学者罗伯特·斯托鲍夫（Robert Stobaugh）曾调查了 20 家大中型国际企业，无一家表示允许其子公司拖欠或拒付母公司未担保的债务。

那么，为什么有的国际企业愿意为子公司债务提供担保而有的却不愿意呢？

国际企业母公司愿意担保子公司债务的一个重要原因是：凭借母公司的资信使子公司顺利地筹措款项，获得低成本资金。例如，倘若没有母公司的担保，银行就可能在贷款协议中坚持附加某些苛刻的条款，甚至根本不予贷款。

母公司有时拒绝对子公司债务提供担保，也有其客观原因：

（1）担保会使子公司债务失去防止被征用风险的功能。

（2）母公司以提供担保所表现出来的对某种经营的明显支持，可能会诱使债权人提出其他方面的要求。而关于国外子公司的未经合并的债务会否影响国际企业总体融资能力这一问题，应作具体分析。从总体上看，在金融市场日益成熟、通信和信息流动高度发达的当今社会，任何可能影响国际企业财务风险和融资能力的国外债务，都会很快引起市场的注意。一些著名的信誉评级公司，对母公司提供担保的子公司债务，无论是否已经合并，都要纳入对公司资信地位和融资能力的分析内容。对未经担保又未合并的子公司债务，也总是要严格审查其对公司总体债务股本比率的影响。

因此，即使是母公司未担保的及未合并的子公司的债务，国际企业在分析其总体资本结构时，通常应一并考虑。

练习与案例

一、复习思考

1. 国际企业的资金来源有哪些？
2. 国际企业的筹资方式主要有哪些？
3. 比较国际企业短期资金与长期资金的取得方式及其投资方向。
4. 国际企业财务风险的内容有哪些？
5. 为什么国际企业面临的筹资风险更大？
6. 简述国际企业筹资的基本原则。

二、计算分析

1. 某企业资本结构及个别资本成本资料如下：

资本结构	金额（万元）	相关资料
长期借款	200	年利息率8%，借款手续费不计
长期债券	400	年利息率9%，筹资费率4%
普通股股本	800	每股面值10元，共计80万股，本年每股股利2元，普通股股利年增长率为5%，筹资费率为4%
留存收益	600	
合计	2 000	企业所得税率为33%

要求：计算该企业加权平均资本成本。

2. 某公司扩大生产经营拟增加资金投入，经研究测算决定，增资后资本仍保持目前的结构，即负债与权益资本的比例为1:3，权益资本由发行普通股解决。预计有关资料如下：

资本构成	筹资额	资本成本
债券	100万元内	0.06
	100万~200万元	0.07
	200万~300万元	0.09
权益资本	150万元内	0.13
	150万~600万元	0.15
	600万~900万元	0.18

要求计算：

（1）不同筹资额的筹资突破点；

（2）不同筹资范围的加权平均资本成本，并确定最佳的筹资方案。

三、案例分析

雀巢公司的WACC

这里假定雀巢公司的加权平均资本成本WACC正在更新。公司最近几年改变了资本结构，准备使用依照最新资本化的债务与权益成本修正后的债务与股权相对权重。

如前面所讨论的，可用传统的国内证券组合方法和全球证券组合方法来计算雀巢公司的资本成本。雀巢公司的CEO，Dr. Maril Corti整理了各种可能组合的价值，从主办银行——瑞士联邦银行UBS处获得了一个新的贝塔估计值。雀巢公司的债务成本为4%。

因子	符号	国内证券组合	全球证券组合
无风险利率	R_f	3.5%	3.5%
市场收益率	R_m	10.0%	12.5%
贝塔值		0.950	0.625

【分析与思考】

（1）请计算三种不同组合下，雀巢公司的权益成本。

（2）UBS的新贝塔值估计中，采用了将个股与全球市场走势协议差的移动平均数作为自身贝塔值的方法。假定这种趋势继续发展下去，雀巢的贝塔值会继续下跌。这个下跌的贝塔值对雀巢公司的资本成本有何影响？

（3）若雀巢公司的债务/总资本最近从35%变到45%，那么上述三种不同组合的加权平均资本成本WACC会有何变化？

第十三章 国际投资管理

随着经济的发展，企业尤其是国际企业的对外投资活动日益增加，特别是近年来国际证券市场的不断发展，使国际企业可利用股票、债券以及许多衍生金融工具等更加灵活的形式对外投资。由于国际企业跨国经营的特点，使其面临的投资可选择范围更大更广，受投资环境的影响更为严重，因此，投资管理必然成为国际财务管理的重要内容。本章主要介绍国际投资管理的原理、国际投资环境的评价、国际投资的方式、国际投资分析及国际证券投资等。

第一节 国际投资管理概述

一、国际投资的意义

国际投资是指国际货币资本及国际产业资本跨国流动的一种形式，是资本从一个国家或地区投向另一个国家或地区的经济活动，也是国际财务管理的一个重要组成部分。

20 世纪 80 年代以来，世界经济持续向全球化的方向发展，区域经济一体化、国际经济合作乃至国际上经济政策的协调等不断加强。进入 90 年代，世界上几乎不存在完全"封闭的经济"了。各国之间的经济往来在不断地增多，国际经济关系日益密切地发展涌现出三大潮流特征：一是世界各国为开发新的科学技术而展开激烈竞争；二是国际经济向一体化，区域化的方向发展；三是世界各国的经济策略和经济政策竞相不断地在调整、改革和开放。

在世界新技术革命掀起的新的一轮国际经济技术大竞赛中，世界各国都借助于国际金额资源的运用，来促进经济结构的调整、世界资源的再分配和国际分工的重新安排，以便力争在这场竞赛中使本国经济技术的发展水平取得较优先的地位。这充分说明，国际投资在现代国际经济舞台上正扮演着越来越重要的角色，对世界经济产生越来越明显的影响。在世界经济活动全球化的新形势下，世界各国经济都日益卷入统一的世界市场之中，各国之间的相互投资范围越来越广、程度越来越深。

国际投资的目的，一是为了寻求最佳的投资方式，以期用最短的时间、最小的代价，获得最好的经济效益；二是如何尽量避免风险，寻求最安全可靠的投资途径；三是寻求如何将资本用于再生产，以求资本的迅速增长和生产力的大幅度提高，以服务于本国宏观经济发展的需要。因此，概括而言，国际投资就是指以赢利、增值和适应本国宏观经济政策需要为目的而进行的国际资本交流。

促使企业进行国际投资的根本动力是企业可以从国际投资中获得利益，这些利益可以简单地归纳为套取利率差异、获得廉价资源、降低成本、减少风险和形成全球视野等几个方面：

（1）套取利率差异。

利润驱动是各种资本输出方式形成的共有动机之一。

一般认为，各国的利率差异引起资本流动，资本从利率较低（可能是资本比较丰裕）的国家流向利率较高（可能是资本比较短缺）的国家，直到这种利差消失为止，此时投资的利润达到最大化。一般来说，由于利差而引起的利润驱动，将主要作用于国际证券投资。

（2）获得廉价资源。

当今世界国际投资的一个主要潮流就是发达国家向发展中国家进行投资，其主要原因就是为了获取发展中国家丰裕或低廉的生产要素以满足本国资源的需要或降低成本。低廉的成本有助于企业抢占国际市场份额。在发展中国家投资建厂，可以就地取材，并且还可能在减少交易成本、逃避税负、保证资源供应等方面表现出更大的灵活性；可以充分利用有关东道国的自然禀赋优势（如人力资源、廉价的劳动力、节约运输成本等），还可以绕过关税壁垒和贸易限制。

（3）减少风险。

企业走向国际化，在全球范围内建立起自己的一体化空间和内部体系，能有效地克服外部市场的缺陷所造成的障碍，分散经营风险。例如，一个企业如果在不同的国家市场上投资并经销产品，就不易受到那些影响某国市场的随机需求变量或当地政府干预的损害。同样，当一个企业在向各个不同的市场建立了原材料的供应来源后，将有效地增强该企业应付全球范围内对某种原材料需求增长的能力。

（4）形成全球视野。

现代社会已经进入了"知识经济"的时代。企业通过国际投资建立起来的广泛有效的信息网络，在寻求新的国外资源、打入新的国外市场，或者从国际市场中猎取信息以及获取经验与取得先进的技术及管理经验方面，都发挥着积极的作用。

同时，国际投资除了对企业具有重大意义外，还日益成为一国宏观经济政策和策略的一个重要组成部分。一国宏观经济发展战略是国际资本流动策略的基础，但是，国际资本流动的策略并非完全处于被动地位。国际资本流动策略的正确与否也反作用于宏观经济，甚至给宏观经济带来巨大而深远的影响。

二、国际投资的特点

1. 国际投资已成为生产要素国际交流的重要形式

直接的投资方式在战后的国际投资中已日趋占据重要的地位，其目的不仅是为了谋取利润，而且更重要的是实现生产要素的交流、市场的扩大，技术水平的提高，国际金融的渗透，以适应在生产国际化形势下国际竞争的需要。

2. 投资目的多样性

国际投资的目的多种多样，有的在于促进资本保值增值，有的在于改善投资国与东道国的双边经济关系，有的则带有明显的政治目的等。

3. 国际投资的资金来源多渠道和多样化

第二次世界大战后，跨国公司的出现及其迅速发展已成为西方发达国家资本输出的主要形式。跨国公司根据其全球策略所进行的国际资本活动的渠道，不仅贯穿于生产、加工、流通、分配、运转等各个经济环节，而且其资金来源十分广泛而形式繁多，既包括其自有股本、折旧基金、国外利润、应付款项、暂时闲置的库存现金等，也包含其遍布世界各地子公司所吸收的东道国政府和当地私人企业的投资和信贷资金，以及向当地市场和国际资金市场筹集的资金等。

4. 投资活动中货币单位的差异性

各国所使用的货币不同，货币本位的差别决定了资本的国际相对价格的差别，这种差别影响着国际投资的规模和形式。

5. 国际资本流动出现脱离商品劳务流转的趋势

国际资本的迅速增长及其频繁流动，已成为世界经济活动中不可忽视的重要力量。国际资本流动和国际外汇市场交易活动在很大程度上脱离了国际商品劳务流转。当代国际资本流动和国际货币运动已日益成为谋取高额利润的手段，从而形成一种带有独立性的纯金融交易。

6. 国际投资具有更大的复杂性

国际投资的经营活动遍及多个国家，因而受到各国不同的政治、经济体制和环境的制约。第一，由于各国的币值不同，同时各国政府有可能实行程度不同的金融管制以限制资金的流入流出，这就给企业的资金收支活动造成了阻碍和困难。第二，各国的税负，利润分配制度、商业法律及惯例等方面存在着很大的差异，在处理财务关系时必须考虑到这些差异并加以协调。第三，各国的政治、经济及文化环境不同，在市场规模和特性、生产要素成本、自然资源禀赋、地理文化环境等方面各有优劣，这给企业选择资金投放方向（即投资决策）带来了更多的不确定性。汇率变动、利率变动、通货膨胀问题等，以及政治风险因素，都是企业进行国际投资时必须考虑的。

7. 国际投资具有更多的灵活性和套利机会

跨国公司可以通过全球范围的对外直接投资，使其产品的销售市场、主要原材料的供应来源及主要产品的生产地点多元化，可使公司不易受到那些影响个别市场需求的随机因素和当地政府干预的损害；原料供应来源的多元化则可大大增强企业应付全球范围内对某一种原料需求增长的能力，以保证正常的供应；产品生产地点的多元化既可以提高企业的规模效益，又可为市场提供稳定的货源。以上情况都说明企业通过国际投资，能够有效地减少其赢利的波动性。此外，通过对外直接投资，可以充分利用有关东道国的自然禀赋优势（如人力资源、廉价的劳动力、节约运输成本等），还可以绕过关税壁垒和贸易限制，或者从国际市场中猎取信息和获取经验。

三、国际投资的方式

（一）按投资主体及合作方式划分

按投资主体及合作方式不同，国际投资的方式可分为：国际合资投资、国际合作投资和国际独资投资。

（1）国际合资投资是指某国投资者与另外一国投资者通过组建合资经营企业的形式所进行的投资。

这里的合资经营企业通常是指两个或两个以上不同国家或地区的投资者按照共同投资、共同经营、共负盈亏、共担风险的原则所建立起来的企业，它是国际投资的一种主要方式。合资企业一般由以下两方面人员组成；一是外国合资者，可以是公司，企业或其他经济组织；二是东道国合资者，即东道国参加合资经营的公司、企业或其他经济组织。合资企业的组织形式有无限公司、有限公司、两合公司和股份有限公司等四种形式。合资企业的出资方式主要有现金、实物和无形资产。

（2）国际合作投资是指通过组建合作经营的形式所进行的投资。

它是国外投资者与东道国投资者通过签订合同、协议等形式来规定各方的责任、权利、义务而组建的企业。按照国际惯例，合作企业通常有两类：法人式和非法人式。前者是指合作双方在一国设立的具有该国法人资格的经营实体；非法人式合作投资是指合作双方在一国设立的不具备法人资格的经济组织。国际合作投资的合作条件可以是现金、实物、土地使用权、工业产权或其他财产权利。合作企业的收益分配一般不按股分红，而是按合同的规定对利润进行分成或对产品进行分成。合作经营期满后，合作企业的财产，一般归东道国合作者所有，而外国合作者则完全退出企业。

（3）国际独资投资是指通过在国外设立独资企业的形式所进行的投资。其形式一般可采用股份公司、有限责任公司、独资企业，很多东道国一般都有所限制。例如，军事、通信等行业一般不允许外国投资者独资经营。

（二）按投资对象划分

按投资对象的不同，国际投资的方式包括：国际证券投资、国际信贷投资、国际直接投资和国际技术转让等。

（1）国际证券投资是指一国投资者，将其资金投资于其他国家的公司、企业或其他经济组织发行的证券上，以期在未来获得收益。在国际证券市场上，常见的可供企业投资的证券有：国库券、机构证券、商业票据、银行承兑汇票、公司股票和公司债券。进行证券投资比较灵活方便，可以降低风险，增加企业资金的流动性和变现能力。

（2）国际信贷投资的对象包括：① 各种存款，即通过适当的存款方式进行投资。它具有手续简便、变现灵活、收益适度的特点。存款种类包括商业银行的储蓄定期存款、互助储蓄存款、存贷协会开立存款账户和信贷组合的入股等。此外，还包括银行大额可转让定期存单的短期投资方式。② 银团贷款。指由若干家商业银行组成一个贷款集团或贷款银团，联合向一个借款者提供相当数额资金融通的一种贷款形式。此外，还包括联合贷款，项目贷款等。

（3）国际直接投资是指投资者通过对外国直接投资创办企业或与当地资本合作经营企业，并通过直接控制或参与其生产业务的经营管理以取得利润的一种投资方式。国际直接投资最显著的特点是它不是国际的一般资本流动，而是主要表现为生产成本、关键材料、专门技术、管理方法乃至商标专利等国际上的转移或转让。其具体的投资组织形式包括：① 到国外开办工厂、企业、子公司；② 同国外企业共同投资开设合作经营企业或合办企业；③ 购买外国企业的股票，从而控制或参与经营管理原有的企业。

（4）国际技术转让又称世界技术贸易，是国际资本流动的一项基本内容。国际技术转让十分广泛，从成套技术装备，关键技术设备的交易，一直到包括设计图纸、工艺资料、技术诀窍、技术许可证、专利权、商标使用权等在内的技术软件的转让，以及科技咨询、技术培训服务的提供等。

四、国际投资的程序

由于各种不可预见因素的显著增加，企业进行国际投资比国内投资风险要大得多，因此，必须按科学的程序进行投资。一般来说，这一程序主要包括如下五个步骤：

1. 确定投资目标

企业应根据自身经营的特点和当时的国际市场状况，提出国际投资的目标。即确定该投资项目是有利于企业取得更多的利润，或者是有利于企业占领国际市场，或者是有利于保证原材料的供应，还是有利于取得所在国的先进技术和管理经验。

2. 确定投资组合与方式

根据降低风险和利益最大化的原则，以及企业自身的条件，确定投资组合，即采取直接投资，或采取间接投资。间接投资包括对哪些证券进行投资，且各自的比例如何等。

3. 评价国际投资环境

与其他投资相比，国际投资受投资环境的影响更大。由于各国的政治、经济、社会文化条件迥异，对投资项目的效益会产生程度不同的影响，为此，就需要用特定的方法对投资环境进行研究，选择投资环境好的地域进行投资，以尽可能地降低投资风险，提高投资效益。本章第二节将重点介绍投资环境评价的基本内容和方法。

4. 投资项目规划

投资项目规划即拟定具体的投资方案，对投资项目在技术、工程、经济和外部协作条件等进行全面的调查研究，根据项目的要求和可能条件，拟定多个方案选择比较。

5. 评价投资项目

首先，需要对投资项目进行分类，为分析评价做好准备；其次，再计算有关项目的收益、成本和现金流量，运用各种投资评价指标来分析投资项目的经济效益。财务上的评价报告编出后，要提交企业决策高层进行最后的选择。

第二节　国际投资环境评价

一、国际投资环境的基本内容

投资环境是指投资所面临的特定生产经营条件，是影响投资活动的各有关环境变量的总和。

投资环境评价是进行国际投资时必须认真分析和解决的一个问题。与国内投资环境相比，国际投资环境对投资行为的影响主要产生于投资国和东道国之间在政治、经济、社会、文化、市场等方面的差异和冲突。影响的直接后果是使国际投资目标的实现可能面临各种障碍，或者使国外投资活动变成一种比国内投资活动风险大得多的经贸行为。所以要认真对国际投资环境进行评价。根据国际惯例，国际投资环境的主要内容有以下 12 个方面：

1. 政治气候

主要包括政局是否稳定，有没有战争或可能发生战争的风险，是否有国家政权或社会制度变革的风险，有没有重大政策变化的可能；或东道国的对外政策是积极地吸引外资，还是有所限制或是完全拒绝，特别是有没有被国有化的风险等。

2. 法律制度

主要应考察东道国的法律制度是否健全，特别是外国投资者的权益是否或在怎样的程度上受法律保护，东道国的各种税法、海关法、外汇管理法等能否保障投资者得到较高利润，利润和投资有无顺利汇回的保障，法律是否具有稳定性，执法机构是否具有公正性等。

3. 体制机制

主要应考察东道国的各种体制机制是否完善，渠道是否畅通，能否适应变化，政府和机关的工作效率如何等。

4. 地理环境

主要包括投资的地理位置、气候条件和自然特色等。

5. 自然资源

主要包括各种自然资源和人力资源是否丰富，能否以较低价格被投资者利用。

6. 基础设施

主要包括各种能源、交通、邮电通信、生产设施、居住条件是否完善，是否适于国外公司的生产经营活动的需要等。

7. 经济结构和发展水平

主要包括东道国的经济实力、国民经济发展状况、经济发展水平、经济增长速度和稳定性、劳动生产效率、产业结构和国民经济结构、对外经济交流情况和经济政策如何。

8. 市场销售条件

主要应考察东道国当地市场的现有容量和今后潜力多大，是否接近国际其他市场，这些市场规模多大等。

9. 货币与金融

主要包括货币是否稳定、通货膨胀程度、可能融资的程度、外汇管制的程度、金融和外汇市场的发展程度、金融业的设施是否完善及服务质量如何等。

11. 优惠条件

主要应考察被投资国家的包括税收、关税、进出口许可、市场购销、收费标准等方面的优惠待遇等。

12. 文化环境

包括当地居民的风俗习惯与价值观念能否与投资者的习惯与观念融合。当地对投资的态度是欢迎、怀疑，还是反对。

国际投资环境是由一系列因素组成的综合体，各部分之间相互连接、协调、互为条件，构成一个完整的投资环境体系。

二、国际投资环境的评价方法

国际投资环境的评价方法分为两类，一类是对国际投资环境直接进行评估，另一类则是从自身的角度间接地分析评价国际投资环境。

国际投资环境间接评估法主要包括投资目的评估法和机会威胁比较分析法两种。

投资目的评估法是根据跨国投资者的不同投资目的，例如，获取高额利润、降低产品生产成本、保证原材料供给、占领区域市场、分散经营风险和获取目标国的生产以及管理技术等，列出影响投资目的实现的关键的环境因素，而后对潜在国家的投资环境进行评分比较和择优汰劣。

机会威胁比较分析法认为投资环境及其变化对投资活动产生环境威胁或环境机会具有不同的影响。他们首先把一个跨国公司的内外部条件和环境变量归纳为市场需求、市场竞争状况、经济形势与政策和企业自身条件等四个基本因素，接着对每个基本环境因素可能成为威胁或创造成功机会的概率以及这些威胁和机会可能给投资行为带来的负面影响分别予以估算和判断，最后通过汇总分析建立分别反映威胁和机会的两大综合性指标，并用二者相互比较的结果评判一个国家的投资环境。如果一个国家既为外国投资者的投资行为提供许多成功的机会，又使之面临较少的风险威胁或可以避免风险威胁，那么这个国家的投资环境就比较理想。

以下将重点介绍国际投资环境的直接评价方法。一般地，国际投资环境的直接评价方法有以下几种：

（一）环境变量等级评分法

这一方法由美国经济学家罗伯特·斯托鲍夫于20世纪60年代末首创，它从东道国政府对外国直接投资活动所实行的有关政策着眼，分别使用资金收回自由度、外资股权比例、对外商的管制和歧视程度、币值稳定程度、政治稳定性、关税保护力度、当地资本的供应能力和近5年的年平均通货膨胀率这8个指标反映一个国家的投资环境，然后根据不同的定性或定量分析的条件把各个环境指标细分为若干种情况或等级，各等级均事先规定分数，最好的情况评分为12、14、20分不等，最差的情况为0、2、4分不等，然后逐项累计加总，得出投资环境的总分，并按高低顺序给分，最终用加总后的指标估计值的大小表明该国投资环境的优劣。这种方法有利于选择最佳的投资环境和最理想的目标市场，避免投资风险，实现投资的安全性、灵活性和高赢利性。采用这种方法时，得分越高，说明投资环境越好；得分越低，说明投资环境越差。

（二）环境构成评估法

在占有大量环境资料的基础上，这种方法将投资环境分解为政治环境、经济环境、财力环境、市场环境、文化环境、竞争环境、基本建设、技术条件、法律制度、行政机关效率10个组成部分；每个子环境又分优、良、一般、差和劣等五种情况予以评估；确定每个构成因素在五种情况下的百分比分布，然后采用加权平均法算出总分。分数越高者，相应的总投资环境也越理想。其基本计算公式为：

$$Y = a_1x_1 + a_2x_2 + \cdots + a_nx_n$$

$$= \sum_{i=1}^{n} a_ix_i$$

式中：Y 为投资环境评分；

a_i 为事先拟定的对第 i 种因素进行加权的权数，总数等于 1；

x_i 为对第 i 种因素的评分。

在采用这种方法评价投资环境时，分数在 80 分以上，说明投资良好；分数为 60~80分，说明投资环境一般；分数在 60 分以下时，说明投资环境较差。

（三）多因素加权分析法

这是美国风险评价服务公司编制投资经营环境风险指数时所采用的一种方法。它包括政治连续性、对外国投资者和赢利的态度、国有化、通货膨胀、国际收支、官僚拖延、经济增长、货币的兑换性、合同的履行、劳动力成本和生产率、专门服务和承包商、通信和交通、当地的管理水平和合伙人、短期信贷和长期信贷及风险十五个方面的投资环境因素。而且，依据这些环境因素在整个投资环境中的各自重要性确定相应的权数。最后，通过评分、加权汇总算出投资风险指数。指数越高，则表示投资环境条件越好。

（四）投资冷热国比较法

1968 年，美国学者伊西阿·利特瓦克和彼得·拜廷从投资者的立场出发，对加拿大、英国、日本、美国、西班牙、德国、希腊、巴西、南非、埃及等国家的投资环境和工商界人士进行了广泛的调查分析，收集环境资料。在此基础上，归纳出企业对外直接投资的七大环境影响因素，将其由"热"至"冷"依次排序。"热"表示投资环境优良，"冷"表示投资环境恶劣。七大环境因素包括：

1. 政治稳定性

即有一个由全国各阶层代表组成、深得民心、同情私营企业、能创造适合企业经营环境的政府，即一国的政治性高这一"热"因素。

2. 市场机会

即市场存在众多具有购买力的顾客，且这些顾客有较高的要求，即市场机会大时为"热"因素。

3. 经济增长状况

经济增长迅速且稳定视为"热"因素。

4. 文化一元化程度

若两国相距较远、文化差异大，将会阻碍双方思想的交流，为"冷"因素。

5. 两国地理和文化的差异

文化统一，且各阶层人士的处世态度、人生目标等均为共同信奉的传统文化所陶冶时，为"热"因素。

6. 法规阻碍

若一国法规繁多，且有意地限制企业的经营，为"冷"因素。

7. 地理阻碍

一国或地区的地理位置和形态将对企业的经营产生阻碍作用，为"冷"因素。

利特瓦克和拜廷认为，跨国公司应视投资东道国冷热程度的不同作相应不同形式的投资。对于投资 "热" 国，应选择独资建立子公司、设立制造装配的分厂或设立营销及维修的分支机构这三种投资形式。对于投资 "温国"（不 "冷" 不 "热"），最好以特约代理商、投资当地批发商或与当地厂商合资经营等方式进行。在投资冷国，则仅能以合资、授权或委托生产的方式进行投资。

（五）投资障碍分析法

这是一种宏观层次上的定性分析方法，主要是从投资活动的阻碍因素存在与否和多寡对国际投资环境进行一般性的评估。它根据投资环境的内容结构分别列出政治障碍、经济障碍、资金融通障碍、技术人员和熟练工人短缺、国有化政策和没收政策、对外国投资者实行歧视性政策、政府对企业过多的干预、普遍实行进口限制、实行外汇管制和限制外汇返回、法律以及行政体制不完善等十个投资障碍因素，并在几个潜在目标国之间进行比较，障碍少的国家则被认为拥有较理想的投资环境。

（六）三菱综合研究所评估模型

该模型将投资环境的评价因素分成四种：一是经济活动水平因素，用以反映投资东道国的经济发展水平，相应的子因素有工业生产增长指数和产业现代化指数（产业结构与发达国家相比）；二是地理条件，主要是与工厂选址有直接关联的因素，相应的子因素有工厂用地条件（规模、价格、附带条件等）、运输系统（包括公路、铁路、河流、海上运输及相关设施等）；三是劳动力条件因素，包括工资水准（直接工资、福利制度、奖金制度及劳工素质等）、劳动力就业（当地失业率、劳动力就业人数等）；四是奖励制度，即由于投资而可能获得的优惠奖励及其实际动作效率，有关的子因素包括奖励的结果（种类、东道国对引进外资的迫切性、引进外资的实际税负等）、奖励制度的运用情况（如制度本身的弹性、行政的效率性和当地企业对外资的态度等）。通过上述四种因素对投资项目的重要性分别给予不同的权数，经过加权平均后可得到各投资对象（东道国）投资环境的优劣顺序。

（七）BERI 评估方法

此方法是美国风险评估公司评估各国投资环境所采用的一种方法。该方法从以下三方面分别对各国的投资环境进行评分，然后加总，并按得分高低归类。

应用风险指标衡量一般的投资环境。包括：劳工关系、官僚体制、对外商的态度、潜在的民族意识、公共设施、信贷可行性、经济因素、当地合作者与管理者的素质等可能影响经营活动的因素。

应用政治风险指标衡量社会的稳定性。包括外部影响因素（地区性及全球因素）、内部影响因素（政治、宗教、种族、语言、政治权力结构等）和潜在因素（社会冲突、叛乱内斗等）。

应用资本汇回本国指标衡量一国外汇管制状况和外汇兑换能力。包括法律构架、外汇兑换能力、国际储备及国外负债等。

将上述三大类因素的评估分数加权汇总后，按得分高低可将各国归成四个等级：

第一级，为投资环境良好的国家，其得分在 55～100 之间。在此等级范围内的国家中投资，一般仅可能由技术转移、管理顾问等专门性服务项目中获得边际利润。

第二级，应用政治风险指标衡量社会的稳定性。包括外部影响因素（地区性及全球因素）、内部影响因素（政治、宗教、种族、语言、政治权力结构等）和潜在因素（社会冲突、叛乱内斗等）。

第三级，为投资风险较大的国家，得分在 35～45 之间。此类国家一般只适合进行贸易往来，且得分越低的国家其支付能力越差。

第四级，为得分在 35 分以下的国家，一般不应与此类国家发生任何的商业往来，除非以现金支付的方式进行。

第三节　国际投资方式

国际投资方式的运用与选择，必须同时满足微观经济效益和宏观经济效益的原则。当今国际经济、技术、贸易、金融的迅速发展，国际经济关系上相互依存的日益紧密，使国际投资方式的选择与运用成为国际投资学的一项重要内容。

一、国际直接投资

国际直接投资是指一国企业通过实物性资产投资方式在另一国设厂，建立原材料加工基地或销售机构，或是通过购买外国企业的股票直接控制或参与其生产业务的经营管理以取得利润的一种投资方式。它主要表现为生产设备、关键材料、专门技术、管理方法及商标专利等的国际转移或转让。其具体组织形式包括：到国外开办工厂，或设立子公司；同国外企业共同投资开设合营企业或合办企业；购买外国企业的股票从而控制或参与经营管理该企业。

企业进行国际直接投资的动机在于：

1. 企业的专属优势

企业之所以愿意到外国以直接投资的方式进行生产经营，是因为它拥有当地竞争对手不具备的垄断优势，即专属优势。同时还可避免由于市场结构的非完备性导致的信息不对称性而产生的交易不确定性，降低了交易成本。专属优势主要表现以下几个方面：一是技术优势，即对某种专门技术、工艺或产品的控制；二是管理优势，如管理与组织方法、营销技巧与渠道等；三是规模经济优势；四是资源供应优势，即掌握某些关键性生产要素的供应来源；五是融资优势，即在不完备的国际金融市场上融通资金的优势。

2. 直接投资

直接投资已成为过剩资本寻求出路和增加投资综合收益的方式。

3. 创造内部市场，减少交易成本

由于自然性外部市场的不完备性，企业通过外部市场进行交易将导致许多附加的交易成本，即出现产品（特别是原材料、半成品、技术、知识和经验等）交易的低效率。为提高交易效率，跨国公司可以通过其有效的组织手段——行政结构，在内部创造一个市场，再通过内部制定的转移价格，使该内部市场高效率地发挥其功能。这就是所谓的市场内部化。它一方面使得交易成本极小化，另一方面又使得公司的行为取代和扩大市场的功能。

4. 调整产业结构

通过直接投资可以把资源密集型、劳动密集型产业以及污染性产业转移到国外去，同时可以扩大对发达国家高技术产业的投资，以促进新技术密集型产业的开发和发展。

5. 有利于突破保护主义障碍，维护和扩大海外市场

通过直接投资，在国外就地生产、销售和输出，增强了国际竞争能力。东道国丰富的原材料资源将吸引跨国公司进行垂直性直接投资，以充分利用资源的优势，而劳动力成本低廉的国家往往是跨国公司进行水平性直接投资的主要目标。在当地设立子公司可以避开东道国设置的关税及非关税贸易壁垒。

从不同的角度，可以将国际直接投资划分成不同的类型。

（1）从投资者是否新投资创办企业的角度，国际直接投资可分为：创办新企业和控制外国企业股权两种形式。创办新企业是指投资者直接到国外进行投资，创办企业或分支机构，从事生产与经营活动。控制外国股权是指购买外国企业股票并达到一定比例，从而拥有对该国企业进行控制的股权。

（2）从子公司与母公司的生产经营方向来看，可以分为三种类型：横向型国际直接投资、垂直型国际直接投资和混合型国际直接投资。横向型国际直接投资是指一企业到国外投资，建立与国内生产和经营范围一致的子公司或附属机构，同时这种国外分支机构或子公司能够独立完成产品的全部生产与销售过程。垂直型国际直接投资是指企业到国外建立与国内的产品有关联的子公司，并在母公司与子公司之间实行专业化协作。混合型国际直接投资是指一企业到国外建立与国内生产和经营方向完全不同，且生产不同产品的子公司。

（3）从投资者对外投资的参与方式的不同，国际直接投资可分为合资经营、合作经营、独资经营合作开发、合作生产、贸易补偿和加工装配等。

二、国际间接投资

国际间接投资是指通过国际贷款和购买外国有价证券对国外所进行的投资。它不同于单纯以货物交易为手段的国际贸易活动，也不同于以实物资产划转而进行的国际直接投资，而主要是在金融领域内展开的投资。

国际间接投资可分为以下三种类型：一是国际证券投资。在国际证券市场上，供企业投资的证券多种多样。常见的有国际投资债券、外国企业股票投资、商业票据投资、可转让存单投资和银行承兑汇票投资；二是国际信贷投资。国际信贷投资是跨国界的资金借贷活动，按性质可分为政府贷款、国际金融机构贷款和跨国银行贷款；三是其他间接投资。包括由专门投资机构代理零星投资者进行证券投资的投资基金等。

与国际直接投资相比，国际间接投资具有以下三个特点：

1. 投资回收期短

国际直接投资需要参与一国企业的生产经营，投资周期长，一般在15年左右，由企业的利润直接偿还投资。间接投资一般直接参与东道国企业的生产与经营，投资回收期不受企业的利润的影响，所以投资回收期较短。

2. 投资风险相对较小

国际直接投资一旦投入具体项目之后，要抽出投资比较困难，其资金流动性较小，从而加大风险。间接投资具有较高的流动性，可以减少投资风险。

3. 资金流动快速

国际直接投资的投入资金流动慢，从立项到开工建设到正常生产，需要相当长的时间。国际间接投资往往受到国际利率差异的影响，自发地从低利率国家向高利率国家流动，流动速度较快。

三、单一投资方式与要素组合投资

单一投资方式是指企业采用一种手段进行对外投资，例如采取直接投资在国外开设工厂，或采取间接投资方式，对一种证券进行投资，或者对一个公司的股票进行投资，或者购买一国的政府债券等。单一投资方式操作简单，但投资风险未能分散，故风险较大。

要素组合投资是指投资者实行投资项目多样化，使各个投资项目结合成为能够在一定的总风险下取得最大的投资总收益，或者以尽可能小的风险取得一定收益率的投资组合。

风险是进行投资时必须要考虑的问题，对付风险的最普遍方法是将投资分散化，即选择若干种证券加以搭配，建立证券组合，通过多种证券的报酬高低、风险大小的互相抵消，使投资组合在保持特定收益水平的条件下把总风险减小到最低限度，或者将风险控制在投资者愿意承担的水平下尽可能使收益最大化。

组合投资的投资者最关心的是：取得一定水平的投资收益所承担的风险程度或承担一定程度的风险所取得的投资总收益。单一投资如此，组合投资也是如此。

第四节　国际投资分析

一、国际投资纳税的因素分析

这里所涉及的税收是指国际税收。国际税收是税收的一个特殊领域，是经济国际化的必然产物。

从广义的角度看，国际税收是指各国政府对其税收管辖范围之内从事国际经济活动的企业和个人之间就国际性收益所进行的征纳活动，以及由此而产生的国与国之间税收权益的协调行为。具体的国际税收活动包括：一国税收征纳活动中具有涉外因素并足以引起国与国之间税收权益分配问题的那部分税收征纳活动；两个或两个以上国家的税收管辖权发生交叉、税收利益发生冲突时所产生的国与国之间的税收协调活动。

税收对跨国公司的财务及投资方案具有重大影响，因为跨国公司在多个不同的国家经营业务，各国的税率差距很大，如果运筹得当，可以使公司整个税负减轻，使公司创造尽可能高的现金流入，为股东争取尽可能大的每股净收益。

企业可以通过选择恰当的经营地点和经营方式等种种合法手段进行避税，以减轻其纳税义务。国际企业的子公司和分支机构遍布世界各国，而各国税法在纳税规定和纳税管理上存在很大差异，这就为国际企业采用适当方式避税提供了条件。各国税收差异主要表现在以下几方面。

1. 税率的差别

各国税率的差别是显而易见的，税率不同必然会造成税负的差别。有的国家实行比例税率，有的国家实行累进税率；有的税率较高，有的税率较低。这样，便会刺激投资者及其资金在不同国家税收管辖权范围之间的流动。

2. 税收管辖权的不同，各国对纳税基数的确认有不同的认识，在税法中有不同的规定

国际企业的国外子公司的收入课税存在两种不同的做法：一种是"属地原则"，只有在领土内产生的收益才是应税收益，凡是产生于领土之外的收益，不论其得益者是谁，都不予征税；另一种是"全球原则"，国际企业无论从国内还是从国外所获得的收益，都在应税范围之内。

3. 税种设置的差别

各国在税收设置上的做法不尽相同，有的国家以所得税为主，有的国家以流转税为主，有的国家征收增值税，有的不征收增值税。

4. 税收优惠措施的不同

实行国际税收优惠原则的国家一般对外国纳税人提供了各种优惠条件，使得这些国家的实际税率大大低于名义税率。特别是随着税收规避方法的发展，各国为吸引外国资金和技术，在税收优惠方面展开了竞争，这无疑为从事国际经济活动的企业提供了"税收庇护所"。

5. 税收管理效率的差别

各国税法实施管理有效程度是造成实际税负差异的一个潜在因素。例如，有的国家虽然在税法上规定了很重的纳税义务，但由于征收管理不善，实际课税很少，使税负变得名高实低。

正因为各国在税收管理和纳税规定上有上述差异，企业便可利用这些差异，采用适当的方法进行避税。常用的避税方法主要有：

（1）公司注册地的选择。

公司注册地的选择是指在选定的国家履行必要的法律手续，登记注册组建公司，从而取得在该国的居民地位。从避税的角度看，可选择的国家有两类：一是低税国或无税国，即国际避税地；另一类是提供较多税收优惠的国家。选择组建这类公司的目的，不仅在于减轻该公司自身所得在原所在国的税负，更重要的是可以将公司在其他所在国组建的新经营实体的所得通过各种方式向原公司实体转移，以利用这些国家延缓课税的规定，来达到规避税收的效果。

（2）利用内部转移价格避税。

内部转移价格是国际企业内部母公司与子公司之间或子公司与子公司之间转移商品或劳务的价格。内部转移价格税是国际企业利用各国间税率和税法的差异通过调节内部转移价格来达到避税目的的一种手段。主要做法是：对由低税国子公司向高税国子公司的出口业务采取高价，而对由高税国向低税国的出口业务则采取低价。这样就把实现利润的一部分由高税国的子公司转入低税国的子公司，从而使整个国际企业的纳税额减少。公司间利润转移的具体形式包括：商品购销，内部贷款、专利和专有技术等无形资产的转让，管理

费用，租赁。

二、国际投资项目的效益分析

这里的项目效益分析是指对直接对外投资的项目效益分析。

（一）对外直接投资效益的影响因素

在国际投资中，影响企业对外直接投资项目效益的主要因素包括以下几个方面：

1. 项目预期的总投资额

它反映了公司为建设该项目所投入的资源总量。不仅包括使项目启动所需的期初投资，还包括项目经营期间由于经营规模扩大所需追加的劳动资本投资。

2. 消费者需求及产品价格

它是计算项目各期现金流量的基础。其中，对产品需求的预测即对产品市场占有率的预测，对产品价格的预测可以参照市场上竞争厂家的价格进行。

3. 生产成本

包括产品的固定生产成本和变动生产成本。成本的高低直接决定了项目现金流出的多少。

4. 项目寿命期及其残值

对外直接投资项目寿命期的估算是投资决策中的一个重要参数。在确定项目的残值时，要考虑估算的寿命期与实际寿命期的差异，以及在这段时间内项目所能创造的收益大小。

5. 资金转移的限制

在很多情况下，东道国政府会不同程度地阻止子公司的赢利向母公司转移，其结果将增加资金转移的成本，进而影响母公司从项目中实际获得的净现金流量。如果能够认识到这种限制的存在及其相应的后果，在评价时就可将此因素纳入考虑之中。

6. 汇率及东道国的通货膨胀率

海外直接投资项目的获利能力会受到项目经营期内汇率变动的影响。东道国通货膨胀率的高低也将直接影响项目的真实获利能力。

7. 税负因素

世界各国的税收制度千差万别，税后净现金流量的大小在很大程度上取决于东道国和母国的税收征管政策。

8. 项目的资本成本

项目的资本成本越高，项目的净现值将越小。

（二）投资项目效益的评价方法

通常，对项目效益的分析方法有两大类：一是非贴现的分析评价方法；二是贴现的分析评价方法。

1. 非贴现的评价方法

（1）回收期法。回收期是指投资引起的现金流入累计到与投资额相等时所需要的时间。它代表收回投资所需要的年限，回收年限越短，投资项目的效益越好。

在原始投资一次支出，每年现金净流入相等时：

回收期 = 原始投资/每年现金净流入量

在现金流入量每年不等，或原始投资是分几年投入时，则可用下式求出回收期：

$$\sum_{k=0}^{n} I_k = \sum_{k=0}^{n} O_k$$

其中：I_k 为第 k 年的现金流入；

O_k 为第 k 年的现金流出。

（2）会计收益率法。在计算时使用会计报表上的数据。

$$会计收益率 = \frac{年平均净收益}{原始投资额}$$

（3）追加投资回收期法。追加投资回收期是一个相对的投资效果指标，是指一个方案比另一个方案多追加的投资。用年成本的节约额去补偿所需要的时间。

$$T_a = \frac{\Delta K}{\Delta C} = \frac{K_2 - K_1}{C_1 - C_2}$$

式中：T_a 为追加投资回收期；

ΔK 为投资差额；

ΔC 为年成本差额；

K_1、K_2 分别为两个方案的投资额（$K_1 < K_2$）；

C_1、C_2 分别为两个方案的年成本（$C_1 > C_2$）。

2. 贴现的评价方法

（1）净现值法。这种方法使用净现值作为评价方案优劣的指标。净现值（NPV）是指特定方案未来现金流入的现值与未来现金流出的现值之间的差额。按照这种方法，所有未来现金流入和流出都要按预定贴现率折算为现值，然后再计算它们的差额。如果净现值为正数，该项目的报酬率大于预定的贴现率；如果净现值为零，该项目的报酬率相当于预定的贴现率；如果净现值为负数，该项目的报酬率小于预定的贴现率。其计算公式为

$$NPV = \sum_{t=0}^{n} \frac{I_t}{(1+i)^t} - \sum_{t=0}^{n} \frac{O_t}{(1+i)^t}$$

式中：n 为投资涉及的年限；

I_t 为第 t 年的现金流入量；

O_t 为第 t 年的现金流出量；

i 为预定的贴现率。

（2）现值指数法。现值指数（PI）是指未来现金流入现值与现金流出现值的比率。现值指数大于1，说明其收益超过成本，即投资报酬率超过预定的贴现率；等于1，说明

贴理后现金流入等于现金流出。投资的报酬率与预定的贴现率相同；小于1，说明其报酬率没有达到预定的贴现率。其计算公式为

$$PI = \sum_{t=0}^{n} \frac{I_t}{(1+i)^t} / \sum_{t=0}^{n} \frac{O_t}{(1+i)^t}$$

其中的字母含义与净现值法中的字母的含义相同。

（3）内含报酬率法。即根据方案本身的内含报酬率来评价方案优劣的一种方法。内含报酬率（R）是指能够使未来现金流入量现值等于未来现金流出量现值的贴现率，或者说是使投资方案净现值为零的贴现率。内含报酬的计算，通常需要采用"逐步测试法"。首先估计一个贴现率，用它来计算方案的净现值。如果净现值为正数，说明方案本身的报酬率超过估计的贴现率，应提高贴现率后进一步测试；如果净现值为负数，说明方案本身的报酬率低于估计的贴现率后进一步测试；如果净现值为负数，说明方案本身的报酬率低于估计的贴现率，应降低贴现率后进一步测试。经过多次测试，再用"插值法"找出使净现值接近于零的贴现率，即为方案本身的内含报酬率。

【例13.1】某公司准备在国外投资一生产线以扩充生产能力。现有甲、乙两方案可供选择。甲方案需投资30 000元，使用寿命5年，直线法折旧，期满无残值，5年中年销售额15 000元，付现成本5 000元；乙方案需投资36 000元，使用寿命5年，直线法折旧，5年后有残值6 000元，年销售额17 000元，付现成本6 000元，以后所得税率为40%，资金成本率为10%。试比较两方案的优劣。

首先，计算甲乙两方案的现金流量：

甲方案初始投资为30 000元，每年的现金流量均为：

净利润 + 年折旧额 = （15 000 - 5 000 - 30 000/5）×（1 - 40%）+ 30 000/5
= 8 400（元）

且项目在期末无残值。

乙方案的年修理费不同，因此，其年现金净流量如表13 - 1所示。

表13 - 1　　　　　　　　　　　乙方案现金流量分析

年数	0	1	2	3	4	5
初始现金流量	（36 000 + 3 000）					
销售收入		17 000	17 000	17 000	17 000	17 000
年折旧		6 000	6 000	6 000	6 000	6 000
付现成本		6 000	6 000	6 000	7 200	7 500
税前利润		5 000	4 700	4 400	4 100	3 900
所得税		2 000	1 880	1 760	1 640	1 560
税后利润		3 000	2 820	2 640	2 460	2 340
营业现金流量		9 000	8 820	8 640	8 460	8 340
终结现金流量						6 000 + 3 000
现金流量小计	- 39 000	9 000	8 820	8 640	8 460	17 340

（1）投资回收期。

由于甲方案每年回收的资金相等，均为 8 400 元，故回收期 = 原始投资/每年收回相等金额的资金 = 30 000/8 400 = 3.57 年。由于乙方案每年收回的资金数不等，故用列表法计算其投资回收期，见表 13 - 2。

表 13 - 2　　　　　　　　　　乙方案投资回收期计算

年数	期初未收回	本年收回	累计收回	期末未收回
1	39 000	9 000	9 000	30 000
2	30 000	8 820	17 820	21 180
3	21 180	8 640	26 460	12 540
4	12 540	8 460	34 920	4 080
5	4 080	17 280	52 200	

假设 X 年恰好能够收回投资，则

$$\frac{5 - X}{5 - 4} = \frac{52\ 200 - 39\ 000}{52\ 200 - 34\ 920}$$

$X = 4.24$（年）

比较得知，由于甲方案的投资回收期较短，故应选择甲方案。

（2）会计收益。

$$甲方案的会计收益率 = \frac{(15\ 000 - 5\ 000 - 6\ 000) \times (1 - 40\%)}{30\ 000} = 8\%$$

乙方案：

第一年的会计收益 = （17 000 - 6 000 - 6 000）× （1 - 40%）= 3 000（元）

第二年的会计收益 = （17 000 - 6 300 - 6 000）× 60% = 2 820（元）

第三年的会计收益 = （17 000 - 6 600 - 6 000）× 60% = 2 640（元）

第四年的会计收益 = （17 000 - 6 900 - 6 000）× 60% = 2 460（元）

第五年的会计收益 = （17 000 - 7 200 - 6 000）× 60% = 2 280（元）

$$乙方案的平均五年的会计收益 = \frac{3\ 000 + 2\ 820 + 2\ 640 + 2\ 460 + 2\ 280}{5} = 2\ 640（元）$$

乙方案的会计收益率 = 2 640/36 000 = 7.3%

比较得知，由于甲方案的会计收益率较高，故应选择甲方案。

（3）净现值。

$NPV_甲 = 8\ 400 \times (P/A, 10\%, 5) - 30\ 000 = 1\ 842.61$（元）

$NPV_乙 = 9\ 000 \times (P/F, 10\%, 1) + 8\ 820 \times (P/F, 10\%, 2) +$

$\qquad 8\ 640 \times (P/F, 10\%, 3) + 8\ 460 \times (P/F, 10\%, 4) +$

$\qquad 17\ 280 \times (P/F, 10\%, 5) - 36\ 000 - 3\ 000$

$\qquad = -529.75$（元）

比较得知，由于甲方案的净现值大于乙方案的且大于零，故应选择甲方案。

（4）现值指数。

$PI_甲 = 8\,400 \times (P/A, 10\%, 5) / 30\,000 = 1.06$

$PI_乙 = \{[9\,000 \times (P/F, 10\%, 1) + 8\,820 \times (P/F, 10\%, 2)] +$
$\qquad 8\,640\,(P/F, 10\%, 3) + 8\,460\,(P/F, 10\%, 4) +$
$\qquad 17\,280 \times (P/F, 10\%, 5)\} / (36\,000 - 3\,000)$
$\qquad = 0.99$

比较得知，由于甲方案的现值指数大于乙方案的且大于1，故应选择甲方案。

（5）内含报酬率。

对甲方案，由（3）知，当 $i = 10\%$ 时，$NPV = 1\,842.61 > 0$，现设 $i = 12\%$，则
当 $i = 13\%$ 时

$NPV = 8\,400 \times (P/A, 12\%, 5) - 30\,000 = 208.12 > 0$

$NPV = 8\,400 \times (P/A, 13\%, 5) - 30\,000 = -455.25 < 0$

现用插值法进行计算：

$$\frac{13\% - R}{13\% - 12\%} = \frac{-455.25 - 0}{-455.25 - 280.12}$$

得内含报酬率 $R = 12.4\%$

同理，可用测试法求得乙方案的内含报酬率 R 为 9.52%，故应选择甲方案。

三、国际投资项目的风险分析

风险是指人类社会中，由于各种难以预测因素的影响，使得行为主体的期望目标与实际状况之间发生了差异，从而给行为主体造成经济损失的可能性。从财务的角度讲，风险则是指无法达到预期报酬的可能性程度。

（一）国际投资的特别风险

企业在进行对外投资的过程中，应必须考虑一些在国内进行投资所不需要考虑的风险。

1. 汇率风险

汇率风险是指因汇率变化而导致投资者资产价值发生变化的风险。一国企业在国外投资开办企业，其目的是为了谋取利润，而这些外资企业的资产、负债以及反映经营成果的损益等都必须折成投资国货币才能确定其价值。企业既然开设在外国，它们的财会核算都是以东道国的货币表示的。因此，投资国与外资企业所在的东道国的两种不同货币之间的汇率波动，不仅影响外资企业资产、负债和损益的计算，而且使企业的外国投资价值的确定、外国股权及其收益的确定都承担着汇率风险，这就是所谓的会计结算风险。这类风险的影响程度，将取决于东道国货币汇率波动的幅度所引起的外资企业资产、负债、损益实际价值变化的程度和生产营运的变化程度，以及产品价格变化导致需求弹性的变化程度。

2. 政治风险

政治风险是指国际经济往来的活动中由于政治因素而造成经济损失的风险。近年来，由于世界各国政府对跨国公司所施加的干预不断增加，政治风险的防范问题已成为跨国公

司对外直接投资决策中的一项重要因素。政治风险的表现形式是多种多样的，从外汇管制、改变税负，到资产被征收和人员被驱逐，其中，对跨国公司影响最大的是其在东道国的全部资产被国有化。因此，政治风险是跨国公司对外直接投资过程中最为敏感又最难以处理的问题。首先要对政治风险进行衡量。衡量以后才能决定是否应对该地区进行直接投资。如果有相当风险而仍不失为投资的好机会时，那么就应采取相应措施，预防政治风险。政治风险的预防措施包括：在投资前同东道国政府预先谈判，向保险公司投保有关险种，在经营政策上预先作出安排等。

3. 国家风险

在国际投资活动中，投资对象的国家政府发生经济困难，资金周转失灵，导致偿付的严重困难，这就是国家风险。国家风险的出现不仅与各种形式的国际金融活动有着密切的联系，而且给国际金融交易和国际经济关系带来深刻的影响。国家风险具有以下特征：第一，国家风险存在于跨国金融和经贸活动中；第二，国家风险和国家主权之间具有密切关系，表现为东道国有关法律、法令对外国投资者或外国参与经营者的不利规定或歧视性待遇；第三，国家风险源于东道国的法律和法令具有强制执行性，非合同或契约条款所能改变或免除；第四，国家风险是指一国的个人、企业或政府机构作为投资者所承担的风险，这种风险是由于不可抗拒的国外因素所形成的。

4. 利率风险

利率风险是指一定时期内由于利率的变化而导致国际投资者的资产价值发生变化的风险。利率变化的类型包括：投资者在借款和贷款活动时的利率变化、不同国家的利率变化、不同市场和不同种货币的利率变化。

除了以上所介绍的几种风险，跨国公司还要考虑一般企业都要考虑的风险，即市场风险和公司特有风险。市场风险是指所有公司的因素引起的风险，如战争、经济衰退、通货膨胀、高利率等。公司特有风险是指发生于个别公司的特有事件造成的风险，如罢工、新产品开发失败等。从公司本身来看，风险分为经营风险和财务风险。经营风险是指生产经营的不确定性带来的风险，它是任何商业活动都有的。财务风险是指企业因借款而增加的风险，它是筹资决策带来的风险。

因为跨国公司海外投资项目运营过程中遇到的风险要比一般国内项目大得多，故风险分析是公司国际投资决策分析中必不可少的重要环节，而风险大小是投资决策时必须考虑的一个重要因素。

（二）风险分析方法

对外直接投资项目风险分析的常用方法为：风险调整贴现率法、肯定当量法。

1. 风险调整贴现率法

风险调整贴现率法是根据项目特有的风险程度大小，对项目的净现金流量或贴现率作适当调整，以反映不确定因素对项目获利能力（CPV）可能带来的不利影响。它根据项目风险大小对项目的资本成本进行适当的调整，并以调整好的资本成本作为项目的贴现率。

$$K = i + b \cdot Q$$

其中：K 为风险调整贴现率；

i 为无风险贴现率；

b 为风险报酬率；

Q 为风险程度。

由上式可以看出，资本成本包括两部分，一是货币的时间价值，二是风险报酬。风险越大，则风险报酬就越大。贴现率 K 提高以后，相应的项目净现值就减小，这反映了项目经营结果的不确定性所产生的不利影响。

2. 肯定当量法

肯定当量法的基本思路是，先用一个系数把有风险的现金收支调整为无风险的现金收支，然后用无风险的贴现率去计算净现值，以使用净现值法的规则判断投资机会的可取程度，即

$$NPV = \sum_{t=0}^{n} \frac{a_t CFAT}{(1+i)^t}$$

其中：a_t 为第 t 年现金流量的肯定当量系数，其取值范围在 $0 \sim 1$ 之间；

i 为无风险的贴现率；

$CFAT$ 为税后现金流量。

肯定当量系数是指不肯定的 1 元现金流量期望值相当于一定的投资者满意和肯定的现金流量的系数，它可以把各年不肯定的现金流量换算成肯定的现金流量。

$a_i =$ 肯定的现金流量/不肯定的现金流量期望值

【例 13.2】某公司的最低报酬率为 6%，现有甲乙两个投资方案可供选择，其有关资料如表 13 - 3 所示，采用风险分析法对两个投资方案作出评价。

表 13 - 3 　　　　　　　　　　甲、乙两方案现金流量及概率分布表

年	甲方案		乙方案	
	CFAT	P_i	CFAT	P_i
0	(1 000)	1.0	(1 000)	1.0
1	—	—	—	—
2	750	0.2	1 500	0.3
3	2 000	0.6	2 000	0.4
4	3 250	0.2	2 500	0.3

（1）采用风险调整贴现率法。

①计算各方案现金流入量的均值及标准差。

$$E_{甲} = 750 \times 0.2 + 2\,000 \times 0.6 + 3\,250 \times 0.2 = 2\,000$$

$$E_{乙} = 1\,500 \times 0.3 + 2\,000 \times 0.4 + 2\,500 \times 0.3 = 2\,000$$

$$D_{(甲)} = \sqrt{(750 - 2\,000)^2 \times 0.2 + (2\,000 - 2\,000)^2 \times 0.6 + (3\,250 - 2\,000)^2 \times 0.2} = 791$$

$$D_{(乙)} = \sqrt{(1\,500 - 2\,000)^2 \times 0.3 + (2\,000 - 2\,000)^2 \times 0.4 + (2\,500 - 2\,000)^2 \times 0.3} = 387$$

②确定该项目的风险调整贴现率。

假设中等风险程度的项目变化系数为 0.6，通常要求的含有风险报酬的最低报酬率为 12%，无风险的最低报酬率为 6%，则

$$b = \frac{12\% - 6\%}{0.6} = 0.1$$

$$Q_{(甲)} \frac{791}{2\,000} = 0.4, \quad Q_{(乙)} = \frac{387}{2\,000} = 0.19$$

$$K_{(甲)} = 6\% + 0.1 \times 0.4 = 10\%, \quad K_{(乙)} = 6\% + 0.1 \times 0.19 = 7.9\%$$

③再根据不同的风险调整贴现率计算净现值。

$$NPV_{甲} = \frac{2\,000}{(1.1)^2} - 1000 = 652$$

$$NPV_{乙} = \frac{2\,000}{(1.079)^2} - 1000 = 218$$

所以，乙方案好于甲方案。

（2）采用肯定当量法。

甲方案第三年的肯定当量系数　$a_2 = \dfrac{(1 + 6\%)^2}{(1 + 10\%)^2} = 0.929$

乙方案第三年的肯定当量系数　$a_2 = \dfrac{(1 + 6\%)^2}{(1 + 7.9\%)^2} = 0.965$

$$NPV_{甲} = \frac{0.929 \times 2\,000}{(1 + 6\%)^2} - 1\,000 = 653.61$$

$$NPV_{乙} = \frac{0.965 \times 2\,000}{(1 + 6\%)^2} - 1\,000 = 717.69$$

由以上计算结果可知，乙方案好于甲方案。

四、国际投资项目的资本预算

资本预算是关于资本支出的预算。资本支出是指运用在资本财产上的支出，包括用于厂房，机器设备等长期资产的新建、扩建、改建或购置资产的支出和长期投资的支出，也称为资本投资。

估计投资方案所需的资本支出会涉及很多变量，如销售部门负责预测售价和销量；产品开发和技术部门负责估计投资方案的资本支出、研制费用、设备购置费用、厂房建筑费用等；生产和成本部门负责估计制造成本；财务人员的主要任务是为销售、生产等部门的预测建立共同的基本假设条件，如物价水平、贴现率、可供资源的限制条件等。

编制资本预算的过程包括两个方面：首先是对长期资金的投放运用进行分配安排，这是投资决策的过程；其次是按照投资决策的需要，筹划组织必要的资金来源，以满足各项

投资方案的需要。

投资项目的资本预算编制包括以下五个步骤：

（1）投资机会研究。投资决策开始于投资机会。对于一个投资机会，可以有几种不同的设想或建议。对投资的设想或建议进行初步分析时，将根据掌握的内部和外部数据资料，分析其对于企业发展的必要性、技术条件的可行性以及经济上的合理性。

（2）计划阶段。对投资机会经过初步分析后，如认为不可取的，应予以排除；如认为可取的，则作出投资建议并进行评议。鉴定投资机会时，需要明确每项投资建议的内涵，通过初步分析将各项建议进行分类并进行初步筛选。

（3）评价阶段。对筛选后的投资建议作进一步分析评价，评价合格的建议，才能形成投资方案，然后作出选择。

（4）选择阶段。对进入最后选择阶段的方案进行选择，最终选定方案。主要根据资金的时间价值，采用净现值或内部收益作为选择的标准，经过风险分析，最后作决定，并编制资本预算。

（5）执行、控制和考核阶段。在这一阶段中，通过所选方案的具体实施，可以比较资本预算标准与实际运行数据之间的差异，并依据差异及其产生的原因对投资项目的资本预算进行控制和考核，以达到合理地调整资本预算和激励工作热情的目的。

练习与案例

一、思考题

1. 国际投资的程序有哪些？
2. 企业进行国际投资的原因有哪些？
3. 简述国际合资投资的优缺点。
4. 简述国际合作投资的优缺点。
5. 简述独资投资的优缺点。
6. 简述国际投资环境的主要内容。

二、计算分析

1. 有一家公司拟选择在 A、B、C 三国进行对外投资以合资开发并试制某新项目，生产公司所需的某种专用原材料，其资料如下表所示：

时间 现金流量 投资	0	第 1 年末	第 2 年末
A	−5 000		85 000
B	−6 500	4 000	5 000
C	−6 000	8 000	

（1）公司对外投资需要考虑哪些风险因素？

（2）求当利率分别为 5%、8%、12% 时的投资净现值。

（3）当利率为 10% 时，根据现值指数，确定哪项投资更有利。

2. 某公司正在研究一个投资项目的取舍问题，该项目资料如下表所示：

年期	现金流量（元）	概率	肯定当量系数
0	−300	1.0	1.0
1	55	0.3	0.9
	70	0.4	
	120	0.3	
2	80	0.2	0.95
	90	0.5	
	100	0.3	
3	75	0.3	0.98
	90	0.4	
	110	0.3	

假设无风险贴现率为 8%，请用肯定当量法求该项目的净现值。

三、案例分析

投资于德国 DAX 股票指数

Giri Iyer 是总部在纽约的一家共同基金公司——三星基金公司的分析师和战略师，他目前正在评估德国一家名为 Pacific Wietz（在法兰克福 DAX 上市）的化工公司的股票表现。他收集的数据如下：

要素	1 月 1 日购买价	12 月 31 日出售出价	股利分配
股份	135.00 欧元	157.60 欧元	15.00 欧元
汇率	1.066 0 美元/欧元	1.125 0 美元/欧元	—

【分析与思考】

1. 按当地货币计算，证券的收益率是多少？

2. 按美元计算，证券的收益率是多少？

3. 对当地投资者、美国投资者来说该投资是否是一项好的投资？

第十四章　国际转移价格与国际税收管理

第一节　国际转移价格概述

一、国际转移价格的概念

国际转移价格也称国际转让价格，它是指国际企业管理当局以其全球战略目标为依据，在其内部母公司与子公司、子公司与子公司之间进行商品和劳务交易时所采用的内部价格。转移价格并不为跨国企业所特有，只要企业划分为若干独立核算利润的责任中心，就会面临如何确定转移价格的问题。内部各责任中心之间进行产品和劳务等的转让，需要以转移价格作为内部结算和控制的依据，作为企业总部对其下属单位业绩考评的一种手段。从这种意义上说，转移价格是企业经营分权化和内部一体化的必然产物。但是跨国企业对这一问题显得尤其敏感，这一方面是因为国际企业的总产量中有相当部分需要以内部价格在公司内部流转，另一方面是因为各国的政治、经济、文化等环境不同，国际企业制定有利的内部转移价格有助于其全球经营战略的实现。对于国际企业而言，如何以合理的方法在不同国家的关联企业之间的货物、服务、技术等定价是一个敏感的问题。即使纯属于国内经营的公司在给其附属企业之间的交易定价时也难以找到最合适的方法。国际企业的管理者必须在一些相矛盾的因素之间作出权衡选择，例如资金配置、所得税、管理者的激励和评价、关税和配额以及合资人态度等。

二、国际转移价格的作用

与国内企业相比，国际企业的多国经营使这种转移价格在更广泛的国际上得以运用。国际企业运用转移价格的作用是明显的，主要包括以下四方面：

（一）优化资金配置

转移价格是国际企业内部资金进行再配置的一种手段。国际企业对外进行直接投资，总是希望能够自行控制资金的调拨与配置。然而，东道国（特别是发展中国家）往往对当地子公司的资金向国外的转移施加某些限制，如对利润汇回的限制和外汇管制等。在东道国的非常时期，资金还有被冻结的可能。母公司如果想把资金从一个子公司所在国家转移出去，就可以以较高的价格向该国子公司出售货物，从而绕过这些限制。反之，如果母公司想向某国家转移资金，它就可以以较低的价格向该国子公司出售货物。同样，资金配置的这种方式还可以通过调节子公司卖给母公司的产品的价格以及姐妹公司之间交易来实现。下面以一个实例来说明这种资金配置的效果。假设生产子公司把成本为 $ 1 000 的商品卖给销售子公司，销售子公司以 $ 2 000 的价格卖给消费者。在低价出售的战略下，生产子公司以 $ 1 500 的价格向销售子公司出售；在高价出售的战略下，生产子公司以 $ 1 800的价格向销售子公司出售。表 14 – 1 列示了两种内部转移价格下的不同结果。

表 14 – 1　　　　　　　　　转移价格对资金流动的影响

假定：各子公司的收入所得税均为40%

	生产子公司	销售子公司	合并结果
低价出售策略			
销售收入	$ 1 500	$ 2 000	$ 2 000
减：销售成本	1 000	1 500	1 000
毛利润	500	500	1 000
减：销售费用	100	100	200
应税收入	400	400	800
减：所得税（40%）	160	160	320
净收入	$ 240	$ 240	$ 480
高价出售策略			
销售收入	$ 1 800	$ 2 000	$ 2 000
减：销售成本	1 000	1 800	1 000
毛利润	800	200	1 000
减：销售费用	100	100	200
应税收入	700	100	800
减：所得税（40%）	280	40	320
净收入	$ 420	$ 60	$ 480

可见，在这种情况下，全公司的毛利润均为 $ 1 000，应税收入均为 $ 800，净收入均为 $ 480。但是，在低价出售策略下，销售子公司向生产子公司支付 $ 1 500，在高价出售策略下，销售子公司向生产子公司多支付 $ 300。由此可见，如果母公司想把资金留在销售子公司所在的国家，就应该采用低价策略；如果母公司想把资金留在生产子公司所在的国家，就应该采用高价策略。

（二）减轻总体税负

如何减轻总体税负是国际企业在制定转移价格时所要考虑的一个重要因素。国际企业希望运用转移价格来逃避或减轻公司整体税负（包括所得税、关税等）。各国的税率是不一样的，国际企业可以通过转移价格将较多的利润留在低税率国家，将较少的利润留在高税率国家，以增加其总体税后利润。另外，国际企业还可以通过转移价格与"避税港"、区域性关税同盟协定等配合来降低税负。

1. 降低收入所得税

降低收入所得税的基本做法就是将高税率国家的利润通过转移价格转移到低税率国家中去。表 14-2 列示了不同转移价格对所得税的影响（仍以表 14-1 中的数据为例）。

表 14-2　　　　　　　　　　不同转移价格对所得税的影响

假定：生产子公司与销售子公司的收入所得税分别为 30% 和 50%

	生产子公司	销售子公司	合并结果
低价出售策略			
销售收入	$ 1 500	$ 2 000	$ 2 000
减：销售成本	1 000	1 500	1 000
毛利润	500	500	1000
减：销售费用	100	100	200
应税收入	400	400	800
减：所得税（30%，50%）	120	200	320
净收入	$ 280	$ 200	$ 480
高价出售策略：			
销售收入	$ 1 800	$ 2 000	$ 2 000
减：销售成本	1 000	1 800	1 000
毛利润	800	200	1 000
减：销售费用	100	100	200
应税收入	700	100	800
减：所得税（30%，50%）	210	50	260
净收入	$ 490	$ 50	$ 540

可见，在低价出售策略下，生产子公司和销售子公司分别应缴纳所得税 $ 120 和 $ 200，合计为 $ 320。在高价出售策略下，生产子公司与销售子公司分别应缴纳所得税 $ 210 和 $ 50，合计为 $ 260。同样 $ 800 的应税收入中，税率较低的生产子公司承担了较多的份额，从而使总税负减少了 $ 60。

在有关国家或地区税率相近的情况下，国际企业还可以利用"避税港"（tax heaven）通过转移价格来减轻所得税负担。所谓避税港又称避税地，主要是指单方面向其他国家和地区的投资者提供无税、低税或其他特殊优惠条件的国家和地区，如百慕大群岛、巴巴多斯、中国香港、卢森堡等。避税港的共同特征是外国公司在此缴纳的税率很低或根本不需要纳税，当地政府对外国公司的管制较少，公司的资金调拨与利润分配有相当的自由。国际企业可以在避税港设立象征性的子公司，将其他子公司的利润调入避税港，以逃避东道国的税收。例如，某英国子公司需要将半成品出售给法国子公司。它可以先以低价将半成品出售给设在避税港的某个子公司，再由避税港的子公司将半成品高价出售给法国的子公司。英国子公司因低价出售而无赢利，法国子公司因高价买进而无赢利，所有的利润都转移到了避税港子公司处。由于避税港的税率很低，所以公司节约了一大笔所得税费用，增加了净收入。

2. 降低关税

关税又是一个与国际转移价格密切相关的重要因素，它会提高进口商品的价格。关税多为从价计征的比例税率，如果母公司或子公司向位于高关税国的子公司销售商品，则可以采用出口商品转移低价，以减轻关税负担；相反，如果向低关税国的子公司销售商品，则可以采用出口商品转移高价，从而获得收益。例如，如果产品的正常价格为 $200，进口子公司面临的关税税率为20%，则须缴纳 $40 的关税；如果生产子公司以 $160 的价格出售给销售子公司，则进口子公司只需缴纳 $32 的关税。

然而，有时结果并非如此简单，在没有签订税收条约的情况下，国际企业应同时缴纳所得税和关税。对整个国际企业来说，所面临的是进口方的关税和进出口双方的所得税三方面的考虑。对进口子公司而言，人为地调整国际转移价格对关税的影响与对所得税的影响正好相反，关税越高，缴纳的所得税越低；而出口子公司的所得税与进口子公司的关税与所得税之间又有密切联系。低关税国家不一定就是低所得税国家，高关税国家不一定就是高所得税国家。因此，国际企业在运用转移定价中必须全面权衡这三种税负，比较其综合得失。表14-3列示了不同转移价格对关税、所得税的影响。

表14-3　　　　　　不同转移价格对关税、所得税的影响

假定：生产子公司与销售子公司的收入所得税分别为30%和50%，关税为10%

	生产子公司	销售子公司	合并结果
低价出售策略			
销售收入	$1 500	$2 000	$2 000
减：销售成本	1 000	1 500	1 000
关税：10%	—	150	150
毛利润	500	350	850
减：销售费用	100	100	200
应税收入	400	250	650
减：所得税（30%，50%）	120	125	245
净收入	$280	$125	$405
高价出售策略			
销售收入	$1 800	$2 000	$2 000
减：销售成本	1 000	1 800	1 000
关税：10%	—	180	180
毛利润	800	20	820
减：销售费用	100	100	200
应税收入	700	-80	620
减：所得税（30%，50%）	210	0	210
净收入	$490	-$80	$410

此外，国际企业通过转移定价，还可以获得免税优惠，增加税收抵免，逃避预提税，进而增加企业的整体利润。

（三）调节利润水平

国际企业通过调高或调低转移价格，还可以调节各子公司的利润水平。通过调低利润可以达到以下目的：

（1）子公司在当地获得的利润较高，可能成为工资上升和其他福利开支增加的诱因，同时也易引起东道国政府的注意和反感，有可能导致强制国有化的不利后果。国际企业通过转移价格来提高子公司的生产成本，以降低利润率，减轻子公司的压力。

（2）子公司的利润水平过高，会导致更多的竞争对手进入同一市场，增加子公司的竞争压力。当地竞争对手越多，子公司就越容易与东道国产生利益冲突和矛盾。所以国际企业通过转移价格来转移子公司的利润，掩盖其真实赢利状况。

（3）在国际企业与当地企业的合资企业中，利润是根据各出资方的出资比例分配的，因而从国际企业的角度看，并非利润越多越好。国际企业会设法运用转移价格，尽量在分配前将利润转移到母公司或其他子公司，压低合资企业的利润，减少当地合资者的收益。因此，在合资企业中，转移价格往往是个非常敏感的问题，容易引发矛盾和对立情绪。

国际企业运用转移定价，调高子公司利润，其主要目的是：

（1）使子公司账面上显示出适当的利润率，从而支持该子公司的信誉，在东道国树立良好的形象，以便在当地市场上能获得更多的贷款机会。

（2）对于国外新创设的子公司，国际企业除在资金等方面给予资助外，往往还通过转移低价，向子公司供应所需的产品予以扶持，从而使之树立较高的信誉，增强其竞争能力。

（3）对于在竞争中处境不佳的子公司，国际企业也可以通过转移低价，使该子公司的赢利水平和财务状况得以人为地改善，削弱国外竞争对手的相对地位。

（四）避免限制和风险

世界上大多数国家对外国企业在本国的经营活动以及外资的流入流出都进行了严格的管理和控制，以限制不利于本国的行为。国际企业运用转移价格可以在一定程度上绕开这些限制。在政治局势不稳定的国家，国际企业的正当权益往往得不到保障，面临财产被剥夺、资产被国有化的风险。转移价格同样可以使国际企业在某种程度上规避这些风险。

1. 针对外汇管制

许多国家政府为了改善其国际收支状况，避免外汇流失，往往还实行外汇管制。很多国家对外国公司在该国取得的利润的汇出份额作出了严格的限制，或对利润汇出征收利润汇出税。对此，国际企业也可以通过转移价格来避开各种限制。国际企业可以采取转移高价向子公司提供产品或劳务，将该子公司的资金转移到母公司或其他子公司。国际企业还可利用高额贷款，将子公司的资金以支付利息方式调出，以避免东道国的资金管制。

2. 针对最终产品价格限制

一些东道国政府根据生产成本对某些产品作出最高价格限制。为了提高市场价格，国际企业就以转移高价的形式来人为提高子公司的生产成本，从而达到提高售价的目的。

3. 针对反倾销法和反垄断法

许多工业国家都颁布了反倾销法。反倾销法的目的在于保护国内的制造商免受国外大公司非正常低价产品的冲击。国际企业可以通过转移高价来提高生产成本，以提高售价，避免受到倾销的指控。很多国家还制定了反垄断法。但有些国家不是根据产品在市场上所占的份额而是根据产品的销售价格水平来判断是否存在垄断行为。国际企业可以采用转移低价来降低中间产品的价格，从而降低售价，以避免垄断的嫌疑。

4. 针对通货膨胀风险

世界性的通货膨胀，使企业货币性资产的购买力下降。为了减少这种损失，国际企业往往以转移高价向子公司提供其商品和劳务，或以转移低价获取子公司的商品和劳务，提前或延缓这些资金的转移，以避免货币购买力的损失和外汇风险。

5. 针对政治风险

为了尽量缩小企业可能遭受东道国政府剥夺其财产的风险，国际企业常常将子公司进口的产品转移价格调高，借以转移子公司的资金；或将子公司出口的产品转移价格调低，借以转移子公司的存货，以避免被没收的风险。

转移价格在实现国际企业的全球战略上确实起到了重要的作用，然而，它的运用也受到了很大的局限，许多国家都制定了相应的控制或限制转移价格的法规。例如，对于与国际市场价格有较大出入的转移价格，海关有权根据市场价格对产品重新估价，决定应征的关税；税务机关也有权根据市场价格重新计算收入，征收所得税。美国国家税收法典第482 节（Section 482 of the U. S. Internal Revenue Code）很有代表性。第482 节规定，允许国家税务局在其认为有逃避税收的情况发生时，在有关公司之间重新分配总收入、税收扣除、抵免或津贴。"正确的内部交易价格"应反映"独立"（Arm's Length）交易价格，即公司内部的商品及劳务转移价格应当等于在相同条件下对其他非关联公司出售时的价格。独立交易价格的原则也为许多国家所接受。

第二节　影响国际转移价格的因素

国际转移价格不仅受到国际企业内部因素的影响，还受到国际范围内外部因素的影响。公司在制定国际转移价格时，必须综合考虑这两大方面的因素。

一、影响国际转移价格的内部因素

在现代国际企业中，采用转移定价是一个司空见惯的现象。但采用什么样的转移定价则与各国际企业的诸内部因素有关，其中主要的有企业的经营战略、集权与分权战略、组织形式、业绩评价、企业目标和管理者偏好、信息系统管理水平等。

（一）经营战略

国际企业的经营战略决定着公司是否采用内部转移价格。经营战略与转移价格间的关系主要取决于两个方面。一是在各子公司的相互依存关系，是否存在纵向一体化战略。如果不存在纵向一体化战略，则各子公司可以自由选择购销对象。这样，只有当各子公司自愿相互交易，才会发生相互间的转移定价问题。如果存在纵向一体化战略，其内部交易则是根据国际企业管理当局的安排和指示进行的。在这种情况下，国际企业为确保国际企业全球战略的实现，就会面临确定最优的内部转移价格的问题。二是国际企业的内部和外部交易，各子公司是否被视为一个独立的企业。也就是说，如果一个子公司仅仅在对企业集团外部销售时才被视为一个独立的企业，而在集团内部销售时却作为一个制造单位或中转机构，那么需要采用转移定价。否则，该子公司在交易时不需要执行转移定价策略。

（二）集权与分权战略

公司采用集权还是分权战略对国际转移价格的制定会产生很大的影响。集权程度高的公司将制定内部转移价格的权力控制在公司总部，其他下属机构无权自定，往往采用以成本为基础的定价方法；分权程度高的公司则往往将国际转移价格的定价下放给其下属机构或部门，通常采用市场价格法或协商定价法。有些公司对部分产品价格的制定实行集权，部分产品价格的制定实行分权，分别采用不同的内部转移价格制定方法。集权还是分权，是影响内部转移价格制定的一个重要因素。

（三）组织形式

国际企业内部，子公司和分公司是两种不同的组织形式。分公司基本上完全受母公司控制，无多少自主定价权。但子公司却不一样，因为母公司只是通过控制股权来控制各子公司，不少子公司仍有一定的定价自主权，它们往往选择以市价为基础来定价。另外有些子公司与此相反，是选择以成本为基础来定价的。

（四）业绩评价

国际企业业绩评价系统也对内部转移价格的制定产生着极大的影响。一个优秀的业绩评价系统应该既客观公正，又能对各部门起到监督和激励的作用。内部转移价格的制定对业绩评价起到了至关重要的影响。特别是当一个子公司被当作利润中心时，子公司管理阶层会特别注意内部转移价格的制定。如果内部转移价格不符合子公司的利益，会受到管理阶层的消极抵制，从而使公司整体利益不能达到最优。但是，这种情况有时是难以避免的。经常出现的情况是，内部转移价格使甲子公司受益而乙子公司受损。因此，国际企业在进行业绩评价时应充分考虑内部转移价格的影响，同时应力求内部转移价格对所有的子公司（或其他分支机构）都公平合理。

（五）企业目标和管理者偏好

国际企业有各种各样的目标，有的是为了控制和占领市场，有的是为了避免或减轻税负，有的是为了防范外汇风险等，这些都制约着转移定价。同样，由于制定转移价格的有关财务主管的国籍不同，他们所受的传统文化的影响也不同，因而他们对不同因素的看法、考虑的重点及其程度也不同。据国外有关人士的调查，美、英、日、法等国的财务主管都偏向于以成本为基础的定价；加拿大、意大利等国的财务主管则偏向于以市价为基础的定价。同时，美国、加拿大、法国和意大利的财务主管大多看重所得税，日本的财务主管则注重企业所在国的通货膨胀等因素。

（六）信息系统管理水平

在信息技术飞速发展的今天，如果公司的管理信息系统良好，可以非常及时地获取下属各公司或部门的相关信息，从而为统一制定内部转移价格、及时修订不合理的价格创造很好的条件。相反，如果公司的管理信息系统落后，收集信息费时很长，往往无法对内部转移价格进行有效的调整，其采用的内部转移价格就可能不合理，起不到应有的作用。

另外，国际企业的经营规模也对转移价格的制定产生一定影响。经营规模较大的企业，大多数都是在垄断的市场中经营，因而在转移定价方面可以从整体利益出发，往往倾向于以成本为基础来定价。相反，有些小企业只能接受既定的市场价格。

二、影响国际转移价格的外部因素

影响国际转移价格的外部因素很多，如所得税制的差别、关税壁垒、市场竞争、通货膨胀、外汇及政治风险等。

（一）税负差别

由于大部分国家的税制差别较大，因而国际企业管理当局有可能利用转移定价人为地调低企业的总体税负，以增加整体利润。抬高或压低转移价格必然会使一些国家得益的同时损害某些国家的税收权益，从而有可能引起有关国家政府如各国税务当局、海关等，对此采取某些干预性措施。比如，有的国家采用按局外价格的原则来检查、监督转移定价；有的国家则采取"比较定价"的原则对国际企业的转移定价进行监督。这种国家之间的利益的冲突往往是难以调和的，征税权益受到侵害的国家固然会强行调整国际企业的转移价格，同时受益国也很有可能对这一调整不予承认，迫使国际企业对转移定价持慎重态度，国际企业必须为转移价格的制定寻找充分合理的依据。

（二）竞争因素

国际企业在运用转移定价以增强其整体竞争能力时，有可能会导致子公司所在国政府采取反托拉斯和反倾销行动，同时也可能会遭到所在国其他竞争对手的报复，其结果会使之处境更为不利。另外，出于竞争的考虑而对子公司所采取的转移定价，实际上是对该子公司给予一种变相价格补贴，这很难激发管理人员的竞争意识，产生懒惰情绪和依赖思想。不真实的利润会降低管理人员的积极性，损害员工的士气，最终与国际企业的初衷相背离。因此，竞争因素在一定程度上也制约着国际企业所采取的转移定价。

（三）通货膨胀

为了使货币购买力不因通货膨胀而发生损失，国际企业在转移定价中往往设法使在高通货膨胀率国家子公司的货币性资产保持最低限度。但这种做法所引起的资产或资金转移，可能会受到有关国家的限制。因此，国际企业应充分考虑这种转移定价可能产生的后果。

（四）外汇及政治风险

在浮动汇率制下，国际企业面临着较大的外汇风险，往往也采取转移定价，将有关收益或资金从软货币国家转移到硬货币国家中去，从而减少外汇风险。在东道国政治局势不稳，存在资产被没收的风险时，国际企业也可以利用转移价格将实物资产转移至国外。

西方学者曾经对国际转移价格的影响因素作了详细的调查。Bums 在 1980 年调查了美国 63 个国际企业，Kim 和 Miller 也对美国 125 家国际企业作了调查，结果见表 14-4。

表 14 - 4　　　　　　　　影响转移价格的因素（按重要性排序）

Bums 的研究	Kim 和 Miller 的研究
1. 东道国的市场状况	1. 东道国对利润汇回的限制
2. 东道国的竞争状况	2. 外汇管制
3. 国外子公司的合理利润	3. 东道国对合营的限制
4. 美国联邦所得税	4. 东道国的关税负担
5. 东道国的经济状况	5. 美国联邦所得税
6. 进口限制	6. 美国的配额限制
7. 关税	7. 美国母公司信用状况
8. 价格管制	8. 国外子公司信用状况
9. 东道国税制	
10. 外汇管理	
11. 美国的出口鼓励	
12. 汇率的波动	
13. 现金流动的管理要求	
14. 其他美国联邦税	

资料来源：徐经长，杜胜利，陈轲. 国际会计学. 北京：中国人民大学出版社，1999.

由此可见，国际企业转移定价要受到诸多因素的影响，其影响程度也各不相同，且这些因素相互交织，共同影响，并处于不断变化之中。因此，国际企业管理当局应从整体利益出发，并适应市场条件进行转移定价。

第三节　国际转移价格的确定方法

国际转移价格是国际企业用来实施全球战略、实现财务目标的一项重要策略。因此，国际企业必须适当地选择转移定价的方法。国际转移价格有三种基本方法和一种混合方法，即以市价为基础的定价、以成本为基础的定价、交易自主定价和双重定价。

一、以市价为基础的定价方法

以市价为基础的定价方法就是以转移产品时的外部市场价格作为企业内部转移定价基础的一种方法。采用这一方法所确定的转移价格基本上接近于正常的市场交易价格，但最后的内部售出价格要从高价中减去一定百分比的毛利。这是因为公司在对外销售产品时会发生一些销售费用。当然，所扣除的毛利额的大小涉及各方利益，需要买卖双方协商确定。采用这种定价方法在企业内部转移产品时，将所属各子公司都视为独立经营的企业，所确定的转移价格基本上接近于正常的市场交易价格。

以公平市价为基础的国际转移定价需要具备三个条件：一是存在一个竞争的中间产品

市场；二是各公司在生产经营方面有较大的独立性和自主权，有权对外销售其产品和从外部采购其所需的原材料等物资和各种劳务；三是有市场价格可供参考。如果具备了这三个条件，以市价为基础的定价方法才能行之有效。

以市价为基础的定价方法的主要优点如下：

（1）有利于发挥子公司的主观能动性。

从理论上说在这种定价方法下，转移价格并不决定交易是在企业内部还是在其外部进行，可达到分权经营的目的，有利于发挥子公司的自主权，有效地利用其有限的资源，取得正常的收益；同时，还有利于子公司管理人员充分利用市场，增强其适应市场的能力。由于这种定价方法所确定的转移价格基本上反映了真实的经营业绩，因而由此确定的子公司收益较为真实，从而有利于经营业绩的考评。

（2）排除了人为因素的影响，较为客观公平。

许多国家认为以市价为基础的定价方法符合正常交易价格的原则，因此这种转移价格易为东道国政府接受。目前，许多国家都倾向于这种定价方法。经济合作与发展组织也倾向于采用这种定价方法来处理成员国之间、成员国与非成员国之间的双边税务问题。

以市价为基础的定价方法也不是十全十美的，其缺点如下：

（1）以市价为基础，国际企业管理当局在利用转移价格人为调整收益时，没有多少回旋余地。

（2）交易毕竟是在国际企业内部进行的，往往很难找到中间市场和公允的市价。即使存在这样的市场，也很少是完全竞争性的，因而也难以选定一个公正的市场价格作为其定价的基础。

（3）采用这种定价方法，有可能导致对成本数据收集工作的忽视，不利于成本管理。

二、以成本为基础的定价方法

以成本为基础的定价方法，其转移定价是以供货企业的实际成本、标准成本或预算成本为基础，加上一个固定比率的毛利来确定的。这种定价方法在以降低中间产品成本为目的的纵向一体化战略中常被采用。为实施纵向一体化战略，避免出现各销售利润中心采取对子公司最优而对国际企业整体不利的决策问题，企业管理当局要求各销售利润中心必须拒绝单独对外销售会产生较多利润的诱惑，遵从企业的总体安排，按生产成本进行内部销售。如果内部销售是按市场价格进行的，将可能使国际企业的纵向一体化战略意图落空。

具体做法又可分为下列三种：

（一）**完全成本法**（Full Cost Basis）

所谓完全成本法是指国际企业将供应方公司所提供的中间产品或服务的全部成本作为内部转移价格的定价方法。采用这种方法使有关部门能通过转移定价获取利润，达到转移定价的目的。但这种方法也有其缺陷，即供应方公司的全部生产成本都可通过转移价格转移到购买方公司去，没有提高生产技术、降低生产成本的动力。为克服这一不足，国际企业可以采用标准成本作为确定生产成本的标准，以督促有关各方降低成本，提高生产效益。

（二）**成本加利润法**（Cost Plus Profit Basis）

成本加利润法是指按照公司产品或劳务的成本加上一定百分比的利润来确定转移价格的定价方法。这种方法又可分为两种：一是在实际成本的基础上加上一定的利润；二是在标准成本的基础上加上一定的利润。成本加利润定价法近似于市场价格，特别是在中间产品不存在外部市场时尤为有用，比较有利于业绩评价。采用这种方法的主要问题是如何估计必要的利润。一般而言，采用标准成本与利润率相乘的方法来计算加成额比较科学。

（三）**边际成本法**（Marginal Cost Basis）

边际成本定价法就是以边际成本为基础制定转移价格。采用这种方法，可以避免因生产能力利用率的变动而使转移价格随单位产品所分摊的固定费用的增减而发生变化。采用边际成本法，国际企业的固定费用包括所有部门的固定费用。实际中也有采用边际成本加利润定价方法的。

按成本定价的方法克服了按市价定价的某些局限性。另外，这种方法还有如下优点：

（1）简便易行。各公司的成本资料容易收集。同时，采用这种方法也有助于各公司重视成本管理。

（2）避免在定价上的随意性。成本数据是客观现成的，可以减少定价时的人为因素。

（3）有利于国际企业内部间的相互协作。按成本定价在一定程度上避免了各内部子公司或分支机构之间因人为制定价格而产生的利益矛盾冲突，所有部门的共同目标都是降低成本，企业整体效益最大化，有利于内部间的相互合作。

（4）由于成本资料有据可依，也经得起各国税务部门的稽核和审查。

但是，以成本为基础的定价方法也存在着本身的局限性。其主要缺点是：

（1）不利于实现企业的分权化经营。以成本为基础的定价方法限制了各销售利润中心的出售权，失去了对外销售的赢利机会。这种定价方法也限制了各购买利润中心的购买权，阻止了这些购买利润中心从企业外部市场上取得价廉物美的货源。因此，各利润中心缺乏决策的灵活机动性。

（2）由于各国所确定的成本，其具体内容和范围不尽一致，因而即使生产和销售同样的产品，其成本缺乏可比性。

（3）以产品实际成本为基础确定的转移价格，使购货公司承担了一部分销货公司的经营成果，不能促使公司重视和加强成本管理，不利于资源优化配置和生产效率的提高。

三、交易自主的定价方法

在交易自主的定价方法下，每个利润中心都被认为是一个独立经营的企业，它们可以自主交易定价。这种方法操作起来也比较简单，转移定价决定了购买利润中心是否愿意内购，也决定了销售利润中心是否愿意内销，总部基本上不予以干涉。这种定价方法有利于企业的分权化经营，使各子公司经理人员的权责相结合，也利于企业管理当局对各子公司进行业绩考评和奖惩。但是由于交易是自愿的，对子公司有利的价格可能对企业整体不利，不利于实现企业全球战略目标和整体利益最大化。为此，有些企业运用双重定价方法或将交易自主定价作为辅助的方法。

四、双重定价方法

双重定价方法，是指企业管理当局对购买利润中心采取以完全成本为基础的定价方法，对销售利润中心则采取以市场价格为基础的定价方法。它不会产生完全成本定价方法下销售利润中心既作为成本中心，又作为利润中心的矛盾；也不存在以市价为基础的定价方法下购买利润中心不愿意内购的可能。这种定价方法不以任何方式改变各利润中心的职权，却减少了它们的责任。因为它与以成本为基础的定价方法不同，购买利润中心无须对进入最终产品的中间产品赚取的全部利润负责；也与以市价为基础的定价方法不同，销售利润中心无须对内部交易的中间产品的全部赢利负责。双重定价法既有利于企业集团纵向一体化战略的实施，也对各利润中心比较有利。

然而，双重定价法也有其自身的缺陷。在这种定价方法下，公司整体的收益小于各利润中心的收益之和，甚至当公司整体表现为亏损时，某些利润中心仍然显示为赢利。而且，双重定价法还可能会出现责任不明、无人承担责任的问题。因此，双重定价法也必须根据公司的实际情况制定，并与其他方法相结合。下面以例14.1对成本定价法、双重定价法作一个比较。

【例14.1】假设某国际企业下设一个销售利润中心和一个购买利润中心。销售利润中心的产品单位成本为10美元/件，一个时期内的间接费用为800美元；其200件产量的一半用于外销，市价为15美元/件；另一半则用于内销。购买利润中心对购进的100件产品进行加工，追加成本为20美元/件，其间接费用也为800美元。购买利润中心加工后的产品售价为40美元/件。

（1）如果以完全成本为基础制定内部转移价格，则销售利润中心、购买利润中心以及企业整体的合并收益计算详见表14-5。

表14-5 　　　　　　　　按成本定价的有关收益计算　　　　　　　　　单位：美元

项目 ＼ 核算中心	销售利润中心	购买利润中心	企业整体
销售收入	外销 $15 \times 100 = 1\,500$ 内销 $10 \times 100 = 1\,000$	$40 \times 100 = 4\,000$	5 500
直接成本	$10 \times 200 = 2\,000$	内购 $10 \times 100 = 1\,000$ 追加 $20 \times 100 = 2\,000$	4 000
间接费用	800	800	1 600
收益	(300)	200	(100)

由表14-5可见，以完全成本为基础制定内部转移价格，则交易后销售利润中心的最终收益表现为亏损300美元，购买利润中心却为赢利200美元，合并收益为亏损100美元。

（2）如果以市场价格为基础制定内部转移价格，则销售利润中心、购买利润中心以及企业整体的合并收益计算详见表14-6。

表 14 – 6   按市价定价的有关收益计算   单位：美元

核算中心 项目	销售利润中心	购买利润中心	企业整体
销售收入	外销 15×100 = 1 500 内销 15×100 = 1 500	40×100 = 4 000	5 500
直接成本	10×200 = 2 000	内购 15×100 = 1 500 追加 20×100 = 2 000	4 000
间接费用	800	800	1 600
收益	200	(300)	(100)

由表 14 – 6 可见，以市场价格为基础制定内部转移价格，则交易后销售利润中心的最终收益表现为赢利 200 美元，购买利润中心却亏损 300 美元，合并收益为亏损 100 美元。

（3）如果采用双重定价法制定内部转移价格，则销售利润中心、购买利润中心以及企业整体的合并收益计算详见表 14 – 7。

表 14 – 7   双重定价法下的有关收益计算   单位：美元

核算中心 项目	销售利润中心	购买利润中心	企业整体
销售收入	外销 15×100 = 1 500 内销 15×100 = 1 500	40×100 = 4 000	5 500
直接成本	10×200 = 2 000	内购 10×100 = 1 000 追加 20×100 = 2 000	4 000
间接费用	800	800	1 600
收益	200	200	(100)

由表 14 – 7 可见，按双重定价法制定内部转移价格，则交易后销售利润中心和购买利润中心的最终收益均表现为赢利 200 美元，而合并收益却为亏损 100 美元。在这种定价法下，企业整体的收益小于各利润中心之和，甚至当企业整体表现为亏损时，各利润中心却显示出赢利。

国际企业在制定国际转移价格的时候，要考虑的因素是多方面的，不仅要综合权衡公司的各个经营目标，而且要符合各国对转移价格的有关规定，最后还必须关注国际市场的风云变化。实践中，国际企业多以某一种定价方法为主，并辅之以其他的定价方法，否则很难满足国际企业日益复杂多样化的经营需要。国际企业中只有按其总的目标进行选择，才有可能实现通过国际转移价格谋取尽可能大的收益的目的。

第四节　国际税收管理

一、国际税收概述

国际税收是指涉及两个或两个以上的国家财政利益的税收活动，它反映着各自国家政府在对从事国际活动的纳税人行使征税权力而形成的税收征纳关系中所发生的国家之间的税收分配关系。税收管理是跨国企业财务管理的重要组成部分。

（一）税收道德与税收中性

在深入讨论国际税收的各个问题之前，先介绍两个很重要的概念：税收道德和税收中性。

1. 税收道德

跨国公司在国外经营时不仅面临复杂的国际税收环境，还面临道德问题。在许多国家，纳税人（包括公司或个人）并不是自愿遵守税法的。小公司和个人常常违反税法的要求。跨国公司必须在是按照税法规定作全面披露还是"入乡随俗"这两者之间作出选择。由于跨国公司在东道国引人注意以及其地位的政治敏感性，绝大多数的跨国公司都遵循全面披露的做法。然而，一些公司认为，如果没有像其竞争对手东道国国内企业那样进行避税，它们的竞争地位就会受到削弱。由于企业的道德观会受到文化传统和历史发展等因素的影响，对这个问题目前并没有一致的结论。

东道国政府也面临道德问题。有些国家可能会对跨国公司征收更重的税或在跨国公司违反当地税法时采取更严厉的措施。

2. 税收中性

政府在征税时不仅要考虑税收收入，还要考虑税收政策对经济行为的影响。例如，美国政府在征税时考虑的因素就包括：

（1）税收应是中性的，不会对美国在发达国家的私人投资产生影响。

（2）鼓励美国在发展中国家的私人投资。

（3）通过消除人为避税港和鼓励资金汇回的办法改善美国的国际收支平衡。

（4）增加收入。

税收中性是建立在经济效率和公平原则的基础之上的。税收中性是指理想的税收应该在为政府筹集资金方面是有效的，同时对纳税人的经济决策过程不会产生负面影响。通常对税收中性有"国内税收中性"和"国外税收中性"两种理解。"国内税收中性"是指如果跨国公司在国内经营所获得的利润相同，则所纳的税款也应该相同。国内税收中性基于公平的原则，理论上是一种良好的目标，但实践中这一目标却难以实行。例如在美国，来源于外国的收入和在美国本土赚得的收入是按照同一税率纳税的，纳税人向外国政府缴纳的税金还可以获得国外税收抵免。但是，国外税收抵免仅限于该项收入按照美国税法征收的税额。如果收入来源国的税率高于美国的税率，外国已纳税额就不能获得全部的抵免。"国外税收中性"是指使跨国公司在国外的每个子公司的税负等于在同一国家的当地本国竞争对手的税负。例如，如果英国的所得税率高于英国跨国公司获得来源于国外的收入时适用的外国税率，高出的部分将不再被征收。

有些学者认为，国际收支平衡或在发展中国家投资等目标应该通过积极的税收优惠政策予以鼓励，税收不应是完全中性的。多数国家的税制都将这两种观点结合起来。

（二）国际税收的种类

世界各国所规定的税种十分繁多，最常见的有如下几种：

1. 所得税

所得税是以企业的收益或所得为对象而课征的税，如公司所得税、个人所得税等。公司所得税和个人所得税是许多国家重要的财政收入来源。由于大多数发展中国家按人均计算的国民收入较低，一般不对个人征收所得税，因此，在发展中国家，公司所得税是财政收入的主要来源。

各国所得税率是不相同的，如伊朗公司所得税率为58.6%，而智利公司所得税率仅为15%。20世纪80年代以来，各国纷纷进行税制改革，大幅度降低税率，因此各国间的差距在逐步缩小。某些国家或地区为吸引国际企业来建立子公司，规定的所得税税率非常低，甚至不征所得税，如香港所得税率为16.5%，巴哈马不征所得税；一些发展中国家，为吸引投资而给予外国投资者一定的免税期，在免税期内，对外国投资企业免征所得税。表14-8列示了1996年世界一些国家和地区的公司所得税率。

表14-8 不同国家和地区的公司所得税率

国家	税率（%）	国家	税率（%）	国家	税率（%）
阿根廷	30	法国	36.66	尼日利亚	30
澳大利亚	36	加蓬	40	挪威	28
奥地利	34	德国	30	阿曼	50
阿塞拜疆	25	加纳	35	巴基斯坦	30
巴哈马	0	希腊	35	巴拿马	34
巴林	0	危地马拉	30	乌拉圭	30
巴巴多斯	40	圭亚那	35	秘鲁	30
比利时	39	洪都拉斯	35	菲律宾	35
百慕大群岛	0	香港	16.5	波兰	40
玻利维亚	25	匈牙利	22	葡萄牙	39.6
博茨瓦纳	25	印度	46	波多黎各	23.8
巴西	15	印度尼西亚	30	卡塔尔	35
英属维尔京群岛	15	伊朗	58.6	罗马尼亚	38
保加利亚	40	爱尔兰	38	俄罗斯	35
喀麦隆	38.5	以色列	36	沙特阿拉伯	45
加拿大	43.5	意大利	37	新加坡	26

（续上表）

国家	税率（%）	国家	税率（%）	国家	税率（%）
开曼群岛	0	牙买加	33.33	南非	40
智利	15	日本	7.5	西班牙	35
中国	33	哈萨克斯坦	30	斯里兰卡	39.88
哥伦比亚	35	肯尼亚	35	瑞典	28
刚果	49	韩国	30.8	瑞士	40
哥斯达黎加	30	科威特	55	中国台湾	25
塞浦路斯	25	拉脱维亚	25	坦桑尼亚	35
捷克共和国	39	立陶宛	29	泰国	30
丹麦	34	马来西亚	30	土耳其	41.86
多米尼加共和国	25	马耳他	35	乌干达	30
厄瓜多尔	25	毛里求斯	35	英国	33
埃及	42	墨西哥	34	美国	35
萨尔瓦多	25	摩洛哥	35	乌拉圭	30
爱沙尼亚	26	荷兰	35	委内瑞拉	34
斐济	35	新西兰	33	越南	25
芬兰	28	尼加拉瓜	30	扎伊尔	50

资料来源：［美］杰夫·马杜拉. 国际金融管理（英文版）. 北京：机械工业出版社，1999.

2. 增值税

增值税是以商品生产和流通环节的新增价值或商品附加值为征税对象的一种流转税。它克服了传统流转税对已纳税销售额重复征税、税上加税的弊端，使同一产品不受生产流通环节多少的影响，始终保持同等税收的含量，不致出现应税产品因生产环节的变化，税负时轻时重的问题，同时又保持了流转税征收范围广和收入及时、稳定的特点。增值税是国际公认的一种透明度比较高的中性税收，它不仅有利于组织财政收入，而且有利于鼓励企业按照经济效益原则选择最佳的生产经营组织形式，也有利于按国际惯例对出口产品实行彻底退税，增强本国产品在国际市场上的竞争能力。正因为增值税有以上优点，目前欧洲、拉丁美洲等许多国家都实行了增值税，我国也于1993年12月发布了《中华人民共和国增值税条例》。各国增值税率也不完全一样，根据1994年的统计资料，部分国家的增值税率详见表14－9。

表14－9　　　　　　　　不同国家和地区的增值税率

国家和地区	增值税税率（%）	国家和地区	增值税税率（%）
阿根廷	18	秘鲁	16
奥地利	20	菲律宾	10
比利时	19.5	波兰	22

（续上表）

国家和地区	增值税税率（%）	国家和地区	增值税税率（%）
巴西	18	葡萄牙	16
加拿大	7	罗马尼亚	18
智利	18	新加坡	3
玻利维亚	13	南非	14
中国台湾	17	西班牙	15
哥伦比亚	14	瑞典	21
哥斯达黎加	11	泰国	7
塞浦路斯	8	土耳其	12
捷克共和国	23	法国	18.6
丹麦	25	英国	17.5
斐济	10	希腊	18
芬兰	22.5	德国	15
荷兰	17.5	日本	3
新西兰	12.5	韩国	10
挪威	22	意大利	19
乌拉圭	10	墨西哥	10

注：由于增值税可能有好几档，此处仅列示标准税率。

资料来源：庞凤喜等. 增值税制国际比较. 北京：中国财政经济出版社，1996.

3. 其他税种

除所得税和增值税外，国际企业还会遇到其他的一些税种，主要有：

（1）关税。

关税是一个国家的中央政府对过境的应税货物所征收的税，主要是对进口货物征收，只是在极少数情况下才对出口货物征收。征收关税一是为了筹措财政收入，二是为了保护本国工业。出于前者目的所征收的关税，税率一般比较适中，出于后者目的所征收的关税，税率一般比较高。提高关税虽然并没有损害外国商品的完整性和质量特征，但较高的税率，必然导致外国商品的较高价格，因而不利于外国商品的竞争，从而可以保护本国民族工业的发展。

（2）预扣税。

预扣税是由东道国政府对本国居民或经济法人向外国投资者和债权人支付的股息和利息所征的税。这些税通常是在对方收到这笔收入以前就已经扣除了。也就是说，这种税实际上是由支付股利或利息一方预先扣除的。例如，如果一公司向外国投资者支付 10 万美元的股利，预扣税率为 20%，则该公司只向外国投资者支付 8 万美元，另外 2 万美元由该公司代表该国政府以预扣税的形式预先扣除。

（3）资本利得税。

资本利得税又称资本收益税，它是指对企业出售资本性资产所得利益而课征的税。所谓资本性资产是指那些不是准备随时变卖的资产，如持有期间比较长的股票、债券。一般而言，资本利得税的税率要低于公司所得税税率。

（三）国际税收制度的种类

就公司所得税而言，世界上现行的税收制度可以概括为三种，即传统税制、分割税率制和转嫁或抵减制。在传统税收制度下，公司所得税按单一的税率征收，分配给股东的股利，则作为股东个人收入按个人所得税率计征。采用传统税制的国家有意大利、荷兰、西班牙、瑞典、美国，以及多数英联邦国家或地区（英国除外）。分割税率制度，是根据收益的处理情况采用不同的税率计征，即对未分配收益和已分配收益采用两种不同的税率。采用这种制度的国家主要有日本、挪威和德国。税额转嫁或抵免减制度，是指对公司收益按同一税率征税，但已纳税款中的部分可作为股东应纳个人所得税的减项，予以扣除。比利时、法国等都采用这种制度。三种税收制度并不是相互排斥的，同一国家可以将这些制度结合运用。

（四）国家税收管辖权

税收管辖权是国家主权在税收领域的体现。税收管辖权可分为两类，即居民税收管辖权和收入来源税收管辖权。居民税收管辖权是指国家对其居民的所有收入（无论来自本国还是他国）都有权征收所得税。收入来源税收管辖权是指国家对来源于本国境内的所得征税，而对来自国外的所得免予征税。

除少数国家和地区放弃对所得的税收管辖权外，大多数国家与地区都同时采用居民管辖权和收入来源地管辖权，既对来源于本国境内的所得拥有征税权，又对本国居民的世界所得拥有征税权。这些国家和地区包括亚洲、欧洲和北美洲的大多数国家和地区。

（五）国外税收抵免

为避免双重征税，大多数国家对已经向东道国缴纳的公司所得税给予一定的税收抵免。各国计算国外抵免的方法是各不相同的。通常，如果跨国公司向母公司汇回的利息、股息、特许权使用费以及其他收入已经向东道国缴纳了预扣税，那么汇回的收入也可以获得国外税收抵免。增值税和其他销售税不能获得国外税收抵免，但可以作为费用在税前扣除。

（六）国际税收协定

国际税收协定是指两个或两个以上的主权国家，为了协调相互之间的税收分配关系和处理税务方面的问题，通过谈判所签订的书面协议。

按照税收协定涉及的主体划分，国际税收协定可分为双边税收协定和多边税收协定。所谓双边税收协定是指两个国家为了协调双方处理跨国纳税人征税事务和其他有关方面的税收关系，经过谈判而签订的一种书面协议。多边税收协定则是指两个以上的国家所缔结的税收协定。

按照税收协定涉及的内容范围划分，国际税收协定又可分为一般税收协定和特定税收协定。一般税收协定广泛涉及相互间的各种税收关系，如全面避免国家之间双重征税的协定；特定税收协定的是缔约国之间就某一特定税种或税收问题所签订的协定，如对关税、增值税等的协定。

国际税收协定是出于避免国际重复征税、防止国际逃税、避免国际税收歧视等目的而产生的，现已成为调节国家间经济关系的重要工具。

（七）国际税收管理的目标

国际税收管理是国际财务管理一个十分复杂，但极其重要的问题。国际企业在从事跨国经营时，把资本投向不同的国家，就会涉及多个国家的税法。就国际企业的利益而言，税法是最直接影响其利益的法律。为了合理地作出财务决策，国际企业的财务人员应具备一些必要的国际税收方面的知识，科学地进行国际税收管理。总的来说，国际企业税收管理的目标是合理降低其总税负。这一目标当然要通过一系列的方法才能实现，税收管理的具体目标可以概括为：

（1）根据有关国家的税法、税收协定来避免国际企业出现双重征税的情况。

（2）利用有关国家为吸引外资而采取的优惠政策，实现最多的纳税减免。

（3）利用各种"避税港"来减少企业所得税。

（4）利用内部转移价格把利润转移至低税国家和地区，以便使总纳税额最少。

（5）利用其他方法来减少所得税的支付。

二、国际双重征税的免除

国际双重征税是指两个国家对同一纳税人的同一所得额，同时按本国税法课征所得税。国际双重征税现象，不利于公平竞争，应采用特定方法予以免除。

（一）国际双重征税产生的原因

国际双重征税的产生是同税收管辖权紧密联系的，只有在两个国家对同一纳税人都能行使税收管辖权的情况下，才会产生国际双重征税问题。这主要有以下三种情况：

（1）两国对同一纳税人的同一征税对象都按收入来源税收管辖权进行征税。

例如，甲国 A 公司贷款给乙国 B 公司，乙国 B 公司又将此款贷给丙国 C 公司。C 公司把利息汇给 B 公司时，丙国要按来源管辖权征税，B 公司将利息汇给 A 公司时，乙国又要按来源管辖权进行征税。这样，对同一笔利息收入进行了双重征税。

（2）两国对同一纳税人的同一征税对象都按居民税收管辖权征税。

纳税人在两国都具备居民身份时则会发生重复征税问题。

（3）一国按居民管辖权，另一国按来源管辖权对同一纳税人的所得重复征税。

这是国际税收关系中经常发生的现象，一般所说的双重征税，主要是指这种情况。

（二）国际双重征税的危害

国际双重征税的存在，对国际经济的发展，对跨国经营的推行，都会产生不利的影响。

1. 国际双重征税违背了税负公平原则

从国际企业来看，同一笔所得只能承担一次纳税义务。而国际双重征税的存在，使有的纳税人交纳一次税，有的则要多次纳税，造成地位同等的纳税人在税收及相关的范围内处于不同的竞争状态。这不利于国际企业在平等竞争的环境中发展。

2. 国际双重征税大大地加重了纳税人的负担

一笔收入，两国同时对其征税，税后所得必然减少，如果两国均系高税率，则所剩更少。这会严重限制国际企业的生产经营活动，阻碍国际经济和技术合作的发展。

免除国际双重征税，可以减轻国际投资者的税负，消除他们对国际纳税的畏惧心理，从而有利于国际资本的流动和加强各国经济的合作，促进世界经济的发展。

（三）避免国际双重征税的方法

国际双重征税的种种危害，已为各国所共识。各国政府都期望消除彼此间税收管辖权的冲突，并在许多国际条约中列入了消除国际双重征税的原则和规定，也建立了许多避免国际双重纳税的方法。

1. 免税法

免税法是对本国居民来源于国外的所得和放在国外的财产并已在国外纳了税的那部分跨国收益、所得或财产价值予以免税，以避免国际双重征税的一种方法。实行免税制的国家主要是欧洲大陆和拉丁美洲的一些国家，如法国、海地、多米尼加、巴拿马、委内瑞拉等。免税法有全额免税和累进免税两种。全额免税是征税国在确定纳税人总所得的适用税率时，完全不计入免税的国外所得。累进免税是征税国对境外所得虽给予免税，但在确定纳税人总所得的适用税率时，却要将免税所得并入计算。实行累进免税法，征税国往往都会取得较多的税款，故目前大多数国家都采用累进免税法。

2. 抵免法

抵免法是指居住国允许本国居民纳税人在本国税法规定的限度内，用已在来源国缴纳的税款，抵免应就其世界范围内所得向居住国缴纳税款的一部分，以避免双重征税的一种方法。我国目前采用这种方法。抵免法有全额抵免和限额抵免两种。全额抵免是不管纳税人在收入来源国纳税多少，全部都给予抵免。限额抵免是抵免额不得超过纳税人在外国按居住国所得税税率所应缴纳的税款。当收入来源国的所得税税率低于或等于居住国的所得税税率时，全额抵免和限额抵免并无区别。当收入来源国的所得税税率高于居住国所得税税率时，超过居住国税率所应纳税款的部分则不能抵免。这对跨国纳税人是不利的，但对征税国有利，因此世界上大多数国家都采用限额抵免法。我国也实行这种方法。

3. 税收协定法

税收协定法是通过有关国家签订双边税收协定，以避免国际纳税人被重复征税的一种方法。免税法和抵免法仅是一国内部的规定，不能解决在哪些情况下应由收入来源国优先行使征税权，哪些情况下应当仅由纳税人居住国征税的问题，不能完全免除国际重复征税。因此，还必须采用国际税收协定的方法。运用税收协定避免国际双重征税主要有两种方法：一是将征税权完全划归一方，从而完全排除了另一方对该纳税对象的征税权，使国际双重征税得以免除；二是通过税收协定，缔约国双方可以确定各自税收管辖权，哪些所得应限制其税收管辖权的行使等。如此，也能避免双重征税。

三、国际避税与反避税

国际避税是指国际企业利用税法规定的差别，采用选择合适的地点和经营方式等种种合法手段，来减少或消除其纳税义务的一种行为。

（一）国际企业避税产生的原因

国际企业的子公司和分支机构遍布世界各国，而各国税法在纳税规定和纳税管理上存在很大差异，这便为国际企业采用适当方式避税提供了条件。各国税收差异主要有如下几个方面：

1. 纳税税率的差别

各国税率的差别是显而易见的事实，税率不同必然会造成税负的差别。表 14 – 10 所列示的是部分国家和地区的所得税税率。

表 14 – 10　　　　　　　　部分国家和地区的所得税税率

国家或地区	法定所得税税率（%）	国家或地区	法定所得税税率（%）
澳大利亚	36.0	香港	16.5
奥地利	34.0	日本	37.5
比利时	39.0	荷兰	35.0
巴西	15.0	挪威	28.0
加拿大	43.5	瑞典	28.0
丹麦	34.0	瑞士	40.0
法国	36.66	英国	33.0
德国	30.0	南非	40.0

资料来源：［美］杰夫·马杜拉. 国际金融管理（英文版）. 北京：机械工业出版社，1999.

2. 纳税基数的差别

各国对纳税基数的确认有不同的认识，在税法中有不同的规定。国际上对国际企业的国外子公司的收入课税存在两种不同的做法。一种是"属地原则"，只有在领土内产生的收益才是应税收益，凡是产生于领土之外的收益，不论其得益者是谁，都不予征税；另一种是"全球原则"，国际企业无论从国内还是从国外所获得的收益，都在应税范围之内。

3. 税种设置的差别

在税种设置上，各国的差别也很大。有的国家以所得税为主，有的国家以流转税为主；有的国家征收增值税，而有的不征收增值税。

4. 税收管理效率的差别

各国税法实施管理有效程度是造成实际税负差异的一个潜在因素。例如，有的国家虽然在税法上规定了很重的纳税义务，但由于征收管理不善，实际课税很少，使税负变得名高实低。

5. 国际上避免双重征税方法的差别

双重征税是指对同一征税对象或同一税源的重复征税。国际双重征税是指两个或两个以上国家对同一纳税人就同一征税对象在同一时期内的重复征税。在确定应税收入时，如果采用"全球原则"的做法，必然会产生双重征税的问题。为此，各个国家采取了不同的方法避免双重征税，目前主要有抵免法、免税法和税务协定等形式。

正因为国际上在税收管理和纳税规定上有上述差异，国际企业便可利用这些差异，采用适当的方法进行避税。避税的主要方法有：利用内部转移价格避税；利用避税地避税；选择有利的组织形式等。

（二）利用内部转移价格避税

内部转移价格是国际企业内部母公司与子公司之间或子公司与子公司之间转移商品或劳务的价格。内部转移价格避税则是国际企业利用各国间税率和税法的差异通过调节内部转移价来达到避税目的的一种手段。国际企业与一般的国内企业及自然人不同。国际企业的分公司和子公司遍布世界各地，许多交易都是在国际企业内部进行的，这就为国际企业利用内部转移价格避税提供了可能。国际企业利用内部转移价格避税的主要做法是对由低税国子公司向高税国子公司的出口业务采取高价，而对由高税国向低税国的出口业务则采取低价。这样就把实现利润的一部分由高税国子公司转入低税国子公司，使整个国际企业的纳税额减少。

【例14.2】某国际企业的A、B子公司分别设在两个国家，所得税率分别为60%、10%。A公司为B公司生产组装电视机的零部件。A公司以＄200万的成本生产一批零件，销售给B公司。B公司花费＄50万的成本把电视机组装完毕。并以＄350万的价格投放市场。在确定内部转移价格时，有低价（＄210万）和高价（＄250万）两种方案。由此可分析内部转移价格的变化对公司所得税的影响，详见表14-11。

表14-11　　　　　　　　　不同转移价对公司所得税的影响

项目	A公司（税率为60%）	B公司（税率为10%）	两公司合计
1. 低价策略			
销售收入	210	350	560
销售成本	200	260*	460
销售利润	10	90	100
所得税	6	9	15
税后利润	4	81	85
2. 高价策略			
销售收入	250	350	600
销售成本	200	300**	500
销售利润	50	50	100
所得税	30	5	35
税后利润	20	45	65

* 260 = 210 + 50
* * 300 = 250 + 50

从表14-11中可以看出，在其他项目相同的情况下，该国际企业在确定其内部转移价格时，采用低价策略比采用高价策略要少交纳＄20万的所得税。

利用内部转移价格避税不仅适用于一般的商品供应，还适用于下列情况：

1. 内部贷款

国际企业的总公司通常都以内部贷款的形式向其子公司提供资金。如果子公司所在国的税率较高，则贷款可采用高利息率政策；如果子公司所在国的税率较低，则贷款可采用低利息率政策。

2. 专利和专有技术等无形资产的转让费

专利和专有技术等无形资产具有独占的特性，其真实价值很难确定，各国的税务机关对此也很难设防。国际企业为了减少总的税负，在把专利和专有技术进行内部转移时，几乎可以随心所欲地提高或降低其转让价格。

3. 管理成本或费用

在国际企业内部，母公司常常为其国外附属企业提供各种管理服务，而这种管理服务的收费标准很难找到可作参考的公平市价。因此，国际企业也可通过抬高或压低管理成本或管理费用的办法来实现避税的目的。

4. 租赁

租赁是一种新兴的避税方式。国际企业在内部进行租赁活动时，可以通过抬高或降低租金的办法来达到避税的目的。

（三）利用避税港避税

避税港，又称低税乐园或避税地，是指以免征某些税收或压低税率的方法，为外国投资者提供不纳税或少纳税的国家或地区。避税港避税则是指国际企业将其所得与资产转移至避税港，以减轻税负的一种方法。

1. 避税港的一般特征

被称为避税港的国家或地区，一般都有如下特征：与大多数国家相比，税率明显偏低，或是应税收益的范围明显偏小；有着严格的保守银行秘密和商业秘密的传统，即使在国际协定中也不愿打破这一传统；银行和其他金融机构活动在其国民经济中占据较为重要的地位；有着现代化的通信设施；对外国人存取外币不加控制；努力成为国际金融中心。

2. 避税港的种类

避税港之所以能够在国际上存在，其主要原因是当地政府希望通过税收上的各种优惠措施，来吸引国际上的投资，从而推动当地经济的振兴和发展。"二战"后，随着国际企业规模的不断扩大，除了几个老牌避税港外，新兴的避税港不断涌现，它们大致可分为如下几类：

（1）无税型。

这样的避税港完全免除个人所得税、公司所得税、资本所得税和财产税。这类避税港主要有巴哈马、英属百慕大群岛、英属开曼群岛及法属新喀里多尼亚等。

（2）低税型。

这样的避税港虽然征税，但是税率很低。列支敦士登公国、英属斐济岛、维尔京群岛等都属此类。

（3）半避税型。

这类避税港只对在当地形成的收益征税，而对来自国外或地区外的收入不征税。中国香港、利比里亚、巴拿马等均属此类。

（4）有限避税型。

这类避税港一般都具有一定的税收优惠，它们在有限程度上也有避税港的特征。如瑞士、新加坡、荷属安得列斯群岛等都为此类。

3. 避税港避税的基本方法

国际企业利用避税港避税的主要方法，是在避税港设置各种各样的挂牌公司或信箱公司。这些公司一般都是出于减少纳税支出的目的而在避税港注册的公司。它们的实际经营活动往往并不发生在避税港内，却将收益在避税港申报，以避免纳税。一般有以下几种做法：

（1）以挂牌公司作虚设的中转销售公司。

例如，一个国际企业在甲、乙两国各有一子公司 A 与 B，在某一避税港有一子公司 C。甲国子公司 A 的产品实际上是直接供应给乙国子公司 B 的，但为了避税，A 公司以低价把产品销给设在避税港内的 C 公司，C 公司再以高价卖给 B 公司。这样，收益大都转给了 C 公司，而 C 公司所在避税港的税率较低，就可以少纳税甚至不纳税。这种情况实际上只在 C 公司的账簿上转了一笔账，而货物却直接由 A 公司发往 B 公司。

（2）以挂牌公司作为收付代理公司。

任何国际企业的母公司都要为子公司提供贷款、技术服务、劳务服务、管理咨询服务等多种服务，这也是母公司一笔很大的收入。为了减少这部分收入的税负，可在避税港设置一个收付代理公司，这样就可以把大部分收入转移给该公司。但实际上，款项的贷出、许可证的发放、劳务的提供均不由收付代理公司完成，而是由母公司安排的。

（3）以挂牌公司作为持股公司。

国际企业的母公司一般都从子公司中获得较多的股息和红利。为了避税，可在避税港设一持股公司，要求下属公司把股息和红利汇到避税港，以便减少纳税负担。

（四）选择有利的投资组织形式

跨国公司可以选择海外分公司或子公司的形式设置海外机构，从事投资活动。从法律上讲，海外分公司隶属于母公司，本身不具有独立的法人地位，而海外子公司却是在当地注册、登记并成立的具有独立法人地位的公司。从税收角度看，选择哪种投资组织形式要考虑以下三方面：

（1）该海外机构在开业后几年内是否亏损。

分公司的预计亏损可以包括在母公司的利润表里，可以部分抵消母公司的赢利，减少应纳税所得额。而子公司的预计亏损却一般不能与母公司的利润相合并，不能取得减税的效果。因此，如果该机构在开业后几年内亏损，选择分公司的组织形式较为适宜。

（2）支付预扣税与延期纳税之间的权衡。

大多数国家对外国子公司向母公司支付的股息征收预扣税。国家之间是否签订双边税收协定影响着预扣税率的大小。但是如果分支机构是分公司，就不必缴纳预扣税。同时，许多国家对本国跨国公司海外的子公司来源于国外的所得有延期纳税的优惠，但是海外分公司却得不到这种好处。因此，跨国公司必须在支付预扣税的不利因素和延期纳税的有利因素之间权衡，选择是采用子公司的形式还是采用分公司的形式。

（3）是否为从事自然资源勘探和开发的跨国公司。

一些国家允许勘探成本及部分开发成本作为经常性费用冲销企业当期利润，而不是在几年之内分摊。因此，许多从事石油和矿产开发的公司倾向于选择分公司的组织形式。这样可以用分公司的勘探和开发成本冲销母公司的利润，减少纳税额。

（五）国际反避税

近几十年来，国际企业避税规模有增无减，避税方式更是不断翻新，还往往与国际偷税结合在一起，造成财富的不正当分配，歪曲了国际竞争条件，影响了一些国家（主要是实行高税率的国家）的财政收入。为此，许多国家特别是发达国家纷纷采取对策，完善税收立法，加强征税管理，以防止和消除国际避税的泛滥。在长期实践中，一些国家逐渐形成了一些反避税的方法。虽然这些方法离真正消除避税行为的目标还有相当大的差距，但对抑制避税行为确实产生了良好效果。

1. 单边制定反避税法

反避税立法是反避税措施中主要的方面。各国反避税立法有以下几种形式：

（1）针对一种或多种国际企业避税做法而加入特殊税法条款。如美国《国内收入法典》第482条、法国《税收总法典》第57条、比利时《税法》第24条等对国际企业内部转移价格作出了具体限制规定。又如，比利时所得税法第46条、法国《税收部法典》第283条对纳税收入的可扣项目作了具体规定。

（2）加入具有全面影响力的综合性条款。有些国家制定了在原则上适用于全部税收法规的综合性避税条款。如德国《1977年税收总法典》第41款和第42款，荷兰《税收总法典》第31条都属此类规定。

（3）加入必须获得政府同意的有关条款。在税法中明文规定某些交易活动必须事先征得税务当局的同意，否则便以违法论处的内容。这是国际反避税领域中最严厉的立法形式。

2. 双边或多边的反避税措施

双边反避税措施主要是通过签订双边税收协定来限制国际企业避税，并规定双方在纳税管理上要相互协助、互通信息。多边反避税措施是许多国家签订多边协定来防止国际企业避税的措施。例如，欧洲经济共同体于1975年作出的"关于共同体为反对国际避税和逃税应采取的措施"的协定，便属于多边反避税措施。

3. 加强纳税管理

税法上规定的反避税措施，还必须在纳税管理实践中加以落实，否则再完善的法律也仅仅是一纸空文。为了有效地同国际避税行为作斗争，各国税务部门必须对国际企业在国外的经济活动有全面了解，这是相当复杂和十分困难的事。为此，各国税务部门一般采取如下三种方法：

（1）向纳税人或第三方施加压力，要求他们提供详细的纳税资料。

（2）在税收人员为反避税需要纳税资料时，要求银行给予配合。

（3）各国之间加强税收情报的交流。

练习与案例

一、复习思考

1. 简述国际转移价格的作用。

2. 国际企业如何做才能降低其关税。

3. 国际企业通过调低其子公司的利润可以达到哪些目的？

4. 国际企业通过调高其子公司的利润可以达到哪些目的？

5. 简述国际双重征税产生的原因。

6. 简述国际双重征税的危害。

二、计算分析

1. 某跨国公司的 A、B 两子公司分别设在两个国家，所得税税率分别是 80%、30%。A 公司为 B 公司提供半成品，A 公司以 500 万元的成本生产一批半成品销售给 B 公司，B 公司花费 100 万元把全部半成品加工成产成品。并以 800 万元的价格投放市场。在确定内部转移价格时，有低价 550 万元和高价 650 万元两种方案。

要求：通过计算分析该跨国公司应采取哪种方案？

2. 假设某国际企业下设一个销售利润中心和一个购买利润中心，销售利润中心的产品单位成本为每件 15 元，一个时期内的间接费用为 4 500 元；其中 1 000 件产量的一半用于外销，市价为 20 元；另一半则用于内销。购买利润中心对购进的 500 件产品进行加工，追加成本为每件 25 元，其间接费用也为 4 500 元，购买利润中心加工后的产品售价为 50 元/件。

要求：（1）按成本定价计算收益。

（2）按市价定价计算收益。

（3）按双重定价法计算收益。

三、案例分析

案例一　Sevilla de Olivos 公司

Sevilla de Olivos 公司为西班牙公司，它将西班牙橄榄销往德国法兰克福的分销子公司，该公司对法兰克福的分销子公司拥有 100% 股权。西班牙所得税率为 25%，德国为 50%。所有账户都以欧元 C 计。每桶利润为 C 60，计算如下：

	Sevilla de Olivos公司	法兰克福子公司
直接成本	200	320
间接成本	80	20
总成本	280	340
预期加成	40	60
转账/销售价格	320	400
减总成本	−280	−340
应税收入	40	60
减税金（25%与50%）	−10	−30
税后利润	30	30
合并后利润	60	

【分析与思考】

1. 如果 Sevilla de Olivos 公司的转移价格提高 12.5% 达到 C 360，利润如何？

2. 若提高转移价格到 C 360 以后德国税收当局不承认，仍然以 C 320 计价时，利润又如何？

案例二　德国 Stutz 公司

Stutz 公司是德国一家制造公司。为了在国内外公开上市，该公司正在积极调整财务战略。当前的主要问题是税收。德国公司所得税法依据收益是留存（45%）还是分配给股东（30%）而适用不同的税率。

息税前收入	580 000 000 欧元
利息	(96 500 000)
税前收入	483 500 000 欧元
应纳税额	
净利润	
留存利润	
可分配利润	

【分析与思考】

1. 如果 Stutz 公司计划分配 50% 的净利润，那么其净利润和公司所得税是多少？

2. 如果 Stutz 公司计划分配的比例要在 40% 和 60% 之中选择一个，那么选哪一个能让股东认为最大化自己的利益？

参考文献

1. 陆正飞等．高级财务管理．杭州：浙江人民出版社，2000．

2. 汤谷良．高级财务管理．北京：中国财经出版社，2001．

3. 王化成．国际财务管理．杭州：浙江人民出版社，2000．

4. 伍中信等．高级财务管理理论．上海：立信会计出版社，2002．

5. 刘星．高级财务管理．北京：高等教育出版社，2000．

6. 周首华等．财务理论前沿专题．大连：东北财经大学出版社，2000．

7. 王光远．财务会计和财务管理理论研究．北京：中国时代经济出版社，2005．

8. 胡奕明．跨国公司财务案例．北京：中国财经出版社，2008．

9. 王化成．财务管理教学案例．北京：中国人民大学出版社，2001．

10. 戴维．K．艾特曼等．跨国公司金融．何海峰等译．北京：北京大学出版社，2005．

11. 杨雄胜等．财务管理咨询．北京：华夏出版社，2002．

12. 郭复初．公司高级财务．北京：清华大学出版社，2006．

13. 汤谷良．高级财务管理．上海：中信出版社，2006．

14. 张鸣．高级财务管理．上海：上海财经大学出版社，2006．

15. 王化成．高级财务管理．北京：首都经济贸易大学出版社，2006．

16. 威廉·L．麦金森．公司财务理论．大连：东北财经大学出版社，2002．

17. ［美］J．弗雷德．威斯通，［韩］S．郑光，［美］胡安·A．苏．接管、重组与公司控制（第二版）．李秉祥等译．大连：东北财经大学出版社，2000．

18. 李曜．公司并购与重组导论（第二版）．上海：上海财经大学出版社，2010．

19. 范如国．企业并购理论．武汉：武汉大学出版社，2004．

20. 干春晖，刘祥生．企业并购：理论·实务·案例．上海：立信会计出版社，2002．

21. 朱宝宪．公司并购与重组．北京：清华大学出版社，2006．

22. 姜宁．企业并购重组通论——以中国实践为基础的探讨．北京：经济科学出版社，2009．

23. ［美］高根．兼并、收购与公司重组．朱宝宪，吴亚君译．北京：机械工业出版社，2004．

24. 周春生．融资、并购与公司控制（第二版）．北京：北京大学出版社，2007．

25. 祝红梅，王勇．上市公司控制权市场功能研究．北京：中国金融出版社，2007．

26. 崔永梅．并购市场指数：基于生态学的公司控制权市场演化．北京：中国经济出版社，2005．

27. 甘培忠. 公司控制权的正当行使. 北京：法律出版社，2006.

28. 王化成. 高级财务管理学（第二版）. 北京：中国人民大学出版社，2007.

29. 陆正飞. 高级财务管理. 北京：北京大学出版社，2008.

30. ［美］弗兰克尔. 并购原理：收购、剥离和投资. 曹建梅译. 大连：东北财经大学出版社，2009.

31. 金润圭. 企业战略与管理. 上海：立信会计出版社，2007.

32. 徐鹿，邱玉兴. 高级财务管理. 北京：科学出版社，2007.

33. 彭娟. 战略财务管理. 上海：上海交通大学出版社，2008.

34. 王化成. 高级财务管理学（第二版）. 北京：中国人民大学出版社，2007.

35. 苗润生. 高级财务管理学. 北京：中国人民大学出版社，2007.

36. 谷祺，王棣华. 高级财务管理. 大连：东北财经大学出版社，2006.

37. 汤谷良. 高级财务管理. 北京：中信出版社，2006.

38. 胡元木，姜洪丽. 高级财务管理. 北京：经济科学出版社，2006.

39. 陆正飞，朱凯，童盼. 高级财务管理. 北京：北京大学出版社，2008.

40. 中国注册会计师协会. 公司战略与风险管理. 北京：经济科学出版社，2009.

41. 王化成. 高级财务学. 北京：中国人民大学出版社，2006.

42. 郑振龙. 衍生产品. 武汉：武汉大学出版社，2005.

43. ［美］迪可西特，平迪克. 不确定条件下的投资. 朱勇等译. 北京：中国人民大学出版社，2002.

44. 齐寅峰. 公司财务学. 北京：中国物价出版社，1997.

45. 郁洪良. 金融期权与实物期权比较和应用. 上海：上海财经大学出版社，2003.

46. Black. F. , M. Scholes. The Pricing of Options and Corporate Liabilities. *Journal of Political Economy*, 81, 1973, pp. 637 −659.

47. Alexander, Gordon J. , P. George Benson and Joan M. Kampmeyer. Investigating the Valuation Effects of Announcements of Voluntary Corporate Selloff. *Journal of Finance*, 39, June, 1984, pp. 503 −517.

48. Copeland, Thomas E. and Won Heum Lee. Exchange Offers and Stock Swaps—New Evidence. *Financial Management*, 20, Autumn, 1991, pp. 34 −48.

49. Jain, Prem C. The Effect of Voluntary Sell-Off Announcements on Shareholder Wealth. *Journal of Finance*, 40, March, pp. 209 −224.

50. Jesen, Michael C. Agency Cost of Free Cash Flow, Corporate Finance and Takeovers. *American Economic Review*, 76, May, 1986, pp. 323 −329.

51. Klein, A. The Timing and Substance of Divestiture Announcements：Individual, Simultaneous and Cumulative Effects. *Journal of Finance*, 41, 1986, pp. 685 −697.

52. Lease, R. , J. McConnell and W. Mikkelson. The Market Value of Control in Publicly Traded Corporations. *Journal of Financial Economics*, 11, 1983, pp. 439 −472.

53. linn, Scott C. and Michael S. Rozeff. The Corporate Sell-off. *Midland Corporate Finance Journal*, 2, Summer, 1984, pp. 17 −26.

54. Masulis, Ronald W. Stock Repurchase by Tender Offer: An Analysis of the Causes of Common Stock Price Changes. *Journal of Finance*, 35, 1980, pp. 305 – 319.

55. Vermaelen, Theo. Common Stock Repurchases and Market Signalling: An Empirical Study. *Journal of Financial Economics*, 9, 1981, pp. 139 – 183.

56. Wruck, Karen Hopper. Financial Distress, Reorganization, and Organizational Efficiency. *Journal of Financial Economics*, 27, October, 1990, pp. 419 – 444.